工业4.0

概念、技术及演进案例

雷万云 姚峻◎著

清華大学出版社

北京

内容简介

这是一本全面、系统、深入论述工业4.0的概念、技术和框架、演进策略以及应用的著作。

全书由3篇9章组成。第1篇工业4.0的概念、框架及意义，包括第1章新科技革命引发第四次工业革命，第2章德国工业4.0战略分析，第3章工业4.0的概念、框架及启示；第2篇工业4.0的关键技术和解决方案，包括第4章智能制造的关键技术及组织结构，第5章智能制造解决方案，第6章工业互联网平台；第3篇企业组织向工业4.0演进的策略与方法及案例，包括第7章企业组织工业4.0的参考框架，第8章企业组织向工业4.0演进的策略与方法及途径，第9章企业组织向智能制造演进的案例分析。

本书首先讲解了由社会、经济和科技发展引领的工业革命，并详述了历次工业革命的演进过程，为读者清晰展示了工业4.0的演进脉络；其次，系统地阐述了工业4.0的概念、内容框架、基础知识、关键技术和解决方案，帮助读者建立起工业4.0的基本概念和内容框架。参与本书编写的作者大都是西门子的智能制造专家，而西门子本身又是工业4.0的重要发起公司，从而保证了本书的权威性。

本书的编写兼顾了普及性与专业性，理论与实践相结合，尽可能地照顾到不同层次与专业的读者。本书不仅适合作为大专院校相关专业的教材，也可作为企业管理人员、CIO、IT从业人员、政府相关工作人员日常学习和工作的参考用书。

图书在版编目(CIP)数据

工业4.0：概念、技术及演进案例 / 雷万云，姚峻著. —北京：清华大学出版社，2019(2024.10重印)
ISBN 978-7-302-53208-8

Ⅰ.①工… Ⅱ.①雷… ②姚… Ⅲ.①智能制造系统—制造工业—研究 Ⅳ.①F407.4

中国版本图书馆CIP数据核字（2019）第129434号

责任编辑：杨如林
封面设计：杨玉兰
版式设计：方加青
责任校对：胡伟民
责任印制：刘 菲

出版发行：清华大学出版社
网　　址：https://www.tup.com.cn, https://www.wqxuetang.com
地　　址：北京清华大学学研大厦A座　**邮　　编**：100084
社 总 机：010-83470000　**邮　　购**：010-62786544
投稿与读者服务：010-62776969，c-service@tup.tsinghua.edu.cn
质 量 反 馈：010-62772015，zhiliang@tup.tsinghua.edu.cn
印 装 者：三河市龙大印装有限公司
经　　销：全国新华书店
开　　本：188mm×260mm　**印　　张**：23.75　**字　　数**：550千字
版　　次：2019年8月第1版　**印　　次**：2024年10月第6次印刷
定　　价：79.00元

产品编号：079261-01

编 委 会

编委会主任： 林 斌 封多佳

主 编： 雷万云 姚 峻

编 委：（以本书内容编排顺序排列）

雷万云 姚 峻 徐一滨 朱诚实 任张鑫

王 静 齐 华 解海龙 张兆中 张 靖

刘姝琦 杨桂忠 唐邦志 樊 琳 李 辉

王保健 苏昆哲 王晓玲 李厚强 赵利华

致　谢

本书犹如工业4.0概念和体系的演进过程一样，历时超过三年才得以完成。本书是对社会和科技发展以及历次工业革命的演进，科技如何支持人们对现实需求变化的考察研究与总结，它是随着需求而诞生的；是笔者多年对企业信息化建设理论与实践的积累和总结；是西门子公司众多专家在过去的三年多时间里对工业4.0研究过程中产生的智能制造解决方案；是集体智慧的结晶、团队合作的成果。因此，我们要感谢的单位、领导、专家和朋友实在是太多了，无论用多么华丽的词语都难以把我们的谢意表述到位。这里谨向在本书写作过程中参与编写的作者、提供资料的单位和朋友，给予支持的单位领导、专家和朋友们致以衷心的感谢！

感谢西门子（中国）有限公司执行副总裁、数字化工厂集团总经理王海滨先生对本书写作的积极支持和帮助。感谢西门子（中国）有限公司执行副总裁、过程工业与驱动集团总经理林斌先生热情支持本书的写作并担任本书编委会主任，为本书的编写提出了很多建议和指导意见，且积极协调西门子专家团队资源参与本书的编写。感谢作为本书主编的西门子（中国）有限公司过程工业与驱动集团副总裁兼过程自动化总经理姚峻博士，积极协调西门子公司的专家团队的资源参与本书的编写，并多次组织本书的编写工作会议和腾出时间参与本书的主编工作。感谢西门子工厂工程软件COMOS中国区总经理孟广田博士积极支持本书的写作，笔者多次与孟广田博士一起赴德国参观汉诺威工业博览会、德国制药企业数字化工厂，并多次交流工业4.0技术和COMOS解决方案。感谢西门子（中国）有限公司过程工业行业总监徐一滨、西门子（中国）有限公司医药行业总监朱诚实先生、任张鑫经理积极协调组织西门子编写团队的工作和参与本书的编写工作，为本书的顺利完成付出了辛苦努力。

感谢原西安杨森制药有限公司董事长、中国医药集团总公司董事长、中国化学制药协会会长郑鸿女士对本书写作的积极支持和帮助。早在 2014 年工业 4.0 处于萌芽阶段，她就积极支持笔者在化学制药协会会长会议上多次宣讲交流工业 4.0，在第一时间把德国工业 4.0 介绍给中国制药行业，并一起探讨制订中国制药行业 4.0 的规划和基于工业 4.0 理念积极推进我国制药行业两化深度融合工作。感谢原化学制药协会信息部主任、瀚晖制药有限公司中央政府事务高级经理王丹女士在中国化学制药协会期间积极支持笔者参与制药行业两化融合工作和协调笔者在行业协会上宣讲工业 4.0 活动。

感谢作为编委会主任的原中国医药集团总公司副总经理、现任中国医药企业发展促进会会长封多佳先生对本书编写的积极支持。在他供职中国医药集团有限公司时期积极支持笔者与西门子的交流合作工作，并积极协调笔者在中国医药集团有限公司下属企业宣讲工业 4.0，推进国药制药企业的数字化进程。

感谢中国医药集团有限公司副总经理胡建伟、副总经理邓金栋、总会计师杨珊华等领导积极支持笔者在中国医药集团有限公司推动的“互联网 +”行动计划和信息化建设工作。感谢中国国药集团联合工程有限公司董事长张奇先生积极支持笔者协同同仁们与西门子公司的合作，并积极探讨医药行业工业 4.0 工作。感谢中国国药集团联合工程有限公司李厚强专家积极参与本书有关医药行业参考框架的编写工作。感谢中国国药集团有限公司上下信息化团队体系的同事们多年来对我在中国医药集团有限公司信息化工作和智能制造计划工作上的支持和参与，尤其对中国国药集团有限公司总部信息部李懿凌等同事对笔者工作的鼎力支持和积极参与表示由衷感谢。感谢中国国药集团有限公司信息部齐华帮助笔者协调有关西门子编委会的工作和编写整理部分书稿工作。

感谢参与本书编写工作的西门子公司智能制造专家团队和其他单位参与编写的作者（作者名单在前言部分列举），感谢你们为本书的顺利完成所做出的辛勤努力。

最后，谨向帮助、支持和鼓励我和我的团队完成本书工作的家人和所有亲朋好友们表达诚挚的感谢！由于你们的大力支持和亲切鼓励，才使得我们能够顺利完成本书的编写工作。

雷万云 博士

2019 年 5 月于北京

前　言

如果说过去的近二十年是消费互联网的黄金年代，中国在此期间诞生了 BAT（中国三大互联网公司，B 代表百度，A 代表阿里巴巴，T 代表腾讯）等互联网巨头，那么时至今日，风头正逐渐转向产业互联网。互联网技术在改造完消费服务业后，正迅速而坚定地来到了工业领域，以“工业 4.0”之名，掀起了对传统工业的革命。

按照当今世界对历次工业革命演进的共识，可以这样简单表述：工业 1.0 是机械化，2.0 是电气化和内燃机，3.0 是自动化和信息化，4.0 则是智能制造。2013 年 4 月，德国政府正式推出“德国工业 4.0 战略”，一个全球性的话题瞬间被引爆，对世界强国来说，这是一次争锋制造业变革发展和互联网下半场的机会，因而世界格局将会发生深刻变化。

在新一轮的工业革命中，各国都在竞相构建自己的智能制造产业体系，这个体系背后是技术体系、标准体系、产业体系，是智能制造产业生态系统的主导权。换言之，各国新一轮工业革命的竞争，是未来全球新工业革命的标准之争。一个国家、一个地区或者一个行业及企业如果不能意识到这场变革的核心以及其中蕴藏的潜能，或者没有找到应对之道，那么当其他国家或地区、其他行业或企业在新技术上取得突破后将获得领先地位。作为世界工厂的中国，各行各业都处在一个转型升级的岔路口上，要么，我们认识到这次新技术的机遇，并且能以正确的策略和路径，将其转化成经济上成功的新产品和服务；要么，就冒经济长期衰退的风险。直面“工业 4.0”的时代背景，中国制造的机会在哪里？本书以这一主题展开讨论和论述，与读者一道探讨中国工业 4.0 的发展策略与路径。

过去，马云看到了消费互联网的发展前景，成就了今天的阿里巴巴。今天产业互联网的风口已经来临，谁将成为下一个马云，成为下一个 BAT？是转型的传统制造企业，是工业 4.0 技术供应商，还是技术解决方案公司？

好了，我们既没有预言也没有分析，预言工作还是留给预言家们吧。或许在 10 年后人们可以反观并评价今天所发生的一切，而不是今天就来评论。当今，已经有很多不同的国家、地区和大大小小的企业在着力理解工业 4.0，并抓住这些机会从而开展踏实的工作。

为了抓住机遇，找准向工业 4.0 演进的策略与方法，社会各界必须正确理解工业 4.0 的细节，诸如“第四次工业革命”“信息物理融合系统（CPS）”“智能制造及技术”等概念究竟意味着什么？如何避免这些概念的滥用而成为空洞的口号和浮躁的炒作，因为空洞的口号会阻碍而不是协同人们达到工业 4.0 的既定目标。科技引领产业革命，如果错过了工业 4.0，可能错过的就是一个时代。

本书作为一本全面、系统、深入论述工业 4.0 概念、技术和架构、演进策略与发方法以及应用的专著，正好弥补了这一领域的空白。

全书由 3 篇 9 章组成。第 1 篇工业 4.0 的概念、框架及意义，包括第 1 章新科技革命引发第四次工业革命，第 2 章德国工业 4.0 战略分析，第 3 章工业 4.0 的概念、框架及启示；第 2 篇工业 4.0 的关键技术和解决方案，包括第 4 章智能制造的关键技术及组织结构，第 5 章智能制造解决方案，第 6 章工业互联网平台；第 3 篇企业组织向工业 4.0 演进的策略与方法及案例，包括第 7 章工业 4.0 的参考框架，第 8 章企业组织向工业 4.0 演进的策略与方法及途径，第 9 章企业组织向智能制造演进的案例分析。

本书是笔者在对云计算等新一代 IT 技术近十年研究的基础上，携手西门子智能制造专家历时三年多对工业 4.0 的跟踪研究和多次赴德国汉诺威工业展览会学习考察，以及在对西门子安贝格等德国数字化工厂的参观考察基础上写作而成的一本关于工业 4.0 专著。因此，这本书并不是关起门来写成的纯理论书籍，它正如工业 4.0 的概念体系诞生一样，是对社会、科技发展以及现实需求变革的考察研究与总结。

本书的主要特点有：一是系统地论述工业 4.0。无论是对社会、经济和科技发展变革引领工业革命的论述，还是对历次工业革命演进过程的描述，都给读者一条工业 4.0 的清晰演进脉络。二是对工业 4.0 的概念、内容框架及基础知识、相关技术都逐一进行了系统性阐述，帮助读者建立起工业 4.0 的基本概念和内容框架，以便深刻理解后续的关键技术和解决方案。三是本书的章节设计力求全面、科学，逻辑性强，能让读者循序渐进地学习书中的内容。四是全面、系统地论述了工业 4.0 的知识、基础技术、关键技术及解决方案。五是本书的权威性和工业 4.0 的原生性。由于参与编写的作者大都是西门子公司的智能制造专家，而西门子本身又是工业 4.0 的重要发起公司，以及笔者留学德国和长期用德语研究工业 4.0 的第一手资料。

在本书的写作过程中力求兼顾普及与专业、理论与实践相结合，尽可能地照顾到不同层次和不同专业的读者，力求给广大读者呈现一个完整、系统和清晰的工业 4.0 体系，以便作为大家日常学习、工作的案头参考书。本书对各章节结构做了精心的设计和安排，有较强的逻辑性，力求系统性、全面性、专业性和实践性。如果您是企业管理人员，可以通过阅读第1篇和第3篇来思考企业的战略和管理，了解如何基于工业4.0来成功实现企业转型升级，商业模式的创新，提升企业的核心竞争力，以适应新时代企业发展趋势。如果您是企业的CIO或IT人员，您将能从书中系统获取工业4.0的技术知识和解决方案，以科学的策略和方法帮助企业向工业4.0演进，并将更深刻体会如何基于工业4.0的理念来开展企业数字化、信息化建设，并尽早规划您的职业生涯。如果您是工业4.0价值链上的一家解决方案公司或从事智能制造技术开发、服务的IT人，通过本书的学习，可以更好地确立您在产业链中的角色，了解工业4.0的发展态势、商业模式、技术架构，从而更进一步定位您所在公司的产品、技术或服务。如果您是政府部门的官员或工作人员，可以通过此书关键章节的学习来为政府规划、区域或行业发展、标准制定和为政府监管提供帮助。如果您是大专院校学生，将获得从现有课本无法获取的知识，完善自己的知识结构，及早规划职业生涯，为走向社会提供良好的帮助。总之，本书是值得所有关注工业4.0的读者一读的兼顾普及性与专业性的参考书。

本书编委会主任由西门子（中国）有限公司林斌和中国医药集团有限公司原副总封多佳担任，主编为雷万云博士和西门子（中国）有限公司姚峻博士。在编委会主任协调下，雷万云和姚峻编写了大纲和各章节的主要内容要点，雷万云对全书各章节内容进行了优化和统稿工作，并撰写了前言和致谢。姚峻对西门子（中国）有限公司的技术和解决方案章节部分进行了优化和统稿。其中，第1篇由雷万云、中国民航信息网络股份有限公司王静、中国医药集团有限公司齐华编写；第4章由雷万云、西门子（中国）有限公司徐一滨、谢海龙、张兆中编写；第5章由西门子（中国）有限公司朱诚实、任张鑫、张靖、杨桂忠、刘姝琦、唐邦志、樊林、李辉编写；第6章由雷万云、西门子（中国）有限公司王保建、苏昆哲编写；第7章由雷万云、中国医药集团联合工程有限公司李厚强、北京智通翔云科技有限公司赵利华编写；第8章由雷万云、中国民航信息网络股份有限公司王静编写；第9章由西门子（中国）有限公司朱诚实、王晓玲、雷万云编写。

工业4.0是一个跨学科的复杂巨系统，并且由于时间仓促，参与编写的作者众多，对于书中的疏漏和不当之处，敬请读者批评指正。关于对本书的建议和意见可以在我的新浪博客（http://blog.sina.com.cn/alexalei）留言互动或写信到我的邮箱（Alexalei@189.cn）进行交流。

雷万云博士

2019年5月于北京

目　录

第1篇　工业4.0的概念、框架及意义

第2篇 工业4.0的关键技术和解决方案

第 3 篇 企业组织向工业 4.0 演进的策略与方法及案例

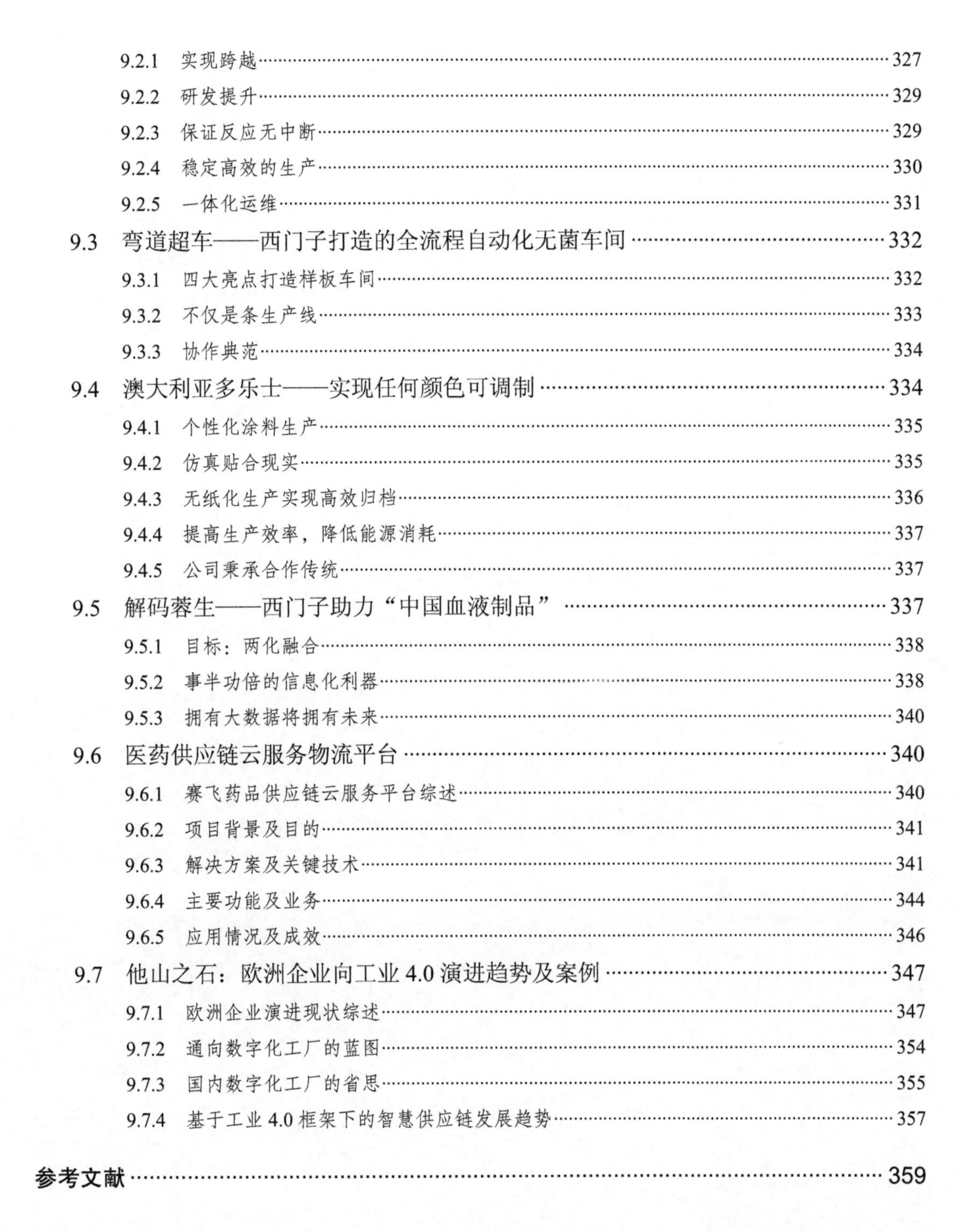

第1篇 工业4.0的概念、框架及意义

第1章
新科技革命引发第四次工业革命

纵观人类社会和科技发展史，我们不难看出，科技革命必将引发产业革命。当前，以云计算、大数据、智能制造和5G为代表的新一代ICT科学技术的发展，加快催生了新一轮科技革命和产业变革，我们已感觉到工业4.0时代正在向我们走来。如何认识和把握当今世界科技发展的新趋势、新特点？如何牢牢抓住和把握新科技革命的历史机遇，实现我国的科技跨越式发展？我国的企业又该如何应对新一轮技术变革带来的机遇和挑战，并以科学的系统的方法向工业4.0时代迈进？这些问题正是本书讨论的主旨。本章首先系统地阐述这一主题。

1.1 新科技革命正在引发产业革命

我们把科学革命与技术革命总称为科技革命。科学革命主要指科学理论、方法、思维方式等发生了巨大的突破性进展。科学革命即科学的理论范式发生了根本性变革。技术革命主要指技术体系原理的根本性变革。

科学革命、技术革命和产业革命之间有一定的线性关系。一般来讲，科学革命是技术革命的基础与理论前提，科学革命一般不会直接引发产业变革；技术革命则能够直接对生产力与生产方式产生影响，成为推动产业革命爆发的直接驱动力。

所谓21世纪的新科技革命，是指当今科技前沿领域以生命科技为基础，同时融合信息科技为代表的最有可能取得突破性进展的新科技成就。它本质上是20世纪后半叶科技革命的延续与拓展，与科学革命相关而重点聚焦于技术革命，同时影响到新的产业变革。马克思认为，产业革命就是指生产力的革命。产业革命最初指发生于18—19世纪英、美、日等发达国家并引发世界范围内的机器大工业生产替代手工工业生产的革命性变革。所谓产业变革一般指社会物质生产部门结构的革命或变革，是技术革命的成果在生产中的广泛应用，当社会经济运行模式和生产方式发生变革时，

才意味着产业变革的发生。但从目前来看，更多的人将产业革命等同于工业革命，例如，美国著名历史学家R.P. 帕尔默等提出了Industrial Revolution可这被译为“产业革命”，也可被译为“工业革命”。学者们已积极探讨这些变革及其特征属性。科技革命正处于集中爆发的前夜。中国科学院研究员何传启认为，生命科学将会是新科技革命的基础，同时融合信息、纳米科技等，从而引发新一轮产业变革。

1.1.1 新时期的科技革命呈现出智能化、生态化等特点

首先，基础科学与新兴高技术领域分别出现跨界融合与交叉分化的发展态势，这是由新兴学科以及前沿技术领域的不断出现与创新引起的。新的科技发展模式正在形成，实现从基础科学到应用技术产业领域发展的新境界。例如，新一轮信息技术与脑科学、数学等学科领域的交叉融合将会极大地推动人工智能、机器人技术产业的发展，同时对人类在新时期揭示大脑的秘密也具有重要的促进作用。其次，科技革命的发展更加注重绿色服务化与生态文明化，正所谓“绿水青山就是金山银山”。工业化的进程虽然带来了生产力的巨大变革，但其负面影响特别是对环境与资源方面的负面影响日益严重，21世纪人类面临的发展问题更为严峻与迫切，这就要求科技要向绿色化、智能化、生态化的方向发展。未来的科技革命将注重生态环境的修复与保护、自然资源的合理利用，致力于开发新能源等绿色技术产品。

第四次工业革命具有一些明显的特征。首先是生产方式将发生根本性变革，数字智能化将成为主流模式。21世纪信息技术革命仍具有主导性地位，其本质就是包括信息、数字、智能化的一场技术革命。这些信息化科技与生产管理方式的深度融合形成协同创新，一方面会引发传统产业的转型升级、推动新兴产业的发展，更重要的是它会引发生产方式、生产组织模式，甚至人类思维模式的全方位变革。其次，能源结构将以互联网配置的可再生能源为主体结构模式。新时期能源技术革命的关键就是要使可再生能源成为能源结构的主体，同时新能源技术本身也是众多技术的融合点。新一轮产业变革的能源主体是以诸如风能、太阳能、潮汐、地热等可再生能源为主体，同时以“可再生能源+新型互联网通信技术”为核心模式，并且产生新的能源储备技术，实现资源的合理利用与经济社会的持续发展。

1.1.2 新科技革命与产业变革的互动具有复杂性

首先，科技革命与产业变革有直接的因果联系，但科技革命只有在合理的社会体制与经济条件下才能引发产业变革，这从第一、二次工业革命中均可以看出来。第一次工业革命是以力学为理论基础，蒸汽机的发明则是理论的实际应用，由此引发了机器大工业生产

等变革，而力学基础早在17世纪科学革命中已经奠定。第二次工业革命，科技与产业关联的效应更加明显，热力学电磁理论等直接推动了内燃机及电动机等产业革命。产业变革的直接动力来自科技革命，但并非任何科技革命都一定会引发产业变革。例如，哥白尼的天文学革命并未引发产业变革。古希腊的希罗发明了类似于蒸汽机的一种动力机器，完全算是一场技术革命，但未能引起一场产业变革，这也是出于一定的社会经济原因。21世纪，国际科技合作交流日益深化，经济全球化进一步加深，各主要发达国家对新一轮科技革命的到来都高度重视，这就为即将到来的产业变革奠定了良好的经济制度、社会制度、环境条件的基础。欧、美、亚洲等具有良好社会制度及科技发展土壤的国家将会成为新一轮产业变革的重点爆发区域。

其次，新一轮产业变革的重要推动力不仅仅来自前沿高技术的突破，更多的是来自人类日益增长的精神文明需求与开拓高级绿色工业文明的需要。诸如新能源、信息技术、生命科学等前沿科技领域正处于大规模突破爆发的酝酿期，必然会引发相应领域的产业变革。同时，21世纪科技发展迅猛，随着人类物质生活的极大丰富，精神文明的需求愈发成为引领产业变革的重要动力。产业变革更多地表现为人类深入认识自然环境，适应自然以永续发展的迫切需要。与历次工业革命不同的是，新一轮产业变革更加注重生态绿色的发展方向，改变了以往单纯追求经济发展的生产方式，向着人与自然生态系统和谐的可持续发展的绿色工业转变。新一轮产业变革能够解决以往产业变革所不能解决的问题，诸如环境恶化、资源枯竭、人口增长等现实问题。新一轮产业变革的动力从某种程度上正是人们对迫切需求改变这一现状的需要而产生的，产业变革的直接动力表现得更加迫切与明显，这种需求与动力甚至引领相关技术领域发生变革。例如，21世纪发展潜力巨大的生命科学将是解决生态系统恶化，开拓绿色产业文明的直接手段，基于目前迫切的现实需求，生物工程技术会重点在农业、医药卫生等领域展开和推进，引发技术变革。因此，21世纪新科技革命与产业变革表现为更加复杂的互动关系，而不仅仅是直接的线性推进关系。在此情况下，应注重战略性新兴产业的发展，并加强科技政策与产业政策的协调互动，共同推动国家的科技进步。

1.1.3 注重战略性新兴产业的发展，兼顾传统产业

传统产业是指传统技术的比例占55%以上，并以传统产品为主的产业。而战略性新兴产业是指具有先导性与战略性，同时会带动国民经济和社会长远发展，未来成长潜力巨大的产业。长期以来，国民经济体系以传统产业为主导。但随着新一轮科技革命与产业变革的逐渐兴起、发达国家的再工业化与重振制造业的崛起，传统产业面临着转型升级的巨大压力，而战略性新兴产业正是在新的形势下形成的。

战略性新兴产业与传统产业应有明显的区分，自身应有明确的发展规划与路线。传统产业与战略性新兴产业的最大不同在于：前沿科技之间、前沿科技与产业之间的跨界融合是催生战略性新兴产业的重要动力，战略性新兴产业伴随着技术创新而产生，历史上的科技革命也表明了新的科技对于新兴产业的形成具有直接的推动作用。21世纪，随着各种前沿性高技术的兴起，创新驱动成为推进新一轮产业变革的重点。因此，战略性新兴产业的发展重点应以前沿技术的突破创新为基点，重点关注核心技术的突破。同时，战略性新兴产业在遵循自身发展时也应当注意与传统产业的结合，传统产业是根本，战略性新兴产业是先导。战略性新兴产业可以基于传统产业而发展，传统产业的结构优化升级可以激发培育战略性新兴产业。但战略性新兴产业的发展应有明确的导向性与目标，把科技创新发展带来的成果惠及民生，实现综合国力的提升与社会经济的全面提高。

另外，在战略性新兴产业的选择上，应当结合本国的科技发展现实情况来进行。首先需要考虑基础科学的优势研究领域；其次需要考虑能够提升国际产业竞争、满足自身发展需要的科技领域；最后需要考虑科技成果产业化等现实条件，前沿技术合理地实现产业化形成的创新驱动力可以引发辐射效应并优化产业结构，推动战略性产业集群的发展。可以通过智能化数字再造、核心技术裂变、两化融合等多种方式来实现战略性新兴产业的发展，兼顾传统产业与战略性新兴产业的关系，加强两大产业群的融合度，形成创新的经济增长潜力。

1.1.4 科技政策与产业政策的协调，推进国家科技发展战略

科技政策由政府制定，旨在协调整合国家发展与科技进步的有机关系，是国家政策重要的组成部分。产业政策主要关注产业的发展形成等方面。可以看出，科技政策的作用范围更为宏观，产业政策从具体的领域出发，推动社会与经济的发展。相比科技政策，产业政策的作用对象和范围更加具体，可以直接深入影响产业结构、产业组织以及社会经济的运行结构。

首先，科技政策应为产业政策服务。科技政策作为科技活动的手段与工具，同时具有经济与社会双方面的属性与目标。科技政策的合理制定与实施，对促进前沿技术进步、提升产业核心技术水平等具有重大的作用与意义。当今的科技政策不仅关注国家的科技发展，同时还考虑国际竞争、经济增长、产业发展等综合因素，并且随着当今世界经济全球化、科技合作的日益加深而逐渐发展为多元化的政策，以此来更好地统筹协调国家或区域的科技与产业发展，促进经济增长。

其次，科技政策的实施与发展需要产业政策的指引。当下企业愈发成为科技创新的产业主体，需要提升科技实力、提高自身的服务及产品质量等综合实力。现实中多方面的需

求使得企业需要从多方面提升自己。企业会革新已有技术、加大创新投入、改善现有生产及工艺流程，这些措施必定对科技政策的实施和创新提供更多机会。另一方面，对于一些旧有的落后产业，相关产业政策会针对其情况进行产业改造与重组，通过改善提升产业结构等措施，促进科技创新，以此来引导新的科技政策的制定与实施。

最后，在新一轮科技革命背景下，科技政策与产业政策应相互协调来共同支持国家的发展战略，以此来抓住机遇，实现综合国力的提升。对于当今国家科技实力的提升与社会经济增长来说，科技政策与产业政策有着不可或缺的重要作用。科技政策要以产业发展为基础，以企业创新为主体、市场需求为导向，努力突破能提升经济发展的关键技术；产业政策要积极引导、协调科技政策的实施，在新一轮科技革命与产业变革中抓住机遇，实现综合国力的提升。

第一次工业革命诞生于英国，英国因此成为了“日不落”帝国；第二次和第三次工业革命都诞生于美国，美国由此开启百年巅峰之路。2013年，德国率先向世界推出“工业4.0国家战略”，与美国争夺全球新工业革命的主导权。可以看出，这是一场未来之战。

时代浪潮汹涌澎湃，企业脚步一日千里。如今的制造不再是简单的流水线生产、机械式复制，工业4.0的到来，让科技的力量更加凸显。无论是美国工业互联网、德国工业4.0还是中国制造2025，核心都是智能制造。智能制造是复杂无比的巨系统，是互联网和物联网对工业的颠覆和再造。推进智能制造，是全球工业发展的必由之路，也是中国制造转型升级的主攻方向；打造智能工厂，是加速传统制造迈向智能制造的现实需要，也是中国制造由大变强的蜕变之旅！

1.2 历次工业革命的演进

我们正站在技术革命的风口，技术革命将从根本上改变我们的社会、工作和生活方式。在其规模、范围和复杂性上，这种转变将不同于人类以前所经历的任何事情。我们还不知道它将如何展开，但有一点是清楚的：它的反应必将是综合的和全面的，涉及全球政治经济体系内的所有利益相关者，从国家发展，社会、科技进步和经济发展到大众生活。

为了进一步使读者有一个系统的认知，我们简要回顾一下历次工业革命的演进过程，如图1-1所示。

正如1.1节所述，工业革命有时又称产业革命，指资本主义工业化的早期历程，即资本主义生产完成了从工场手工业向机器大工业过渡的阶段。它是以机器生产逐步取代手工劳动，以大规模工厂化生产取代个体工场手工生产的一场生产与科技革命，后来又扩充到其他行业。这一演变过程叫作工业革命。

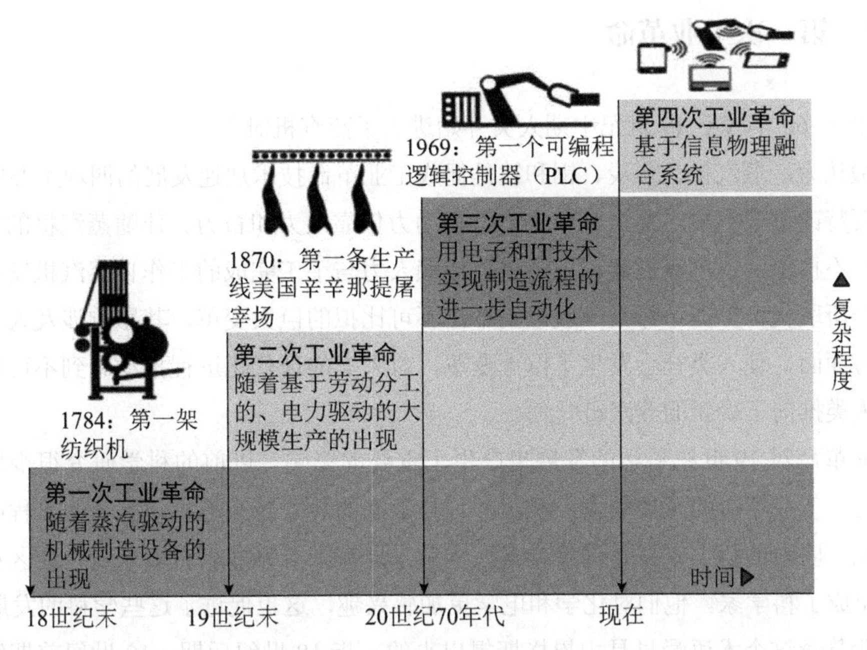

图 1-1　历次工业革命的演进

工业革命开始于 18 世纪 60 年代，到了 18 世纪后半期，其在英国的进展已经很显著了。通常认为工业革命发源于英格兰中部地区，是指资本主义工业化的早期历程，即资本主义生产完成了从工场手工业向机器大工业过渡的阶段。工业革命是以机器取代人力，以大规模工厂化生产取代个体工场手工生产的一场生产与科技革命。由于机器的发明及运用成为这个时代的标志，因此历史学家称这个时代为“机器时代”（the Age of Machines）。18 世纪中叶，英国人瓦特改良蒸汽机之后，一系列技术革命引起了从手工劳动向动力机器生产转变的重大飞跃，随后向英国乃至整个欧洲大陆传播，19 世纪传至北美。一般认为，蒸汽机、煤、铁和钢是促成工业革命技术加速发展的四项主要因素。英国是最早开始工业革命也是最早结束工业革命的国家。

工业革命是由资本主义经济发展的客观要求决定的。

（1）资产阶级革命废除了封建制度，消除了不利于资本主义发展的种种束缚，为工业革命创造了重要的政治前提；

（2）消除农业中的封建制度和小农经济，为资本主义大工业的发展提供了充分的劳动力和国内市场（表现在英国的圈地运动）；

（3）资本主义原始积累过程，提供了资本主义大工业所必需的大批自由劳动力和巨额的货币资本（殖民）；

（4）资本主义工场手工业长期的发展，为大机器生产的出现准备了技术条件。

1.2.1 第一次工业革命

18 世纪 60 年代至 19 世纪中期人类开始进入了蒸汽机时代。

一般认为，蒸汽机、焦炭、钢和铁是促成工业革命技术加速发展的四项主要因素。

在瓦特改进蒸汽机之前，整个生产所需动力依靠人力和畜力。伴随蒸汽机的发明和改进，工厂不再依河或溪流而建，很多以前依赖人力与手工完成的工作自蒸汽机发明后被机械化生产所取代。工业革命是一般政治革命不可比拟的巨大变革，其影响涉及人类社会生活的方方面面，使人类社会发生了巨大变革，对人类的现代化进程推动起到不可替代的作用，把人类推向了崭新的蒸汽机时代。

工业革命对 19 世纪科学的发展也产生了重要的影响。以前的科学研究很少用于工业生产，随着工业革命的发展壮大，工程师与科学家的界限越来越小，更多的工程师埋头做科学研究。以前的科学家多是贵族或富人子弟，现在则有许多来自工业发达地区和工人阶级的子弟成了科学家。他们对化学和电学更加感兴趣，这也促进了这些学科的发展。

工业革命这个术语最早是由恩格斯提出来的，指 18 世纪后期—19 世纪前期发生在英国的从手工生产转向大机器生产的技术、经济变革，后来逐渐扩散到世界各国。工业革命是资本主义发展史上的一个重要阶段，它实现了从传统农业社会转向现代工业社会的重要变革。工业革命是生产技术的变革，同时也是一场深刻的社会关系的变革。从生产技术方面来说，它使机器代替了手工劳动；工厂代替了手工工场。从社会关系说，它使社会明显地分裂为两大对立的阶级——工业资产阶级和工业无产阶级。17—18 世纪，英法等国资产阶级革命的胜利，为生产力的发展扫清了道路；资本主义工场手工业的发展和科学技术的发明，为向机器大工业过渡准备了条件。随着市场的扩大，以手工技术为基础的工场手工业不能满足市场的需要，资产阶级为追求利润，广泛采用新技术。工业革命在 18 世纪 60 年代开始于英国，首先从棉纺织业开始，80 年代因蒸汽机的发明和使用得到了进一步发展。继英国之后，法、美等国也在 19 世纪中期完成工业革命。它极大地促进了社会生产力的发展，巩固了新兴的资本主义制度，引起了社会结构和东西方关系的变化，对世界历史进程产生了重大影响。

工业革命不能仅仅归因于一小群发明者的天才。天才无疑起了一定的作用，然而，更重要的是 18 世纪后期种种起作用的有利力量的结合。除了在强有力的需求刺激下，发明者很少做出发明。作为种种新发明的基础的许多原理在工业革命前数世纪已为人们所知道，但是，由于缺乏刺激，它们未被应用于工业。例如，蒸汽动力的情况就是如此。蒸汽动力在希腊化时代的古埃及已为人们所知道，甚至得到应用，但是，仅仅用于开关庙宇大门。不过，在英国，为了从矿井里抽水和转动新机械的机轮，急需一种新的动力之源，其结果是引起了一系列发明和改进，直到最后研制出适宜产业化生产的蒸汽机。

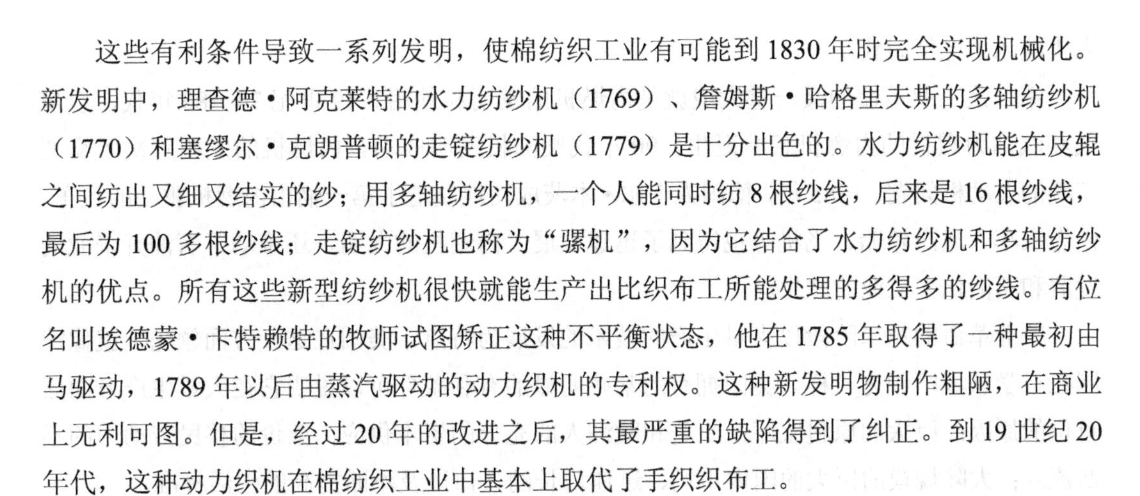

这些有利条件导致一系列发明，使棉纺织工业有可能到1830年时完全实现机械化。新发明中，理查德·阿克莱特的水力纺纱机（1769）、詹姆斯·哈格里夫斯的多轴纺纱机（1770）和塞缪尔·克朗普顿的走锭纺纱机（1779）是十分出色的。水力纺纱机能在皮辊之间纺出又细又结实的纱；用多轴纺纱机，一个人能同时纺8根纱线，后来是16根纱线，最后为100多根纱线；走锭纺纱机也称为“骡机”，因为它结合了水力纺纱机和多轴纺纱机的优点。所有这些新型纺纱机很快就能生产出比织布工所能处理的多得多的纱线。有位名叫埃德蒙·卡特赖特的牧师试图矫正这种不平衡状态，他在1785年取得了一种最初由马驱动，1789年以后由蒸汽驱动的动力织机的专利权。这种新发明物制作粗陋，在商业上无利可图。但是，经过20年的改进之后，其最严重的缺陷得到了纠正。到19世纪20年代，这种动力织机在棉纺织工业中基本上取代了手织织布工。

正如纺纱方面的发明导致织布方面相应的发明一样，某一工业中的发明促进了其他工业中相应的发明。新的棉纺机引起对新动力的需要，这种新动力要比传统的水车和马力所能提供的动力更充裕、更可靠。约1702年前后，一台原始的蒸汽机已由托马斯·纽科门制成，并被广泛用于从煤矿里抽水。但是，比起它能提供的动力来，它消耗的燃料太多，所以经济上仅适用于煤田本身。1763年，格拉斯哥大学的技师詹姆斯·瓦特开始改进纽科门的蒸汽机。他同制造商马修·博尔顿结成事业上的伙伴关系，博尔顿为相当昂贵的实验和初始的模型筹措资金。这一事业证明是极其成功的：到1800年即瓦特的基本专利权期满终止时，已有500台左右的博尔顿－瓦特蒸汽机在使用中。其中38%的蒸汽机用于抽水，剩下的用于为纺织厂、炼铁炉、面粉厂和其他工业提供旋转式动力。但是，蒸汽机的顺利发明也离不开当时的自然环境与社会因素，早在公元前120年，古埃及就有人曾研究过使用蒸汽作为动力。据统计，在此后的一千八百多年里，试用蒸汽作为动力的发明者不少于二十人，但他们都未制成较为完善的蒸汽机，并广泛运用于生产。于是，有人说：“如果瓦特早出生一百年，他和他的发明将会一起死亡！”由此可见，环境也是十分重要的。

1.2.2 第二次工业革命

1870年以后，科学技术的发展突飞猛进，各种新技术、新发明层出不穷，并被迅速应用于工业生产，大大促进了经济的发展。这就是第二次工业革命。当时，科学技术的突出发展主要表现在三个方面，即电力的广泛应用、内燃机和新交通工具的创制、新通信手段的发明。

第二次工业革命以电力的广泛应用为显著特点。从19世纪60—70年代开始，出现了一系列电气发明。德国人西门子制成发电机，比利时人格拉姆发明了电动机，电力开始用于带动机器，成为补充和取代蒸汽动力的新能源。电力工业和电器制造业迅速发展起来。

人类跨入了电气时代。

第二次工业革命的又一重大成就是内燃机的发明和使用。19世纪70—80年代，以煤气和汽油为燃料的内燃机相继诞生，90年代柴油机发明成功。内燃机的发明解决了交通工具的发动机问题。1885年，德国人卡尔·本茨成功地制造了第一辆由内燃机驱动的汽车。内燃机车、远洋轮船、飞机等也得到了迅速发展。内燃机的发明，还推动了石油开采业的发展和石油化工工业的产生。

工业革命的第二阶段以大量生产的技术的发展为特点。美国在这一方面领先，就像德国在科学领域中领先一样。美国拥有的某些明显的有利条件可以说明它在大量生产方面居首位的原因：巨大的原料宝库；土著和欧洲人的充分的资本供应；廉价的移民劳动力的不断流入；大陆规模的巨大的国内市场、迅速增长的人口以及不断提高的生活标准。

大量生产的两种主要方法是在美国发展起来的。第一种方法是制造标准的、可互换的零件，然后以最少量的手工劳动把这些零件装配成完整的单位。美国发明家伊莱·惠特尼就是在19世纪开始时用这种方法为政府大量制造滑膛枪。他的工厂因建立在这一新原理的基础上，引起了广泛关注，受到了许多旅行者的访问。其中有位访问者对惠特尼的这种革命性技术的基本特点作了恰当的描述："他为滑膛枪的每个零件都制作了一个模子；据说，这些模子被加工得非常精确，以致滑膛枪的每个零件都可适用于其他任何滑膛枪。"在惠特尼之后的数十年间，机器被制造得愈来愈精确，因此，有可能生产出不是几乎相同而是完全一样的零件。第二种方法出现于20世纪初，是设计出"流水线"。亨利·福特因为发明了能将汽车零件运送到装配工人所需要的地点的环形传送带，获得了名声和财富。

1.2.3 第三次工业革命

第三次工业革命始于第二次世界大战后初期，20世纪50年代中期—70年代初期达到高潮，70年代以后进入一个新阶段。

20世纪40—50年代以来，在原子能、电子计算机、微电子技术、航天技术、分子生物学和遗传工程等领域取得的重大突破，标志着新的科学技术革命的到来。这次科技革命被称为第三次工业革命。它产生了一大批新型工业，第三产业迅速发展。其中最具划时代意义的是电子计算机的迅速发展和广泛运用，它开启了信息时代，也带来了一种新型经济——知识经济。知识经济发达程度的高低已成为各国综合国力竞争中成败的关键所在。

第三次工业革命是人类文明史上继蒸汽技术革命和电力技术革命之后科技领域里的又一次重大飞跃。它以原子能、电子计算机、空间技术和生物工程的发明和应用为主要标志，是涉及信息技术、新能源技术、新材料技术、生物技术、空间技术和海洋技术等诸多领域的一场信息控制技术革命。这次工业革命不仅极大地推动了人类社会经济、政治、文化领域的变革，而且也影响了人类的生活方式和思维方式，使人类社会生活向更高境界发展。从20世纪80年代以来，国内史学工作者对第三次工业革命史的研究日益深入，相关研究成果不断问世。

有发展就会有变革，经过科技的长足发展，以原子能、电子计算机、空间技术和生物工程的发明和应用为主要标志的第三次工业革命再次开启了一个新的领域，带来了涉及信息技术、新能源技术、新材料技术、生物技术、空间技术和海洋技术等诸多领域的一次变革。

在此次工业革命中，不仅是制造业发生了重大改变，产生了一大批的新型工业，第三产业也借此迅速发展，而电子计算机的迅速普及更是开启了全新的信息时代，经济也开始走入了知识经济的时代，因此人类的衣、食、住、行、用等日常生活的各个方面也发生了重大的改变。

1.2.4 三次工业革命对社会的冲击

三次工业革命比较：

- 第一次始于18世纪60年代，蒸汽机得到广泛应用。
- 第二次始于19世纪70年代，电力得到广泛应用。
- 第三次始于20世纪40—50年代，在原子能、电子计算机、微电子技术、航天技术、分子生物学和遗传工程等领域取得了重大突破。

每一次技术进步都会引发技术之外的社会变迁。至少在短时期内，谁是获利者？谁是失利者？正所谓，一轮明月照九州，几家欢喜几家愁？这是一个值得深思的问题，历史是面镜子。

正如第1.2.1节所述，第一次工业革命在18世纪英国西北部的纺织领域发生（蒸汽机时代）。1760年，詹姆斯·哈格里夫斯发明多轴纺纱机，俗称强力机（Power Loom），使得原来家庭式作坊从只能一个一个地纺纱，变成在保持同样质量的情况下，可以8个、16个甚至20个轴同时纺纱，效率提高十多倍，成本大幅下降。传统家庭作坊在竞争中纷纷倒闭。后来蒸汽机也用于生产，机械力替代了人力，再强壮的人力也无法与机器力相比。工业革命推动了经济高速发展。1760年英国全年生产了1300吨棉布，百年后的1860年英国全年生产19万吨棉布——纺织领域的经济效益提高了近150倍。可见，工业革命不仅是人类历史上空前的技术革新，也使得世界经济和人类财富进入了爆发期。

工业革命给社会带来了什么？是整个生产方式、社会结构的重组。原生态的小作坊纷纷消失，本来很有优越感，居于富裕阶层的作坊主人不得不委身到工厂打工。新技术动摇了他们的生活基础，降低了他们的社会地位。所以失意者不是仇恨大工厂主，而是仇恨机器。1811—1812年英国诺丁汉郡发生了反工业化的卢德运动（由卢德带头闹事），愤怒的工人们砸毁了纺织机。此运动很快蔓延到全英国，英国政府不得不派遣1.2万士兵前往镇压，而且立法规定破坏纺织机的人将被判处重刑。

第一次工业化浪潮中，农村人口移向城市，城市中形成了没有生活根基的无产阶级（马克思沿用拉丁文Proletarius一词，即古罗马时代享有罗马市民身份（不是奴隶），且来自外地的罗马贫民阶层），工业城市中出现了工伤、失业、老年、女工、童工等一系列问题，这就是改变欧洲政治生态的“十九世纪社会问题”，社会主义思潮及工人运动应运而生。

第二次工业革命（电气时代），电动机替代了蒸汽机，电力应用到工业生产的各个领域；又将生产线根据生产时间、投入能量进一步优化（细化、模块化、标准化），以便大规模地生产（mass production），这就是所谓的流水线作业。第一次大规模启用流水线的是美国人亨利·福特，第一辆完整通过流水线生产的汽车型号是Ford T。福特公司的汽车产量倍增，成本骤降。这一模式推广到欧洲各国，德国大众汽车就是其中的佼佼者，甲壳虫汽车荣登世界汽车销售量第一位。流水线成为工业生产的主流，也促使了电力、钢铁、铁路、化工、汽车等重工业的兴起。

从技术与社会角度来看，因为提高了生产效率，企业主的赢利大幅提高，财富增长大大超越以前的小作坊和传统工厂。另一方面，工人的工作时间和工作强度也大幅降低，19世纪美国工人每天工作12小时，而到了1914年福特首次实现了1830年前后英国社会主义者欧文提出的“八小时工作制”设想。福特声称，通过他对生产线的“科学优化”——组装一辆车子，从原来需要12.5小时，降低到1.5小时——福特找到了劳资双方共赢的一种方法。因为工人工资提高，且产品成本降低，从而价格降低，因此普通工人也能买得起汽车。这就是20世纪欧美重要的特征：美国式的生活之路（American Way of Life）。

但从负面而言，所谓流水线，就是把人也变成机器，变成机器的一个零件、资本运作中的一项生产成本。人们在流水线的一个特定位置工作，天天只做一项重复劳动，只有一个动作。而且也不知道该工作在整个生产流程中处于什么环节，所生产的零件用于哪里。这种生产方式迥异于传统的农耕生产和作坊生产，长此以往，会导致人的心理异化，卓别林的电影《摩登时代》、蒙克等表现主义绘画，就是以艺术手法再现了这种异化现象——直到第二次世界大战后，生产的人性化才引起社会重视，成为企业文化的一个重要部分。

到了第三次工业革命（信息时代），将电子技术、数字技术应用到生产上，出现了数控机床、机器人等机械。日本丰田公司改进了生产管理，使汽车生产效率、质量大幅提高，被誉为福特之后的第二次汽车业革命，以致现代管理的许多名词使用日语。例如，Kanban（看板管理）；Kaizen（持续改进）——根据学者对系统的优化设计来改变人的举止、人与人之间的关系，以提高生产效率。即把人也看作一种产品，一种资本，不知道这是在优化人种还是在退化人种，至少是异化了人种。

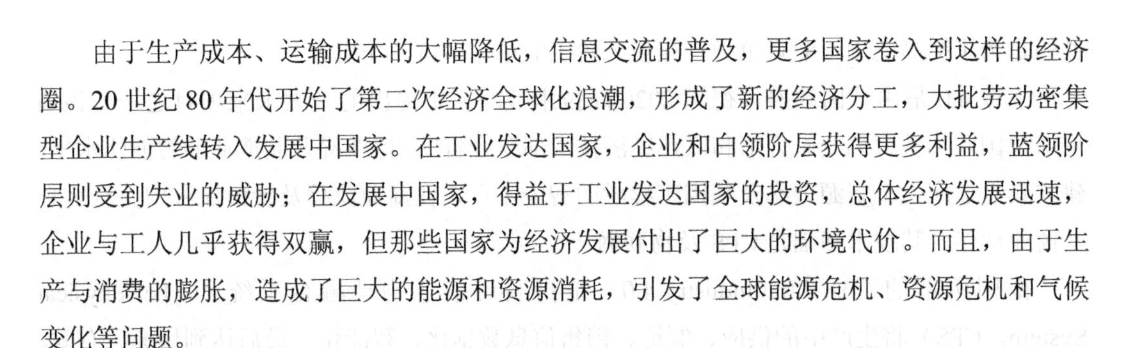

由于生产成本、运输成本的大幅降低，信息交流的普及，更多国家卷入到这样的经济圈。20世纪80年代开始了第二次经济全球化浪潮，形成了新的经济分工，大批劳动密集型企业生产线转入发展中国家。在工业发达国家，企业和白领阶层获得更多利益，蓝领阶层则受到失业的威胁；在发展中国家，得益于工业发达国家的投资，总体经济发展迅速，企业与工人几乎获得双赢，但那些国家为经济发展付出了巨大的环境代价。而且，由于生产与消费的膨胀，造成了巨大的能源和资源消耗，引发了全球能源危机、资源危机和气候变化等问题。

由此可见，技术发展一方面促进了经济发展，另一方面也衍生了许多社会问题。如今进入到第四次工业革命，将互联网技术应用到生产过程中，应当能进一步促进生产和经济发展。但以往三次工业革命所产生的社会问题，马克思对第一次和第二次工业革命的思考，又会再度被提出。

技术进步对汽车工业的冲击：第一次工业革命用蒸汽机替代了人力，第二次工业革命通过流水线优化了人力生产，第三次工业革命通过自动化替代了人工，第四次工业革命通过网络和智能机器人替代人——每一次工业革命的结果都是减少人工劳动。约翰·布朗（Jenn Brown）和埃星克·利弗（Eric Leaver）提出的未来工业将走向“无人工厂”，高兴还是恐惧？工厂无人，人怎么办？都离开工厂而流浪街头？技术进步的孪生现象就是失业？前三次工业革命发生时人们最担心的就是这点。好在除了第一次工业革命外，另两次似乎都没有发生非常严重的失业问题，甚至最终还给社会增加了就业。那第四次工业革命会发生什么？对于这个问题，我们将在第2章对德国工业4.0进行系统分析来给予回答。

从第一次工业革命至今，科学技术转化为直接生产力的进程正不断加快，从照相机的发明到大规模应用经过了122年，而从电视机的发明到应用只用了5年，技术更为复杂的原子能，从发现到应用到第一座核电站上也仅仅用了15年。

不难看出，随着科学和技术的不断结合，科研的探索领域也正在不断扩展，而且在技术革新之后也可以更快地投入到应用中来。科学与技术相互渗透，科学、技术、生产形成了统一的革命过程。

1.3 第四次工业革命正在拉开序幕

所谓工业4.0，是基于工业发展的不同阶段做出的划分。按照目前的共识，如1.2节所述，工业1.0是蒸汽机时代，工业2.0是电气化时代，工业3.0是信息化时代，工业4.0则是利用信息物理融合技术（CPS）促进产业变革的时代，也就是所谓的智能化时代。

这个概念最早出现在德国，于2013年4月的汉诺威工业博览会上正式推出，其核心目的是为了提高德国工业竞争力，在新一轮工业革命中占领先机。

工业 4.0 是由德国政府《德国 2020 高技术战略》中提出的十大未来项目之一。该项目由德国联邦教育局及研究部和联邦经济技术部联合资助。旨在提升制造业的智能化水平，建立具有适应性、资源效率及基因工程学的智能工厂，在商业流程及价值流程中整合客户及商业伙伴。其技术基础是 CPS 及物联网。

德国所谓的工业 4.0（Industry 4.0）是指利用信息物理融合系统（Cyber-Physical System，CPS）将生产中的供应、制造、销售信息数据化、智能化，最后达到快速、有效、个性化的产品供应。

众所周知，德国的制造业是世界上最具竞争力的产业部门之一，这归功于德国制造业能够管理复杂的工业生产过程，不同任务由位于不同地点的合作伙伴完成。近二三十年来，德国制造业已成功地利用信息通信技术（ICT）实现了对工业生产过程的管理。如今，大约 90% 的工业生产过程已应用了 ICT 技术。在过去三十年甚至更早以前，信息技术（IT）革命使我们生活和工作的世界发生了彻底改变，其影响力可媲美分别成就前两次工业革命的机械和电力。

随着个人电脑向智能设备演变，一种新的趋势开始显现，越来越多的 IT 基础设施和服务通过智能网络（云计算）来提供。伴随着新一代 IT 技术的飞速发展，这一趋势宣告了人们期盼的普适计算已成为现实。

通过无线，越来越多功能强大的、自主的微型电脑（嵌入式系统）实现了与其他微型电脑和互联网的互联。这意味着物理世界和虚拟世界（网络空间）以信息 - 物理系统（CPS）的形式实现了融合。

新的互联网协议 IPv6 于 2012 年推出后，目前已经有足够多的 IP 地址可供智能设备通过互联网实现直接联网。于是，网络资源、信息、物体和人之间能实现物联网及服务互联网。这也将扩展到工业领域，在制造业中，这种技术演化可以描述为“第四阶段的工业化”或“工业 4.0”。

德国充分利用其作为世界领先的制造设备供应商及在嵌入式系统领域的传统优势，通过利用物联网及服务互联网向智能制造领域扩展这一趋势，在向第四阶段工业化迈进的过程中先发制人。

正在展开的这次技术革命规模极大、范围极广，将引发经济、社会和文化等诸多领域的变革，其影响将非常深刻，我们几乎无法预判。尽管如此，我们还是要描述并分析、预测第四次工业革命对经济、企业、政府、国家、社会及个人的潜在影响。

在所有这些领域，最重大的影响之一可能来源于赋权，即政府如何与公民互动；企业如何与雇员、股东和客户互动；超级大国如何与小国互动。因此，随着第四次工业革命颠覆现有的政治、经济和社会模式，被赋权者必须认识到，他们属于一个分散的权力系统，

需要在相互交往中加强协作，方能取得成功。

1.3.1 经济爆发式增长和就业困境

第四次工业革命将对全球经济产生深远的影响，由于影响的范围非常广泛且涉及众多领域，所以我们很难对某个影响进行孤立地分析。事实上，你能想到的所有宏观变量，包括GDP、投资、消费、就业、贸易、通货膨胀等，都会受到影响。在此，笔者想重点阐述两个最关键的方面：增长和就业。

1. 经济增长还是衰退

关于第四次工业革命对经济增长的影响，经济学家们也莫衷一是。技术悲观主义者认为，数字革命的关键性贡献已经完成，它对生产效率的影响已经到了强弩之末。而反方阵营的技术乐观主义者则称，技术和创新正处于拐点，将很快推动生产效率的大幅上升，加速经济增长。

虽然两方观点都有道理，但我们仍然保持务实的乐观主义态度。我们清楚技术对通货紧缩的潜在影响（即便被定义为“良性通缩”），及其分配效应是如何轻视劳动力而偏向资本以及挤压工资（由此挤压消费）的。我们也看到，第四次工业革命有助于很多人以更低价格享受更多服务，并在一定程度上使消费行为更具可持续性、更加负责。

2. 被改写的劳动力市场

尽管技术可能对经济增长产生积极影响，但是我们也必须应对其可能产生的消极影响，至少在近期要缓解技术对就业市场产生的负面影响。

为了理解这个问题，我们必须明白技术对就业产生的两个相互对立的影响：一方面，技术对就业是有破坏效应的，因为技术带来的颠覆和自动化会让资本取代人工，从而导致工人失业，或者把他们的技能用到其他地方；另一方面，这样的破坏效应也伴随着资本化效应，对新商品和新服务需求的增加，会催生全新职业、业务，甚至是全新行业。

关于新兴技术对就业市场的影响，人们的观点基本上可以分为两派：一派是乐观观点，他们认为工人被技术取代后就会找到新的工作，而且技术也会激发新一轮的繁荣；另一派则认为技术会导致大范围的失业，从而导致社会和政治冲突加剧。历史告诉我们，最终的结果会介于两者之间。问题是，我们应该采取何种措施让结果朝着更积极的方向发展，同时帮助处于转型期的那些人？

应用经济就是创造新就业机会的案例，这个经济模式开始于2008年，当时苹果公司创始人史蒂夫·乔布斯决定让外部开发者为iPhone手机开发应用。截至2015年年中，全球应用经济产生的收入规模预计就超过了1000亿美元，高于已经存在了一个多世纪的电影行业的收入规模。

3. 新型弹性工作革命

15 年前，丹尼尔·平克（Daniel Pink）在《自由工作者的国度》（*Free Agent Nation*）一书中描述了未来的工作更像是员工和公司之间的一系列交易，而不是一种持久的关系。

今天，共享经济从根本上改变了我们与工作的关系，也改变了这种经济模式下的社会结构。越来越多的雇主利用“人力云”（human cloud）来完成工作：他们把专业工作细分为多个精确的任务和彼此独立的项目，然后上传到由来自世界各地的工作者所组成的虚拟云上。这是新型共享经济，在这种经济模式下，提供劳务的人不再是传统意义上的员工，而是从事特定工作的独立个人。纽约大学斯特恩商学院阿伦·桑德拉拉詹（Arun Sundararajan）教授说：“未来可能会有一部分人通过做各种各样的事情来获取收入——你既可以是优步司机，又可以是 Instacart 的采购员，Airbnb 的房东，也可以在 Taskrabbit 上做临时工。”

对于在人力云平台工作的那些人而言，最大的优势在于自由（是否工作的自由），同时因为他们属于全球虚拟网络的一部分，所以也具有无与伦比的机动性。有些个体工作者认为这样的工作模式压力小、自由度大、工作满意度高，是一种理想的工作状态。

1.3.2　企业不改变就灭亡

增长模式、就业市场和未来工作的变化会对所有组织产生影响。除此之外，有证据表明，那些推动第四次工业革命的技术正在对企业的领导、组织和资源配备方式产生重大影响，这集中体现为标准普尔 500 指数覆盖的企业平均寿命越来越短——从 60 年下降到 18 年。另外一个变化是新企业获得市场支配地位、收入达到较高水平所需的时间越来越短。Facebook 花了 6 年时间使其年营业收入达到 10 亿美元，而 Google 只花了 5 年就达到了这个目标。新兴技术几乎都是由数字技术催生和驱动的，在它们的影响下，企业变革的速度在加快，范围在拓展。

笔者经常参加一些国际、国内的不同展览会和 IT 管理峰会，在会议中与一些政府官员和企业高管交流时，对上述现象进一步的讨论也验证了我们的基本观点——当今信息的泛滥以及颠覆和创新速度的加快都是很难理解或预料的，它们不断地让我们感到惊讶。在这个环境下，企业领袖能否持续不断地学习、调整并质疑自己对于成功的认知和运营模式，将决定他们能否在下一代企业领袖中脱颖而出。

因此，面对第四次工业革命对企业的冲击，企业领袖的当务之急便是审视自身和自己的组织：是否有迹象表明组织和领导层具有学习和变革的能力？企业开发原型产品、做投资决策的速度是否一直够快？企业文化是否包容创新和失败？我所看到的一切均表明，变

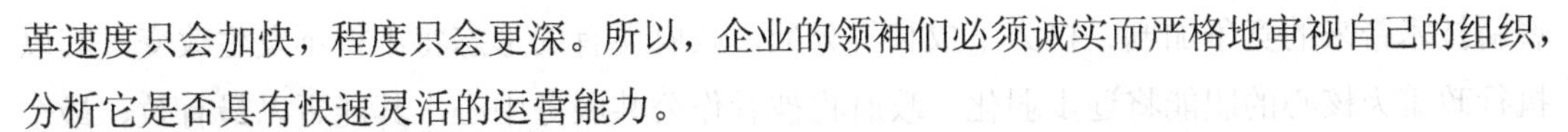

革速度只会加快，程度只会更深。所以，企业的领袖们必须诚实而严格地审视自己的组织，分析它是否具有快速灵活的运营能力。

颠覆的来源不同，对企业的影响也不同。

在供给侧改革中，许多行业都在引入新技术，以便采用全新的方式满足现有需求，极大地颠覆了传统的价值链。这样的例子不胜枚举。在能源行业，新型存储和电网技术将加快行业的去中心化；3D 打印技术的普及也会让分布式制造和零部件保养变得更加便捷和便宜；实时信息和资讯将针对客户和资产绩效提供独特见解，从而进一步强化其他技术趋势。

那些灵活的创新型竞争对手也为颠覆提供了原动力，常言道，敌人使你成功，就是这个道理。竞争对手利用研发、推广、销售和分销领域的全球性数字平台，以更好的质量、更快的速度和更低的价格为客户提供价值，从而超越因循守旧的企业，而这类企业还沉浸在传统中优势之中，为过去的成就而沾沾自喜。

需求侧的变化也在颠覆着企业：由于透明度增加、消费者参与以及新型消费行为模式的出现（这一切日益取决于对移动网络和数据的应用），企业被迫改变其设计、推广和交付现有的以及新的产品和服务的方式。

1.3.3 放眼国家和全球

第四次工业革命引发的颠覆性变革正使公共机构和组织重新调整运行方式，特别是迫使区域、国家和地方政府部门自我调整，找到与公众及私营部门合作的新方式。这也影响着国家之间的关系。

1. 政府生存之道：积极拥抱变革

在评估第四次工业革命对政府的影响方面，更好地利用数字技术，提高治理水平至关重要。更深入、更创新地应用互联网络技术能够改善公共管理结构，提高现代化水平，提升整体效果。加强电子政务的推广应用，可以提高透明度、责任制以及政府和公民的互动程度。同时，政府必须进行自我调整，适应这样的现实，即权力正从国家向非国家行为体转移，从现有的体制向松散的网络社区转移；新技术以及在新技术推动下产生的社会分组和互动允许任何人发挥过去无法想象的影响力。

摩伊希斯·奈姆（Moisés Naím）说：“在 21 世纪，权力更容易获得，却更难行使，也更容易失去。”除了少数几个例外，政策制定者越来越难以对变革施加影响。这是因为他们受到来自国际、省际、当地甚至个人等其他权力中心的牵制。这种“微观权力”足以对政府等“宏观权力”形成制约。

平行的架构使公众传播理念、招募追随者、协调行动对抗政府成为可能。当前，伴随着新技术带来的竞争加剧、权力下放和再分配，政府现有的形态将不得不发生改变，其以执行政策为核心的职能将逐步弱化。政府将被看作公共服务中心，其能否以最有效、最个性化的方式提供更广泛服务的能力要接受公众的评估。

第四次工业革命所引发的变革极为迅猛，这让监管者面临前所未有的挑战。当今，各类突发事件让政治、立法和监管机构应接不暇，使它们既难以应付飞速发展的技术变革，也不能参透随之而来的影响及含义。在当今世界，核心公共职能、社会交流和个人信息都汇集在数字化网络平台上。政府需要通过与商界和公民社会开展合作，共同制定规则，不断检验修订，平衡各方利益，这样才能维持正义，保证竞争和公平，保护知识产权、安全和可靠性。

2. 空前的国际安全问题

当今世界的极大危险是世界高度互联且不平等不断加剧，可能导致日益严重的社会分化、种族隔离和社会动荡，从而滋生极端暴力行为。第四次工业革命将改变安全威胁的特征，同时也影响着权力的交替。权力不仅在地域之间出现变更，也在从国家主体向非国家主体转移。在地缘政治日益复杂的地区，面对具有武装力量的非国家主体的崛起，为应对重大的国际安全挑战而建立共同的合作平台是一个极其关键又严峻的挑战。

1.3.4 前所未有的社会变革

人们在不同背景下相互交流思想、价值观、兴趣和社会准则，才实现了诸如科学进步、商业发展和创新普及等社会进步。因此，很难理解新技术体系对社会的全面影响——社会的构成元素彼此交织，而它们又共同催生了很多创新。

大多数社会都面临着一个重大挑战，即如何在吸收和适应现代新事物的同时，又不摒弃我们传统价值体系的精华内容。第四次工业革命考验着我们诸多的基本认知，会恶化以下两类群体间本已紧张的关系：一类是维护自我基本价值观的虔诚宗教群体；另一类是具有更世俗化的世界观和信仰的群体。全球合作与稳定所面临的最大威胁也许就源于极端组织，他们会采取源自意识形态的极端暴力行为抵制进步。

1. 不平等问题与中产阶层

当前，世界确实存在严重的不平等现象。大部分国家的不平等状况还在加剧，即便是那些所有收入群体都实现了快速增长，且贫困人口大幅减少的国家也不例外。

不断加剧的不平等不仅是令人担忧的经济问题，还是一个严峻的社会挑战。有数据证明，不平等的社会暴力现象更多，在押犯人更多，精神疾病患者和肥胖人口也更多，人的寿命更短，信任程度更低。

在高度互联的世界中，人们有更高的期望值，如果人们感到取得成功或实现人生意义希望渺茫的话，重大的社会风险便会随之而来。

2. 社群影响

新型数字媒体是第四次工业革命的核心组成部分，对我们个人和集体构建社会及社群产生着越来越大的推动力。数字媒体以全新的方式将人们以“一对一”及“一对多”的形式联系起来，让用户得以超越时间和空间维系友谊，创建兴趣小组，让志同道合的人们突破社会和现实障碍建立联系。数字媒体的实用性、低成本和地理中立的特点也推动了社会、经济、文化、政治、宗教和意识领域之间更密切的互动。

但不幸的是，第四次工业革命在向公民赋权的同时，也在损害公民的利益。世界经济论坛《2016年全球风险报告》阐述了“公民被赋权和剥夺权利”的现象，即随着政府、企业和利益群体采用新兴技术，公民和社群被赋权的同时也在被剥夺权利。

1.3.5 无孔不入的技术

第四次工业革命不仅正在改变我们的行为，也在改变我们自身。它对每个个体都产生了多方面的影响，包括我们的身份认同及其相关方面，如隐私保护意识、所有权观念、消费方式、工作与休闲时间的分配以及如何发展职业生涯、学习技能等。

1. 身份认同、道德与伦理问题

从生物技术到人工智能，第四次工业革命引发的爆炸式创新重新定义了人类的意义所在。新技术革命以曾经只在科幻小说中存在的方式不断扩展人类寿命、健康、认知和能力的界限。随着这些领域不断获得的新知识和新发现的出现，人们关注并致力于持续进行的有关伦理道德问题的讨论变得至关重要。人类作为一种社会性动物，我们需要从个体与集体的不同角度来思考应该怎样应对寿命延长、定制婴儿、记忆提取等诸多问题。

某些特定种类的技术，如互联网和智能手机对人类的影响是很容易了解的，且已被专家、学者们广泛讨论过，但要了解它们在其他方面造成的影响则要难得多。人工智能与合成生物学就面临着这样的问题。在过去几个月中，我们已经在网上看到了所谓的编辑、定制婴儿的报道，以后还会将发生对人类进行的其他全面改良——从消灭遗传病到增强人类认知能力。而这些技术都将使人类面临前所未有的重大伦理与道德问题。

2. 信息世界正侵蚀我们的大脑

世界越朝着数字化及高科技方向发展，人类就越需要由亲密关系及社交联系所维系的人与人之间的接触。

随着第四次工业革命不断加深我们个人及群体与科技的联系，它对我们的社交技能及同理心可能产生的消极影响也越发受到人们的关注。这种影响已经出现。密歇根大学的一个科研小组在2010年进行的研究发现，当今大学生的同理心与二三十年前的大学生相比下降了40%，其中主要的变化发生在2000年之后。

我们与自己的移动设备的关系就是一个典型例子。我们总是与之形影不离，而这有可能让我们丧失最宝贵的财富之一就是：腾出时间进行静心反思，并开展一次无须技术支持，也不用社交网络作为媒介的真实对话。这并不意味着我们要放弃使用手机，而应当将手机用于更好的用途。

技术与文化领域作家尼古拉斯·卡尔认为，我们在电子世界中沉浸得越久，我们的认知能力就越弱，因为我们已经无法控制我们的注意力了。“互联网本身是一个干扰系统，一个分散注意力的机器。持续的干扰会分散我们的思维，减弱我们的记忆力，让我们变得紧张和焦虑。我们所陷入的思绪越复杂，干扰所造成的伤害就越大。”

1978年获得诺贝尔经济学奖的赫伯特·西蒙早在1971年就警告说：“丰富的信息将导致注意力的缺乏。”如今的情况更加糟糕，对于决策者而言尤其如此，他们被过多信息所困扰，无法招架持续不断的压力，导致过度劳累。我们常常听到一些领导者抱怨，他们再也没有时间静心反思，更不必说一口气读完一篇短文这样的“奢华享受”了。世界各地的决策者们仿佛都处于越来越疲惫的状态中。

1.3.6 权衡公共信息与个人信息

互联网时代给个人带来的一大挑战，以及人与人之间总体来说愈加密切的相互联系，均涉及隐私问题。这一问题日益凸显，哈佛大学政治哲学家迈克尔·桑德尔说：“人们越来越倾向在日常使用的设备上牺牲隐私以换取便利”。我们都能看出互联网是一种前所未有的民主化和自由化的工具，但同时也是大规模、广范围、无差别、高强度监视的帮凶。

隐私为何如此重要？每个人都本能地明白隐私对于我们自身是非常重要的。即便是那些号称“并不特别看重隐私，也没什么秘密需要隐藏”的人，也总有各种各样的言行举止不想被他人所知。大量研究表明，当人们察觉受到监视时，他们的行为会变得更加墨守成规。

我们完全相信，在未来的岁月里，我们对数据管理的失控定会导致就许多重大问题的讨论越发激烈，诸如隐私问题对我们身心健康的影响这一问题。这些问题极其复杂，我们只不过才刚开始感受到其在心理、道德和社会层面的影响。从个人角度来看，我们预测下面这个关于隐私的问题将会出现：当个人生活完全透明化，且无论小过还是大错都能被他人所知时，谁还能勇于承担领导责任呢？

无论是技术还是它所带来的破坏都是一种外力，人类无法控制。我们每个人都有责任引导它的进化，在我们每天作为公民、消费者和投资者所做出的决定中。因此，我们必须把握第四个工业革命的机遇和力量，把它引导到一个反映我们共同目标和价值观的未来。

然而，要做到这一点，我们必须有一个全面和全球共同的观点，即科技如何影响我们的生活，重塑我们的经济、社会、文化和人类环境。

第四次工业革命使科技在我们的生活中无孔不入且占据支配地位，然而我们才刚开始意识到科技的突变会如何影响内在的自我。最终，确保科技服务于我们而不是奴役我们是每个人义不容辞的责任。

第2章

德国工业4.0战略分析

德国是全球制造业中最具竞争力的国家之一，其装备制造行业全球领先。这是由于德国在创新制造技术方面的研究、开发和生产，以及在复杂工业过程管理方面高度专业化使然。德国拥有强大的机械和装备制造业，占据全球信息技术能力的显著地位，在嵌入式系统和自动化工程领域具有很高的技术水平，这些都意味着德国确立了其在制造工程行业中的领导地位。因此，德国具有以其独特的优势开拓新型工业化的潜力——工业4.0。

前三次工业革命源于机械化、电力和信息技术。现在，将物联网和服务应用到制造业正在引发第四次工业革命。将来，企业将建立全球网络，把它们的机器、存储系统和生产设施融入虚拟网络—实体物理系统（CPS）中。在制造系统中，这些虚拟网络—实体物理系统包括智能机器、存储系统和生产设施，能够相互独立地自动交换信息、触发动作和控制。这有利于从根本上改善包括制造、工程、材料使用、供应链和生命周期管理的工业过程。正在兴起的智能工厂采用了一种全新的生产方法。智能产品通过独特的形式加以识别，可以在任何时候被定位并能知道它们自己的历史、当前状态和为了实现其目标状态的替代路线。嵌入式制造系统在工厂和企业之间的业务流程上实现纵向网络连接，在分散的价值网络上实现横向连接，并可进行实时管理——从下订单开始，直到外运物流。此外，它们形成的且要求的端到端工程贯穿整个价值链。

工业4.0拥有巨大的潜力。智能工厂使得个体顾客的需求得到满足，这意味着即使是生产一次性的产品也能获利。在工业4.0中，动态业务和工程流程使得生产在最后时刻也可以变化，还能为供应商对生产过程中的干扰与失灵做出灵活反应。制造过程中提供的端到端的透明度有利于优化决策。工业4.0也将带来创造价值的新方式和新的商业模式。特别是，它将为初创企业和小企业提供发展良机，并提供下游服务。

此外，工业4.0将应对并解决当今世界所面临的一些挑战，如资源和

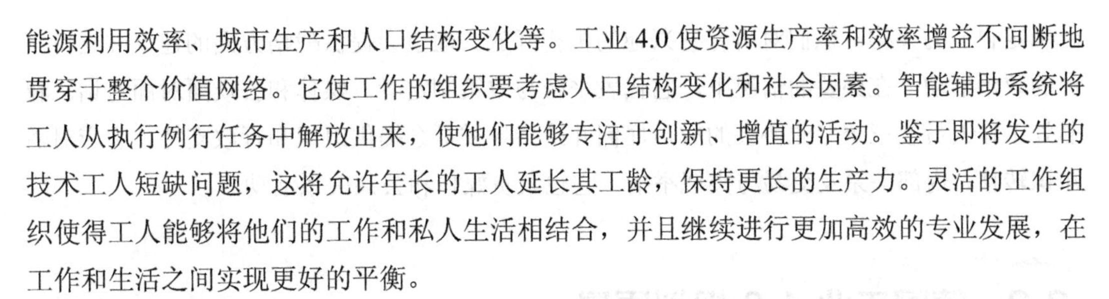

能源利用效率、城市生产和人口结构变化等。工业 4.0 使资源生产率和效率增益不间断地贯穿于整个价值网络。它使工作的组织要考虑人口结构变化和社会因素。智能辅助系统将工人从执行例行任务中解放出来，使他们能够专注于创新、增值的活动。鉴于即将发生的技术工人短缺问题，这将允许年长的工人延长其工龄，保持更长的生产力。灵活的工作组织使得工人能够将他们的工作和私人生活相结合，并且继续进行更加高效的专业发展，在工作和生活之间实现更好的平衡。

在制造工程领域，全球竞争愈演愈烈，德国不是唯一已经认识到要在制造行业引入物联网和服务的国家。再者，不仅亚洲对德国工业构成竞争威胁，美国也正在采取措施，通过各种计划来应对去工业化，促进“先进制造业”的发展。

2.1 德国工业 4.0 战略计划简述

工业 4.0 是一项“战略方案”，在 2011 年 11 月被德国政府采纳为高科技战略 2020 行动计划的一部分。它于 2011 年 1 月由科学研究联盟（FU）通信促进小组发起。工业 4.0 工作组在 2012 年 1 月和 10 月间在德国国家科学与工程院的协调下出台了初步实施建议。工作组主席由博世（Robert-Bosch GmbH）公司董事会副主席 Siegfried Dais 博士和国家科学工程院院长 Henning Kagermann 教授担任。2012 年 10 月 2 日，工作组提出的建议于柏林生产技术中心举行的工业科学研究联盟的实施论坛上作为一份报告提交给德国政府。由德国信息技术和通信新媒体协会（BITKOM）、德国机械设备制造业联合会（VDMA）和德国电气和电子制造商协会（ZVEI）三大工业协会联合成立了工业 4.0 平台，还有在平台下的一些工作组，将出台更进一步的实施办法。自 2006 年以来，德国政府一直在努力为德国建立部门间高技术战略协调机制，推动德国的研究与创新工作，其目的是通过技术创新确保德国的强有力竞争地位。以上所论述的行动规划集中体现在目前的高技术 2020 战略上，聚焦在五个优先领域：气候 / 能源、健康 / 饮食、移动性、安全和通信。该战略围绕一些“战略方案”，使工业 - 科研联盟瞄准 10 ～ 15 年的具体中期科学和技术发展目标。这些举措都制定了具体的创新战略和实施路线图，旨在使德国成为向全球性挑战提供解决方案的领导者。

由专业协会 BITKOM、VDMA 和 ZVEI 共同建立的工业 4.0 平台，其目的是为了推动工业 4.0 倡议并确保在协调、跨部门的形式下实施。平台的中央协调和管理主体是由工业主导的指导委员会。它负责设置平台的战略方针、任命工作组并指导其工作。指导委员会得到科学咨询委员会的支持，科学咨询委员会由包括制造业、IT、自动化工业和其他行业成员的科学建议委员会所支持的工作组组成。工作组向指导委员会汇报工作，同时可以自由确定自己的架构。他们对所有感兴趣的机构开放。理事会提供战略方面的建议并支持平台的政治活动。在必要的情况下，它代表平台与政策制定者、媒体和公众面对面对话。秘书处工作人员被三个专业协会的成员雇佣并给指导委员会提供组织和行政支持。它应对着知识转移、内部关系及交易与类似举措。它也负责媒体和公共关系活动。

2.2 德国工业 4.0 规划愿景

德国工业 4.0 规划愿景是：工业 4.0 成为“智能、网络化世界”的一部分。在一个“智能、网络化的世界”里，物联网和服务网（the Internet of Things and Services）将渗透到所有的关键领域。这种转变正在导致智能电网出现在能源供应领域、可持续移动通信战略领域（智能移动性、智能物流）和医疗智能健康领域。在整个制造领域中，贯穿整个智能产品和系统的价值链网络的垂直网络、端到端工程和横向集成将成为工业化第四阶段的引领者，即所谓“工业 4.0”。

工业 4.0 的重点是创造智能产品、程序和过程。其中，智能工厂构成了工业 4.0 的一个关键特征。智能工厂能够管理复杂的事物，不容易受到干扰，能够更有效地制造产品。在智能工厂里，人、机器和资源如同在一个社交网络里一般自然地相互沟通协作。智能产品理解它们被制造的细节以及将被如何使用。它们积极协助生产过程，回答诸如“我是什么时候被制造的”“哪组参数应被用来处理我”“我应该被传送到哪”等问题。其与智能移动性、智能物流和智能系统网络相对接，将使智能工厂成为未来的智能基础设施中的一个关键组成部分。这将导致传统价值链的转变和新商业模式的出现。因此，工业 4.0 不应被孤立地对待，而是应该被看作是一系列需要采取行动的关键领域中的一个。所以，工业 4.0 应在跨学科状态下加以实施，并与其他关键领域展开密切合作，如图 2-1 所示。

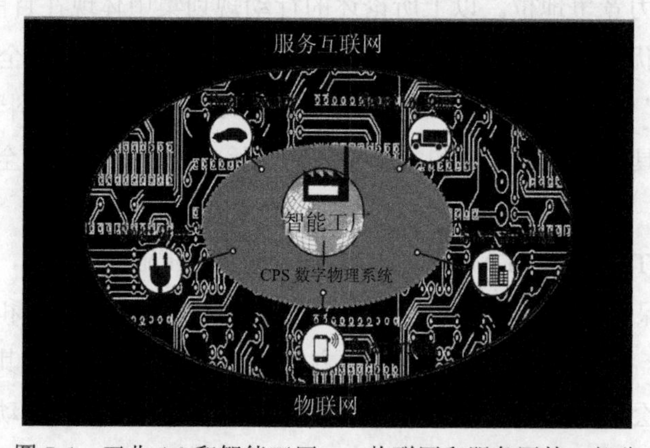

图 2-1 工业 4.0 和智能工厂——物联网和服务网的一部分

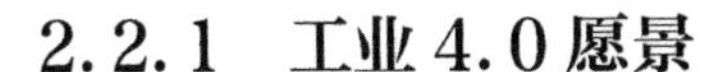

2.2.1 工业 4.0 愿景

要实现整个模式的转变，需要将工业 4.0 作为一个长期的项目来实施，并且这将是一个渐进的过程。在整个过程里，保留现有制造业体系的核心价值将是一个关键。与此同时，从工业化的早期阶段汲取经验也是必须的。当然，导致重大飞跃的创新也有可能出现在某些行业。

在生产、自动化工程和 IT 领域，横向集成是指将各种使用不同制造阶段和商业计划的 IT 系统集成在一起，既包括一个公司内部的材料、能源和信息的配置（例如，原材料物流、生产过程、产品外出物流和市场营销），也包括不同公司间的配置（如价值网络）。这种集成的目标是提供端到端的解决方案。在生产、自动化工程和 IT 领域，垂直集成是指为了提供一种端到端的解决方案，将不同层面的 IT 系统集成在一起（如执行器和传感器、控制、生产管理、制造和执行及企业计划等）。

如果德国工业要生存和发展，在推进第四次工业革命中就需要发挥积极的作用，因此，借助德国工业和研究领域的传统优势将是非常必要的：

- 机械和设备制造的市场领导力量；
- 全球瞩目的 IT 集群地；
- 在嵌入式系统和自动化工程领域领先的创新者；
- 一个高度熟练和充满干劲的劳动力；
- 供应商和用户距离近且在某些领域紧密合作；
- 先进的研究和培训设施。

工业 4.0 的实施目的是要拟定出一个最佳的一揽子计划，通过充分利用德国高技能、高效率并且掌握技术诀窍的劳动力优势来形成一个系统的创新体系，以此来促进现有的技术和经济潜力。工业 4.0 将重点聚焦以下方面：

- 通过价值网络实现的横向集成；
- 贯穿整个价值链的端到端工程数字化集成；
- 垂直集成和网络化制造系统。

这些方面将在 2.3 节详细阐述。

2.2.2 工业 4.0 下的未来情景

工业 4.0 将更加灵活、更加坚强，包括工程最高质量标准、计划、生产、操作和物流过程。这将使动态、实时优化和自我组织的价值链成为现实，并带来诸如成本、可利用性和资源消耗等不同标准的最优化选择。而这些都需要恰当的规则框架、标准化接口和和谐的商业进程。

德国邮政（Deutsche Post AG）、工业 - 科学研究联盟交流促进团体成员 Johannes Helbig 博士如是说：“物联网和服务网在制造业中拥有巨大的创新潜力，如果我们成功把基于网络的服务整合进工业 4.0，将极大地扩展这种潜力。”

以下几个方面将构成工业 4.0 的核心特征：

（1）工业 4.0 将在制造领域的所有因素和资源间形成全新的社会—技术互动水平。它将使生产资源（生产设备、机器人、传送装置、仓储系统和生产设施）形成一个循环网络，这些生产资源将具有以下特性：自主性、可自我调节以应对不同形势、可自我配置、基于以往经验、配备传感设备、分散配置，同时，它们也包含相关的计划与管理系统。作为工业 4.0 的一个核心组成，智能工厂将渗透到公司间的价值网络中，并最终促使数字世界和现实物理世界的完美结合。智能工厂以端对端的工程制造为特征，这种端对端的工程制造不仅涵盖制造流程，同时也包含了制造的产品，从而实现数字和物质两个系统的无缝融合。智能工厂将使制造流程的日益复杂性对于工作人员来说变得可控，在确保生产过程具有吸引力的同时使制造产品在都市环境中具有可持续性，并且可以盈利。

（2）工业 4.0 中的智能产品具有独特的可识别性，可以在任何时候被分辨出来。甚至当它们在被制造时，它们就可以知道整个制造过程中的细节。在某些领域，这意味着智能产品能半自主地控制它们生产的各个阶段。此外，智能产品也有可能确保它们在工作范围内发挥最佳作用，同时在整个生命周期内随时确认自身的损耗程度。这些信息可以汇集起来供智能工厂参考，以判断工厂是否在物流、装配和保养方面达到最优，当然，也可以应用于商业管理整合。

（3）在未来，工业 4.0 将有可能使有特殊产品特性需求的客户直接参与到产品的设计、构造、预订、计划、生产、运作和回收的各个阶段。更有甚者，在即将生产前或者在生产的过程中，如果有临时的需求变化，工业 4.0 都可立即使之变为可能。当然，这会使生产独一无二的产品或者小批量的商品仍然可以获利。

（4）工业 4.0 的实施将使企业员工可以根据形势和环境敏感的目标来控制、调节和配置智能制造资源网络和生产步骤。员工将从执行例行任务中解脱出来，使他们能够专注于创新性和高附加值的生产活动。因此，他们将保持其关键作用，特别是在质量保证方面。与此同时，灵活的工作条件将在他们的工作和个人需求之间实现更好的协调。

（5）工业 4.0 的实施需要通过服务水平协议来进一步拓展相关的网络基础设施和特定的网络服务质量。这将可能满足那些具有高带宽需求的数据密集型应用，同时也可以满足那些提供运行时间保障的服务供应商，因为有些应用具有严格的时间要求。

2.2.3 新型的商业机会和模式

工业 4.0 将发展出全新的商业模式和合作模式，这些模式可以满足那些个性化的、随时变化的顾客需求，同时也将使中小企业能够应用那些在当今的许可和商业模式下无力负担的服务与软件系统。这些全新的商业模式将为诸如动态定价和服务水平协议（Service Level Agreements，SLAs）质量提供解决方案。动态定价是指要充分考虑顾客和竞争对手的情况，服务水平协议质量则是关系到商业合作伙伴之间的连接和协作。这些模式将力争确保潜在的商业利润在整个价值链的所有利益相关人之间公平地共享，包括那些新进入的利益相关人。更加宽泛的法规要求，如减少二氧化碳排放量，也可以而且应该融入这些商业模式中，以便让商业网络中的合作伙伴共同遵守，如图 2-2 所示。

工业 4.0 往往被冠以诸如“网络化制造”“自我组织适应性强的物流”和“集成客户的制造工程”等特征，它将追求新的商业模式以率先满足动态的商业网络而非单个公司，这将引发一系列诸如融资、发展、可靠性、风险、责任和知识产权及技术诀窍保护等问题。就网络的组织及其有别于他人的高质量服务而言，最关键的是要确保责任被正确地分配到商业网络中，同时备有相关约束性文件作为支撑。

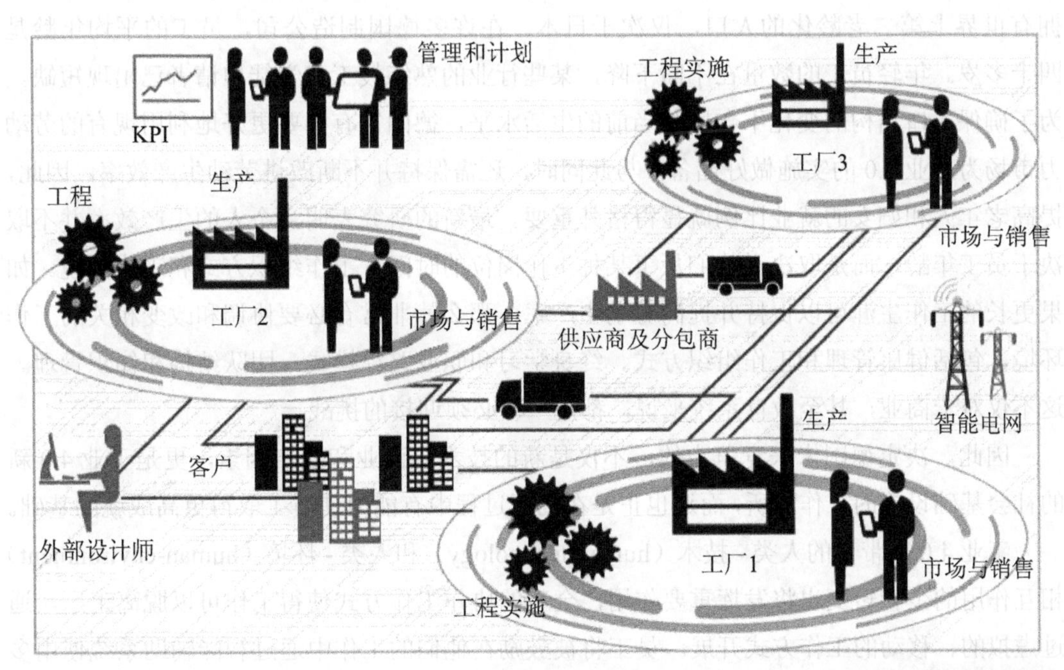

图 2-2 横向价值网络

实时的针对商业模式的细节监测也将在形成工艺处理步骤和监控系统状态上发挥关键作用，它们可以表明合同和规章条件是否得到执行。商业流程的各个步骤在任何时刻都可以追踪，同时也可以提供它们完成的证明文件。为了确保高效提供个体服务，清晰且明确地描绘出以下状态将是必要的：相关服务的生命周期模型、能够保证的承诺，以及确保新的合作伙伴可以加入商业网络的许可模型和条件，尤其是针对中小企业。实时意味着数据处理与现实事件的发生同步进行，而不是延迟处理。

鉴于上述情况，工业 4.0 很有可能将对全球产生难以预测的影响并造就一个极为活跃的环境。新技术的颠覆性及其对相关法律问题（如技术方面、敏感的企业数据、责任、数据保护、贸易限制、密码系统的利用等）的影响将会威胁现存法规的实施。很短的创新周期可以导致频繁的规则架构更新需求，并且造成执行过程的慢性失败。因此，有必要采取一种新的方法，可以提前或者在技术实施过程中检验其同现行法律的相容性。

另外一项事关工业 4.0 计划实施的关键因素就是安全和保障。在安全领域，我们需要更富积极性的措施，尤为重要的是，在设计安全的概念里不应仅仅局限于功能组件。

2.2.4 工作场所的全新社会基础设施

工业 4.0 将给德国带来若干创新变革，而德国当前正处于人口结构变化的困境中，它拥有世界上第二老龄化的人口，仅次于日本。在许多德国制造公司，员工的平均年龄是四十多岁。年轻员工的数量在不断下降，某些行业的熟练技工和学徒申请者已出现短缺。为了确保人口结构的变化不会影响当前的生活水平，德国很有必要更好地利用现有的劳动力市场为工业 4.0 的实施做好储备，与此同时，还需保持并不断改进劳动生产效率。因此，提高老年人和妇女的就业比例就显得格外重要。最新的研究表明，个人的生产效率并不取决于员工年龄，而是取决于他们从事某种工作岗位的时间、工作组织方式和工作环境。如果更长的工作生涯可以保持并提高劳动生产率，那么就非常有必要协调和改变相关的工作环境，包括健康管理和工作组织方式、终身学习和职业路径模式、团队结构和知识管理。这不仅对于商业，甚至教育系统来说，都是一个必须迎接的挑战。

因此，决定德国未来竞争力的，不仅是新的技术、商业和法律因素，更是工业 4.0 新的社会基础设施的工作场所，而这也正是在创新过程中有能力使员工取得更高成就的基础。

工业 4.0 所带来的人类 - 技术（human-technology）和人类 - 环境（human-environment）相互作用的全新转变也将发挥重要作用，全新的协作工作方式使得工作可以脱离工厂，通过虚拟的、移动的工作方式开展。员工将被鼓励在他们的工作中通过智能辅助系统使用多种形式的、友好的用户界面。

除了全面的培训和持续职业发展措施外，工作组织和设计模型也将是广受劳动者欢迎的成功转变的关键。这些模型应使员工将拥有高度的自我管理自主权与领导和管理权力的下放相结合。员工应该拥有更大的自由做出自己的决定，以便更积极地投入和调节自己的工作。

工业 4.0 的社会 - 技术方法使得人们释放出新的潜力来从事迫切需要的创新活动，这是基于对于人在创新过程中重要作用的更新的认识。

2.2.5 全新的基于服务和实时保障的 CPS 平台

具有战略意义的工业 4.0 计划将极大地促进全新的 CPS 平台更加适应具有协作性特点的商业化进程和连接智能工厂与智能产品的全生命周期各个方面的整个商业网络。

这些平台将提供服务和实际应用，并且能联系到所有参与的人员、物体和系统（见图 2-3），同时还将拥有以下特征。

- 灵活性，可以提供迅速和简单流程的服务和应用，包括基于 CPS 软件；
- 在 App Store 模式下实现商业进程中的调配和部署；
- 提供综合性强、安全可信的全商业进程支持；
- 保障从传感器到客户交流所有环节的安全和可靠系统；
- 支持移动端设备；
- 支持商业网络中互相协助的生产、服务、分析和预测。

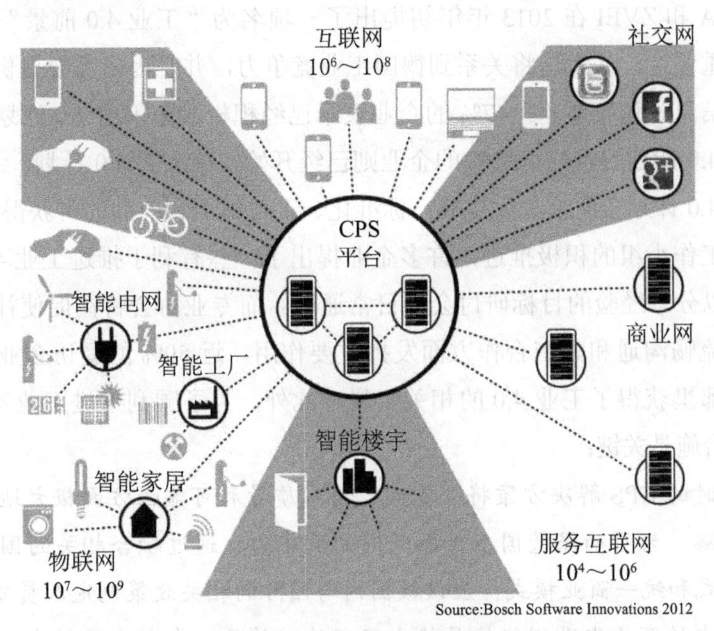

图 2-3 物联网和服务网——网络中的人、物和系统

在商业网络中，共享的 CPS 平台往往针对包括服务流程和应用在内的 IT 技术发展有特殊需求，因为在这些共享的 CPS 平台上，CPS 的横向与纵向集成、工业流程中的应用

及服务往往会产生一些特殊的需求。对于工业 4.0 来说，在整个服务网络中，重要的是需要更加宽泛地解释流程条款。很明显，在互相协作的公司间和商业网络中，应该建立起共享的服务和应用。在 CPS 平台，诸如安全和保障、可信任、可靠性、使用、操作模式的融合、实时分析和预测等特性尤为重要，在互相协作的生产和服务过程中，确立流程标准以及安全、可靠、高效的操作都离不开这些特性，同样，它们对于执行活跃的商业活动也至关重要。最后，还需要应对由大范围数据源和终端设备引发的各种问题。以上提到的这些需求在当前初级云端基础设施状态下只能得到极少量的满足。

CPS 平台被公司间的 IT 人员、软件和服务提供商以及公司本身所使用，这需要有一个工业 4.0 的参考框架，该参考框架应该考虑 ICT 和制造企业的不同特征。模式化的操作流程要求 CPS 平台开发全新的应用和服务，以此来满足那些瞬息万变的复杂变化，而这些变化正是由不同领域和组织之间的功能增长、差异化、活跃性和协作性带来的。拥有一个高带宽、安全高效的基础网络是保障数据交换安全的关键。

2.2.6 工业 4.0 之路

实施工业 4.0 计划是一个涉及诸多不同企业和部门以不同速度发展的渐进性过程。Bitkom、VDMA 和 ZVEI 在 2013 年年初提出了一项名为“工业 4.0 前景”的调查，确认了这一题目的重要性，认为这将关系到德国工业竞争力，并且提出需要提供更加全面、目标更加明确的信息。调查显示，47% 的企业表示已经积极参与工业 4.0 计划，18% 的企业参加了对工业 4.0 计划的研究，12% 的企业则已经开始实施工业 4.0 计划。

实施工业 4.0 计划会面临三大挑战：标准化、工作组织和产品的可获得性。

随着各个工作小组的积极推进，许多企业提出了一些有利于推进工业 4.0 计划的需求措施，包括可以分享经验的目标研讨会和日常通信。而专业协会将在促使社交团体、学术机构和公众间流畅沟通和紧密合作方面发挥重要作用。近 50% 的受访企业表明，他们已经从专业协会那里获得了工业 4.0 的相关资料。此外，为了顺利推进工业 4.0 计划，工作小组认为以下措施是关键：

- 实行实时的 CPS 解决方案将从空间、技术质量和可靠性方面极大地依赖于服务与基础网络。为了确保德国在世界范围的竞争力，通过融合相关的国际标准来统一服务模式和统一商业模式，应该被国内与国际的相关政策制定人员充分考虑。
- 制造业中的商业化进程仍然是静止不变的，并且一直在应用那些不合时宜的软件系统。然而，这些并不可能迅速被服务导向的系统所取代，因此，如何确保新技术可以兼容那些旧系统就显得比较重要，旧系统必须升级为实时系统。
- 在当今物联网与服务网的环境下，制造业中新商业模式的发展程度将与互联网本身的发展程度相适应。

- 雇员将参与到工作组织、继续教育和技术发展的创造性社会 - 技术系统早期阶段。
- 为了促进工业 4.0 的转变，使整个 ICT 产业（已适应短周期创新的特点）能够与机器与设备制造商和机电一体化系统（mechatronic system）供应商（倾向于较长创新周期）工作联系更紧密，必须要建立一套众多参与企业都可接受的商业模式。

应用实例 1：减少能源消耗——生产间歇的汽车车身装配线

当今，能源利用效率已经成为制造业生产过程中必须考虑的因素。为了满足这一需求，在生产间歇中随时关闭那些不工作的部分以减少能源消耗，就成为一种必须具备的能力，如图 2-4 所示。工业 4.0 将更大程度地利用现有条件实现这一能力，以保证它能够融入生产设施从计划到运行的整个过程。

如今，许多生产线或者它们的一部分，因生产间歇、周末或者轮班而在没有从事生产的时候仍然持续地运行，并消耗大量的能源。例如，使用激光焊接技术的汽车车身装配线在生产间歇时所消耗的能源占其能源消耗总量的 12%。这些生产线每周工作 5 天，实行 3 班倒。虽然这些复杂的机器在周末并不从事生产，但它们仍然保持工作状态以便周末结束后能迅速投入生产。在生产间歇，90% 的能源消耗来自于以下设备：机器人（20% ～ 30%）、通风设备（35% ～ 100%）和激光源及其冷却系统（0 ～ 50%）。

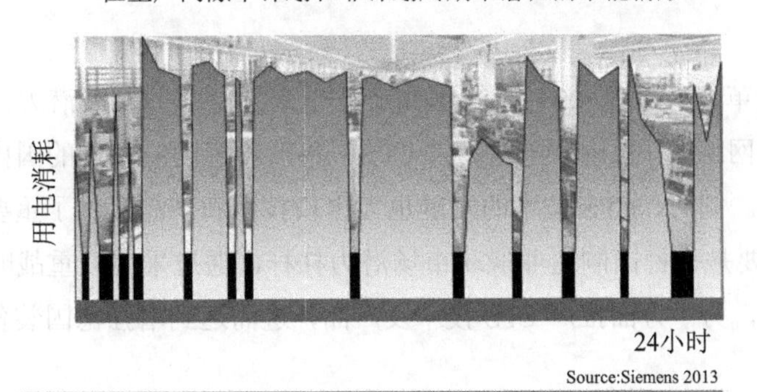

图 2-4　生产间隙中潜在的节能情形

未来，机器人即便在很短的生产间歇也可以关闭，而在比较长的时间段，它们将保持一种被称为“网络唤醒模式”的待命状态；通风设备将可以通过控制速度以满足不同需求，如图 2.5 所示；至于激光源则需要全新的系统以适应节能需求。

综上，这些措施将可以减少总能耗的 12%（从 45000kWh/m 减少到接近 40000kWh/m），加上生产间歇节能 90%。这些使得能源利用更为有效的措施应该在 CPS 设计的最初阶段

就加以考虑。

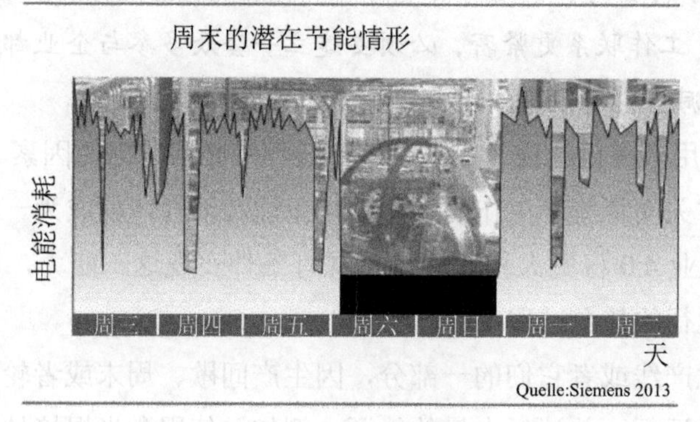

图 2-5　未来的潜在收益

整合了可以控制部分设备开关的汽车车身生产线，将改善能源利用效率；同时，升级现有生产设备带来的成本 / 风险率也不高。这条道路必将成为一项技术标准，所有工业 4.0 计划中主导供应商生产的新型机械设备都将遵照此标准，从而使改善能源利用效率的目标最终达成。

2.3 双重战略：成为领先的市场和供应商

第四次工业革命（工业 4.0）给德国制造业带来了巨大的发展潜力。越来越多的德国工厂配备的虚拟网络——实体物理系统（CPS）将改善德国制造业的国内生产效率，进而做强德国制造业。同时，CPS 技术的发展也为出口技术和产品提供了重要的机遇。由此，实施工业 4.0 主要是为德国制造业撬动市场潜力杠杆，通过采用双重战略，即一方面在制造业中装备 CPS，另一方面推广 CPS 技术及产品，进而达到增强德国装备制造业的目的。

2.3.1　领先的供应商策略

领先的供应商策略是从设备供应商企业的视角专注于工业 4.0 的。德国的装备供应商为制造企业提供世界领先的技术解决方案，并借此成为工业 4.0 产品的全球领先的开发商、生产商和市场先导。关键是若想实现创新的飞跃，现在就要寻找出聪慧的手段，将顶尖技术解决方案与信息技术新潜力相结合，也就是将信息通信技术与传统高技术战略系统性集成，

使企业得以管理迅速变化的市场和日益复杂的全球市场，进而能为自己开创新的市场机会。

（1）目前的基本 IT 技术需适应制造业的具体需求并特别要以应用为目标不断地开发。为实现规模经济，确保取得广泛效益，并作为向工业 4.0 迈进的一部分策略，有必要借助 CPS 功能推广制造技术和现有设备的信息系统。同时，有必要在新场所为设计和实施 CPS 制造业框架建立模型和发展举措。

（2）如果德国希望取得工业 4.0 装备供应商的持续领导地位，则应将研究、技术和培训都作为优先事项来推进，在自动化工程建模和系统优化领域开展方法论研究和中试验证。

（3）还有一项关键的挑战是利用技术创建新型价值网络。这将包括开发新的商业模式，尤其要考虑将产品与恰当的服务相衔接。

2.3.2 主导市场策略

工业 4.0 主导市场就是德国国内制造业，为了形成并成功扩展这一主导市场，地处不同地方的商务活动需要建立紧密的网络联系，企业间也需建立更加密切的合作关系。这将反过来要求对处于不同价值创造阶段和产品全生命周期、产品不同生产阶段及相应的制造系统进行逻辑的、端对端的数字集成。一项特殊的挑战在于能够同时将全球化运作的大型公司和基本在地区范围运行的中小企业集成到正在形成的新价值链网络中。德国制造业的优势一定程度上在于其保持了工业系统中大批中小企业和少数大型企业的结构平衡。但是，或许是因为缺乏必要的专业人员或对其仍然不熟悉的技术战略持谨慎甚至怀疑态度，许多小企业尚未做好向工业 4.0 结构转型的准备。

将中小企业融入全球经济价值链的一个关键策略是设计并实施一套全面的知识和技术转化方案。例如，建立试点并通过最佳案例对在大型工业企业和中小企业建立合作网络进行示范，使网络价值链潜力更加直观，以增强中小企业信心，接受主导供应商的方法、组织手段和技术的理念。这将扫除认知障碍，使中小企业熟悉 CPS 技术的应用，将其应用到本企业中去。

德国经济以其强大的工业基础为特征，特别是它的机械与设备制造、汽车工业和能源工业。工业 4.0 的实施绝对是未来发展的关键——因为我们不能容忍国家的工业陷入停滞状态。

为了实现这一步，加快包括高速宽带数据传输等在内的技术基础设施的应用和开发将十分必要。同时，教育和培训出熟练的技术工人并开发定制复杂、高效的工作组织设计系统也同样重要。

2.3.3 双重战略及其关键特征

工业4.0最优配置目标只有在领先的供应商策略和领先的市场策略交互协调并能确保其潜在利益都能发挥的情况下才能实现，这种方法被称为双重战略。它包括三个关键特征：

（1）通过价值链及网络实现企业间的横向集成；

（2）贯穿整个价值链的端到端工程数字化集成；

（3）企业内部灵活且可重新组合的网络化制造体系纵向集成。

这些特征可使制造商在面对变化无常的市场时灵活地根据不断变化的市场需求调整自己的价值创造活动，进而稳固自己的市场地位。在双重CPS战略下，制造业将在一个高速的、动荡的市场环境下，按照市场价格实现快速、及时和无失误生产。

1. 价值网络下的横向集成

价值网络横向集成的模型、设计和实施会对以下关键问题提供答案：

为什么企业通过使用CPS，可以使其新商业策略、新价值网络和新商业模式得到持续地支持和实施？

这个问题用在衡量研究、开发与应用领域也是如此（见图2-6）。除了“商业模式”和“在不同公司间的合作形式”外，也有必要应对诸如“可持续发展”“商业秘密保护”“标准化策略”和“中长期培训及员工发展计划”等问题。

2. 全价值链的端到端工程

下面一个关键问题涉及在整个工业生产过程中实现端到端数字集成这一目标，使现实世界和数字世界在产品的全价值链和不同公司之间实现整合，同时也满足客户的需求。

如何应用CPS实现包括工程流程在内的端到端的商业过程？

在这方面，建立模型对管理日益复杂的技术系统起着关键作用。从产品开发到制造工程、产品生产和服务，应装备恰当的IT系统，为全价值链提供端对端支撑（见图2-7）。一个跨越不同技术学科的、全面的系统工程方法是必须的。如果要实现这些，工程师们需要接受适当的培训。

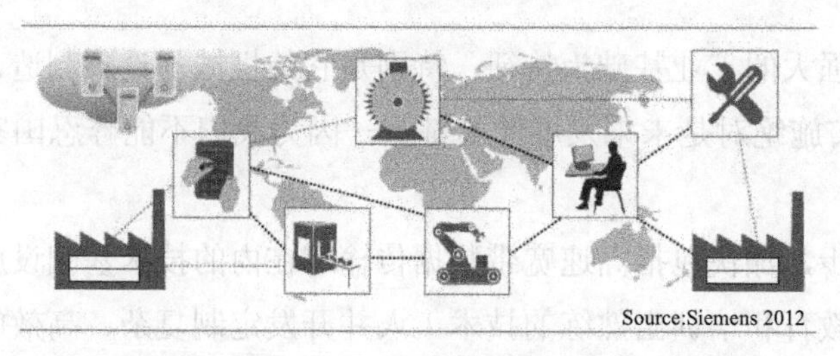

图2-6 价值网络的横向集成

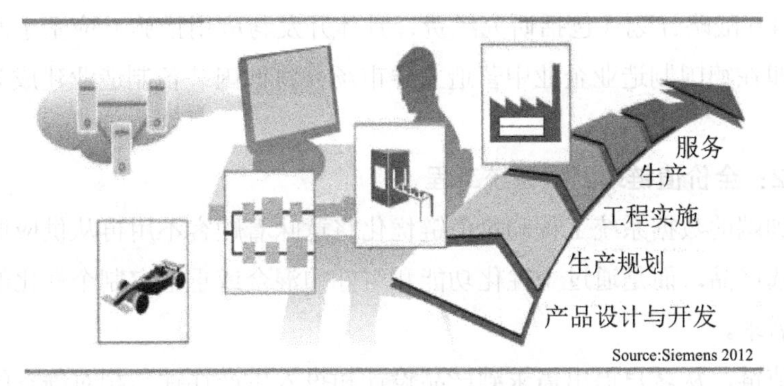

图 2-7　全价值链的端到端工程

3. 纵向集成和网络化制造系统

对于纵向集成而言，以下关键的问题需要回答：

如何应用 CPS 创建灵活且可重新组合的制造系统？

纵向集成在工厂内进行。在将来的智能化工厂里，工序结构不会被先期限定，而是根据个性化需求定制的一组 IT 结构化模块，根据不同情况下产品生产的需要自动搭建出特定的拓扑结构，包括模型、数据、通信和算法等所有相关需求（见图 2-8）。

拓扑是指如何通过资源配置（如机器、工作、物流等）和其间的相互作用关系（如原料周转）以完成制造业系统调配组合的一种途径。

为了实现纵向集成，确保不同层次的制动器和传感器的信号传输到 ERP 层面对端对端数据集成来说非常重要。为特别的网络化和重新组合制造系统开发模块化和重用策略，以及对智能系统进行功能描述也很重要。而且，带工者和操作员都需要进行培训，以使其了解这些方法的运行和操作对制造系统的影响。

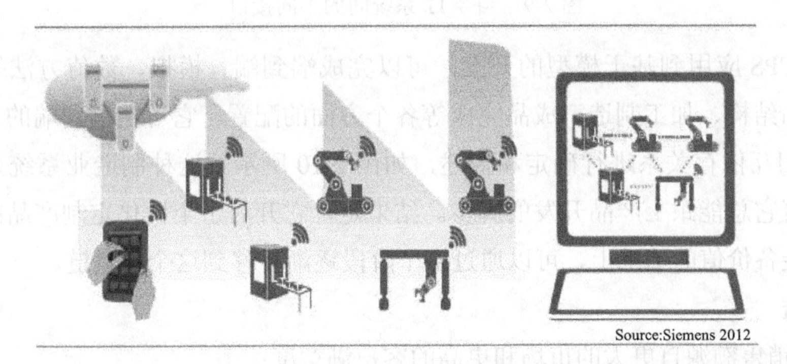

图 2-8　纵向集成和网络化制造系统

参考信息：

工业 4.0 在战略层面有助于创建横向价值网络，在业务流程层面提供全价值链的端对端集成系统，包括工程，以及在工业系统上形成纵向集成和网络化设计。

实施工业 4.0 战略计划（包括研究经费、具体开发与应用措施）应基于两个目标构建其双重策略，即在德国制造业企业中营造主导市场并将德国装备制造业建成为世界领先的供应商。

应用实例 2：全价值链端到端系统工程

收益：端到端的数据系统工程和价值链优化将意味着顾客不用再从供应商预先制作的产品系列中挑选产品，而是通过个性化功能和组件的混合或重置定制个性化的产品，来满足自己的特殊需求。

当前的价值链，从客户提出需求到产品设计和投入生产往往是相对静态的，且需要多年时间完成。IT 支撑系统通过各种接口来交换信息，但是只能在个案中应用这些信息，如图 2-9 所示。这样无法催生产品制造的全球化视野。结果是，尽管从技术角度来说可以实现，但顾客仍无法自由地选到满足其所需功能和特性的产品。例如，你可以为一辆汽车订购后挡风玻璃刮水器，但刮水器却不能用在由同一家公司生产的豪华轿车上。而且，目前 IT 系统的维护费用仍相当高昂。

当今

IT支持系统间的不同接口

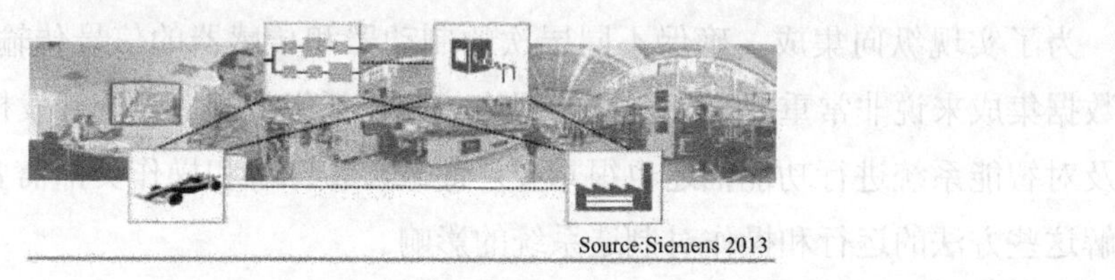

图 2-9　当今 IT 系统间的不同接口

通过将 CPS 应用到基于模型的开发，可以完成端到端、模拟、数值方法等涵盖从客户需求到产品结构、加工制造、成品完成等各个方面的配置。它可在端到端的工具链中，对各环节的相互依存关系进行确定和描述，如图 2-10 所示。这种制造业系统是打包开发模式，意味着它总能跟上产品开发的脚步。结果是，它开启了个性化定制产品的可行性。在保存现有装备价值的基础上，可以通过多个阶段逐渐转移到这个工具链。

潜在收益

（1）高销售额源自更大的市场和更高的客户满意度；

（2）通过价值链中端到端的数字集成减少内部运营成本。

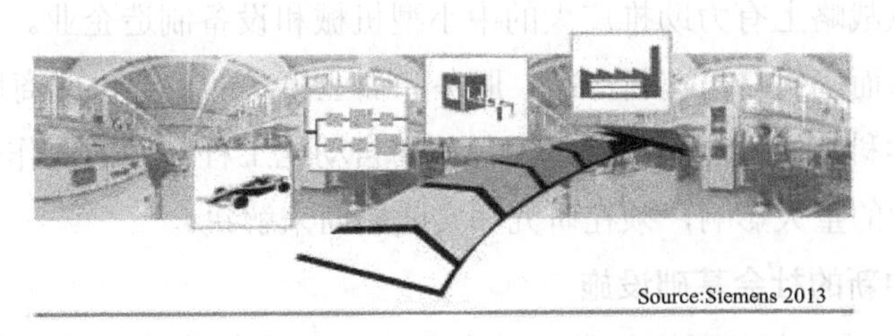

图 2-10　未来的横贯完整价值链的端到端系统工程

2.4 需求研究

尽管工业 4.0 大部分由企业自己实施，但从根本上说它仍需开展更深层面的研究。2012 年 10 月，工业 4.0 工作组确定和提出了中长期研究需求和行动规划，以下对这部分内容做一概要说明。

工业 4.0 的主要目标是实施基于领先供应商和主导市场战略相互协调的双重策略。这需要研发活动的支撑。在工业 4.0 中，根据预期，这一革命性的应用将主要是 ICT 与制造业和自动化技术相结合的结果。

若要实现这一步，当前的 CPS 装置特征需在中期阶段适应制造系统。这将需要机械和设备制造商具有类似于系统集成商的能力，即能将 ICT 和自动化产业集成，并建立有针对性的、有创意的开发过程，来创建新的 CPS。更高水平的网络需要实现产品模型、制造资源和制造系统的端到端集成。因此，有必要从长远着想大力进行研发投入。

将来的研究将优先转向制造系统的研究和开发，这一系统能全面可描述、可管理、关联敏捷和可控或自我调制。

从长远看，CPS 将由包括来自交叉学科的、具有可配置、使用帮助功能或在生产过程中可将自身嵌入到现有基础设施以协同工作的模块化工具包组成。这同时也意味着应能使虚拟计划与实际制造过程的集成显著提高。从长远来看，研究人员需要开发出模块化的 CPS 并配备相应的组件目录，这是任何模型智能工厂的一个关键特征。

创新的飞跃将只会在现有的基本技术被开发到可适应当前制造环境特殊需求的应用方式时才能实现。结论、方法和最佳实践案例需要推广到不同层次的价值网络，以获取交叉学科知识和技术转移。正因如此，在阐述双重策略的 2.3 节已对五个中心研究主题的三个方面进行了深入探讨，即价值网络的横向集成、全价值链端到端系统工程、纵向集成和网络化制造系统。下面主要对后两个中心研究主题进行探讨。

着眼长远，这种由技术驱动的专注于制造系统应用的研究会提高公司间或行业间的跨学科合作，这将从战略上有力助推广大的中小型机械和设备制造企业。企业将更加迅速地应对市场需求，从而确保自己在新产品、服务和商业模式的主要供应商地位。

但是，实现学科交叉不能仅靠制造工程师和自动化工程师间的协作。第四次工业革命对未来的工业就业的重大影响，须在研究和实践层面来解决。

4. 工作场所中新的社会基础设施

在社会责任方面，有必要增加员工的参与度和促进其作为主人翁的责任感，在创新型设计和规划过程，以及改善员工工作环境等方面充分发挥他们的技术水平和工作经验。CPS 将因此需要新的覆盖整个价值网络的工作组织结构，来激发员工的工作效率，并提供可支持个人终身发展的组织架构。

应采取跨学科的方法应对这一主题，吸纳由工程师、IT 专家、心理学家、人机工程学家、社会和职业科学家以及医生和设计师等组成的团队的聪明才智。

上述分析表明，目前在许多领域，制造工程与自动化工程领域协同工作的实际操作方法和基本技术仍未具备。

为了确保将该方法用在包含各类 IT 系统、技术资源和能力各异的公司及行业，基本的信息通信（ICT）技术应能适应自动化工程的需求。进一步取得成功的关键是，建立实用的参考架构。这项工作还涉及需要建立用于纵向和横向集成的以服务为基础和实时的（或从属于）ICT 平台基础设施，这在 2.2 节中已经提及。这些架构应是标准化的，能适配于不同企业和技术规划中，以便通过适当的 Web 服务器创建广泛的共享业务网络。

以上分析将引导我们得出最终结论，即工业化 4.0 需研究及实施。

通过工业 4.0，我们也能建立一种人—技术互动的崭新变化，就是机器适应人的需求而不是相反的情况。具有多通道用户界面的智能工业辅助系统，能将数字学习技术直接搬到生产车间。

5. 虚拟网络——实体物理系统技术

正如本节所述，综合研究需求已被分解成五个研究领域。工业 4.0 工作组收到了包括商业和研究机构针对联络沟通小组的建议提出的反馈意见，这些建议反映在 2011 年 1 月和 9 月提交给工业科学研究联盟的两个报告中。这些建议，连同联合联邦教育与研究部（BMBF）资助的项目“虚拟网络——实体物理系统集成研究议程”和德国经济和能源部（BMWi）“互联网服务的经济潜力”研究的结果，都是可取的。因此，它们应被理解为：应使基本的 ICT 技术适应自动化与制造工程的需求，包括继续努力专注于一般性研究的需求。它们也应被看作是为了实现上述的“工业工程”具体应用中对实施需求

的具体描述。

为了为有关资金计划的安排提供相关的思路和指导，工业 4.0 工作组进一步指出了中长期工作中的关键举措和研究需求。

参考信息：

有关部委和工业 4.0 平台需保持密集对话，以便形成一个综合融资方案供行业和研究团体参考。工业 4.0 平台应确保其工业指导委员会和科学咨询委员会是来自于制造业、自动化和信息、法律、管理和社会科学等领域的专家。工业 4.0 平台工作组应邀请研究和商业团体，协助其在力求满足每一工作组特殊需求的条件下，制定出综合各项建议的全面的研发路线图。

除了在工业 4.0 工作组内部促进讨论和非正式交流外，工业 4.0 平台还应能在现存的各种项目和合作伙伴间识别找出潜在的协同效应。

2.5 优先行动领域

工业 4.0 是一项复杂的计划，它包括几个部分重叠的领域。2012 年 10 月，工业 4.0 工作组提出了全面征集中长期研究建议。为对建议的重点关键领域优先执行，以下各小节主要讨论工作组认为需要采取的具体产业政策和业务决策。为了规范实施过程，成立了工业 4.0 平台。

2.5.1 标准化和开放标准的参考体系

如果工业 4.0 是为了通过价值网络使公司间联网和集成，则需要制定相应的标准。标准化工作将需要把重点放在规定的合作机制和信息交换方面。完整的技术说明和这些规定的执行被称为参考体系。

因此，参考体系是一个通用模型，适用于所有合作伙伴公司的产品和服务。它提供了工业 4.0 相关的技术系统的构建、开发、集成和运行的一个框架。它构建了软件的应用程序和服务架构（见图 2-11）。

由于工业 4.0 的价值网络包括不同业务模型的公司，参考体系的作用是将这些不同的方法统一到一个单一的共同方法。这将需要合作伙伴们就基本结构原理、接口和数据等方面达成一致意见。

制造业系统的示例中提出了一些不同的方面，需要被集成到一个参考体系中。

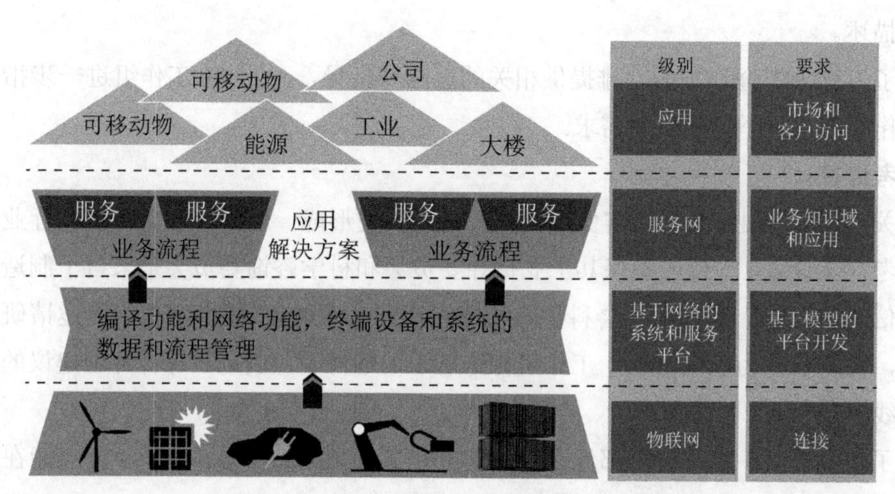

图 2-11　互联网服务与物联网连接的参考体系

- 从制造过程中的加工和运输功能角度来看，制造系统中特定的网络设备（智能）有自动化设备、现场设备、现场总线、可编程逻辑控制器、操作装置、移动设备、服务器、工作站、网络接入设备等。
- 从制造环境中软件应用的角度看，有数据采集传感器、顺序控制、连续控制、运营数据、机床数据、处理数据、归档、趋势分析、规划和优化功能等。
- 从一个或多个企业使用的软件角度看，有业务规划和管理、公司间的物流或配套价值网络，包括与制造业环境相关的接口和集成。
- 从制造系统的工程视角（产品生命周期管理 / PLM）看，这可能涉及使用数据衍生制造过程中所需的资源（诸如机械和人力资源）。此外，它将有可能在机械、电气和自动化技术性能方面优化机器，面向制造系统设置和联机的需要，同时也要考虑操作和维护的便利。

挑战

第一个挑战是在下列领域中，把目前业已存在的处理问题的不同方式集中起来，并建立起一个共同认可的方式。

- 生产工程、机械工程、工艺工程；
- 自动化工程；
- IT 和互联网。

由于工业 4.0 将需要公司之间在机械和设备制造、自动化工程和软件业之间进行合作，因此第一步是要在基本术语上达成一致。

尽管一些既定的标准已经在各技术学科、专业协会和工作组中使用，但是缺乏对于这些标准的协调。因此，有必要将现有标准，如在自动化领域（工业通信、工程、建模、IT 安全、设备集成、数字化工厂等）的纳入一个新的全球参考体系中。

参考体系不能以自上而下的方式发展，因为它需要整合不同学科的规范标准，而自上而下的方法通常会花费太长的时间。因此，从不同的出发点推动参考体系渐进性地发展更合乎情理，如图2-12所示。在这方面，必要的策略是：将目前经常发生在地区情况基础上的特定项目，逐步转换成在一个国际标准下加以实施。这样做能确保接口保持技术稳定，使用多年，以保持已有基础设施的价值。

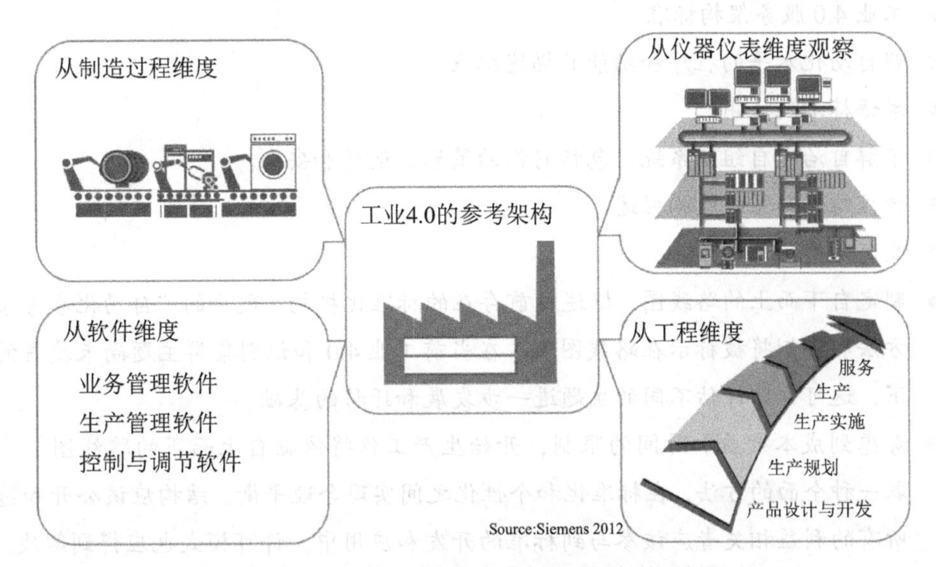

图2-12　工业4.0参考体系中不同视角的示例

在互联网上，标准化的方法是基于目前机械和设备制造业常态下的不同范式，例如：

- 开放的操作系统。例如Linux系统，一个由100多个国家，超过2000多家企业、研究机构和个人参与开发的开源操作系统，它发展和维护成世界上最成功的操作系统之一。
- 开放式开发工具。一个包括超过1500名开发人员和以百万计的用户参与的软件开发社区，为要求苛刻的应用程序提供开发建模。
- 开放式通信基础设施。“征求意见稿”是由成立于1969年7月4日的互联网协会出版的技术和组织文件。它们被广泛接受和使用，从而被转化为事实上的标准。著名的例子包括因特网协议和电子邮件协议。这些范例使标准化工作进展更为迅速。

最后，对参考体系建立信任是很重要的，特别重要的是要知道如何进行数据保护。确保参考体系的预定用户以适当的方式全方位地参与早期的设计，也很关键。

建议采取的行动

工业4.0工作组建议在工业4.0平台下设立一个工作组，专门处理标准化和参考体系的问题。工作小组的职权范围包括以下任务：

- 建立对目标、利益、潜力和风险、可能的内容和实施策略的共同理解，以便建立互信，从而支持联合执行措施。专业协会应带头建立互信措施。
- 瞄准关键术语和后续生产，制定通用的“工业4.0术语表”。此外，应该对以下与工业4.0具体内容有关的问题给予重点关注。
- 模型共性（底层的核心模型、参考模型、架构设计）。
- 工业4.0服务架构标准。
- 超自动化水平的程序和功能的描述标准。
- 术语标准及使用。
- 了解自治和自组织系统，包括它们的策划、运作和安全。
- 特性维护和系统结构描述。
- 改变现有的架构方法。
- 制定自下而上的路线图，概述目前存在的标准化机构。现存的“自动化参考架构”方法和实例将被标示在路线图上。在当前工业4.0和识别集群主题尚未覆盖的背景下，这可作为评估不同的主题进一步发展和迁移的基础。
- 考虑到成本效益和时间的限制，开始生产工作将依据自上而下的路线图。应该采取一种全面的方法，在标准化和个性化之间实现合理平衡。结构应该公开和透明，所有的利益相关者应该参与到标准的开发和应用中。许可模式也应得到解决。
- “工业4.0社区”发展的成员来自多个不同的公司，对参考体系的技术实施负有责任，能使其运行起来，并使其得到长期的维护。这将需要选择合适的许可模式和合适的社区规章。
- 由其他任务组成的工作组。任务包括协调、建议、评估、沟通和激励。

工作组还建议建立适当的旗舰项目，以展示成功开发和部署的参考体系。

参考体系的其他主题包括端到端工程产品及其相关的制造系统或管理和控制制造工艺的高动态技术的实时进程通信。

2.5.2 管理复杂的系统

产品以及其相关的制造系统变得越来越复杂，这是由于功能增加、产品用户特定需求增加、交付要求频繁变化、不同技术学科和组织日益融合以及不同的公司之间合作形式迅速变化的结果。

建模可以作为一种手段管理这一日益复杂的系统。模型代表与正在考虑的问题有关的真实或假设的情景。模型的使用是数字世界的一个重要战略，对于工业4.0来说也是至关重要的。

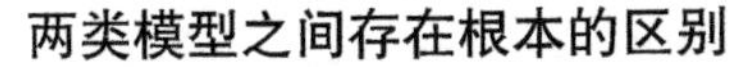

两类模型之间存在根本的区别

- 规划模型提供了工程师创造价值方面的透明度，从而使复杂系统的建立成为可能。例如，工程师通过示意图来表现他如何使用适当的功能来满足系统的要求。因此，该模型包含工程师的知识。
- 解释性模型描述现有系统，其他人通过模型可以获得这一系统的知识，通常需要采用不同的分析方法，如仿真。例如，它可以用来仿真计算一个工厂的能源消耗量。解释性模型通常用于验证工程师的设计选择。

数字世界通过规划模型对现实世界的设计产生重要影响，而现实世界也通过解释模型影响数字世界中模型的使用。

模型通常包含形式化描述，这意味着它们可以通过计算机处理，让计算机接管日常工程任务，如执行计算或其他重复性工作。因此，模型的好处之一是它们允许体力工作实现自动化，并在数字世界加以执行，而此前这些工作是在现实世界中操作的。

模型提供了巨大潜力，不仅用于工业 4.0。例如，它们允许在一个项目中通过早期检测错误或早期验证系统的要求和提出的解决方案来满足这些需求，减少风险。或者，也可以提供一个透明的信息流，通过增强跨学科合作和促进更一致的工程数据，实现高效工程。

解释模型描述了现实世界中的交互和行为，在开发和设计阶段起到验证作用。在未来，它们将主要部署在生产阶段，以检查生产是否运行平稳，检测磨损状况，而无须停止生产或预测组件故障和其他干扰。

挑战

企业，特别是中小企业，仍无法基于模型模拟使用标准的方式来配置和优化制造工艺。工业 4.0 的一项主要挑战是在更广泛的工程领域提高对模型潜力的认识，而工程师提供方法和工具，使其能够在虚拟世界中使用适当的模型来描述真实世界的系统。

某些情景下（如化学物生产过程中的相互作用）不存在合适的模式或很难将他们描述为一个正式的模型。

与不明确使用模型相比，为工业 4.0 开发明确的模型在初期需要较高的资金支出，因为可以降低后期成本的增值活动被提到早期阶段。这立即引出了建模是否具有成本效益的问题。答案显然是要看它针对的是何种业务。在高产量行业（如汽车行业）或有严格安全标准的行业（如航空电子行业），公司更有可能接受较高的初期投入。如果公司只生产小批量或个性化产品，则不太可能这样做。在这方面，客户的具体活动费用和与客户无关的活动费用的比例，也起着重要作用。模型成功的关键是它们应符合成本效益，并且得到有效应用，不只用于设计阶段，而且也能用在随后的阶段，包括操作。

建模与仿真只能由合格的专家来实施，因此，有关企业应给这些专家提供合适的职业机会。而目前机械工程行业中小企业的员工，谁被认为在这个领域是合格的，则往往会被视为“怪人”。

一个全面的方法应是为工业 4.0“引进来”模型。首先，这就需要对产品和制造系统综合考虑，既要为它们配备模块化的设计，又要确保不同学科的参与（如制造工程、自动化工程及IT）。其次，对实际发生在工厂的开发、工程和制造工艺等过程也必须全面地考虑。最后，建模需要高效的软件工具，为优化和调整提供必要的功能，使它们能与现有的工具和流程集成在一起，并使其与推广战略相一致，如图 2-13 所示的 CPS 平台参考体系示例。

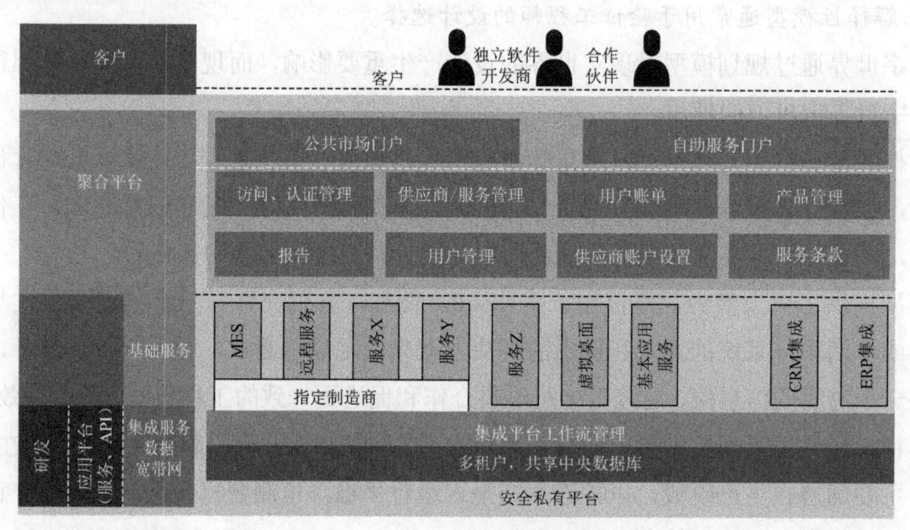

图 2-13 CPS 平台参考体系示例

建议采取的行动

工业 4.0 工作组建议在工业 4.0 平台下成立一个工作组，专门处理与建模管理复杂系统有关的问题，特别是在制造工程领域。工作组的职权范围应包括以下任务：

- 有代表性的调查应聚焦到建模领域最迫切的要求，集中到执行中最重要的方面，而不是宽泛的覆盖到整个多学科的工业 4.0 全域。
- 最佳实践应实现共享，尤其是在中小企业间，向从业者和决策者宣传建模的重要性。潜在的主题可包括模块化、虚拟新创企业或数字工厂。此外，应安排适当的活动，讨论进入壁垒和迁移策略。还应为相关组织和专家团队提供协调服务，作为一个一站式服务点为（潜在的）用户回答模型建设问题。
- 工作组应鼓励工具的用户建立共同的用户群，如工具制造商（产品经理、建筑师）和培训人员，以期通过参与其中来更好地相互了解。对于工业 4.0 主要供应商，重点应该以“机器及设备制造”为目标用户群，为工具制造商提供一个平台，提供满足他们需求的最佳解决方案（如集成、端对端能力、缺点和潜力）。最好能邀请特定工程工具的用户群，参与相关的议题。

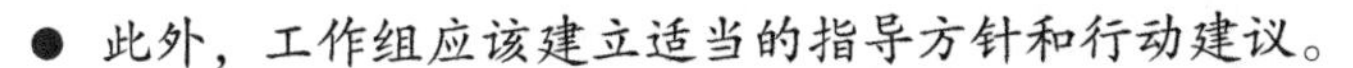

- 此外，工作组应该建立适当的指导方针和行动建议。

除了平台的活动，在建模和系统工程方面应做出有针对性的努力，提供培训及持续职业指导（CPD）。这既为年轻工程师提供适当的培训，也为经验丰富的工程师提供适宜的持续职业指导。培训的内容应专门面向制造企业的要求。

工作组还建议建立适当的旗舰项目，部署和测试现有的建模方法和工具，以说明在不同情况下建模的价值（工程与操作、大规模生产与小批量或个性化产品、制造业与加工工业、内部设计制造与公司间合作生产、生产与物流等）。

2.5.3 为工业提供一个全面宽频的基础设施

如果 CPS 是在一个广泛的基础上推出的，一般来说有必要建立一个比目前的通信网络能够提供更高容量和更高质量的数据交换基础设施。

工业 4.0 的核心需求是提升现有的通信网络，以提供可保证的延迟时间、可靠性、服务质量和通用带宽。为与国家 IT 峰会在《2011 年的数字基础设施年鉴》中提出的建议一致，需要在德国及其制造伙伴国家之间大规模地扩大宽带互联网基础设施建设。

高运行可靠性和数据链路可用性是机械工程及自动化工程应用的关键。有保证的延迟时间和稳定的连接是关键，因为它们直接影响应用程序的性能。网络运营商应该多做些工作，以满足企业的意愿：

- 绑定可靠的 SLA（服务水平协议）；
- 通信容量的可用性和性能；
- 支持数据链路调试 / 跟踪，尤其是提供相关的技术援助；
- 提供广泛可用 / 有保证的通信容量（固定 / 可靠的带宽）；
- 所有移动网络运营商之间的短信传递状态通知；
- 标准化的应用程序编程接口（APIs）的配置，要涵盖所有供应商（SIM 卡激活 / 停用）；
- 资费管理；
- 移动服务合约的成本控制；
- 服务质量（固定带宽）；
- 负担得起的全球漫游；
- 广泛使用的嵌入式 SIM 卡；
- 以卫星为基础的解决方案（在人烟稀少的地方）。

不只是工业 4.0 需要这些基础设施，所有 CPS 应用也都需要，包括在能源和医疗保健领域中的。

挑战

一个有效的宽带基础设施是有大量的用户访问，总体要求是简单、可扩展、安全、可用和支付得起。

建议采取的行动

工业 4.0 工作组强烈建议实施扩大德国的宽带互联网基础设施，即第二工作组在 2011 年全国 IT 峰会建议的“数字基础设施”。有必要对具体应用进行研究，以建立工业 4.0 所需的确切带宽和实时能力。

按照第二工作组的建议，工业 4.0 工作组还建议扩大德国的宽带互联网基础设施。

2.5.4 安全是工业 4.0 成功至关重要的因素

对于生产设施和它们制造的产品来说，安保是其中的两个关键环节。一方面，它们不应对人或环境（安全）构成危险；另一方面，生产设施和产品，尤其是数据和它们所包含的诀窍，需要加以保护，以防止误操作和未经授权的访问（安全）。与后者相比，前者多年来已成为生产设施及其制造产品设计方面重要的考虑因素。生产安全受整体机制所规范，其法规和标准管理着此类系统的建设和运营。

这些规章样本包括欧洲机构方针 2006/42/EG 和德国的设备和产品安全第九章的变更形式。

自从 20 世纪 60 年代末信息技术首次与机电相结合（工业 3.05）以来，制造业环境中对于生产安全和信息安全的要求就急剧增长，为操作过程中的安全提供确凿证据变得更加复杂，同时，信息安全也逐渐显现出来。那些已出现在工业 3.0（“公测版本”的工业 4.0）的许多安全问题尚未得到完全解决。尤其是安保措施往往实施得很慢而且经常只提供部分解决方案。随着工业 4.0 的来临，有关安全的进一步要求势必会提出。基于 CPS 的工业 4.0 的制造系统涉及高度网络化系统结构，将大量的有关人、IT 系统、自动化元件和机器信息纳入其中。高容量且通常是时间性强的数据和信息交换发生在技术系统组件间，其中许多是自主行为。同时，更多的参与者涉入到整个价值链。然而，安全问题总是整个系统的特性。因此，除了运营安全问题，广泛的网络和假设潜在的第三方访问至少意味着一系列全新的安全问题呈现在工业 4.0 背景中。只有以下两点付诸实践，才有可能使工业 4.0 得以实施并让人们接受它。

（1）从设计上保障安全是一项关键的设计原则。在过去，针对外部攻击的安全通常由物理措施来提供，例如访问限制或其他中控安全措施。基于 CPS 的生产系统中，在某个时间点上简单地将安全功能注入系统是不够的。在涉及安全问题的所有方面，必须从一开始就被设计到系统中。

（2）需要制定和实施IT安全策略、架构和标准，以赋予CPS系统高度的保密性、完整性和可用性，使得这些高度网络化、开放和异构组件间可以相互作用。要保护数字化过程中的诀窍、知识产权和数据。通常每一个制造商和运营商，不论是相对于外面世界，还是隶属不同的运营商和（或）制造商的相对另一方的组件，都需要一个适当的、可靠和负担得起的解决方案。

因此，在工业4.0中总是需要采取全球性安全措施。必须要考虑信息安全措施（加密程序或认证程序）对生产安全的影响；反之亦然（"一个子系统中的特定关键安全功能是否会增加网络攻击的风险？"）。

此外，鉴于目前的情况，还需要一个关于安全的工业4.0双重策略。首先，现有的工厂必须升级安保措施，以满足新的要求。通常机械寿命长和创新周期短，与外部的和在某些情况下很难联网的陈旧基础设施一起，意味着这将不会是一件容易的事。其次，要为新的工厂和机器制定解决方案。从第三次到第四次工业革命的过渡应该尽可能无缝，而且能以清楚地被所有利益相关方理解的方式来实现。两个支柱对策的关键是在整个价值链中所有执行者的安保问题及相关的架构，在实施前要达成共识。

挑战

在工业4.0中，对安保挑战有不同类型。撇开技术挑战，成功的安保解决方案必须要解决商业、心理和教育问题。例如，企业界目前缺乏完全标准化的操作平台来实施足够的安保解决方案。这些方案要针对企业的具体需求，不要让企业仅仅看为是成本驱动的，从而往往无力对企业现有的基础设施进行扩大或升级，特别是因为许多安全保护解决方案最初是为其他行业或应用而开发的。此外，安全意识往往起着关键作用，特别是IT安全问题。目前不同行业的安全意识水平差异太大，考虑到工业4.0将使价值链中不同合作伙伴间的网络联系与合作不断增加，合作伙伴彼此间的信任（安全及信任）将需要提升到更高水平。

机械和设备制造商越来越意识到软件的增值潜力，这将使制造设施及机器中的软件组件数量急剧上升。然而，人们对相关的IT威胁仍然知之甚少。自公众就恶意软件，如Stuxnet、Duqu和Flame展开辩论以来，工业IT安全问题才开始在自动化行业中讨论。此外，在提供和维持安保方面，软件也发挥着越来越重要的作用，但是必须要实施的、方案有效的制造过程，仍未走上正轨。

总体而言，与迄今的案例（尤其是安全设计方面）相比，工业4.0将需要一个更积极的安保方案。同时，一旦系统发过程结束，特定安全保护问题已经发生，安保问题往往只能被动地提出。然而，安保解决方案这一迟来的实施，既昂贵，往往也不能提供一个解决相关问题的永久方案。因此，安保不能简单地分解为功能部件，而应该视为一个过程加以发展。为了实现更快的响应时间，通过监测和跨部门综合信息交流来提供支持，也是很重要的。同时，由于风险评估指标监测不足，特别是与工业IT安全相关的方面，安保事故信息的交换几乎没有。在这些方面采取措施将有助于阻止病毒的传播或识别网络攻击。“安全”是指技术系统（机器、生产设备、产品等）不应造成人或环境的危险；而“安全”是指系统本身也需要加以保护，防止滥用和未经授权的访问（访问保护、安全攻击、数据和信息安全）。

建议措施

作为网络安全问题研究的一部分，联邦信息安全办公室（BSI）列出了当前对工业控制系统（ICS）威胁最严重的十大名单。工业4.0工作团队已与多位专家一起，形成了一份安保方面的包含8个优先行动领域的名单。

1. 集成的安保战略、架构和标准

工业4.0需要修改安保策略以及其在整个系统生命周期内相应原理和方法的系统应用。这就要求以建立“知识库”作为这种方法的基础。这使得目前所用的策略和流程将可以应用于过程自动化和机电工程等行业，以便使IT、汽车和航空航天行业应用的安保策略和流程适于工业4.0的特殊要求。

- 需要研究开发隶属于不同厂商和运营商间基于假设开放、协作子系统的安保策略。这些策略要基于那些在受到威胁情况下可初步开发用于个别行业，如机械工程或汽车供应链行业，但这些策略最终还是要适用于所有行业。
- 确保相关策略和系统的研发与其他安保研究项目的紧密协调非常重要。这些项目包括身份证据的安全、网络安全或关键基础设施保护，以及知识与其他行业的交换，如汽车和航空工业。
- 建立在这些策略之上的制造系统安保架构，应该被定义为工业4.0方案的参考架构。应尽可能使它们都能向后兼容现有的工业3.0系统。

除了确保工业4.0成功的关键方法和程序的标准化，这些参考架构也可以用来测试那些已定义的测试设备以及已被建立起来的程序。这些程序可以用来测试从个人计算机到网络的机器和应用阶段的各个层面上的整体安保系统。参考架构还可以作为给那些新的尤其是现有子系统发放安全分类和证书的基础。因此，这种方法构成了迁移策略的组成部分。

2. 产品、工艺和机器身份识别的独特性和安全性

在整个制造过程中，安全信息交换是工业4.0被认可和成功的关键。这适用于机器及其部件、所交换的数据、受影响的过程及其所涉及的组织单元。要启用此交换，单独的机器、过程、产品、元件和材料具有的独特电子身份识别是必要的。而且，最好是发放一种包含风险细节的“安全护照”的组件。这些风险已经被考虑到，在开发过程中可以抵消，并且这些风险需要集成者、安装人员、操作员或用户也都考虑到。护照还包含上面提到的安全分类。

作为安全身份的一部分，这些“安全护照”可以嵌入CPS的生产环境中，在它发展

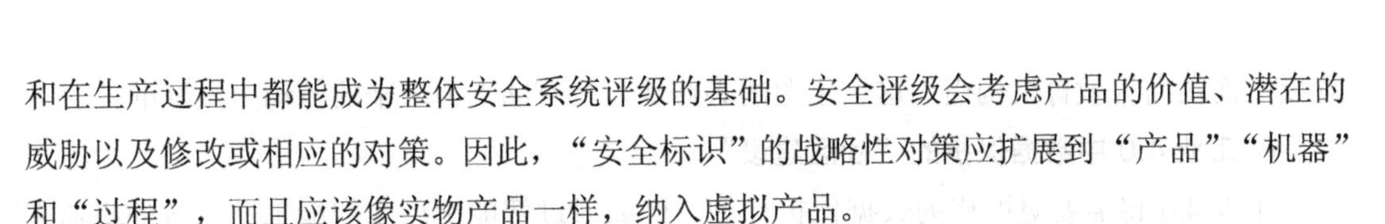

和在生产过程中都能成为整体安全系统评级的基础。安全评级会考虑产品的价值、潜在的威胁以及修改或相应的对策。因此，“安全标识”的战略性对策应扩展到“产品”“机器”和“过程”，而且应该像实物产品一样，纳入虚拟产品。

3. 从工业 3.0 到工业 4.0 的迁移策略

迁移策略的目标是逐步提高目前工业 3.0 设施（有可能继续使用相当长一段时间）的安全性，并且为转换到工业 4.0 做好准备。然而，异质性、使用寿命长以及现存制造设施个性化本质都阻碍了 IT 安全解决方案共同标准的发展。因此，除了上述评估现有设施的当前状态，迁移策略的发展也将需要一个标准化过程模型。这一模型可使个人安全解决方案快速实现、务实和更具成本效益。该程序可以通过调整现有（通用）的 IT 安全流程来实现：基于个人安全目标，找出弱点和威胁，随后建立一个措施目录并加以实施。

4. 用户友好的安全解决方案

人们往往对那些用户不友好的流程和应用避而不用，这可能会对安保解决方案，特别是在高度网络化的环境下造成致命后果。因此，有必要制定面向用户需求、拥有友好用户界面的安保解决方案，从而保证应用系统得以执行。从最初设计阶段起，这些因素就应在工程、经营权，包括维护过程中予以考虑。

5. 商业管理方面的安保

不可避免的是，安保始终是成本因素。当机器发生故障时会造成直接影响（如降低营业额）和间接影响（如客户、供应商、合作伙伴的赔偿要求或对公司形象造成损害），然而，到现在为止，很少有厂家利用保险来处理因 IT 问题所造成的损失。因此，有必要制定能够更加清楚地计算工业 4.0 本身风险和相关安全解决方案成本的方法，而不是在一个真实或怀疑受到威胁事件发生时，转变成关停生产设施。

6. 安全保护与打击盗版产品

成功的产品始终会成为盗版的目标。因此，在一个全球性的市场中，保护知识产权是高工资经济体存在的关键。与这种现象有关的问题并不局限于其对销售的影响，也包括企业形象受损和技术先机的丢失。在最极端的情况下，昔日的盗版者甚至可以成为竞争对手。此外，问题不仅限于往往相当复杂产品的物理复制——企业和产品技术先机的被窃现在也变得越来越普遍，尤其是对目前而言仍然很容易复制的软件或配置这种形式。

7. 培训和（内部）持续职业发展

对于一个组织的所有成员，了解与 IT 安全问题相关的知识是必不可少的。这对于提高所有人的安全意识是至关重要的。这里所说的成员包括参与生产的所有人，从熟练的机器操作员、安全软件开发员到设备工程领域工作的规划师。在商业工程中实施安全方案，仅仅安装技术产品还不够，即使它对用户是友好的（见上述第 4 点），员工也需要得到充分的相关安全要求的训练。在生产环境中，适当提高认识的活动有助于克服目前这方面的短板，而在高等教育机构引入这一主题的必修课，将有助于为未来的劳动力做好准备。

8. 工业 4.0 中数据保护的“社区建设”

工业 4.0 将需要更严格的数据保护计划，例如通过智能工厂或智能辅助系统的机器来记录和分析员工的健康信息，这在技术上是可行的。在德国，个人信息的使用是一个特别敏感的问题，因为信息自决权受到很多关注。因此，建议数据保护的话题应在“安全标识”的初始战略、联邦信息安全（BSI）、联邦和地区数据保护专员、工会及劳资联合会间的密切合作中得到解决。

为了确定优先次序以制定路线图或产生一个需求目录，对工业 4.0 平台需要进行深入的讨论。在设想工业 4.0 最佳解决方案时，不只要考虑到如何提供机器和部件间的安全通信，而且还有个体机器固有的安全问题，这是很重要的。建议将重点放在务实的解决方案上，这相对于现有的，无须等待长期“理想”解决方案研发的设备来说，是能够立即实施的。

德国在复杂 IT 安全解决方案和安全领域都占据世界领先地位，德国安保专家在全球范围内也享有良好的声誉。然而，传统的 IT 安全产品绝大多数在其他国家生产，如美国和以色列。通过借鉴其在制造、自动化工艺、机电工程和嵌入式系统方面独特技术先机所提供的竞争优势，在 CPS 和 CPS 产品平行发展的同时，德国有机会建立自己的安全行业——工业 4.0。重要的是要迅速采取行动，以确保这一优势能够在工业 4.0 中充分发挥其潜力。工业 4.0 需要开发技术和组织解决方案。在企业中，利用专业的方案是很有必要的，保护工人的组织与实践培训是实现方案的关键。

2.5.5 数字化工业时代工作的组织和设计

工业 4.0 对工作环境会有什么影响？在分散的高技术经济体中 CPS 普遍存在的情况下，企业与社会将面临怎样的责任？工作中如何应对这些变化？面对未来日益发达的自动化和实时导向性控制系统，我们怎样确保人们的工作是愉快、安全与公平的？这些问题的答案决定着是否有可能通过广泛的自动化控制、以知识为基础和与传感装备制造系统调动已有的创新和生产力储备，并确保竞争优势。

创新不应仅聚焦在克服技术难题上。由于员工在执行与吸收技术创新中起着关键作用，因此，创新的范围应扩展到包括工作与员工技能的智能组织。随着开放虚拟工作平台与人机交互系统的广泛使用，员工的角色会发生很大变化。工作内容、工作流程和工作环境会发生转变，同时导致对工作灵活性、工作时间规章制度方面和医疗保健以及人们业余生活方面产生影响。因此，为了使未来获得成功的技术集成，需要形成创新的社会组织。

挑战

在工业 4.0 时代，工作性质很可能将在管理复杂局面、抽象工作与解决问题方面对所

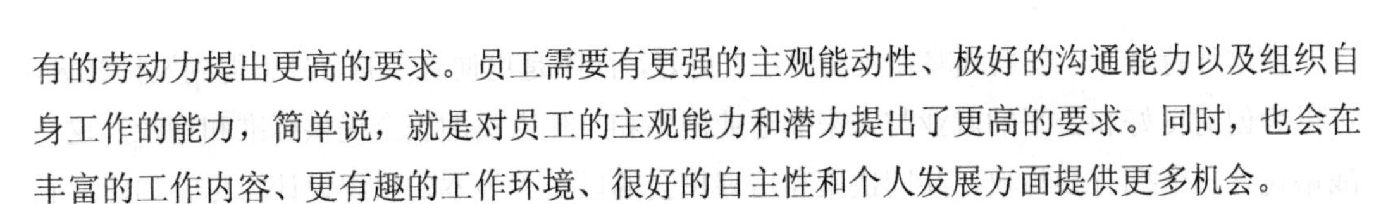

有的劳动力提出更高的要求。员工需要有更强的主观能动性、极好的沟通能力以及组织自身工作的能力，简单说，就是对员工的主观能力和潜力提出了更高的要求。同时，也会在丰富的工作内容、更有趣的工作环境、很好的自主性和个人发展方面提供更多机会。

然而，新的虚拟工作场所的要求也对维持和保护人才资本的安全构成了威胁。随着技术集成的不断提升，员工需要更具灵活性和处理更多要求苛刻的任务，同时，虚拟世界与员工实际工作之间的冲突也会上升。渐渐形成的无形虚拟的商业与工作模式会导致员工失去控制或在工作中出现疏离感。也有可能是新老矛盾叠加导致大量的创造力和生产效率丧失和员工工作量增加的倾向。

最后，需要考虑的重要一点是制造业中出现越来越多的信息技术对招聘员工数量的影响。简单体力劳动者的需求将会不断下降，这会对一部分员工特别是半技术工人的就业构成威胁。这样的情况对于员工本身讲是不能接受的，从社会融合这一广泛的公众观点来说也是如此，而且也会严重阻碍工业 4.0 的成功实现。

技术与工作组织协调一致

智能工厂提供一个创建新的工作文化环境的机会来满足劳动人员的利益。然而，这种可能性并不是简单的自然而然就可以实现的。采用合适的工作组织和设计模型将是至关重要的，这种组织模型可以将高度的个人责任感和自主权与分散的领导和管理方法相结合，让员工拥有更大的自由来做出决定，更多地参与和调节他们自己的工作量，同时又能支持灵活的工作安排。

技术可用于不同的工作，系统可以对一个人工作的微小细节实施严格的控制，或者配置一个开放的信息来源，员工以其为基础做出自己的决定。换句话说，人们的工作质量并不是由技术或任何技术约束决定，而是由模拟和执行智能工厂的科学家和管理人员决定的。

因此，有必要采用一种“社会技术方法”组织工作，将持续的职业发展措施和技术及软件架构紧密配合，来提供一个单一的、连贯的解决方案。该方案专注于在贯穿整条价值链的员工和 / 或技术操作系统之间提供智能、合作和自我组织的相互协调机制。

“更好，而不是更便宜”作为工业化变革的机会和基准。这个“社会技术方法”意味着，采用一种更极端的科学管理方法组织工作，是由于频繁、重复的高度标准化和单调无味的工作方式不是实现工业 4.0 最有希望的方式，而主动与员工合作的方式则可以实现新的效率收益。事实上，智能工厂将被配置为高度复杂的、动态的和灵活的系统，意味着他们需要被授权的员工充当决策者和控制者。例如，一个以顾客为中心的工作需要宽范围的培训、促进学习的工作组织模式、培养自主工作的全面持续专业发展，因此可以设计成一个有效的工具来促进员工发展和职业提升。在工业 4.0 框架下，技术发展目标和工作组织模式应该根据具体的经济和社会条件建立和配置。建立灵活的制造业组织模式是必要的，这可以在员工的工作和私人生活之间建立清晰的边界，使他们达到现实的工作和生活的平衡。

在这种背景下，创新战略在工会组织“更好，而不是更便宜”的口号下得到发扬光大，可以为创造良好和公平的就业与未来制造业网站和工作人员的安全提供标准和途径。这一战略包含一个拥有参与权、共同决策和培训机会的以员工为本的组织设计。尽管如此，它仍能满足全球竞争力的要求和更大灵活性的需要。“更好，而不是更便宜”的战略目标是确保德国工业成为未来技术的领导者。因此，好的工作、技术创新和职工共同决策在工业4.0背景下并非互相排斥。相反，他们为寻找从社会角度的更可持续的技术高效解决方案形成了一个前瞻性的方法。

建议措施

工业4.0平台应该通过跨学科专家工作组继续研究“工业4.0时代的人与工作”这一课题，主要有以下三个目标：

（1）结合需要实现员工为本的劳动和培训政策的行为，确认和展示对工作和就业（机会和风险）的影响。

（2）会同有关参考项目，为开发和实施社会—技术方法提供指导性和切实性帮助。

（3）推进参与工作的组织及其所有员工（不论年龄、性别或资格）可以终身学习的创新方法。

该平台应该建立定期的社会合作伙伴之间的对话，使与工业4.0有关的主要进展、存在问题和潜在的解决方案能够得到公开透明的确定和讨论。

该平台应在公司内部和外部利益相关者之间（包括国内和国际层面）安排有效的知识转让。除了创新知识管理，还需要建立广泛的社会网络。

2.5.6 培训和持续的职业发展

如上所述，工业4.0将导致以劳动员工为本的社会-技术工厂和劳动力体系，继而对职业及学术培训和持续性的职业发展（CPD）带来新的挑战。这些挑战将扩大至制造工程组件开发者及其使用者。

工业4.0将很可能显著地把工作和技能向两个趋势转变。第一，以明确分工为特征的传统制造工艺现在将被嵌入一个新的组织和运营结构中，配之以决策、协调、控制和支持等方面的服务功能。第二，组织和协调虚拟与真实的机器之间，以及设备控制系统与生产管理系统之间的交互作用变得非常必要。

实际上，这意味着信息通信技术、制造业和自动化技术融合以及软件将导致很多任务会作为一个范围更广的技术、组织和社会背景的一部分来执行。

工业4.0还要求IT专家培养方式的根本改变。对不同行业应用程序需求的识别能力以及从世界各地招募开发伙伴的能力的重要性将逐渐超过纯粹的技术专长。极其广泛的潜

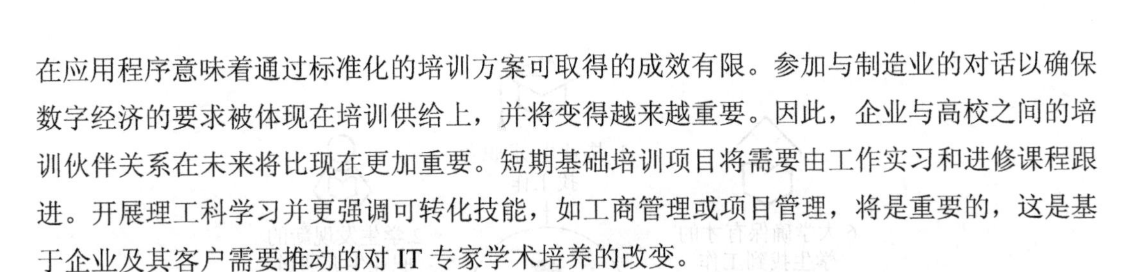

在应用程序意味着通过标准化的培训方案可取得的成效有限。参加与制造业的对话以确保数字经济的要求被体现在培训供给上，并将变得越来越重要。因此，企业与高校之间的培训伙伴关系在未来将比现在更加重要。短期基础培训项目将需要由工作实习和进修课程跟进。开展理工科学习并更强调可转化技能，如工商管理或项目管理，将是重要的，这是基于企业及其客户需要推动的对 IT 专家学术培养的改变。

按照上述这些支持工业 4.0 的原则，以及包括 IT 及生产工程培训间的深度融合。需要确定与工业 4.0 相关的学习内容，开发适当的教学的和方法论。尤其是在一些极富创造性的商业领域，比如跨学科产品和过程开发会需要全新的任职资格。这将构成双重战略的一部分，使得企业能够应对萎缩的劳动力市场及高市场波动的挑战。因此，这将是开发职业成人教育规定（教学方法、职业规划）的关键。

技能评估应被用来完善职业教育与学术教育间的可动性，以及不同的培训与可持续职业发展项目和系统间的可动性。此外，也用来提高对技能的认可，尽管那不再与一名员工的专业领域相联系但在工作场所仍然是相关的。人们越来越需要整体把握并了解生产过程中有关各方之间的相互作用。因此，除了对元认知能力的需求增加，由于原划分部门和学科进一步整合带来的现实生活与计算机相互作用的日益增长的重要性，社交能力也变得越来越的重要。在技术方面，更多的重点将放在跨学科技能上，在这方面仍有许多工作有待完成。

为了确保个人的培训潜力可以被认可并清楚描述，开发出非正规教育与非正式教育的认可标准是非常必要的。目标是教授人们新的整体组织模型的原则，并确保这些体系得以被清楚描述，以便员工对他们正在做的事充满信心。

学院立方体

学院立方体是由德国和国际工业企业与公共机构联合推出的一项倡议，目的是应对由工业 4.0 产生的新的培训形式和内容需求。目前的规定明确地把来自欧洲南部的技术工人作为目标，那里的失业率非常高。学院立方体给有关各方提供在线信息，告诉他们在本国和国外可以如何使用他们的技能和知识。

学院立方体给无业的信息通信技术和工程学毕业生提供获得有针对性的任职资格的机会，帮他们与工业企业直接联系。这是通过一个基于云的平台实现的，企业和单位在上面提供在线学习课程并发布具体职位空缺。平台帮助求职者获得他们申请特定职位所需的培训，同时也给他们颁发相应的证书。这些证书建立在标准课程的基础上，可确保潜在的雇主对培训的标准有信心，并就其内容提供透明度。最好的候选人会自动送往参与企业的最高职位空缺，如图 2-14 所示。

图 2-14　学院立方体网络体系中的不同参与者

学院立方体的概念是由德国联邦教育研究部和思爱普公司主持的关于数字社会教育研究的工作 6 组在国家 IT 峰会上提出，并在 2013 德国汉诺威消费电子、信息及通信博览会（CeBIT 2013）上正式推出。自 2013 年 3 月起，该项目已提供了工业 4.0 领域的 6 个完整课程及 12 个专项课程。学习内容包括自动化、大数据分析、制造和物流流程以及安全和数据保护等领域。

2012 年，西班牙的失业率达到 27%，同时西班牙和希腊的青年失业率高达 52%（来源：欧盟统计局，2012）。欧洲委员会估计，到 2015 年，欧洲将有 700000 个信息通信技术专业人才缺口（来源：欧洲委员会新闻，2012.3.20）；德国信息技术、通信、新媒体协会认为，德国每年缺少 9000 个 IT 毕业生（来源：德国信息技术、通信、新媒体协会，2012）。意大利需要 10100 个信息通信技术专家，波兰需要 18300 个，西班牙还需要 41800 个，德国还需要 87800 个（来源：欧盟统计局，2012）。

当培训体系所有不同层面都受到影响的时候，特别优先权应该放在持续性职业发展（CPD）的扩展上。尤其是，在工作场所 CPD 应考虑健康、身体活动和生活方式的重要性，以保证长期的工作生涯。

通过以一种促进学习和实施适当培训策略的方式组织工作，应该可以在制造业实现一种以人为本的方法，考虑员工的教育、经验和技能集合差异，从而增强个人和企业二者的创新能力。以一种促进学习的方式组织工作也是终身学习的关键要求。由于以 CPS 技术为基础的体系的引入，工业 4.0 将会导致快速的技术变化，因此它也应该是智能工厂的目标之一。内部学习与外部学习以及一般教育与职业教育的相对效力应该是进一步研究的课题。

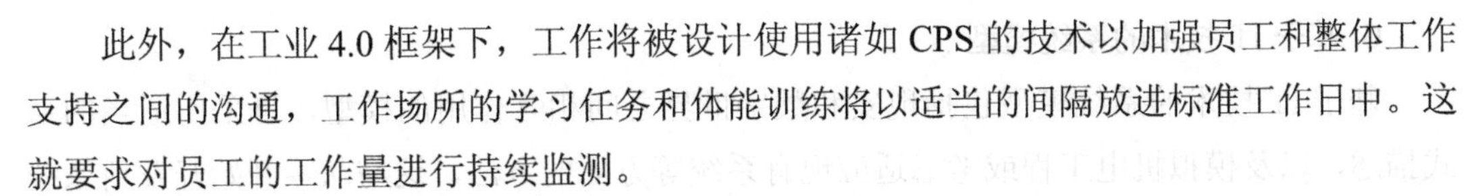

此外，在工业 4.0 框架下，工作将被设计使用诸如 CPS 的技术以加强员工和整体工作支持之间的沟通，工作场所的学习任务和体能训练将以适当的间隔放进标准工作日中。这就要求对员工的工作量进行持续监测。

工作设计还应考虑员工扮演的不同角色（从非熟练和熟练工人或具有高级职业技术资格的员工到具有如学士和硕士学位的有学历管理人员或有资格的工程师）和他们的情况差异，如年龄、教育、经验或文化背景。

建议措施

在工业 4.0 背景下，关于任职资格、培训与持续性职业发展，平台工作组推荐以下几种措施。

1. 推广模式方案

方案应包含可以用来发展培训和持续性职业发展策略的行动。它们不但能识别员工在特定领域外的技能，还应该包括促进职业和学术训练之间与不同培训和持续性职业发展课程系统之间互动的策略。

2. 建立和推广"最佳实践网络"

为了保证知识转让和可持续性，应该建立培训和持续性职业发展"最佳实践网络"竞争性投标。这些网络将负责开发和记录案例研究、网络各种参与者并支持知识转让。

3. 调查在工作场所获取知识和技能、发展数字化学习技术的新方法

数字媒体和创新学习技术（在线学习）将在知识转让和技能发展中起重要作用。鉴于技术和人口变化与不同学习者有不同要求的情况，发展新的教学方法和学习辅助系统很有必要。

4. 推广工作组织的跨领域方法

所有工业 4.0 时代的任职资格、培训和持续性职业发展措施需要采取合作研究执行形式的综合研究。调查工作组织、流程设计、管理和合作，以及它们对工业 4.0 时代工作和培训进展的影响是重要的。还应包括的问题有随着预期寿命的增加，老员工如何能保持自己的就业能力。为了在工作中促进学习，开发相应的培训策略、分析方法和管理模式将是必要的。总的来说，这将会存在许多重大挑战，包括需要全面、持续的职业发展条款和至少部分培训系统的改进。

5. 推广工业 4.0 特有的学习内容与跨领域合作

促进所有学科的跨学科合作（例如制造工程、自动化工程和 IT）来完成系统工程方法是很有必要的。这需要不同的学科之间相互理解对方的立场和方法，在战略、业务流程和系统上采用综合观点。跨学科研究在技术和法律之间的层面也是必要的。法律专家应该介入早期阶段的研发过程。同样，工程师将越来越多地需要对法律有一个基本的了解，以便他们能与法律同行开展完整的法律层面的对话。

6. 基于 IT 技术的系统模型

基于 IT 技术的系统模型包括现实和数字世界之间相互作用的模型，可采用适当的形式描述，以及模拟机电工程或考虑适应现有系统等方面的方法，这与从零开始开发新系统不同。

2.5.7 规章制度

与其他基本技术创新一样，与工业 4.0 相结合的新制造工艺也将面临在现有监管体系下两个相互关联的挑战。一方面，关于新技术的不确定性和数据保护问题的合法性问题尚未得到明确解决，可能会抑制工业 4.0 被接纳并放缓创新的过程。反过来，新技术和商业模式事实上的影响和变革效应足够大，使得沿袭固有规章制度几乎不可能。因此，技术创新周期短和新技术颠覆性变革可能会导致缓慢的滞后效应，即现有规则未能跟上技术变化的步伐。

就整体而言，虽然工业 4.0 没有完全涉足目前未知的监管领域，但它确实显著增加了有关监管问题的复杂性。需要做两件事情来协调现有法规和新技术：以促进创新的方式制定标准来确保新技术符合法律和监管框架的发展；在工业 4.0 环境下，通过通常的契约可能实现这一目标。这两个因素都要求监管分析新技术，以便在研发阶段尽早介入，而不是直到已进入使用过程却还没有涉及。

挑战

1. 企业数据保护

随着物联网在智能工厂中的建立，企业数据产生的数量和环节将增加。此外，商业模式将不再只是涉及一家公司，而是会包括随时可能发生变化的动态公司网络以形成全新的价值链，如已被证实的 RAN Project3。智能机将会自主产生和传输数据，而这些数据将不可避免地超出公司内部可控范围。在这种新情况下将伴随着一些特殊风险，例如，生成初始数据，并进行数据交换以配合不同公司之间的生产和物流活动的需要，或与其他数据读取相结合，意外地提供给第三方有关合作伙伴公司的高度敏感信息，可能就提供给他们一个洞察其业务策略的机会。如果企业希望继续通过常规策略来保存这些知识秘密，从而保护自己的竞争优势，将需要新的工具。新的规范的商业模式也将是必要的，其产生的原始数据可能包含对第三方有价值的信息，因此，公司可能希望通过收费的方式来进行共享。像这样的创新商业模式也需要法律来保障（主要是以合同形式），以确保创造的附加值可以公平共享，例如，可以使用动态定价模型。

目前，企业数据保护监管只解决这些危险的某些方面，而且一般需要将数据归类为商业或贸易秘密。此外，它通常只适用于非法泄露的情况下。作为一项规则，已经合法获得

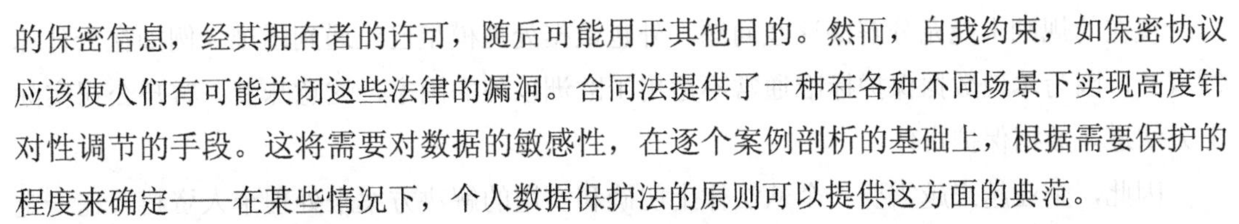

的保密信息，经其拥有者的许可，随后可能用于其他目的。然而，自我约束，如保密协议应该使人们有可能关闭这些法律的漏洞。合同法提供了一种在各种不同场景下实现高度针对性调节的手段。这将需要对数据的敏感性，在逐个案例剖析的基础上，根据需要保护的程度来确定——在某些情况下，个人数据保护法的原则可以提供这方面的典范。

然而，合同也有其局限性，它涉及管理大量的法律事务，因为在计算风险和为每个单独案例进行单独合同谈判时要涉及超量工作。因此，有必要制定新的合同模式，允许企业保留“它们”独立主权的数据，同时还促进创业的灵活性。

2. 责任

在不同的公司之间交换敏感数据是有风险的，这些数据可能会被非法使用和/或泄露，例如，如果收件人没有实施足够的 IT 安全措施，这些数据可能被第三方黑客攻破。这个问题的一个解决方案是提供一种已经广泛适用的合同条款，设置必要的技术和组织安排并采取一些附加措施（如有义务提供有关任何安全问题或违反规定的通知），并对不遵守的事项规定惩罚。然而，在工业 4.0 中制造设备比过去负责更广范围的事项。一旦它们没有完成其主要职责（在产品的耐久性、正确的操作和外观方面），可能承受的将不仅有法律责任，同时也将承受自己作为智能网络中一个成员的失误。

在这些情况下，责任和职责问题变得更加重要——当自主系统部署在网络上，结构透明度的缺乏可以使它几乎不可能明确地确定谁执行一个特定的动作，从而产生在法律责任方面的不确定性。事实是，相对于第三方，企业装备配有自主数据处理的生产系统，对他们的生产设施和产品的安全性承担法律责任。当前侵权法和产品责任法已经在这一领域提供了足够的解决方案。然而，如果其他合作伙伴在网络中希望避免负连带责任，或者，如果他们想至少对其他合伙人有追偿权，那么从合同规定一开始就采取行动明确业主各自系统的责任是必不可少的。这也牵涉到残余风险的可保性，及保险业计算相关保费影响的方式。

提供对不同生产步骤和系统状态精确的书面描述将有助于确认责任归属。因此，在工业 4.0 中，基于新技术的文档程序如个人或绑定设备的数字签名，将起到更为重要的作用。

3. 处理个人资料

由于员工和 CPS 之间的互动增加，员工个人资料的数量和详细程度也都将增加。这对辅助系统来说更是如此，它可以记录有关员工的位置、生命体征及工作质量。这个问题可能会对员工的信息自决权构成威胁。在这方面，一旦涉及国际层面，其问题将尤其严重。德国数据保护法严格限制将从智能工厂中获取的数据外包给欧盟（EU）或欧洲经济区（EEA）（包括同地区公司）以外的公司进行分析，或将包含员工个人的企业信息泄露到欧洲以外。如果在该国接收数据的数据保护标准低于那些在欧洲建立的，此限制是特别适用的。这可能会导致全球联网的价值链的约束性问题。

现在的规则未能充分解决这些问题。外包数据处理模型已经遇到困难（例如在云计算领域），因为本地数据保护标准通常不适用于欧洲以外的国家，这意味着，客户公司实际上无法遵守数据保护责任。

因此，企业越来越需要一个从法律上明确和实用的解决方案来处理个人资料。在一定程度上，要达到这点可能需要通过具有内部约束力的公司规则、集体协议和企业协议来实现。虽然这将是重要的，但也要确保这些方式不在任何情况下削弱现有的数据保护标准。在任何情况下，考虑到工业4.0的具体特征，这些协议、标准将需要进行调整。

数据保护法要求定制的产品功能将依赖于该产品及其应用。例如，将数据处理组件集成到最终产品（尤其是有关工业4.0）。虽然这些组件可能首先用在生产过程中，但他们最后可能被最终客户所拥有，尽管最终用户起初使用时并无该目的。为了防止这种情况的发生，限制此类内置组件在数据处理上的应用，使其应用能力限于数据保护法所定范围是绝对必要的。

4. 贸易限制

随着越来越复杂的系统部署在工业4.0，个别元件越来越有可能受到国内和国际贸易的限制。加密技术既是必要的也是客户所需求的，以确保CPS通信的保密性和完整性。然而，在许多新兴市场，如中国，只允许根据许可证进行加密产品的使用、销售、进口和出口。另一方面，在欧盟，加密技术的装运只允许出现在欧洲和某些国家，如日本，加拿大和美国，但许多其他目的地则被归类为双重使用商品并受出口限制。即使在今天，有些公司希望在明天的主要市场有一个全球性的存在地位，但在一定程度上，如果加密组件构建到了较大的生产设施中，他们会发现自己被迫在法律的灰色地带经营。这种法律上的不确定性在工业4.0中只会增加，并可能成为一个重大的贸易壁垒。

建议采取的措施

上述监管方面的挑战是不平凡的，如果工业4.0倡议成功，就必须要找到解决方案。在多数情况下，这些“解决方案”将不涉及立法，而是需要包括法规、技术和政策因素在内的组合工具。此外，中小企业之间通过专业协会和政府部门来提高对上述问题的认识是非常必要的。

对于中小企业十分重要的一个方面是开发实践指南、清单及示范合同条款。另一方面，新的合同模式需要保证对业务和商业秘密的保护，同时确保因新的商业模式产生的任何增值可以公平共享。因此，尽可能准确地定义各种合作伙伴（包括不同类型的信息经纪人等）的角色将是非常必要的。

至于责任方面，提供的支持应注重数据的安全性并要求提供书面证据，特别是在项目从一个到另一个伙伴交接的关键点上。至于员工的数据保护，应开发包含样本公司协议的最佳实践模式，以确保工业4.0的各项要求不侵犯员工的数据保护权。属于第三方的敏感企业数据的安全和保密的处理方面，最好是促进自我规范管理，通过诸如审计或符合 IT 安全标准的认证等措施加以实现。尽管如此，仍需要在某些问题上进行立法。这包括外包数据处理活动，虽然它是在欧盟层面上，这方面的立法需求目前仍然存在。

还有一个迫切需求是在该领域的贸易限制方面实现协调一致，特别是关于加密产品。为了确保德国能够成功地维持工业 4.0 的领先供应商地位，应努力在中长期促进共同的国际法规，例如，通过世界贸易组织。

在通常情况下，由工业 4.0 提出的挑战是当技术发展到设计法规层面时，将需要跨学科的研究，要确保法律专家能在研发的最初阶段便参与进来。同样的道理，工程师将越来越需要掌握对法律问题的基本了解，使他们能够与法律工作者进行全面对话。沿着这样的方法，工程师和法律专家之间的合作伙伴关系可为德国在工业 4.0 市场中提供真正的竞争优势。因此，确保法律专家从早期阶段参与工业 4.0 平台的各个工作组是非常重要的。

2.5.8 资源效率

制造业的性质意味着，它是迄今为止工业化国家中最大的原材料消费者。与私营部门一起，它也是能源和电力的主要消费者。除了成本高昂，这种局面导致了环境和供应安全风险，而这种风险需要通过法规使其最小化。因此，工业界正进行重大努力，以减少其对能源和资源的消费，或寻找替代资源。然而，除非有任何成功的机会，否则这些努力将需要持续多年。最终，这将涉及在生产过程以及机器和设备设计上发生变化，因为这是唯一的材料和能源消耗可受到影响的地方。其出发点是制造企业所使用的资源量，包括公司本身和整个价值网络的其余部分。这三类资源区分如下：

（1）原材料，添加剂，经营供应品及所有不同种类的能源载体，包括从一种能量类型转换成另一种类型。

（2）人力资源，即人类劳动力。

（3）财务资源，即所需的投资和运营成本。

在如何使用这些资源方面，可把重点放在给定资源数量来实现最大化的输出，或在使用尽可能低的资源数量下达到一个给定输出上。在第一个方案中，强调的是计算资源的生产率，而在第二个方案中，重点是计算资源的使用效率。一系列指标可用来进行相关测量（如生命周期评估、碳排放量等）。

挑战

总体而言，工业 4.0 作为一个整体，需要研究如何减少在工业生产过程中能源消耗的办法并加以实施，以及在生产过程中所使用的机械和设备的能源消耗。联合联邦教育与研究部（BMBF）和德国工程联合会（VDMA）倡议的成果“效率工厂”（Effizienzfabrik），可以作为这方面的典范。在实施高效的制造工艺时，重要的是不仅要考虑基本功能，还要考虑在动态条件下过程的稳定性，如频繁停止和启动，预防生产出缺陷产品（这种产品是对材料和能源的浪费）。

因此，有必要考虑生产效率，以防止不稳定过程导致的质量问题，由于需要对产品进行维修或完全重造，可用性也需要加以考虑。制造设备可能出现故障（所以要建立备用冗余，以减少失败的风险），资源有可能供不应求，存货水平可能不符合需求（半成品和成品）。

工业 4.0 的关键挑战之一将是证明，基于工程设计、制造、生产控制、内部物流、采购及分销物流等过程中使用资源的总量，在 CPS 和相关的基础设施中投入额外的资源可以产生足够的机会以实现资源生产率和效率的收益。

工业 4.0 提供了契机，在解决方案基础之上优化资源生产率和效率的总体目标。

建议采取的行动

工业 4.0 工作组建议，应通过工业 4.0 平台建立一个工作组，专门处理资源生产率和效率问题。工作组的职权应包括以下方面：

采用和发展 BMBF 与 VDMA 倡议的成果“效率工厂”。

在源于生产率或可用性问题所规避的替代过程中，于制造环境里提高的资源生产率和效率方面，示范资源节约的成效。

计算和评估部署 CPS 和相关基础设施所需的额外资源及所产生的节约潜力之间的平衡。当评估涉及在现代化生产线，或建立新的和所需的自动化设备的类型方面做出决定时，也要考虑不同类型的资源。这些评估应考虑行业或部门的问题，价值网络是区域还是全球范围的问题。

考虑用来评估资源生产率、效率和当前的项目与倡议生态友好性的各种指标及 KPI（关键绩效指标）也是必要的。开发决策支持的 KPI，如绿色生产指数，连同采取透明且面向资源的投资决策所需的尤其是工业自动化领域的基本数据，也应被考虑进来。

应用实例 3：支持定制生产——何以满足客户个性化的需求

工业 4.0 的动态价值链能使客户和特定产品的设计、配置、订货、计划、生产和物流得到统一协调。这也为即时响应、生产前甚至在生产过程的最后一分钟变更需求提供了支撑。

今天的汽车行业的特点是静态的生产线（使用预定义的序列），这很难为新的变异产品进行重新配置。软件支持的制造执行系统（MES）通常是在生产线的硬件基础上狭义定义功能的设计，因此同样是静态的，如图 2-15 所示。

雇员的工作的性质也视生产线的功能而定，因此，往往很单调。在这里不鼓励个性。

其结果是，它不可能把各个客户的需求，将同一厂家某一产品组的部件加入到另一产品组中，例如，将保时捷车的座位安装在大众车里。

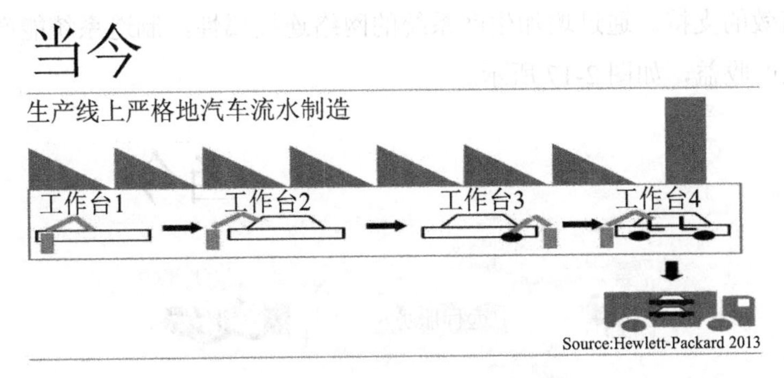

图 2-15　当前实时汽车流水生产线

工业 4.0 将形成动态的生产线，如图 2-16 所示。车辆成为可以通过装配车间从一个 CPS 功能处理模块移动到另一个的自主移动的智能产品。动态重新配置生产线使得它可以与合适车辆的设备混装、匹配。此外，个体差异（如配备另一个车系列的座椅）可以在任何时间根据物流情况加以执行（如瓶颈问题），而不被中控系统事先设定的时序所约束。执行这类重新配置将很简单，因为汽车可以自主移动到相关的工作站。现在的制造执行系统 IT 解决方案构成一个核心组成部分，从开始到结束，从设计到组装和操作。

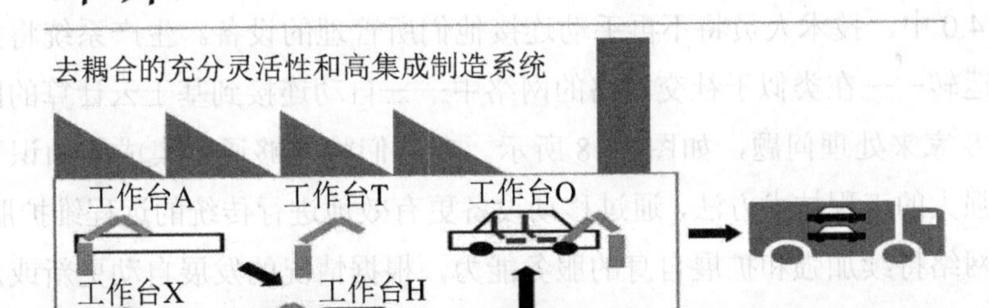

图 2-16　未来去耦的高集成生产线

潜在益处

第一个应用程序，如上所述 MOS 解决方案和共享 IT 平台将很快出现（在未来几个月内），但是，到我们能看到端到端的 CPS 功能动态生产线，还需要若干年。尽管如此，在制造过程中执行特定任务预计会在早些时候出现。

应用实例 4：通信网真平台

网真远程服务是设备厂商已经推出好几年的工具，它利用远程访问和控制机器为客户提供快速、高效的支持。通过增加生产系统的网络连接属性，制造系统能产生新的潜力，提供更多的生产收益，如图2-17所示。

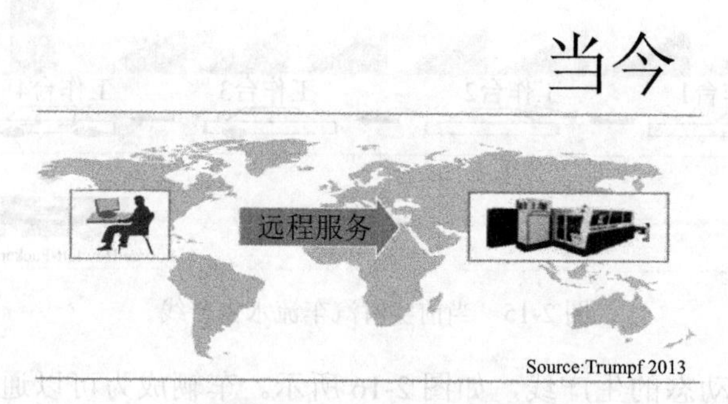

图2-17 当今的远程服务

启用远程服务能在供应商和用户之间建立连接，提供通信解决方案。通常，技术人员将设备通过调制解调器直接连接。自从互联网问世以来，VPN连接（虚拟专用网络）技术获得了较快的普及，因为它们允许客户的企业网络得到有安全保障的访问。采用这种方式是为了进行远程诊断和控制，以减少计划外的中断和宕机。

通信链路的配置和管理涉及大量的管理工作，因为需要为每个客户独立地进行配置和制定特定路由策略。这种方法目前只可用来提供响应性服务，即事件发生后进行维修。

在工业4.0中，技术人员将不再手动连接他们所管理的设备。生产系统将如同“社会机器”一样运转——在类似于社交网络的网络中——自动连接到基于云计算的网真平台去寻找合适的专家来处理问题，如图2-18所示。专家们将能够通过集成的知识平台、视频会议工具和强大的工程技术方法，通过移动设备更有效地进行传统的远程维护服务。此外，设备将通过网络持续加强和扩展自身的服务能力，根据情况的发展自动更新或加载相关功能和数据，通过网真平台实现标准化以及更安全的通信链路。

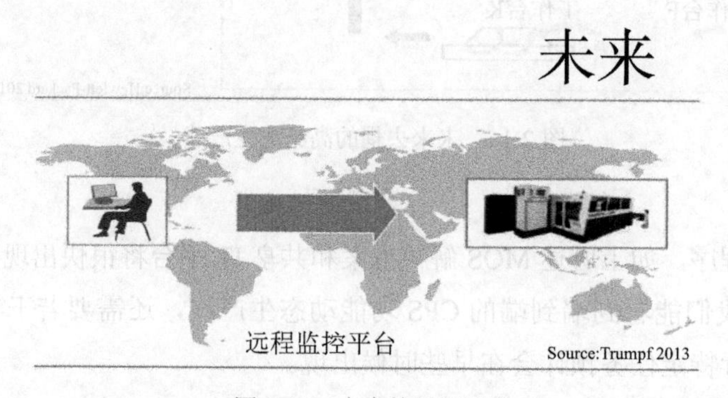

图2-18 未来的远程服务

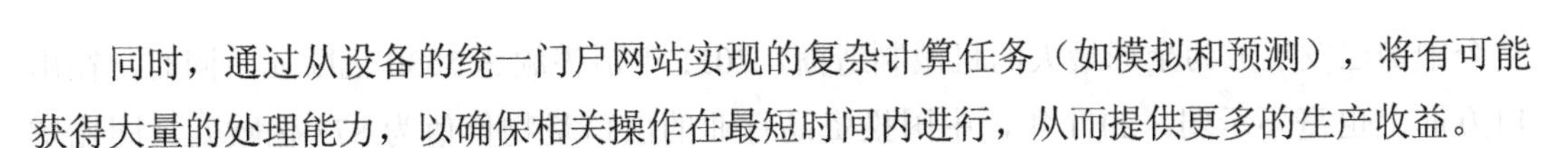

同时，通过从设备的统一门户网站实现的复杂计算任务（如模拟和预测），将有可能获得大量的处理能力，以确保相关操作在最短时间内进行，从而提供更多的生产收益。

潜在益处

首个基于云计算的网真系统门户网站最近已经上线，这能预示什么是未来的发展方向。这样的门户技术的快速发展将开辟新的视野，在未来几年，将对生产制造系统产生革命性的改变。

2.6 德国如何与世界其他国家竞争

德国发现制造业越来越倚重物联网（工业互联网），并且认识到这种倚重在工业工程中作为未来制造业战略挑战的颠覆性影响。世界各地的人们使用各种各样的术语来形容工业 4.0 的现象，特别是在讲英语的国家和欧盟地区，人们通常将它称为象征着第三次工业革命的物联网和数字化趋势。这个排序的由来，或者是将第二次工业革命作为第一次工业革命的一部分，或者不把因制造加工自动化而产生的第三次产业转型本身作为一次真正的革命。

“智能生产”“智能制造”和“智能工厂”，这些词语在欧洲、中国和美国专指以数字化、网络化生产创建智能制造体系。与之相比，意思相同却更显时髦的名词“先进制造”使制造环境下的现代化趋势包含的范围更广。

这些作为案例的国家能够说明为应对设备及装备的全球市场、电气工程、自动化以及 ICT（信息通信技术）方面的发展趋势所做出的不同的政策反应。

国际市场发展趋势

由德国机械设备制造业联合会（VDMA）2013 年发布的一份调研报告显示，大部分德国机械工程公司仍然自以为处于世界领先地位，认为他们的主要竞争对手来自国内企业，接下来才是被甩在后面的美国和意大利竞争者。

“在合作期间，我明显感觉到，德国已经拥有了制造技术和机械工程领域中的所有必要条件，使其可以继续获得未来全球物联网与服务的成功”。

——Dr. Siegfried Dais，Robert Bosch GmbH 公司，工业 4.0 工作组联合主席

自 2002 年以来，在世界其他地区进行的大规模转移生产造成了美国机械制造业对进口需求的急剧增长。2002—2010 年，美国机械制造业从业人员人数下降了 25%，但随着国内和出口需求的增长，2010 年后已经有逐步好转的迹象。美国媒体则迅速反应，用诸如“重新支撑”和“繁荣内销”这样的大标题，把它比喻成一个翻天覆地的变化。

与此同时，中国也在机械工程技术领域投入大量精力，追赶其他国家，增强其市场地位。

至今中国已发展成为全球最大的机械制造商，2011年销售额达5630亿欧元。同时，在出口方面上也毫不示弱。2011年，中国投资品行业的出口货物价值为877亿欧元，同比增长超过20%，一跃成为世界第四大机械出口国，掌握了10.2%的全球市场份额。自2010年以来，俄罗斯对机械和设备的需求出现了明显的增长。作为今年汉诺威展销会官方合作伙伴的俄罗斯已经是德国机械工程企业继中国、美国和法国之后的第四大出口市场。德国则是俄罗斯第一大机械设备供应商，占有了其国内市场22.6%的市场份额。俄政府预测俄罗斯市场将在未来几年内持续增长，并计划以数十亿欧元的融资计划作为支撑。从长远来看，德国机械和设备制造商将工业4.0产品出口到俄罗斯具有巨大潜力。

近来，全球自动化市场达到3500亿欧元，这意味着它的市场已超过了全球电气工程市场的十分之一。在过去的几年中，中国已经上升为全球最大的区域市场。2013年其市场价值为1000亿欧元，占全球市场份额的29%，这意味着它已超过了市场价值只有930亿欧元的欧洲。紧随二者的是美国（占全球市场份额的12%，市场价值为400亿欧元）和日本（占全球市场份额的8%，市场价值为260亿欧元）。德国以210亿欧元（占全球市场份额的6%）成为世界第四大市场。

中国在自动化产品制造上有着更大的领先优势，占全球产量的30%，在3500亿欧元的全球总产量中占1030亿欧元。美国和日本旗鼓相当，各以11%的比例并列第二位，紧随其后的是德国，占10%。然而，德国是世界上最大的自动化产品和系统出口国（290亿欧元），其次是中国（270亿欧元）和美国（210亿欧元）。

与SAP公司、Software AG公司、Telekon公司，连同美国子公司（如IBM和惠普）和亚洲公司一起，德国拥有这个集结全球最先进水平的IT精英集群。这为德国在工业4.0中发挥主导作用提供了新的契机。

关键信息

德国的许多竞争对手也承认在生产环境中将使用物联网的趋势，并通过一系列的机制和财政措施来推动它的发展。工业4.0工作组认为，德国已做好准备在工业4.0领域中成为一个全球的标兵。工业4.0平台应在由德国所采取的措施和计划成功地实施这一目标的程度上进行定期评估。

应建立一个独立的研究项目来更详细地分析德国的国际竞争对手和市场，它应把目标定在未来10～15年。

应用实例5：由于出现超出制造商所能控制的危机导致生产过程中供应商的突然改变

出现超出制造商所能控制的局面，如始料未及的自然灾害或政治危机，意味着往往在生产过程中需要突然更换供应商。工业4.0可以通过运行受影响的下游服务的仿真系统，使这些变化平稳许多，从而使不同的供应商得到评估，并从中选择最好的替代者。

当今

当出现意想不到的供应商爽约情况，制造商难以判断对目前生产与下游流程的影响并做出及时的反应。供应商突然爽约会导致显著的额外费用和生产延误，因此会给公司业务带来重大风险。他们需要就如下问题采取迅速的决定：关于使用替代供应商作为填补，如何执行处在生产过程中的货物物流？目前的存货能维持多久？哪些产品已经包含爽约供应商提供的组件？替代供应商是否有足够能力和本领在最后期限前提供所需物品？目前，IT只能为这些决定提供部分支持。

未来

在工业 4.0 中，将有可能模拟制造过程中的所有步骤，并描绘出它们对生产的影响。这包括对库存水平、运输和物流等进行模拟，对已经用于生产的组件的历史状况以及这些组件在失效前可以使用多久的相关信息进行跟踪。由此将能计算特定产品的固定成本，并将生产资源的重新配置保持在最低限度。判断相关风险也是可能的。因此，它将能够模拟可供选择的不同供应商的成本和利润空间，包括模拟用一个供应商替代另一个供应商对环境的影响。广泛的网络制造系统将使分析可替代供应商和他们的实时能力成为可能。

通过供应商云里适当的安全通道来直接接洽、联系供应商将成为可能。

潜在益处

IT 创新技术（如大数据与云计算）允许进行实时优化模拟。必要的软件设计已经存在。因此，在各种价值要素驱动下系统得以尽快实施，它包括时间和成本的节约和最大限度减少业务风险的能力。

2.7 展望

德国有潜力成为一个工业 4.0 的主导市场和领先的供应商。如果这一目标得以实现，除了满足技术的挑战，还要使不同行业及其员工一起工作致力于发展。工业 4.0 平台构成了确保工业 4.0 创新潜力应用到所有工业中的关键一步。

实施工业 4.0 愿景的旅程是一个渐进的过程，各个企业和部门将以不同的速率推进。因此示范项目应尽快开展，新产品也应尽快进入市场。

工业 4.0 的实施应通过双重战略进行。现有的基本技术和经验将需要适应制造工程的需求并在一个宽阔的基础上迅速铺开。与此同时，为新生产基地和新市场研究开发创新的解决方案也将是必要的。如能成功实施，德国将成为工业 4.0 领先的供应商。此外，建立主导市场将有助于使德国变为一个更具吸引力的制造基地并有利于保护国内制造业。

工业 - 科学研究联盟在 2011 年年初发起工业 4.0 战略方案。截至 2013 年 4 月，工业界的专业协会 BITKOM、VDMA 和 ZVEI 将和商界、科研界和民间社团参与者一起，来确保这一方案的协调推进。由所有利益相关者参与其中的系统方案将为相互交流技术和社会创新提供成功合作的坚实基础。

2.8 德国工业 4.0 的新动态

随着 2019 新年的到来，我们这本书的编写也接近尾声，各行各业都开始进行工作总结，辞旧迎新。作为工业 4.0 国家战略的发起者，德国工业 4.0 工作平台也发布了多篇工业 4.0 的报道总结，我们在本章最后也梳理一下给读者呈现出来。

2.8.1 工业 4.0 对就业岗位的影响

数字化时代，人们的工作方式会发生巨大的变化，因此也直接影响到了许多行业的就业形势。为了帮助人们适应“工业 4.0”时代，尤其是帮助中小企业更好地完成相关人力资源的部署，德国联邦政府发布了报告《数字化工作——中小企业数字化指南》。

此报告针对德国，从制造业信息化、数字驱动力、工作柔性化等方面分析了工业 4.0 大环境下的职场动态，并且按行业类型测算了工作岗位数的变化趋势。作者发现：2016—2021 年，数字化将会导致总体工作岗位数增加 1.8%，而不是全面减少。当然，并不是每种类型的岗位都迎来春天，例如简单重复的脑力工作岗位将减少 4%。

如果按照行业来看，也是“几家欢乐几家愁”：对于交通运输业、能源和供水等行业，工作岗位数到 2021 年将会有 4% ～ 7% 的增长；但是对于餐饮业、农业等领域，工作岗位则有所减少。因此，必然会有很多劳动者面临转行（或者转换岗位）。事实上，20% 以上的公司在过去十年中都增加了全新的岗位类型，以应对数字化浪潮。

为了能够顺利转型（或保住目前的工作职位），需要对员工进行必要的（数字化）职业培训。在德国的一项问卷调查中，有约 90% 的企业员工意识到了终身学习的重要性，并且认为数字化技能会直接决定自己在职场上的成败。从联邦政府的角度，将给员工培训和终身学习提供各种支持，其中一大举措就是在德国各地设立“中小企业 4.0 能力中心”。

2.8.2 新开设的“中小企业 4.0 能力中心”

在德国工业 4.0 战略中，中小企业始终处于非常重要的位置，是政府重点扶持的对象。“中小企业 4.0 能力中心”作为德国政府的重点举措，承载着“交流专业知识”“介

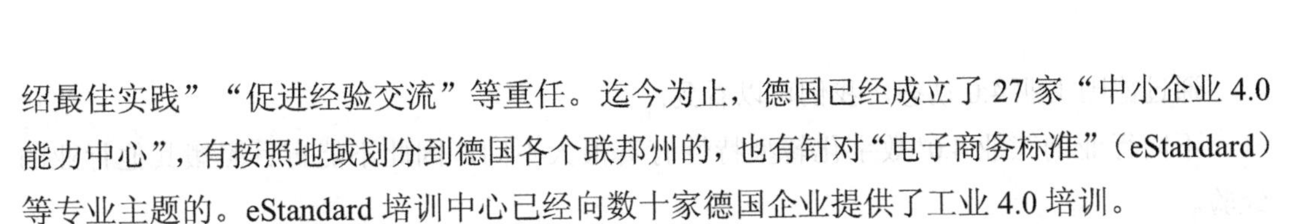

绍最佳实践”“促进经验交流”等重任。迄今为止，德国已经成立了 27 家“中小企业 4.0 能力中心”，有按照地域划分到德国各个联邦州的，也有针对“电子商务标准”（eStandard）等专业主题的。eStandard 培训中心已经向数十家德国企业提供了工业 4.0 培训。

2018 年 11 月以来，德国新成立了三家中小企业 4.0 中心。有一家是地区性的，设置在德国北部石勒苏益格－荷尔斯泰因州的重镇基尔市（Kiel）；另两家是专业性的，分别是电子商务标准（eStandard）专题中心和沟通（Communication）专题中心。“电子商务标准”中心主要是帮助传统制造企业在走向互联网化的过程中明确相关的技术标准、少走弯路；而“沟通”专题则是在软性沟通方面提供各种培训。

不同的中小企业 4.0 中心会在所服务的行业 / 偏重的技术方面有所不同，例如基尔的中心会重点覆盖当地传统的机械工程、食品加工等行业。但是这些中心也有共同之处：它们都在联邦资金的支持之下，通过开设课程、召开研讨会、现场展示先进设备样机等方式，来帮助中小企业（员工）学习数字技能、了解前沿动态。

2.8.3 2018 年全球数字化转型报告

从公司管理者的角度，数字化转型如何才能取得成功？这也是德国人非常关心的问题。最近，德国经济与能源部（BMWi）公开推荐阅读《2018 全球数字化转型报告》。

通过采访世界各地的 1500 多位公司高管，这份报告涵盖了各个行业的数字化转型进展、落地推行的阻碍等方面，以翔实的数据给决策者们带来启示。

报告鲜明地指出：各个行业的数字化转型进程有着明显的区别。这一点从已经尝试开展数字化转型的公司比例就可以看出来，金融业在数字化进程方面占据领先优势，已经尝试转型的公司达 89%，制造业、零售业等则相对滞后。

推动数字化转型的驱动力也因行业而异：金融业、制造业和医疗监控领域的转型主要是为削减成本，零售业主要是为增加销售额，而交通运输业则是为了应对竞争对手的威胁。报告还区分了电商类公司（特指：所有业务都已经在线上开展）和非电商类公司的概念。可以看到，电商类公司在数字化能力方面具有较为明显的优势。

必须意识到，数字化运营是一个荆棘密布的过程，其中充满了各种“坑”。只有懂得控制风险的公司，才能顺利实现转型。有鉴于此，2018 年度报告中也基于公司高管们的反馈，指出了数字化转型各个阶段的主要障碍。在各个阶段，缺乏相关的数字化人才都是最主要的障碍之一。此外，网络安全、投资回报率等话题也是很具有代表性的。

解决问题的前提，是清楚地意识到问题所在。可以预见：人才培养、网络安全等话题在数字化时代将长期存在。有志于数字化的企业若从现在开始吸取先进经验，积极采取行动，或许并不算晚。

通过德国工业 4.0 动态，我们可以看到：

不同行业的工业 4.0/ 数字化转型特性有着很大不同，因此不能盲目照搬其他行业的经验。

中小企业一如既往地成为德国工业 4.0 关注的重点对象。

人才是数字化转型的最大瓶颈。加强对员工的培训，长期来看是一项回报丰厚的投资。

第3章

工业 4.0 的概念、框架及启示

在第 2 章我们系统地分析了德国工业 4.0 的规划内容，本章我们将对工业 4.0 的概念、内容框架以及关键要素进行梳理总结，以便帮助读者形成一个清晰的系统框架。正如第 2 章所阐述的那样，工业 4.0 是德国政府提出的一个高科技战略计划，旨在提升德国制造业的智能化水平，建立具有适应性、资源利用效率高的智能工厂，在商业流程及价值流程中整合客户及商业伙伴。其技术基础是网络实体系统及物联网。

3.1 工业 4.0 的概念和内容框架

德国政府提出工业 4.0 战略，并在 2013 年 4 月的汉诺威工业展览会上正式推出，其目的是为了提高德国工业的竞争力，在新一轮工业革命中抢占先机。工业 4.0 战略已经得到德国科研机构和产业界的广泛认同，弗劳恩霍夫协会在其下属的 6、7 个生产领域的研究所引入工业 4.0 概念，西门子股份公司（以下简称为西门子）已经将这一概念引入其工业软件开发和生产控制系统，我们在第 2 篇将着重介绍西门子关于向工业 4.0 演进的应用技术和解决方案。

3.1.1 工业 4.0 的概念

德国政府将工业 4.0 提升到国家级战略地位，其目标是通过充分利用信息通信技术和网络空间虚拟系统、信息物理系统，将制造业向数字化转型。要完全达到理想状态，必须做到生产过程各阶段中数据流的畅通无阻，包括产品设计、生产规划、生产工程、生产实施以及服务，如图 3-1 所示。

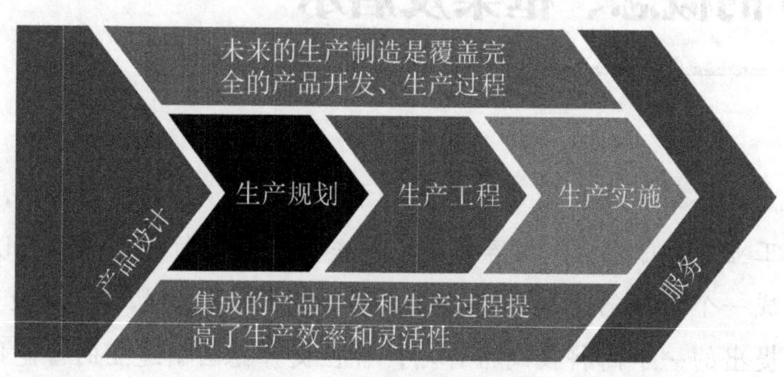

图 3-1　工业 4.0 的概念

工业 4.0 就是行业、企业甚至国家如何利用新一代的信息技术，结合传统的德国制造优势形成的一个互联网 + 的工业模式。即如何从产品的设计、规划、工程、实施再到服务五大环节用数字化打通，最后呈现出来的一个新的生产模式，是对传统生产方式的一次革命。

3.1.2　工业 4.0 的两大目标

工业 4.0 的两大目标：一是智能制造，二是智能工厂。过去对于智能制造商有几种说法，如数字化制造、智慧制造等，这些表述都不准确。工信部和中国工程院把中国版的工业 4.0 的核心目标定义为智能制造。由智能制造再延伸到具体的工厂，就是智能工厂。

智能制造是工业 4.0 的核心。作为广义概念，智能制造包含五个方面，实现这五个方面的智能化之后，才可以实现智能制造。

智能制造是一个巨系统，工业 4.0 就意味着超复杂的巨系统形成。例如，车间里面的机器如同智能手机，通过更新操作系统实现功能升级，通过工业 App 实现各种功能，通过 API 不断拓展制造生态系统。

所有的机器、产品、零部件、人员、原材料，所有的研发工具、测试验证平台、虚拟产品和工厂，所有的产品管理、生产管理、运营管理流程，所有的研发、生产、管理、销售员工，各级供应商以及成千上万的客户，都将是这一系统的重要组成部分，一个基于云端、管道、端到端的信息复杂的体系正在形成。

在智能工厂，德国人希望实现两个概念目标，一是机器生产机器；二就是无人工厂，或者称为黑灯工厂，或百分百全智能工厂，人与智能机器并存。智能工厂是现代工厂发展的新阶段，是在数字化基础上，利用物联网技术和设备监控技术，来加强信息和服务，如图 3-2 所示。

工业 4.0 的本质是基于“信息物理系统”实现“智能工厂”。信息物理系统是指通过传感网紧密连接现实世界，将网络空间的高级计算能力有效运用于现实世界中，从而在生产制造过程中，通过传感器采集并分析与设计、开发、生产有关的所有数据，形成可自律操作的智能生产系统。

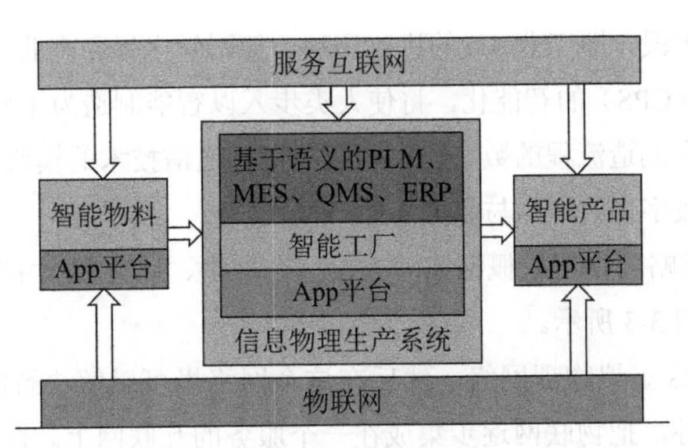

图 3-2　智能工厂的架构——基于物联网和服务互联网

信息物理系统就是将物理设备连接到互联网上，让物理设备具有计算、通信、精确控制、远程协调和自治五大功能，从而实现虚拟网络世界与现实物理世界的融合。CPS 可以将资源、信息、物体以及人紧密联系在一起，从而创造物联网及相关服务，并将生产工厂转变为一个智能环境。这是实现工业 4.0 的基础。

工业 4.0 的核心是动态配置的生产方式。动态配置的生产方式指从事作业的机器人（工作站）能够通过网络实时访问所有相关信息，并根据信息内容，自主切换生产方式及更换生产材料，从而调整成为最匹配模式的生产作业。

工业 4.0 的首要目标是工厂标准化。以往，我们听到的大多是“产品的标准化”，而德国工业 4.0 将推广“工厂的标准化”，借助智能工厂的标准化将制造业生产模式推广到国际市场，以标准化来提高技术创新和模式创新的市场化效率，继续保持德国工业的世界领先地位。

智能制造有五大要求：

- 产品智能化：产品可追溯、可识别、可定位、可管理；
- 装备智能化：智能工厂，设备全面联网和通信；
- 生产智能化：个性化定制、极少量生产、服务型制造以及云制造；
- 服务智能化：用户需求高效、准确、及时挖掘、识别和满足；
- 管理智能化：企业内无信息孤岛，企业间实时互联，企业、人、设备、产品实时互联。

智能制造的内涵有五个方面：生产效率提升、资源综合利用率提升、研发周期大幅缩短、运营成本大幅下降、产品不良品率大幅下降。简言之这也就是智能制造的目的，即降低成本，提高效率，使产品快速进入市场。这也是我们一直追求的目标。

3.1.3　工业 4.0 的内容框架

与美国流行的第三次工业革命的说法不同，德国将制造业领域技术的渐进性进步描述为工业革命的四个阶段，即工业 4.0 的进化历程。德国学术界和产业界认为，未来 10 年，基于信息物理系统（CPS）的智能化，将使人类步入以智能制造为主导的第四次工业革命。产品全生命周期和全制造流程的数字化以及基于信息通信技术的模块集成，将形成一个高度灵活、个性化、数字化的产品与服务的生产模式。

德国工业 4.0 战略要点可以概括为：建设一个网络、研究四大主题、实现三项集成、实施八项计划，如图 3-3 所示。

首先是一个 CPS 虚拟物理网络，然后在这个网络里可以解决智能生产、智能工厂、智能物流、智能服务，把物联网逐步集成在一个服务的互联网上。这样一个网络中共有 3 项集成，纵向集成、横向集成、端到端的集成。德国是非常严谨的，要实现这样一个蓝图，还有一个全国自上而下的八项计划，即标准化和参考架构、管理复杂系统、工业宽带基础、安全和保障、工作的组织和设计、培训与再教育、监管框架以及资源利用效率，通过 10 年的时间演进到 4.0 时代。

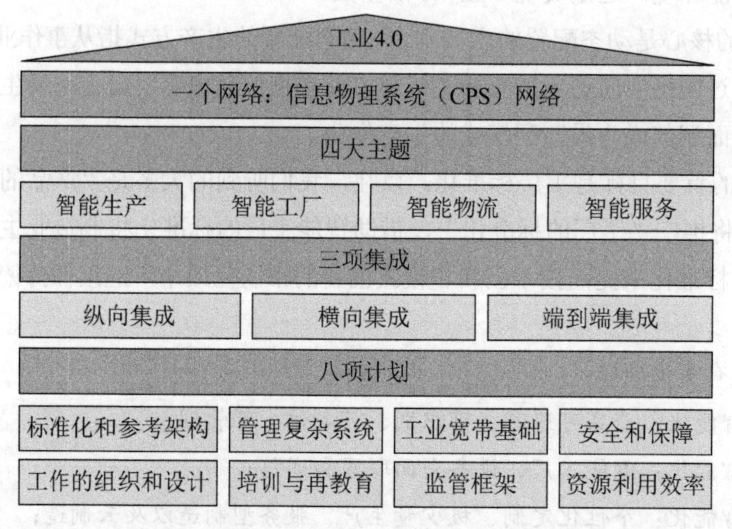

图 3-3　德国工业 4.0 的战略框架（1438 模型）

它的演进蓝图是通过 CPS 网络基于云端产生大数据分析，最终形成工业 4.0。工业 4.0 的销售模式从以产定销向以销定产转型；生产方式从规模化向规划化 + 定制化转型；生产过程从刚性生产向柔性生产转型；企业形态由封闭走向开放；产品形态从产品向产品 + 服务转型。

3.1.4　工业 4.0 的主要内容

如图 3-3 所示，工业 4.0 战略的内容框架可以概括为一个网络、四大主题、三项集成、

八项计划以及大数据分析。

1. 建一个网络：信息物理网络系统（CPS）

CPS 就是将物理设备连接到互联网上，让物理设备具有计算、通信、精确控制、远程协调和自治五大功能，从而实现虚拟网络世界与现实物理世界的融合，将网络空间的高级计算能力有效地运用于现实世界中，从而在生产制造过程中，将与设计、开发、生产有关的所有数据通过传感器采集并进行分析，形成可自律操作的智能生产系统。

（1）CPS 可以将系统资源、信息、物体以及人紧密联系在一起，从而创造物联网及相关服务，并将生产工厂转变为智能环境。

（2）CPS 将提供全面、快捷、安全可靠的服务和应用业务流程。

（3）支持移动终端设备和业务网络中的协同制造、服务、分析和预测流程等。

2. 四大主题构建工业 4.0 的核心业务

工业 4.0 的概念包含了由集中式控制向分散式增强型控制的基本模式转变，目标是建立一个高度灵活的个性化和数字化的产品与服务的生产模式。在这种模式中，传统的行业界限将消失，并会产生各种新的活动领域和合作形式。创造新价值的过程正在发生改变，产业链分工将被重组。

工业 4.0 的四个主题是智能工厂、智能生产、智能物流和智能服务。智能工厂侧重点在于企业的智能化生产系统以及制造过程和网络化分布式生产设施的实现；智能生产侧重点在于企业的生产物流管理、制造过程人机协同以及 3D 打印技术在企业生产过程中的协同应用；智能物流作为制造企业非常重要的资源节点，其侧重点在于通过互联网、物联网整合物流资源，充分发挥现有的资源效率；智能服务作为制造企业的后端网络，其侧重点在于通过服务联网结合智能产品为客户提供更好的服务，发挥企业的最大价值。

（1）智能工厂是传统制造企业发展的一个新的阶段。它是在数字化工厂的基础上，利用物联网的技术和设备监控技术加强信息管理和服务，清楚地掌握产销流程，提高生产过程的可控率，减少生产线上人工的干预，实时正确地采集生产线数据，以及合理的生产计划与生产进度，并加以绿色制造手段，构建一个高效节能、绿色环保、环境舒适的人性化工厂。未来各个工厂将具备统一的机械、电器和通信标准。以物联网和服务互联网为基础，配备传感器、无线网络和 RFID 通信技术的智能控制设备可以对生产过程进行智能化监控。由此，智能工厂可以自主运行，工厂之间的零部件与机器可以互相交流。

智能工厂由软件操控进行资源整合，以发挥各环节的最大效率。智能工厂中的机器将全部由软件控制，工人只需要操作计算机就可以完成生产，进一步解放了工人。整体看来，它就是一个拥有高度协同性的生产系统，包括实时监控、自动化管理、流程控制、能源监控等功能；收集及整合整个智能工厂的业务数据，通过大数据的分析整合，使其全产业链可视化，达到生产最优化、流程最简化、效率最大化、成本最低化和质量最优化的目的。

（2）智能生产是由用户参与实现“定人定制”的过程。智能生产的车间可以实现大规模定制，对生产的柔性要求极高。鉴于此，生产环节要广泛应用人工智能技术、采用一体化的智能系统，智能化装备在生产过程中得以大展拳脚。工厂的工人和管理者可以通过网络对生产的每一个环节进行监控，实现智能化管理。

一体化的智能系统是由智能装备和人类专家组成的，在制造过程中进行智能化的活动，诸如分析、推理、判断、构思和决策等，通过人与智能装备的合力共事，去扩大、延伸和部分取代人类专家在制造过程中的脑力劳动。它把制造自动化的概念更新，扩展到柔性化、智能化和高度集成化。与传统制造相比，智能生产具有自组织和超柔性、自律能力、自学习能力和自维护能力、人机一体化、虚拟现实等特性。

（3）智能物流以客户为中心，促进资源优化配置。根据客户的需求变化，灵活调节运输方式，应用条码、RFID、传感器、全球定位系统等先进的物联网技术，通过信息处理平台，实现货物运输过程的自动化运作和高效率优化管理，从而促进区域经济的发展和资源的优化配置，方便人们的生活。

（4）智能服务促进新的商业模式，促进企业向服务型制造转型。智能产品＋状态感知控制＋大数据处理，将改变产品的现有销售和使用模式。增加了在线租用、自动配送和返还、优化保养和设备自动预警、自动维修等智能服务新模式。

无论产业界或学术界如何解读工业 4.0，它的本质都是数据，这些数据包括了智能产品的数据、企业运营的数据、产业链上的数据、企业外部数据等。这些数据串起了工业 4.0 的生态圈。

3. 三项集成

工业 4.0 的三项集成包括：横向集成、纵向集成与端到端的集成，如图 3-4 所示。工业 4.0 将无处不在的传感器、嵌入式终端系统、智能控制系统、通信设施通过 CPS 形成一个智能网络，使人与人、人与机器、机器与机器以及服务与服务之间能够互联，从而实现横向、纵向和端对端的高度集成。集成是实现工业 4.0 的重点也是难点。

1）纵向集成

纵向集成不是一个新话题，企业信息化发展经历了从部门需求、单体应用到协同应用的历程，伴随着信息技术与工业融合发展常讲常新。换句话说，企业信息化在各个部门发展阶段的里程碑，就是企业内部信息流、资金流和物流的集成。是在哪一个层次、哪一个环节、哪一个水平上的集成？是生产环节上的集成（如研发设计内部信息集成），还是跨环节的集成（如研发设计与制造环节的集成），或是产品全生命周期的集成（如从产品研发、设计、计划、工艺到生产、服务的全生命周期的信息集成）？简单地说，纵向集成就是解决企业内部信息孤岛的集成，工业 4.0 所要追求的就是在企业内部实现所有环节的信息无缝链接，这是所有智能化的基础。

图 3-4　工业 4.0 的三项集成

2）横向集成

横向集成是企业之间通过价值链以及信息网络实现的一种资源整合，是为了实现各企业间的无缝合作，提供实时产品与服务。在市场竞争牵引和信息技术创新驱动下，每一个企业都是在追求生产过中的信息流、资金流、物流无缝链接与有机协同。在过去，这一目标主要集中在企业内部，但现在远远不够了，企业要实现新的目标：从企业内部的信息集成向产业链信息集成，从企业内部协同研发体系向企业间的研发网络，从企业内部的供应链管理向企业间的协同供应链管理，从企业内部的价值链重构向企业间的价值链重构。横向集成是企业之间通过价值链以及信息网络所实现的一种资源整合，为实现各企业间的无缝合作，提供实时产品与服务，推动企业间研产供销、经营管理与生产控制、业务与财务全流程的无缝衔接和综合集成，实现产品开发、生产制造、经营管理等在不同企业间的信息共享和业务协同。

横向集成主要实现企业与企业之间、企业与售出产品之间（如车联网）的协同，将企业内部的业务信息向企业以外的供应商、经销商、用户进行延伸，实现人与人、人与系统、人与设备之间的集成，从而形成一个智能的虚拟企业网络。制造业普遍存在的工程变更协同流程就是这样一个典型的横向集成应用场景。

3）端到端的集成

端到端集成是指贯穿整个价值链的工程化数字集成，是在所有终端数字化的前提下实现的基于价值链与不同公司之间的一种整合，这将最大限度地实现个性化定制。从某种意义上讲，端到端的集成是一个新理念，各界对于端到端集成有不同的理解。

什么是端到端？顾名思义，就是围绕产品全生命周期，流程从一端（点）到另外一端（点），中间是连贯的，不会出现局部流程、片段流程，即没有断点。从企业层面来看，

ERP 系统、PDM 系统、组织、设备、生产线、供应商、经销商、用户、产品使用现场（汽车、工程机械使用现场）等围绕整个产品生命周期的价值链上的管理和服务都是整个 CPS 信息物理网络需要连接的端（点）。

端到端集成就是把所有应该连接的端（点）都集成互联起来，通过价值链上不同企业资源的整合，实现从产品设计、生产制造、物流配送、使用维护的产品全生命周期的管理和服务，它以产品价值链创造集成供应商（一级、二级、三级……）、制造商（研发、设计、加工、配送）、分销商（一级、二级、三级……）以及客户信息流、物流和资金流，在为客户提供更有价值的产品和服务的同时，重构产业链各环节的价值体系。

由于整个产业生态圈中的每一个端（点）所讲的语言（通信协议）都不一样，数据采集格式、采集频率也不一样。要让这些异构的端（点）都连接起来，实现互联互通、相互感知，就需要一个能够做到“同声翻译”的平台，这个同声翻译平台就是企业服务总线，在该平台上实现书同文、车同轨。这样就解决了集成的最大障碍，实现互联互通就容易了。

端到端的集成即可以是内部的纵向集成内容，也可以是外部的企业与企业之间的横向集成内容，关注点在流程的整合上。例如，提供用户订单的全程跟踪协同流程，将用户、企业、第三方物流、售后服务等产品全生命周期服务的端到端集成。

横向、纵向、端到端三个集成的实现，不论技术层面还是业务层面在 SOA 信息集成都能找到相应的解决方案。

4. 八项计划

八项计划是指标准化和参考架构、管理复杂系统、工业宽带基础、安全和保障、工作的组织和设计、培训与再教育、监管框架和资源利用效率。

这八项计划是一个比较宏观的指导意见，需要国家、产业、企业每一个层面去具体落实和实践，这样设计出的可操作行动计划才具备可行性。为了保障工业 4.0 的顺利实现，德国把标准化排在八项行动中的第一位。可以说，标准先行是工业 4.0 战略的突出特点。为此，我们在推进信息网络技术与工业企业深度融合的具体实践中，也应高度重视发挥标准化工作在产业发展中的引领作用，及时制定出台“两化深度融合”标准化路线图，引导企业推进信息化建设。

3.2 工业 4.0 的主要基础技术

工业 4.0 是基于传统德国制造的优势，互联网 + 所形成的全新的工业革命的理念，以及九大基础技术：其支持技术分别是 3D 打印、工业机器人、工业网络安全和知识工作自动化；位于底层的工业物联网、云计算、工业大数据是关键基础；顶层形成所谓的虚拟现实，面向未来，最后基于人工智能逐步演进到智能工厂，如图 3-5 所示。

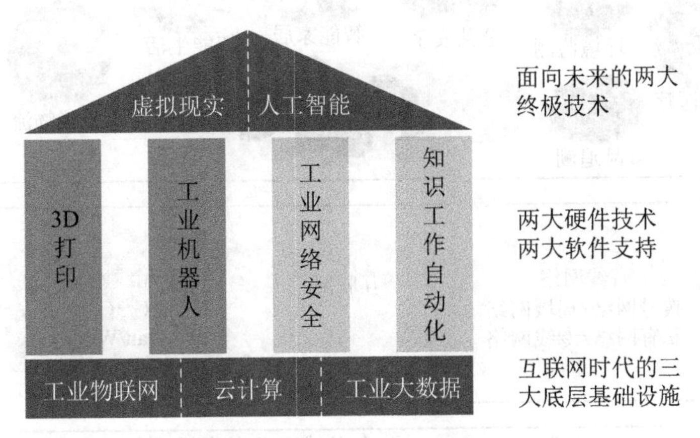

图 3-5　工业 4.0 的九大技术支柱

3.2.1　支持工业 4.0 的新一代 IT 技术

笔者一直认为，新一代 IT 技术是推动工业 4.0 发展的重要原动力，而云计算更是新一代 IT 技术的基础。新一代 IT 技术主要包括云计算、大数据、移动互联、物联网及社交化网络等。这个过程中，云计算是新 IT 的基础，有了云计算，然后才有大数据。大数据是移动互联、物联网、移动社交的基础平台，这些都不是独立的。

1. 工业物联网

物联网是指通过各种信息传感设备，实时采集任何需要监控、连接、互动的物体或过程，采集其声、光、热、电、力学、化学、生物、位置等各种需要的信息，与互联网结合形成的一个巨大网络，如图 3-6 所示。其目的是实现物与物、物与人，所有的物品与网络的连接，方便识别、管理和控制。物联网清晰地描述了一种唯一确定的物理对象间的连接，物品能够通过这种连接自主地相互联系，这种交互作用发生在其与机器之间，对象与对象之间。

物联网的提出突破了将物理设备和信息传送分开的传统思维，实现了物与物的交流，体现了大融合理念，具有很大的战略意义。

工业物联网是工业 4.0 的核心基础，有无处不在的传感器，这些传感器进行互联以后就形成了大量的数据，然后回到数字中枢，进行数据的清洗、整理、挖掘，数据再增值。过去的大数据在服务业企业运用得比较多，工业企业很多数据没有被完全挖掘出来，现在一个新的市场正在形成，就是通过工业物联网形成大量数据，来重新产生价值。所以工业 4.0 第一个基础技术领域是工业物联网。

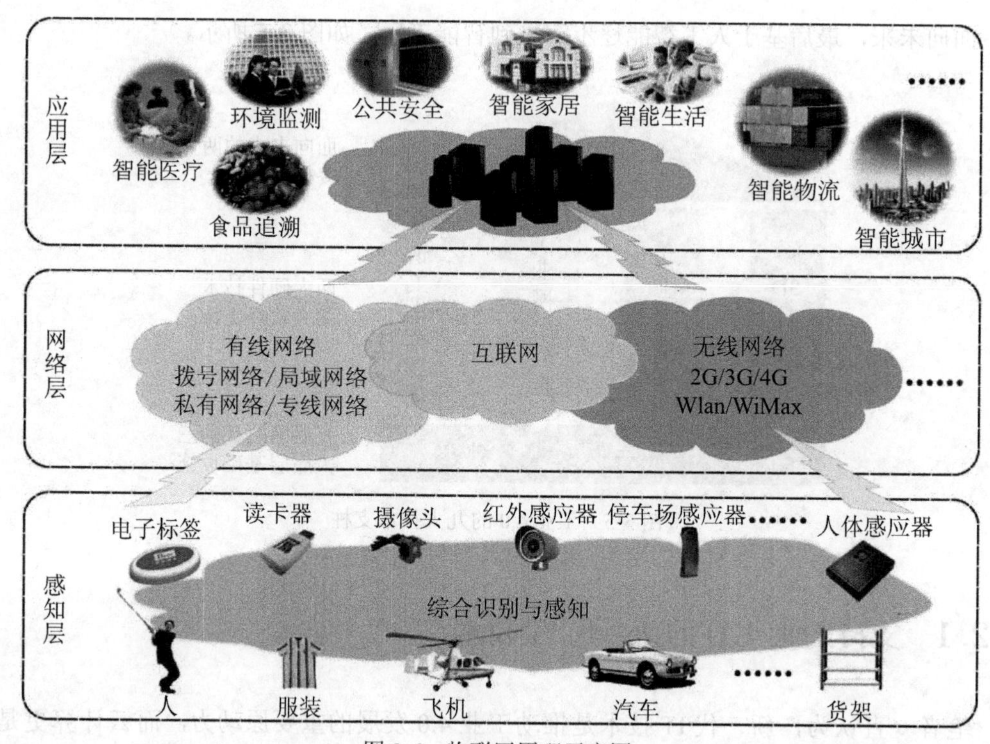

图 3-6　物联网原理示意图

2. 云计算

目前，云计算正在成为IT产业发展的战略重点。2014年，全球IT公司纷纷向云计算转型，带来市场规模的进一步增长。2015年，云计算市场呈现出混合云成为云服务业态的重要方向，企业级的移动云应用持续升温，智能城市和工业等重点行业应用成为云计算重要市场，垂直行业的云应用取得突破等四大热点。

分布式计算和虚拟化技术是云计算的重要内容。从技术的角度讲，云计算给出了一种全新的计算资源管理和使用的思路。从用户的角度出发，如果对业务系统中间的技术实现并不关心，又能获得确保系统安全、可靠的应用系统，那么完全可以将IT基础设施、开发环境、应用程序放在云端，进而通过客户端直接获取应用系统。这种方式就是云计算的SaaS模式，它直接对用户提供应用界面，IT基础设施的部署、系统的开发运行都在云端进行，对用户透明。用户避免了IT系统建设前期巨额的资本开支，降低了业务风险，可以依据业务需要灵活增加新模块，避免过大投入导致资源浪费。PaaS模式满足了具备一定技术能力的软件开发人员的需求，用户在固定的底层硬件设备和开发环境中设计软件系统。IaaS模式则进一步放权，仅向IT管理人员提供基础的计算、存储资源，在此之上的系统、开发环境都由其自主设计。

云实际上是一种新的IT资源的交付方式。从企业的角度，笔者认为云计算的含义可以分别用一二三四五来解释。所谓一就是一个全新的服务交付模式，即把企业内部资源整合成一种 IT 的服务交付，对于企业来讲意味着一套系统、一个平台、一站式服务等，可以看出，云计算是实现工业 4.0 三大集成的重要技术基础。二是指底层的云计算 IaaS 平台，可以承载云服务，云服务就意味着互联网 +。三是基础设施 IaaS 平台、Paas 平台、软件应用平台 SaaS。四是四种部署方式及云的五大特征，这些内容大家都比较清楚，就不赘述了。

云计算的实质可以用六个字来概括，就是智能、资源、模式。对企业管理者来讲，要关注如何把企业的资源通过企业的智能、云计算的智能和 CEO 的智能整合起来，基于云计算平台封装成服务以不同的商业模式，交付给企业和客户、供应商，为他们提供服务。对 CIO 来讲，要关注如何利用云计算的智能、CIO 智能，把企业的 IT 资源整合起来，形成一种 IT 服务模式，交付给企业员工、客户以及供应商使用。

3. 工业大数据

工业大数据在整个工业 4.0 里也是一个至关重要的技术领域。现在，硅谷和德国很多新的工业大数据公司都提供工业数据的分析、采集，还提供数据采集器。这些工业数据会在云端保存，通过对工业数据的分析，重新分析机器的运行以及提升效率。

另外，大数据还包括对企业的业务分析与优化，引领企业增长。大数据对于企业意味着如何在传统 BI 的基础上形成敏捷的 BI，然后再进行互联网数据关联，通过应用大数据、工业大数据的分析来创造透明度。通过验证试验来了解市场、企业的运作和细分客户，采用灵活的方式形成新的商业模式、产品及服务。

显然，企业管理自身的数据、行业数据以及外界数据的能力是企业核心竞争力的重要组成部分。用大数据来进行业务的优化、市场的分析、风险的主动防范、引领企业增长是应用大数据的意义所在，如图 3-7 所示。

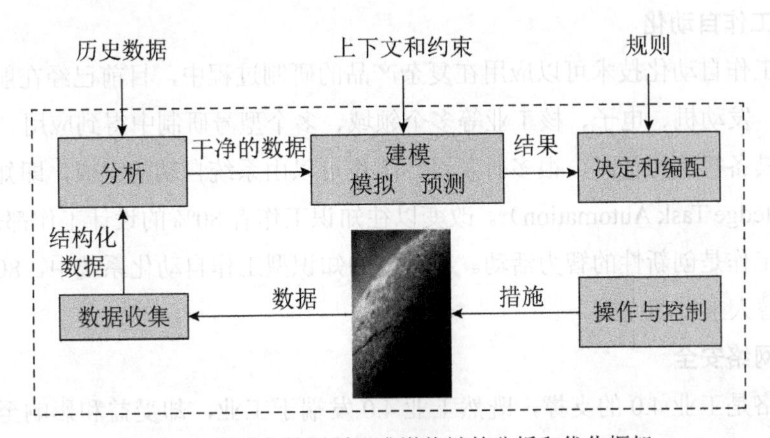

图 3-7 基于大数据所形成增值链的分析和优化框架

4. 工业机器人

工业机器人是面向工业领域的多关节机械手或多自由度的机器装置，它能自动执行工作，是靠自身动力和控制能力来实现各种功能的一种机器。工业机器人由主体、驱动系统和控制系统三个基本部分组成，具有可编程、拟人化、通用性的特点。它可以接受人类指挥，也可以按照预先编排的程序运行。现代的工业机器人还可以根据人工智能技术制定的原则纲领行动。

工业机器人由主体、驱动系统和控制系统三个基本部分组成。主体即机座和执行机构，包括臂部、腕部和手部，有的机器人还有行走机构。大多数工业机器人有 3 ～ 6 个运动自由度，其中腕部通常有 1 ～ 3 个运动自由度。驱动系统包括动力装置和传动机构，用以使执行机构产生相应的动作。控制系统按照输入的程序对驱动系统和执行机构发出指令信号，并进行控制。

由于工业机器人具有一定的通用性和适应性，能适应多品种，中、小批量的生产，因此自 20 世纪 70 年代起，常与数字控制机床结合在一起，成为柔性制造单元或柔性制造系统的组成部分。

5. 3D 打印

3D 打印（3DP）是快速成型技术的一种，它以数字模型文件为基础，运用粉末状金属或塑料等可粘合材料，通过逐层打印的方式来构造物体的技术。

3D 打印通常是采用数字技术材料打印机来实现的，常在模具制造、工业设计等领域被用于制造模型，后逐渐用于一些产品的直接制造，已经有使用这种技术打印而成的零部件。该技术在珠宝、鞋类、工业设计、建筑、工程和施工（AEC）、汽车、航空航天、牙科和医疗产业、教育、地理信息系统、土木工程、枪支以及其他领域都有应用。

6. 知识工作自动化

知识型工作自动化技术可以应用在复杂产品的研制过程中，目前已经在航天、航空、船舶、导弹、发动机、电子、核工业等多个领域、多个型号研制中得到应用。

当系统具备智能特征时，很多研发设计工作可以由系统自动的完成，即知识型工作自动化（Knowledge Task Automation）。改变以往知识工作者 80% 的设计工作都是体力劳动，20% 的设计工作是创新性的智力活动。在智能的知识型工作自动化系统中，80% 的体力劳动由系统代替人来自动完成。

7. 工业网络安全

信息网络是工业 4.0 的支撑，既然工业 4.0 发端于工业，却受益和影响至整个社会，就不再仅仅是工业控制问题，而是战略控制问题。这就需要施行必要的战略举措，包括加强顶层安全战略设计、建立国家网络风险意识、完善相关法规制度、健全开放式产品验证和检验机制、进行全民安全素质教育、培育国家与民间网络攻防能力和有效聚合各种社会

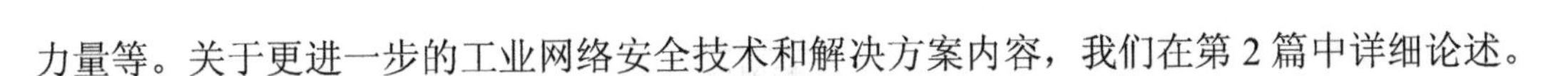

力量等。关于更进一步的工业网络安全技术和解决方案内容，我们在第 2 篇中详细论述。

8. 虚拟现实

虚拟现实（VR）技术是仿真技术的一个重要方向，是仿真技术与计算机图形学、人机接口技术、多媒体技术、传感技术、网络技术等多种技术的集合，是一门富有挑战性的交叉技术前沿学科和研究领域。虚拟现实技术主要包括模拟环境、感知、自然技能和传感设备等方面。模拟环境是由计算机生成的、实时动态的三维立体逼真图像。感知是指理想的 VR 应该具有一切人所具有的感知。除计算机图形技术所生成的视觉感知外，还有听觉、触觉、力觉、运动等感知，甚至还包括嗅觉和味觉等，也称多感知。自然技能是指人的头部转动，眼睛、手势或其他人体行为动作，由计算机来处理与参与者的动作相适应的数据，并对用户的输入做出实时响应，并分别反馈到用户的五官。传感设备是指三维交互设备。

9. 人工智能

“人工智能”一词最初是在 1956 年 Dartmouth 学会上提出的。从那以后，研究者们发展了众多理论和原理，人工智能的概念也随之扩展。人工智能（Artificial Intelligence，AI）是研究、开发用于模拟、延伸和扩展人的智能的理论、方法、技术及应用系统的一门新的技术科学。人工智能是计算机科学的一个分支，它企图了解智能的实质，并生产出一种新的能以人类智能相似的方式做出反应的智能机器。该领域的研究包括机器人、语音识别、图像识别、自然语言处理和专家系统等。人工智能从诞生以来，理论和技术日益成熟，应用领域也不断扩大，可以设想，未来人工智能带来的科技产品，将会是人类智慧的“容器”。

人工智能是对人的意识、思维的信息过程的模拟。人工智能不是人的智能，但能像人那样思考，也可能会超过人的智能。

3.2.2 大数据是工业 4.0 的基础与核心技术

大规模定制是工业 4.0 的目标，智能制造是工业 4.0 的核心；而大规模定制与智能制造的基础是物联网与云计算，其核心是大数据与算法。它将在制造业的研发、物流、生产、销售、服务五大环节持续重塑与变革，最终形成新的业态模式与制造型企业的价值创造体系。

1. 工业 4.0 下的大数据价值体系——CPS 的 5C 架构

图 3-8 所示是从数据视角给出 CPS 的 5C 架构，从而形成完整的大数据价值体系。

2. 智能感知层：将沉默的数据唤醒

该层尽可能采集设备全生命周期及全价值链的各类要素的相关数据，或按活动目标和信息分析需求进行选择性和有所侧重的数据采集；打破设备独立感知与信息孤岛的壁垒，建立统一的数据环境。

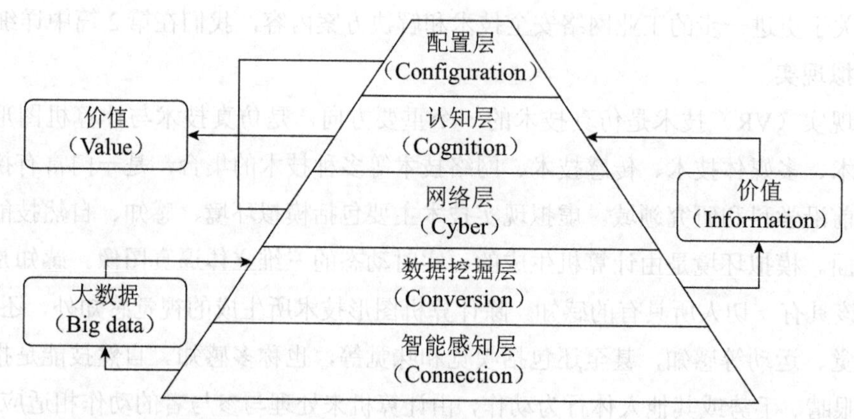

图 3-8 工业 4.0 下的大数据价值体系——CPS 的 5C 架构

3. 数据挖掘层：从数据到信息的分析

该层通过对数据的横向挖掘，即采集、提取、分析、评估，预测到信息的可视化、内容化与智能化。

4. 网络层：网络化数据管理

该层通过对网络化数据的横向处理，逻辑化；对实体数据的切片化管理，实体虚拟模型，实体与信息的对称管理，集群分析与大数据挖掘。

5. 认知层：对信息的识别和决策

该层通过对人与价值活动进行信息识别与决策，提供多平台远程可视化信息管理、虚拟模型的智能仿真与推理及决策的协同化分析。

6. 配置层：系统的弹性和重构

该层基于外界变化与价值目标，可实现根据状态偏差进行自我调节、具备自我配置的弹性系统以及对抗扰动的动态优化配置。

3.2.3 大数据、云计算和 AI 三者之间的关系

简单来说，AI 是基于计算机软硬件，通过模拟人类思考和智能行为的一种理论方法和技术。云计算是将服务器、存储器、存储设备以及网络等资源整合起来封装成一种 IT 服务的模式，为客户按需提供相关的一站式服务。大数据则是将结构化数据和非结构化数据形成的所有数据整合起来，也就是将企业内部管理、业务运作数据和外部互联网上的相关数据整合起来，用以分析、发现数据背后相关关系的信息资产，来优化业务和管理。

1. 大数据、AI 与云计算存在紧密的联系

从上述三者的简单概念我们不难发现三者之间都有着一定的关联。

笔者认为，云计算是一切新 IT 的基础。企业部署了云计算，通过云把内外资源集中、

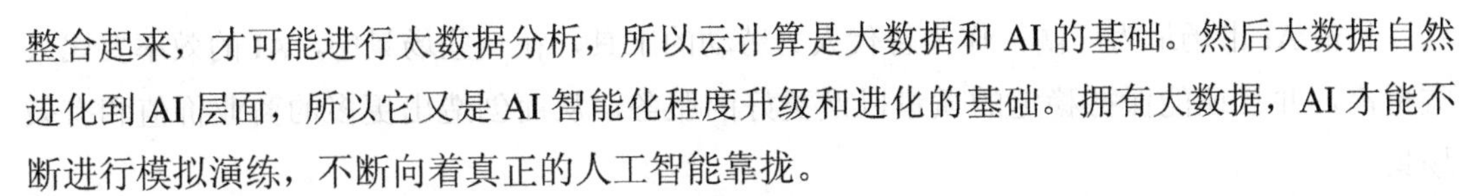

整合起来，才可能进行大数据分析，所以云计算是大数据和 AI 的基础。然后大数据自然进化到 AI 层面，所以它又是 AI 智能化程度升级和进化的基础。拥有大数据，AI 才能不断进行模拟演练，不断向着真正的人工智能靠拢。

这三者可谓相辅相成，只有三者结合起来，才有可能成为真正的人工智能。我们只有搞清楚三者之间的关系，应用起来就会得心应手，而不是盲目冒进。

谷歌的 AlphaGo 就是一个典型的例子，通过大数据对无数棋谱加以学习，最终进化到打败人类围棋高手的程度。只有通过云计算来采集相关的数据才能形成大数据，而只有在云上形成的数据才可能称之为大数据，通过云计算可以对这些数据进行分析，得到有用的信息。

AI 与云计算就是一体双生，两者都可以进行计算，AI 可以学习，而云计算则可以分析，甚至可以说，两者的未来都是相同的。

大数据、AI 和云计算三者的关系，在目前来看已经越来越模糊，它们的边界已经无法清晰地定义。人工智能之所以成为热点，就因为其关键技术——深度学习，而这项技能只有在云计算与大数据日趋成熟之后才能得到实质性进展。

2. 企业数字化转型从向云演进开始

传统企业在新时代的数字化转型的第一要务是向云计算演进。只有通过云计算把企业的内外部资源整合起来并逐步积累成大数据，基于大数据的分析来优化企业管理和业务以及细分市场客户，才能为客户提供好的体验和一站式服务，从而提升企业竞争力，打造智慧企业并逐步使之具有一定的 AI 能力，向工业 4.0 演进。最终实现企业的数字化转型，形成 C2B 业务模式。

3. 大数据和 AI 的深入理解

大数据或者称之为巨量资料，指的是需要全新的处理模式才能具有更强的决策力、洞察力和流程优化能力的海量、高增长率和多样化的信息资产。也就是说，从各种各样类型的数据中，快速获得有价值信息的能力，就是大数据技术。大数据思维创新应用者通过对大数据的组合引用实现新的商业模式创新，获取潜在空白市场的收入。大数据的核心在于为客户挖掘数据中蕴藏的价值。基于云计算和大数据才使得 AI 有了长足发展。

在云计算与大数据的成熟沃土上才有了 AI 的高速发展。AI 主要包括计算机实现智能的原理、制造类似于人脑智能的计算机，是计算机能够实现更高层次的应用。AI 还涉及计算机科学、心理学、哲学以及语言学等学科。

从思维概念看，AI 不仅限于逻辑思维，还要考虑形象思维、灵感思维才能促进 AI 的突破性发展。数学常被认为是多种学科的基础，但它也进入了语言、思维领域，AI 学科必须借用数学工具。数学不仅在标准逻辑、模糊数学等范围发挥作用，还进入 AI 学科，它们将互相促进，更快地发展。

目前 AI 市场最为广阔。作为替代人力劳动的工具，在一些场景中，AI 的效率要比人类更高，并且还能保持稳定的质量以及更好的服务，从而创造出更多的商业价值和有效场景。

4. 小结

AI、云计算以及大数据发展到至今，它们的边界越来越模糊，所产生的职能重叠性也越来越高。相信在最后，这三者终将会融为一体，深刻改变人类社会的发展。

3.2.4 5G 技术的到来加速工业物联网发展

5G 即第五代移动通信技术，由于其对新兴技术的潜在影响，已经成为各行各业关注的热点，尤其是对联网设备的开发、制造和使用的物联网领域。

这些设备包括小型心率监视器、自动驾驶汽车、智能家电、智能工厂使用的设备等。它们共同使用传感器、芯片和处理器来收集、传输和分析数据，同时与网络上的其他设备进行交互。

虽然全球联网设备的数量已经开始快速增加，但 5G 网络的推出预计将大大加速消费者和企业对物联网产品和服务的采用。

1. 何谓 5G

5G 是一组新兴的全球电信标准，通常使用高频频谱提供网络连接，与 4G LTE 相比，延迟更短，速度更快、容量更大。

重要的是，5G 描述了用于构建未来尖端网络基础设施的一系列标准和技术。

2. 5G 的主要优势

预计 5G 将增强网络带宽，其速度比当前蜂窝移动网络或家用光纤和有线服务快 10～100 倍。减少延迟，或者初始数据传输和网络响应之间的延迟，也应该是 5G 的一个重要优势，特别是对于需要近乎实时通信的服务，例如在高速公路上行驶的自动驾驶汽车。更高频谱的新增容量也有望帮助服务提供商有效管理不断增长的客户对物联网应用的需求，包括像高速高清视频下载这样简单的用户需求。

3. 5G 技术创新

在技术创新方面，网络切片和移动边缘计算成为 5G 突出的新技术。在网络切片方面，5G 网络平台可针对虚拟运营商、业务、用户甚至某一种业务数据流的特定需求配置网络资源和功能，定制剪裁和编排管理相应的网络功能组件，形成各类“网络切片”，满足包括物联网在内的各种业务应用对 5G 网络的连接需求。在移动边缘计算方面，5G 引入移动边缘计算技术，通过与内容提供商和应用开发商的深度合作，在靠近移动用户侧就近提供内容分发服务，使应用、服务和内容部署在高度分布的环境中，更好地支持低时延和高

带宽的业务需求。

通过这些新技术的引入，5G 将促进用户交互方式再次升级，为用户提供 3D 超高清视频、VR/AR（虚拟现实 / 增强现实）、浸入式游戏等更加极致的业务体验。5G 与家居、医疗、汽车、教育、旅游等行业融合渗透，将深刻改变人们的生活方式，带来远程医疗、车联网、智能家居、云桌面等新应用，为人们在居住、工作、休闲、交通等方面提供便利。5G 还将提升社会治理能力和效率，给城市管理、照明、抄表、停车、公共安全与应急处置等行业带来新型智慧应用，实现社会治理现代化。总体上看，5G 的广泛应用将深刻改变人类信息社会的生产和生活方式，促进工业 4.0 的演进。

4. 5G 促进物联网快速发展

5G 的主要驱动力不仅仅是消费者对更快网络需求的不断增长，而且还包括工业环境中联网设备的激增。这些行业越来越依赖联网设备来收集和分析数据，使业务流程更加高效，提高生产力，并不断改进产品和服务。

5G 预计帮助企业更有效地管理物联网所产生的日益增长的信息量，并改善机器人辅助手术或自动驾驶等关键任务服务所需的近乎即时通信。同样，预计 5G 网络可以灵活地处理各种联网设备，包括那些不一定需要实时通信，但仍然需要周期性低功耗数据传输的设备。

5. 5G 促进五个应用领域的改变

（1）在智能工业方面：5G 技术在工业数据采集和控制场景中也将得到广泛应用，在生产操作过程中，可以通过 5G 网络控制来实现精准执行，确保工业设备的准确操作和较高的产品质量。

（2）增强和虚拟现实（AR/VR）：越来越多地使用 AR/VR 技术预示着创建完全模拟的数字环境，以及数字工具在日常环境中的叠加。消费者游戏、工业制造和医疗服务只是 AR/VR 早期使用案例中的几个。5G 有望成为减少延迟和提高速度的关键促成因素，从而使这些带宽密集型服务成为可能。

（3）自动驾驶汽车和智能基础设施：目前自动驾驶汽车处于发展的最高水平，预计需要 5G 的物联网成熟度。实际上，为了实现实时感知和安全，自动驾驶汽车需要足够的网络速度和容量，以及近乎瞬间的延迟。虽然通往 5 级自动驾驶的道路仍在进行中，但车辆联网仍然达到了历史最高水平。据估计，2017 年全球销售的汽车中，有 60% ～ 80% 安装了远程信息处理系统，到 2020 年，90% 的新车将实现网络连接。此外，智能高速公路、电网、房地产和其他基础设施投资将需要传感器技术来支持自动驾驶汽车生态系统的发展，同时也将支持智能城市的发展。

（4）医疗保健：从用于身体健康监测的可穿戴设备到高科技诊断仪器，传感器技术的发展为医疗保健行业提供一个前所未有的机会。其他类型的联网医疗设备，如移动机器人、手术助手，甚至外骨骼，可以帮助提高医疗服务效率和患者的治疗效果。预计到2023年医疗机器人市场将达到170亿美元，高于2018年的65亿美元，复合年增长率为21%。

（5）低功耗设备：并非所有连接到5G网络的设备都需要超快的速度。事实上，许多低功耗设备将依赖5G来增加容量，从农业环境中的水位监测器到住宅物业中的电力管理系统等，低功率设备很可能成为物联网早期经常采用的用例之一。

总而言之，5G的应用创新不能仅突出5G本身的技术优势，还要加快实现5G技术与业务产品的融合，推动行业整体创新发展。

3.3 深入剖析“工业4.0”及其重要意义

对德国工业4.0理解和认识的深化，也就是对中国两化深度融合战略理解和认识的深化。因此本节我们把对德国工业4.0规划提出的时代背景（为什么？）、基本概念（是什么？）、我们的理解认识（如何看？）以及启示意义（怎么干？）再进一步总结和做一些更深入的研究，这些研究将有利于进一步开拓思路，加快推进实施中国的两化深度融合战略。

3.3.1 德国为什么提出工业4.0规划

2013年德国汉诺威工业展览会上，德国相关协会提出工业4.0的初步概念，此后由德国机械设备制造联合会等协会牵头，来自企业、政府、研究机构的专家成立了“工业4.0工作组”进一步加强工业4.0的研究并向德国政府进行报告，2013年发表了工业4.0标准化路线图，组建设了由协会和企业参与的工业4.0平台（Platform-i4.0），德国政府也将工业4.0纳入《高技术战略2020》中，工业4.0正式成为一项国家战略。

目前，德国正计划制订推进工业4.0的相关法律，把工业4.0从一项产业政策上升为国家法律。德国工业4.0在很短的时间内得到了来自党派、政府、企业、协会、院所的广泛认同，并取得一致共识，从一个来自民间的概念迅速演变为国家产业战略，正在从一个产业政策上升为国家法律。

工业4.0在这么短的时间内在德国得到广泛认同，有其偶然性也有必然性，这种认识来自于德国长期以来把工业作为国家经济的基石，来自于信息通信技术给工业带来的革命性影响，也来自于新一轮科技革命中对德国工业地位的担忧。概括起来，主要是出于三种意识：危机意识、机遇意识和领先意识。

1. 危机意识

德国是传统的科技工业强国，但是在新一轮产业技术革命中，传统的竞争优势受到了来自各方面的挑战，一部分新兴产业成长乏力，各界对德国未来的发展表现出某种忧虑。

1）对新兴产业创新能力的忧虑

信息通信技术是全球新一轮产业变革中最具活力的技术，德国各界的普遍共识是，德国乃至整欧洲丧失了全球信息通信产业发展的机遇。在全球产业创新最活跃的互联网领域，全球市值最大的20个互联网企业中没有欧洲企业，欧洲的互联网市场基本被美国企业所垄断。德国经济和能源部长加布里尔曾说，德国企业的数据由美国硅谷的四大科技把持，这正是他所担心的。

全球通信产业蓬勃发展，但欧洲企业节节败退，仅有少数企业在苦苦支撑。欧洲的集成电路公司纷纷转型设计企业，并不断从消费市场退出。当前，美国的互联网及ICT巨头与传统制造业领导厂商携手，GE、思科、IBM、AT&T、英特尔等80多家企业成立了工业互联网联盟，重新定义制造业的未来，并在技术、标准、产业化等方面做出一系列前瞻性布局，工业互联网成为美国先进制造伙伴计划的重要任务之一。欧洲及德国对新兴产业的创新能力及未来发展前景表现出了一种深深的忧虑。

2）对传统产业竞争优势的忧虑

德国传统工业在全球的竞争优势仍十分突出，但是在新一代信息技术与工业加速融合，产品、装备、工艺、服务智能化步伐不断加快的背景下，德国能否跟上时代发展的潮流，德国各界有着深刻的危机意识。

德国总理默克尔也指出，目前90%的创新在欧洲之外产生，欧洲不能错失下一代工业技术变革。默克尔同时对德国的制造业能否及时与现代的信息和通信技术实现对接，保障德国制造业在世界上的领先地位表示担忧。德国企业界对美国再工业化、中国制造业发展给予了充分的关注。2014年6月24日，德国机械协会（VDMA）主席在日本说，德国和日本应携手应对中国的挑战。

德国信息技术、通信、新媒体协会工业4.0部部长曾说，不仅亚洲对德国工业构成竞争威胁，美国正通过各种计划应对“去工业化”，加快先进制造业的发展。

3）对国家产业战略方向的忧虑

2008年国际金融危机后，新一代信息技术的突破扩散及与工业融合发展，引发了国际社会对第三次工业革命、能源互联网、工业互联网、数字化制造等一系列发展理念和发展模式的广泛讨论和思考。

美国、欧盟、日本、韩国等纷纷制定了一系列规划和行动计划，实施制造业回归战略。这既体现了发达国家对制造业传统发展理念的深刻反思，也反映了其抢占新一轮国际制高点的意图和决心。德国作为全球制造业强国，在新一轮技术变革中能不能找到工业发展方向并引领全球工业发展，是德国各界广泛关注的问题。

2. 机遇意识

在与德国工业 4.0 参与方交流中，我们能深切体会到，尽管德国各界对有些产业的发展不尽人意表现出了忧虑，但对德国传统优势还是表现出了强烈的自信，认为德国发展是具有优势的。

1）市场优势

德国有着明显的传统制造业市场优势，这个市场是潜在的、也是现实的，没有哪个国家比德国更有条件和优势来发展智能制造。

2）技术机遇

智能制造不仅需要单项技术突破，也需要各种技术综合集成，而这正是德国的优势所在。面对全球新一代信息技术与制造技术融合的趋势，德国迎来了巩固和强化技术优势的机遇。

具体来说，一是工业软件优势。工业软件是智能装备的核心和基础，德国企业资源管理（ERP）、制造执行系统（MES）、产品生命周期管理（PLM）、可编程控制器（PLC）等核心工业软件在全球都处于领导地位。

二是工业电子优势。集成了传感、计算、通信的工业电子是智能装备的核心，也是德国优势领域所在。一批德国企业在汽车电子、机械电子、机床电子、医疗电子等领域引领全球发展。

三是制造技术优势。德国工业的基础材料、基础工艺、基础装备、基础元器件核心技术领域一直在全球处于领先地位；机械出口占全球的 16%，居全球首位；其在创新性制造技术领域的研究、开发和生产，以及复杂工业过程管理领先性方面无人能比。传统制造技术与工业软件、工业电子技术的结合，为德国抢占智能装备竞争制高点带来了难得的机遇。

3）产业机遇

装备制造业是德国最具优势的产业。面对全球智能制造带来的机遇，德国各界的共识是：要把握信息通信技术与装备制造业融合的趋势，瞄准全球快速成长的智能工厂装备市场，确保德国企业成为全球智能制造产业“领先的供应商”地位。

德国相关协会调查表明，60% 的德国机械设备制造商确信他们的技术和产品竞争优势在未来五年会得到提高。正如德国所说，欧洲、德国失去了互联网的机遇，但不能失去物联网的机遇。物联网应用的主战场是工业领域，德国不仅可以而且能够在物联网的技术变革中抓住机遇，引领潮流。

3. 领先意识

在新一轮技术革命和产业变革中，德国人有危机感，也看到新机遇，并试图在工业领域继续保持全球领先的地位。基本途径就是：在向工业化 4.0 演进的过程中先发制人，与世界制造强国争夺新科技产业革命的话语权，抢占产业发展的制高点。具体来讲，就是要实现五个领先。

1）理念领先

信息技术领域从来不缺新概念和新理念，但真正能够被各界广泛认可并快速传播的发展理念屈指可数。物联网、移动互联、云计算、大数据等新一代信息技术广泛普及并推进了生产方式的变革，当各国纷纷提出数字化制造、工业互联网、能源互联网等制造业发展新理念时候，德国作为欧洲传统的工业强国，需要一个既能继承传统工业发展思想，又能启发未来工业趋势的新理念，抢占发展理念的制高点，并引领德国工业继续保持全球领导地位。

正是在这一背景下，德国工业4.0的概念出现了，这一概念最大的成功在于它把几百年工业发展的历史与现代信息技术趋势完美地集成。它是继承性与创新性的统一，理论性与通俗化的统一，严肃性与时尚性的统一。其传播的速度、广度、深度也超过了德国人的预期。

2）技术领先

当前，信息技术创新步伐不断加快，正步入泛在、智能、集成的新阶段。从计算、传输到处理，从感知、传感到智能，泛在连接和普适计算已无所不在，云计算、大数据、人工智能、机器学习等驱动人类智能迈向更高境界，虚拟化技术、3D打印、工业互联网、大数据等技术将重构制造业技术体系。

德国提出工业4.0，其宗旨也是支持工业领域新一代革命性技术的研发与创新，大力推动物联网和服务互联网技术在制造业领域的应用，从而应对新一轮科技革命带来的挑战，以此抢占信息技术与工业融合发展中技术的制高点。

3）产业领先

在新一轮科技革命的影响下，全球新的产业分工体系和分工格局正在形成，基于信息物理系统（CPS）的智能工厂和智能制造模式正在引领制造方式的变革，全球研发设计、生产制造、服务交易等资源配置体系加速重组，网络众包、异地协同设计、大规模个性化定制、精准供应链管理等正在构建企业新的竞争优势，全生命周期管理、总集成总承包、互联网金融、电子商务等正加速重构产业价值链新体系。德国提出的工业4.0，在智能生产体系的支撑下，重构全球的生产方式。德国信息技术、通信、新媒体协会工业4.0部部长说，德国传统工业的核心架构以及它在国际上的卓越地位，能够与ICT技术结合并改革德国的传统工业，德国希望在新一轮产业技术革命浪潮中扮演主要角色。

4）标准领先

产品的智能化、装备的智能化、生产的智能化、管理的智能化以及服务的智能化，迫切要求装备、产品之间，装备和人之间，以及企业、产品、用户之间全流程、全方位、实时的互联互通，实现数据信息的实时、准确交换、识别、处理、维护，研发、生产、管理、服务的高度协同对智能制造的标准化提出了新的要求，必须通过制定和执行许多的技术标准、服务标准、管理标准和安全标准来实现。智能制造的标准体系是全球产业竞争的一个制高点，德国已抢先一步，制定了工业 4.0 标准路线图，以此抢占工业 4.0 标准化领域的制高点。

5）市场领先

对德国来说，这个市场是潜在的也是现实的，没有哪个国家比德国更有条件和优势发展智能制造。

3.3.2 对德国工业 4.0 我们如何认识

1. 工业 4.0 是互联

西门子公司、博世公司和蒂森克虏伯公司的专家在交流时都提到，工业 4.0 的核心是连接，要把设备、生产线、工厂、供应商、产品、客户紧密地连接在一起。工业 4.0 适应了万物互联的发展趋势，将无处不在的传感器、嵌入式终端系统、智能控制系统、通信设施通过信息物理系统（CPS）形成一个智能网络，使得产品与生产设备之间、不同的生产设备之间以及数字世界和物理世界之间能够互联，使得机器、工作部件、系统以及人类会通过网络持续地保持数字信息的交流。

1）生产设备之间的互联

从工业 2.0 到工业 3.0 时代的重要标志是，单机智能设备的广泛普及。工业 4.0 工作组把 1969 年第一个可编程逻辑控制器 Modicon 084 的使用作为工业 3.0 的起点，其核心是各种数控机床、工业机器人、自动化设备在生产环节的推广。我们可以把它理解为单机设备智能化水平不断提升并广泛普及推广。

工业 4.0 的核心是单机智能设备的互联。不同类型和功能的智能单机设备的互联组成智能生产线，不同的智能生产线间的互联组成智能车间，智能车间的互联组成智能工厂，不同地域、行业、企业的智能工厂的互联组成一个制造能力无所不在的智能制造系统。这些单机智能设备、智能生产线、智能车间及智能工厂可以自由、动态地组合，以满足不断变化的制造需求，这是工业 4.0 区别于工业 3.0 的重要特征。

2）设备和产品的互联

工业 4.0 意味着智能工厂能够自行运转，零件与机器可以进行交流。由于产品和生产设备之间能够通信，因此产品能理解制造的细节以及自己将被如何使用。同时，它们能协助生产过程，回答诸如“我是什么时候被制造的”“哪组参数应该被用来处理我”“我应该被传送到哪”等问题。

3）虚拟和现实的互联

信息物理系统（CPS）是工业 4.0 的核心，它通过将物理设备连接到互联网上，让物

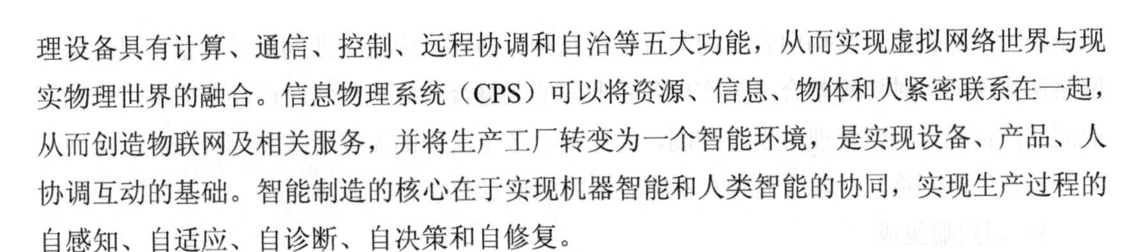

理设备具有计算、通信、控制、远程协调和自治等五大功能，从而实现虚拟网络世界与现实物理世界的融合。信息物理系统（CPS）可以将资源、信息、物体和人紧密联系在一起，从而创造物联网及相关服务，并将生产工厂转变为一个智能环境，是实现设备、产品、人协调互动的基础。智能制造的核心在于实现机器智能和人类智能的协同，实现生产过程的自感知、自适应、自诊断、自决策和自修复。

4）万物互联

信息技术发展的终极目标是实现无所不在的连接，所有产品都将成为网络终端。万物互联就是人、物、数据和程序通过互联网连接在一起，实现人类社会所有人和人、人和物以及物和物之间的互联。

重构整个社会的生产工具、生产方式和生活场景。人们能够以多种方式通过社交网络连接到互联网，基于感知、传输、处理的各类人造物将成为网络的终端，人、物、数据在网络环境下进行流程再造，基于物理世界感知和人群交互的在线化、实时化的数据与智能处理改变着我们对外部世界的响应模式。

2. 工业 4.0 是集成

工业 4.0 将无处不在的传感器、嵌入式终端系统、智能控制系统、通信设施通过 CPS 形成一个智能网络，使人与人、人与机器、机器与机器以及服务与服务之间能够互联，从而实现横向、纵向和端对端的高度集成。集成是德国工业 4.0 的关键词，也是长期以来中国推动两化融合的关键词。

在两化融合评估体系中，将两化融合分为起步阶段、单项应用阶段、综合集成阶段、协同创新阶段。综合集成是信息化和工业化融合走向纵向的重要标志。中国两化融合主要强调了企业间的横向集成和企业内部的纵向集成，而德国工业 4.0 增加了端到端的集成。

1）纵向集成

纵向集成不是一个新话题，伴随着信息技术与工业融合发展常讲常新。换句话说，企业信息化在各个部门发展阶段的里程碑，就是企业内部信息流、资金流和物流的集成是在哪一个层次、哪一个环节、哪一个水平上，是生产环节上的集成（如研发设计内部信息集成），还是跨环节的集成（如研发设计与制造环节的集成），或是产品全生命周期的集成（如产品研发、设计、计划、工艺到生产、服务的全生命周期的信息集成）。工业 4.0 所要追求的就是在企业内部实现所有环节信息的无缝链接，这是所有智能化的基础。

2）横向集成

在市场竞争牵引和信息技术创新驱动下，每个企业都在追求生产过程中的信息流、资金流、物流无缝链接与有机协同。在过去，这一目标主要集中在企业内部，但现在这已远远不够了，企业要实现新的目标：从企业内部的信息集成向产业链信息集成，从企业内部协同研发体系到企业间的研发网络，从企业内部的供应链管理到企业间的协同供应链管理，

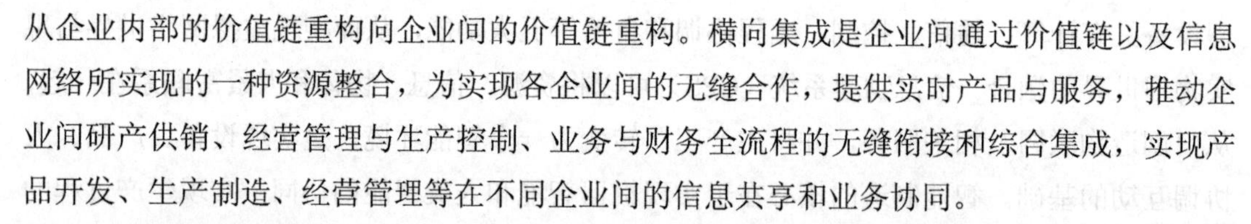

从企业内部的价值链重构向企业间的价值链重构。横向集成是企业间通过价值链以及信息网络所实现的一种资源整合，为实现各企业间的无缝合作，提供实时产品与服务，推动企业间研产供销、经营管理与生产控制、业务与财务全流程的无缝衔接和综合集成，实现产品开发、生产制造、经营管理等在不同企业间的信息共享和业务协同。

3）端到端集成

从某种意义上来讲，端到端的集成是一个新理念，各界对于端到端集成有不同的理解。所谓端到端就是围绕产品全生命周期的价值链创造，通过价值链上不同企业资源的整合，实现从产品设计、生产制造、物流配送、使用维护的产品全生命周期的管理和服务。它以产品价值链创造集成供应商（一级、二级、三级……）、制造商（研发、设计、加工、配送）、分销商（一级、二级、三级……）以及客户信息流、物流和资金流，在为客户提供更有价值的产品和服务的同时，重构产业链各环节的价值体系。

3. 工业 4.0 是数据

德国机械设备制造业协会及 SAP 的专家都提出，工业 4.0 的核心就是数据。企业数据分析就像汽车的后视镜，开车没有后视镜就没有安全感，但更重要的是车的前挡风玻璃——对实时数据的精准分析。

从工业 1.0、2.0、3.0 演进的角度来看，这一认识不无道理，数据是区别于传统工业生产体系的本质特征。在工业 4.0 时代，制造企业的数据将会呈现爆炸式增长态势。

随着信息物理系统（CPS）的推广，智能装备和终端的普及以及各种各样传感器的使用，将会带来无所不在的感知和无所不在的连接。所有的生产装备、感知设备、联网终端，包括生产者本身都在源源不断地产生数据，这些数据将会渗透到企业运营、价值链乃至产品的整个生命周期，是工业 4.0 制造革命的基石。

1）产品数据

工业 4.0 背景下的产品数据是基于模型的产品数字化定义，基于特征的标准化定义，方便被计算机和人员解读，使数字化设计、制造一体化成为可能，单源数据、文档驱动，仅需一个文档便能获得全部的技术信息。模型的再利用能力强。它通过一系列规范的方法能够更好 地表达设计思想，体现更强的表现力，同时打破了设计制造的壁垒，使产品设计和制造无缝衔接起来，有效地解决设计、制造一体化的问题。

2）价值链数据

价值链数据包括客户、供应商、合作伙伴等数据。企业在当前全球化的经济环境中参与竞争，需要全面地了解技术开发、生产作业、采购销售、服务、内外部后勤等环节的竞争力要素。

大数据技术的发展和应用，使得价值链上各环节数据和信息能够被深入分析和挖掘，为企业管理者和参与者提供看待价值链的全新视角，使得企业有机会把价值链上更多的环节转化为企业的战略优势。例如，汽车公司通过大数据分析提前预测到哪些人会购买特定型号的汽车，从而将目标客户的响应率提高了 15% ～ 20%，客户忠诚度提高 37%。

3）外部数据

外部数据包括经济运行、行业、市场、竞争对手等数据。为了应对外部环境变化所带来的风险，企业必须充分掌握外部环境的发展现状以增强自身的应变能力。大数据分析技术在宏观经济分析、行业市场调研中得到了越来越广泛的应用，已经成为企业提升管理决策和市场应变能力的重要手段。少数领先的企业已经通过为包括从高管到营销甚至车间工人在内的员工提供信息、技能和工具，引导员工更好、更及时地在“影响点”做出决策。

4. 工业 4.0 是创新

工业 4.0 的实施过程实际上就是制造业创新发展的过程，制造技术、产品、模式、业态、组织等方面的创新将会层出不穷。

1）技术创新

未来工业 4.0 的技术创新在三条轨道上进行：一是新型传感器、集成电路、人工智能、移动互联、大数据在信息技术创新体系中不断演进，并为新技术在其他行业的不断融合渗透奠定技术基础；二是传统工业在信息化创新环境中，不断优化创新流程、创新手段和创新模式，在既有的技术路线上不断演进；三是传统工业与信息技术的融合发展，它既包括信息物理融合技术（CPS）、智能工厂整体解决方案等一系列综合集成技术，也包括集成工业软硬件的各种嵌入式系统、虚拟制造、工业应用电子等单项技术突破。

2）产品创新

信息通信技术不断融入工业装备中，推动着工业产品向数字化、智能化方向发展，使产品结构不断优化升级。一方面，传统的汽车、船舶、家居的智能化创新步伐加快，如汽车正进入“全面感知 + 可靠通信 + 智能驾驶”的新时代，万物互联时代正在到来；另一方面，制造装备从单机智能化向智能生产线、智能车间到智能工厂演进，提供工厂级的系统化、集成化、成套化的生产装备成为产品创新的重要方向。

3）模式创新

工业 4.0 将发展出全新的生产模式、商业模式。首先，在生产模式层面，工业 4.0 对传统工业提出了新的挑战，要求从过去的“人脑分析判断 + 机器生产制造”的方式转变为“机器分析判断 + 机器生产制造”的方式。基于信息物理系统（CPS）的智能工厂和智能制造模式正在引领制造方式的变革。

其次，在商业模式层面，工业 4.0 的“网络化制造”“自我组织适应性强的物流”和“集成客户的制造工程”等特征，也使得它追求新的商业模式以率先满足动态的商业网络而非单个公司。网络众包、异地协同设计、大规模个性化定制、精准供应链管理等新型智能制造模式将加速构建产业竞争新优势。

4）业态创新

伴随信息等技术的升级应用，从现有产业领域中衍生、叠加出的新环节新活动，将会发展成为新的业态，进一步在新市场需求的拉动下，形成引发产业体系重大变革的产业。就目前来看，工业云服务、工业大数据应用、物联网应用都有可能成为或者催生出一些新的产业和新的经济增长点。制造与服务融合的趋势，使得全生命周期管理、总集成/总承包、互联网金融、电子商务等加速重构产业价值链新体系。

5）组织创新

在工业4.0时代，很多企业将会利用信息技术手段和现代管理理念，进行业务流程重组和企业组织再造，现有的组织体系将会被改变，符合智能制造要求的组织模式将会出现。基于信息物理系统（CPS）的智能工厂将会加快普及，进一步推动企业业务流程的优化和再造。企业组织管理创新，也是两化融管理体系标准的重要内容，在两化融合管理体系的九大原则、四大核心要素、四个管理域中都涉及，如何围绕企业获取可持续的竞争优势，不断优化企业的业务流程和组织架构。

从实践的角度来看，国内企业在组织创新方面做了很多积极的探索。海尔集团CEO张瑞敏提出企业无边界、组织无领导、供应链无中心等新的管理理念；华为创始人任正非提出让听见炮火的人指挥战斗，作战的基本单元要从师一级缩小到旅、团、营、连，一直到班，以后的战争是“班长的战争”。

5. 工业4.0是转型

在“工业4.0”时代，物联网和服务联网将渗透到工业的各个环节，形成高度灵活、个性化、智能化的产品与服务的生产模式，推动生产方式向大规模定制、服务型制造、创新驱动转变。

1）从大规模生产向个性化定制转型

工业4.0给生产过程带来了极大的自由度与灵活性，通过在设计、供应链、制造、物流、服务等各个环节植入用户参与界面，新的生产体系能够实现为每个客户、每个产品进行不同设计、零部件采购、安排生产计划、实施制造加工、物流配送。极端情况下可以实现个性化的单件制造，问题的关键是，设计、制造、配送单件产品是盈利的。在这一过程中，用户由部分参与向全程参与转变，他们不仅出现在生产流程的两端，而且广泛、实时地参与到生产和价值创造的全过程。实现真正的个性化定制将是一个漫长而艰辛的过程，这一过程只有起点没有终点。

2）从生产型制造向服务型制造转型

服务型制造是工业4.0理念中工业未来转型的重要方向。越来越多的制造型企业围绕产品全生命周期的各个环节不断融入能够带来市场价值的增值服务，以此实现从传统的提供制造业产品向提供融入了大量服务要素的产品与服务组合转变。事实上，在德国工业4.0

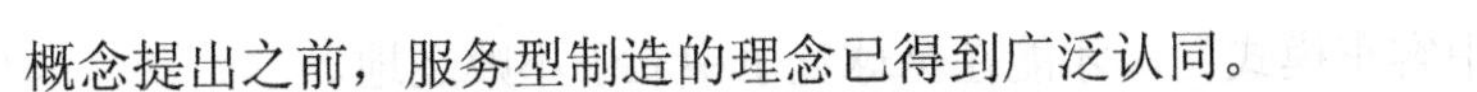
概念提出之前，服务型制造的理念已得到广泛认同。

从企业来看，通过工业 4.0 可以实现劳动生产率大幅提高，产品创新速度加快，满足个性化需求，减少能耗，大幅提高产品质量和附加值，显著增强企业核心竞争力；从行业来看，通过工业 4.0 可以建立起高度协作的创新服务体系，提高整个行业的资源配置和运行效率；从政府来看，通过工业 4.0 可以进一步巩固德国制造业优势，抢占新一轮产业竞争的制高点。

从根本上讲，工业 4.0 是一种在信息技术发展到新阶段产生的新的工业发展模式。从终极目标来看，工业 4.0 不能为技术而技术，其核心在于提高企业、行业乃至国家的整体竞争力。

3.3.3 德国工业 4.0 的全球影响和展望

德国工业 4.0 计划提出以后，引起了全球的广泛关注。从德国的技术条件、经济形势、政策环境等方面综合判断，推动实施工业 4.0 的基本条件已具备，未来的发展路径明确，可以产生经济效益，形成市场化的自我驱动机制。但从欧洲、全球的角度看，德国能否借助工业 4.0 实现既定的战略目标，也存在诸多不确定因素。

就德国而言，以“工业智能化”带动“社会智能化”是工业 4.0 最重要的经济效益。德国已经进入“后工业化”阶段，经济发展的主要目标是“提质”而非“增量”。在未来相当长一段时间，德国国民劳动层次和生活质量的提升，主要依靠服务业的智能化，特别是社会公共服务的智能化。例如，在交通运输、资源循环利用、医疗保健、城市和社区公共管理服务等领域，德国有望率先普及智能化技术。因此，即使工业 4.0 无法改变制造业向低成本国家转移的大趋势，德国也能在“社会智能化”方面取得显著收益。工业 4.0 将为“社会智能化”提供新一代网络基础设施、先进通信技术、智能控制系统设计、“大数据”分析方法等各类软硬件支持。成熟的“工业解决方案”可能很快迁移转化为“社会服务解决方案”，在不同的地区、不同的领域得到应用，产生难以估量的经济价值。

在欧洲大陆，工业 4.0 需要在企业自发联合的基础上，逐步扩大版图，形成规模效应。2008 年金融危机后，欧洲经济复苏的整体形势不容乐观。欧洲南部国家经济低迷，甚至反复陷入衰退。东欧国家在技术水平、管理理念上还达不到工业 4.0 的要求。北欧国家尽管有较好的创新环境，但经济体量难以支撑一个完整产业体系的技术研发。总之，在工业 4.0 领域有可能与德国相呼应的，只剩下法国、瑞士、荷兰、奥地利等几个国家。如不能形成欧洲共识，则难以获得各国政府在产业、科技政策上的协调配合。因此，工业 4.0 要走出德国、辐射欧洲，就只有依靠企业之间的自发联合。在西门子等德国企业推进工业 4.0 时，ABB、施耐德、飞利浦等企业需要着眼欧洲全局、摒弃国家界限、主动谋求联合。只有在工业解决方案领域打造“空中客车模式”，才能在全球竞争中立于不败之地。

在全球范围内，工业的智能化已成为主要工业国家的共识，谁将取得这一进程的主导权取决于国际市场。在德国提出工业4.0的同时，美国积极推进“再制造化”，发展“工业互联网”。中国则坚持“两化融合”战略，稳步推进制造业信息化。日本也提出了类似的“工业智能化”战略，重点发展人工智能、服务机器人等产业。从概念上看，德国工业4.0的理论较为新颖，涵盖的范围更加广泛；其他国家的类似战略，也充分考虑了各自的发展现状、比较优势。可以预料，在相近的战略思维指导下，这一领域将酝酿激烈的国际竞争。各国将积极谋求对技术和产业的主导权，发展出不同的技术体系、网络平台，争取将其他国家的工业网络纳入其中。目前，全球主要的工业解决方案供应商，已开始在国外投资，率先建成符合智能化理念的“示范工程”，显示技术实力，并且改进已有的工业3.0服务，及早锁定未来的工业4.0客户群体。

3.3.4 德国工业4.0对中国的启示

“他山之石，可以攻玉。”面对工业4.0带来的工业新思维、新模式，我国应积极借鉴、冷静思考，坚持从我国工业发展的实际需要出发，走具有中国特色的工业信息化、智能化道路。

在紧盯技术和产业前沿的同时，更加重视工业2.0、工业3.0的广泛普及和巩固提高。在我国中西部地区，工业化进程的起步较晚，基础设施薄弱，很多企业还处于粗放生产的阶段，需要对工业2.0进行补课。在长三角、珠三角等工业发达地区，装备制造业较为密集，数控化加工已经成为主要的生产方式，但还未完全达到发达国家工业3.0的标准。其主要表现为：企业生产管理体系的自我更新能力普遍较弱，国产数控化装备的加工精度、质量稳定性与国外先进水平仍有差距。未来，我国除了需要关注工业4.0的前沿、选准发展方向，还需要打好基础，完整走过工业2.0、工业3.0的发展阶段，弥补一部分技术短板，争取尽快实现工业3.0的高水平全面普及。

发挥我国比较优势，开展中德、中欧合作，促进“互联网经济”多极化。在工业4.0发展进程中，我国的比较优势是市场空间大，新技术、新产品容易较快产生经济回报；信息和制造技术人才充足，硬件加工制造和软件开发成本低。这些优势如能与德国先进的工业设计理念、严密的生产管理方式以及制造、传感、通信等领域的一些核心技术相结合，就有望形成一个具有国际竞争力的工业4.0解决方案产业链。面对美强欧弱的经济格局，我国应立足经济安全、信息安全的需要，加强与德国在工业信息化、智能化方面的合作。在我国能够独立自主研发并且取得市场竞争力的领域，坚持以我为主；在基础条件不足、发展相对滞后的领域，积极支持德国或欧洲的解决方案。

加快发展智能装备产业，牢固占据产业链的重要环节。智能装备是工业4.0的物理载体。工业的智能化，社会的智能化，都需要以相应的智能装备（元器件、设施）为基本单元。我国目前已在智能加工装备、智能工程机械、智能交通工具、智能家用电器、可穿戴医疗保健设备等领域，取得了丰富的产业化成果，但其核心技术的自主研发比例仍然较低。为此，应将智能装备产业细分为若干环节，例如新材料、传感器芯片、人机交互界面、控制算法与系统、数据分析方法与专家知识库等。在其中的关键环节，尤其是我国的薄弱环节，加大自主研发的投入力度，争取在一部分环节有所突破，达到国际领先水平，从而在未来的国际竞争中占据一席之地。

龙头企业和中小企业并重，形成良性互动的产业生态环境。我国发展工业 4.0 的应用，一方面需要大企业，特别是航天军工、电子电气设备领域的中央企业，坚持基础研发的大投入，攻克一批共性技术，引领行业标准的制定；另一方面又需要中小企业，发展生产性服务业，深入挖掘客户需求，在标准化产品基础上进行定制开发，为客户提供个性化的解决方案。各个行业、不同规模的企业在工业 4.0 的机遇面前，应找到各自在智能化领域中的合适定位，在细分环节上形成核心竞争力，谋求合作共赢。同时，地方政府应理性认识本地区的要素优势，遵循市场竞争规律，合理布局相关的产业园区、示范基地，制定可持续的、有利于企业创新的扶持政策，逐步形成特色鲜明的产业集群。

第2篇

工业4.0的关键技术和解决方案

第4章

智能制造的关键技术及组织结构

正如第 1 章所述，科技创新是经济社会发展的根本动力。第一次工业革命和第二次工业革命分别以蒸汽机和电力的发明及应用为根本动力，极大地提高了生产力，人类社会进入了现代工业文明。第三次工业革命以计算、通信、控制等信息技术的创新与应用为标志，持续推动工业深入发展。

近年来，随着云计算等新一代IT技术的飞速发展，信息的获取、使用、控制以及共享变得极其快速和普及，随着新一代人工智能飞速发展和应用，进一步提升了制造业数字化、网络化、智能化的水平，其最本质的特征是具备认知和学习的能力，具备生成知识和更好地运用知识的能力。这样就从根本上提高了工业知识产生和利用的效率，极大地解放了人的体力和脑力，使创新的速度大大加快，应用的范围更加宽泛，从而推动制造业发展步入新阶段，即数字化、网络化智能化制造——新一代智能制造。如果说数字化、网络化、制造是新一轮工业革命的开始，那么新一代智能制造的突破和广泛应用将推动形成新工业革命的高潮，重塑制造业的技术体系、生产模式、产业生态，并将引领真正意义上的工业 4.0，实现新一轮工业革命。

4.1 CPS 数字物理融合技术

CPS 是美国科学基金会在 2006 年提出的新技术概念，并将此项技术体系作为新一代技术革命的突破点。同时，德国的工业 4.0 战略也将信息——物理生产系统（Cyber-Physical Production System，CPS）作为核心技术，其实质是 CPS 在生产系统中的应用。无论是德国的工业 4.0 战略还是美国的 CPS 计划，都将 CPS 作为智能化转型的核心技术，并据此设定各自的战略转型目标。

4.1.1 CPS 数字物理融合技术国内外研究态势

自 2006 年至今，CPS 的发展得到了许多国家政府的大力支持和资助，已成为学术界、科技界、企业界争相研究的重要方向，获得了国内外计算机、通信、控制、生物、船舶、交通、军事、基础设施建设等多个领域研究机构与学者的关注和重视。同时，CPS 也是各行业优先发展的产业领域，具有广阔的应用前景和商业价值。

国际上，有关 CPS 的研究大多集中在美国、德国、日本、韩国、欧盟等国家和组织，如表 4-1 所示。

表 4-1 各国研究机构对 CPS 的研究及成果

国家和组织	研究方向	研究成果
美国国家标准与技术研究院（NIST）	理论和标准研究：参考架构、应用案例、时间同步、CPS安全、数据交换	成立CPS公共工作组（CPS PWG） 发布了CPS框架1.0（2016年5月） CPS测试验证平台（Testbed）
IEEE网络物理系统技术委员会（IEEE-CPS）	标准研究：开展CPS相关标准研制工作	成立IEEE TC-CPS 定期举办学术会议CPS Weeks
欧盟	战略分析和理论研究：智能设备、嵌入式系统、感知控制、复杂系统（SoS）	设立CPS研究小组 启动了ARTEMIS项目 发布《CyPhERS CPS欧洲路线图和战略》
德国国家科学与工程院	国家战略和理论研究：CPS特征、CPS应用、智能设备、信息物理制造系统CPPS	德国工业4.0确定以CPS为核心 发布《生活在网络世界——CPS集成研究计划》 成立了世界第一个已投产CPPS实验室
CESI（中国电子技术标准化研究院）	标准、技术、应用研究：聚焦参考结构、核心技术、标准需求以及应用案例等的研究	信息物理系统发展论坛 CPS共性关键技术测试验证平台建设与应用推广等项目

4.1.2 CPS 数字物理融合技术体系

4.1.2.1 CPS 的狭义与广义技术内涵

2006 年美国国家科学基金会（NSF）举办了第一届 CPS 研讨会，会议首次对 CPS 的定义进行了阐述：CPS 是网络环境（Cyber Space）中的通信（Communication）、计算（Computation）和控制（Control）与实体系统在所有尺度内的深度融合。这个定义给出了 CPS 的三个基本元素，也就是我们最常提到的 3C 技术要素。

NSF 从功能性的角度阐述了 CPS 的内涵，即实体系统里面的物理规律以信息的方式来表达。而广义的CPS的内涵是：对实体系统内变化性、相关性和参考性规律的建模、预测、优化与管理。

除了功能层面的3C要素，CPS的广义定义还需要从另外3个C与3个R的角度去理解，如图4-1所示。其中，CPS对实体系统分析和预测的目的与手段可以概括为3C。

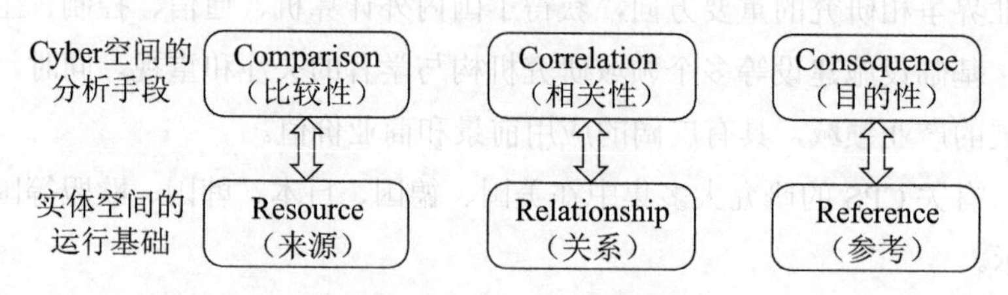

图4-1　CPS　的广义定义

- 比较性（Comparison）。从比较过程中获取洞察能力，既包括比较相似性，也包括比较差异性。比较的维度既可以是在时间维度上与自身状态的比较，也可以是在集群维度上与其他个体的比较。这种比较分析能够帮助我们将庞大的个体信息进行分类，为接下来寻找相似中的普适性规律和差异中的因果关系奠定基础。
- 相关性（Correlation）。如果说物联网是可见世界的连接，那么所连接对象之间的相关性就是不可见世界的连接。对相关性的挖掘是形成记忆和知识的基础，简单地将信息存储下来并不能称之为记忆，通过信息之间的关联性对信息进行管理和启发式的联想才是记忆的本质。

相关性同时也促进了人脑在管理和调用信息时的效率。人们在回想起一个画面或是情节的时候，往往不是去回忆每一个细节，而是有一个如线头一样的线索，像牵线头一样引出整个场景。

将这样的类似记忆式的信息管理方式运用在工业智能中，就是一种更加灵活高效的数据管理方式。

- 因果性（Consequence）。数据分析的重要目的是进行决策支持，在制定一个特定的决策时，其所带来的结果和影响应该被同等地分析和预测。这是以往的控制系统所不具备的特性，也是智能化的本质。工业系统中的大部分活动都具有很强的目的性，就是把目标精度最大化，把破坏度最小化的“结果管理”。

结果管理的基础是预测，例如在现在的制造系统中，如果我们可以预测到设备的衰退对质量的影响，以及对下一个工序质量的影响，就可以在制造过程中对质量风险进行补偿和管理，制造系统的弹性和韧性就会增加。

3C分别对应了实体空间中的对象、环境与任务的运转基础，又可以用3R来概括。

- Resource（来源）：数据来源可以是历史的数据、传感器的数据或是人的经验数据，这些数据都可以用一种逻辑的方式形成一种知识模型。同时，Resource也是比较性的基础。

- Relationship（关系）：基于比较和相关性的分析，来挖掘显性和隐性的关系。例如，半导体的过程监测中有上百个传感器数据，但是从历史报警的信息，可以利用贝叶斯网络建立传感器的关系图谱，最后发现在百个传感器中只有5个传感器与历史报警有很强的相关性，那么只用这5个传感器的组合就可以管理所有传感器数据所代表的状态。
- Reference（参考）：参考性有两个方面，一是比较的参考，二是执行的参考。同时，参考也是记忆的基础。如果是以结果作为参考，那么目的就是去定义其发生的根本原因；如果是以过程作为参考，那么目的就是去寻找避免发生问题的途径。古语云："以铜为鉴，可以正衣冠；以史为鉴，可以知兴替；以人为鉴，可以明得失。"这句话充满了深刻的哲理，也总结了参考性的三个维度，即以传感器所反映的自身状态为参考、以历史数据中的相关性和因果性为参考，还有以集群中的其他个体作为参考。

CPS的技术基础包括物联网、普适计算和执行机构，它们定义了实体系统的功能性。Cyber空间中的来源、关系和参考，构成了实体系统运行的基础，是CPS在Cyber空间中的管理目标。建立面向实体空间内的比较性、相关性和因果性的对称性管理是核心的分析手段。

CPS的最终目标是对实体（Physical）系统的状态和活动的精确评估、对实体系统之间关系的挖掘和管理，以及根据情况进行的决策优化。Cyber空间中的管理是对实体空间中3V的精确管理，即可视性（Visualizability）、差异性（Variation）和价值性（Value），如图4-2所示。

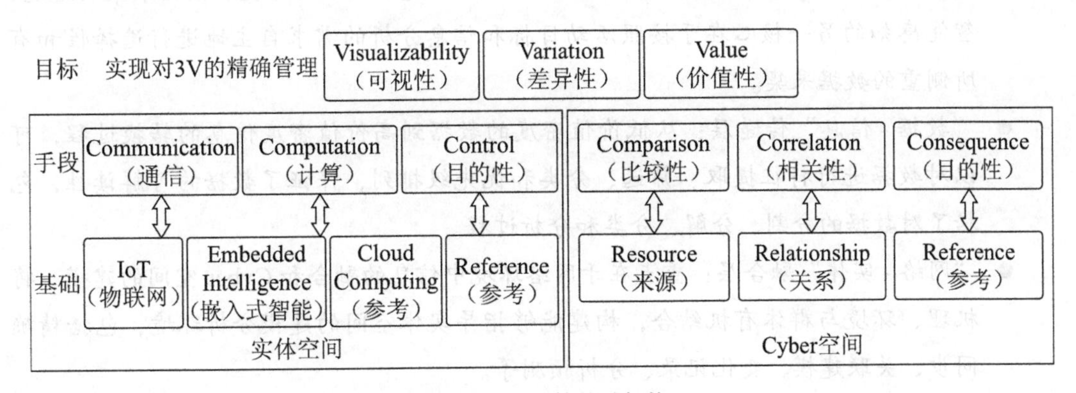

图4-2 CPS的基础架构

4.1.2.2 CPS的技术应用体系

CPS是一个具有清晰架构和使用流程的技术体系，针对工业大数据的特点和分析要求，能够实现数据收集、汇总、解析、排序、分析、预测、决策、分发的整个处理流程；对实体系统进行流水线式的实时分析，并在分析过程中充分考虑机理逻辑、流程关系、活动目标、商业活动等特征和要求。

CPS技术体系包括5个层次的构建模式：智能感知层（Connection）、信息挖掘层（Conversion）、网络层（Cyber）、认知层（Cognition），以及配置执行层（Configuration）。

这个5C的分析构架设计的目的是为了满足实体空间与Cyber空间相互映射和相互指导过程中的分析和决策要求，其特征主要体现在以下几个方面（见图4-3）

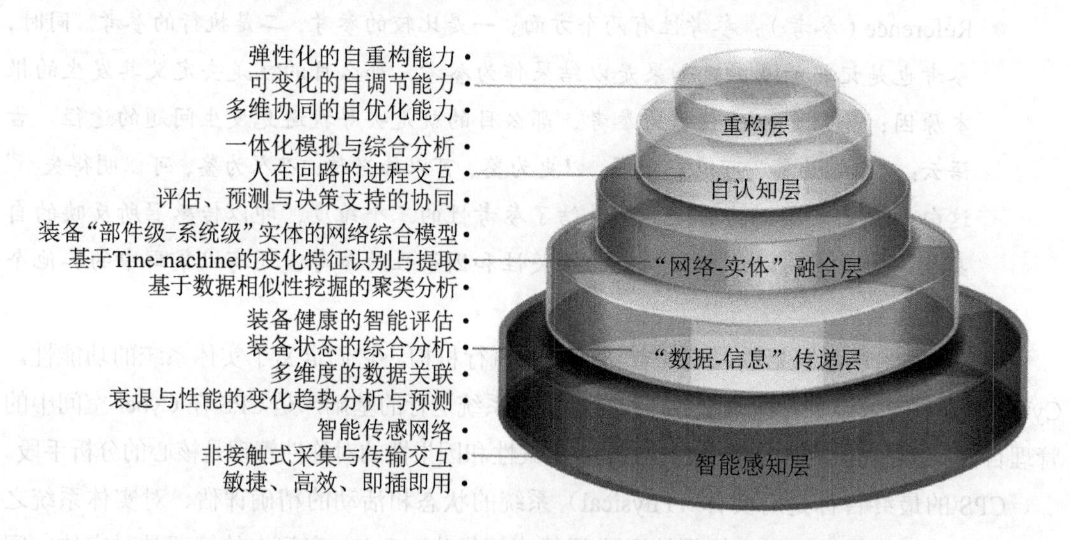

图4-3　CPS的5C构架

- 智能感知层：从信息来源、采集方式和管理方式上保证了数据的质量和全面性，建立支持CPS上层建筑的数据环境基础。除了建立互联的环境和数据采集的通道，智能感知的另一核心在于按照活动目标和信息分析的需求自主地进行选择性和有所侧重的数据采集。
- "数据-信息"传递层：从低价值密度的数据到高价值密度信息的转换过程，可以对数据进行特征提取、筛选、分类和优先级排列，保证了数据的可解读性，包括了对数据的分割、分解、分类和分析过程。
- "网络-实体"融合层：重点在于网络环境中信息的融合和Cyber空间的建模，将机理、环境与群体有机结合，构建能够指导实体空间的建模分析环境，包括精确同步、关联建模、变化记录、分析预测等。
- 自认知层：在复杂环境与多维度参考条件下面向动态目标，根据不同的评估需求进行多源化数据的动态关联、评估、预测结果，实现对实体系统运行规律的认知以及物、环境、活动三者之间的关联、影响分析与趋势判断，形成"自主认知"的能力。同时结合数据可视化工具和决策优化算法工具为用户提供面向其活动目标的决策支持。
- 重构层：根据活动目标和认知层中分析结果的参考，对运行决策进行优化，并将优化结果同步到系统的执行机构，以保障信息利用的时效性和系统运行的协同性。

除了技术架构的层级和流程化，CPS 的应用也具有清晰的层级化特征。我们从零部件级、设备级、生产系统这三个维度来分析现代工业系统如何实现智能化。

- 零部件级：目前大多关注的是精密性，即如何通过更加精密的传感器，实现更加精密的动作。而智能的零部件则需要具备自预测性和自省性，随着外部环境变化或者自身衰退都会造成精密性发生变化。智能的零部件可以将设备的状态和可能造成的后果反馈给操作者。
- 设备级：现在关注的是设备性能以及设备能否连续生产质量达标的产品。而智能的设备需要具备自比较性，它既包括设备与自身历史最优状态的对标，也包括在不同环境下，集群内与其他的设备之间的对标。这样可以清晰地了解设备目前状态的好坏与否。如果设备状态不好，还可以进一步了解故障发生在哪里，以及是哪种原因造成的。
- 生产系统：通过实现最大的生产性来提升设备综合效率（OEE）。目前主要关注的是系统中各个设备、工序之间的配合。而智能化发展的方向应当是更大价值链的优化，比如当上游产生了质量误差，可以及时发现并在下游进行补偿。过程当中如果有设备出现质量问题，也能用其他的途径进行改善，实现具有强韧性的系统（resilience system），即系统内部可以通过协同性的优化，把问题的影响降到最小。

无论在零部件级还是生产系统级的CPS体系应用，都是由最基本的CPS单元构成的（见图 4-4）。CPS 基本单元又分为智能控制单元、智能管理单元和认知环境。其中，智能控制单元和智能管理单元分别面向局部设备和局部系统，而认知环境为二者提供具有自成长性的智能化能力支撑，是实现智能化由局部到系统应用推广的关键。

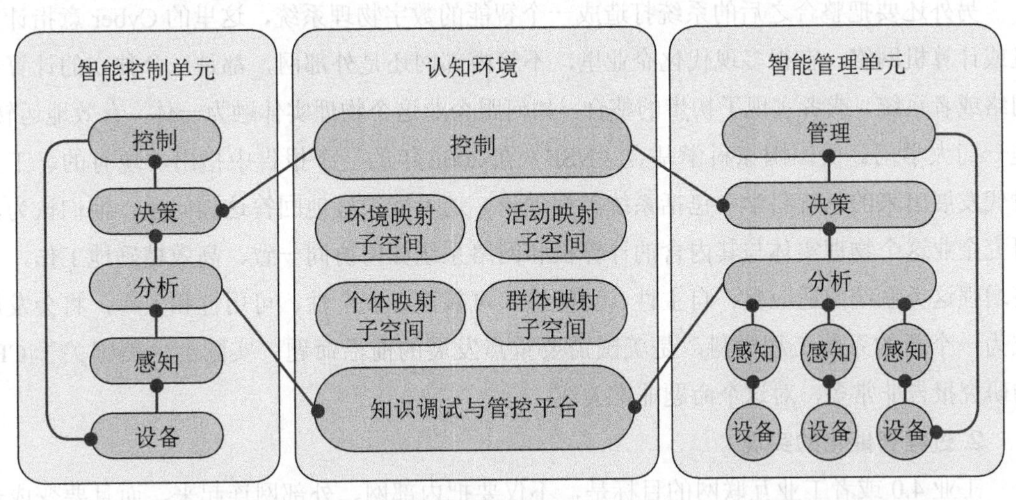

图 4-4 CPS 的基本单元

4.1.2.3 基于CPS实现过程智能化

智能化是“数据—信息—知识—价值”的转变过程。在这个转变过程中，数据和信息是信息时代的产物，知识和价值才是智能化时代的关键。

1. 过程智能化

企业只有实现生产全过程的智能化，才能实现企业全局的智能化，才能实现智能化效益的最大化。而过程智能化最典型的代表，正是工业4.0和工业互联网的奋斗目标。工业4.0提出，企业的信息系统要走向一体化，包括纵向一体化和横向一体化。纵向一体化是指企业的内部集成，而横向一体化正是企业的外部网。现在，要把内部网和外部网完全整合在一起，将数据完全打通，如图4-5所示。

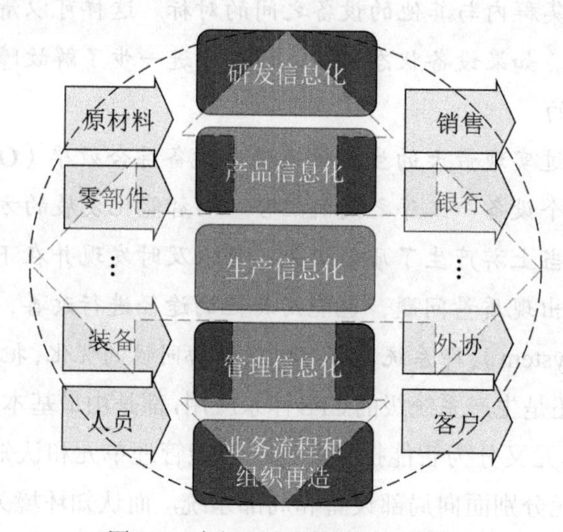

图4-5 内部网和外部网的一体化

另外还要把整合之后的系统打造成一个智能的数字物理系统，这里的Cyber意指计算机或计算机网络。在很多现代化企业里，不管内部网还是外部网，都是一个独立的计算机网络或者系统，或者实现了初步的整合。如何跟企业这个物理实体融为一体，有效地运转，是一门大学问。美国国家科学基金（NSF）在2006年的一个报告中指出，现有的、工业时代发展出来的系统科学（包括系统工程理论）还不能很好地回答这类问题。他们认为，研究企业这个物理实体与其内含的计算机和网络系统如何协同一致、高效精确地工作，如何增强这类系统的适应性、自主性、功能性、可靠性、安全性、可用性和效率，将会发展成为一个新的系统工程学科，是美国需要重点发展的前沿命题。实际上，美国关于CPS的研究报告非常多，对这个命题非常关注。

2. 过程智能化的实现

工业4.0或者工业互联网的目标是，不仅要把内部网、外部网连起来，而且要变成一个智能物理系统。正如上一节所描述的一样，二者都可以通过一个5C（五层）结构来表述。

第一层是智慧连接层；第二层是数据信息转换层；第三层是网络层，是企业的云计算数据中心，在这里需要把第二层处理得到的有效数据，与企业计算机系统中相对应的期望值做对比分析；第四层是认知层，根据对比差异，找到问题所在及解决问题的方法，因此，这一层实际上是决策层；第五层是配置层，可以按照决策要求，通过计算机网络，对人、物、计算机进行重新配置或更改。这样的一个五层结构，构成了一个标准的反馈控制系统，可以对企业的控制对象，即人（员工）、机器、计算机系统、各种物理实体等，进行实时的反馈和控制。这样的一个反馈系统，其各层次所对应的技术支撑如图 4-6 所示。正是利用这些当下最时髦的先进技术，工业互联网实现了对企业整个业务活动全过程的智能控制。

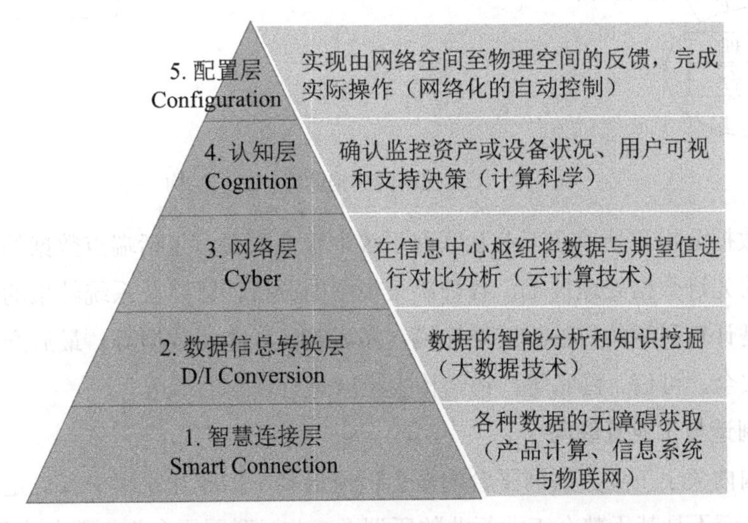

图 4-6　工业互联网和工业 4.0 的 5C（五层）架构

根据这个思路，工业 4.0 和工业互联网在 2015 年分别完成了系统的架构设计。工业互联网的参考架构，可以清楚地说明系统的要素以及要素相互之间的关系，并提供了一个开放的“工业互联网系统设计指南”。我们应该强调的是，这里说的是指南，是给出了一个大家共同努力、同向而行的方向，而不是标准。

这个架构设计描述了工业互联网系统的内外三层结构，如图 4-7 所示。从边缘层到平台层，再到企业层。如果把它看作是一个球体的话，外面就是设备端的边缘层，中间是平台层（工业互联网平台主要指这一部分。当然现在也有将工业互联网平台泛化的趋势），最内层是企业层。在边缘层上主要是边缘的网关，采集各种各样的数据；送到平台层之后，平台层对数据做必要的处理和分析；分析完之后，再送达企业层，送到企业的应用系统。企业会根据不同的应用做不同的分析，做出判断和决策，将数据再往回传送到平台层和边缘层，直至送达企业内外联接的各个部门和单位。

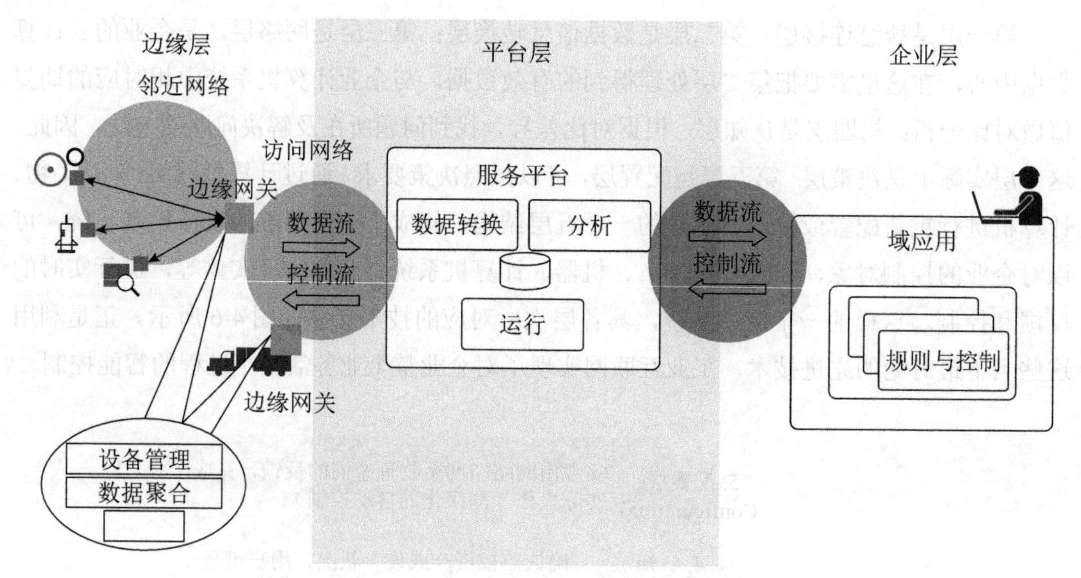

图 4-7　工业互联网架构的内外三层结构

显然，数据分析和处理在工业互联网系统中极为重要，包括端点数据的获取，从数据中提取信息的先进数据处理技术，各种决策模型的分析计算以及系统结果的输出。其中，大量使用的是计算科学的方法：需要建模，需要算法，需要数据等，最后产生的是决策数据。当然，安全、可信、隐私等，在结构中也应该有详细的考虑。

3. 智能制造与工业互联网

现在，国内关于工业互联网平台的概念讨论很多。工业互联网平台，是一个以企业为中心的平台，而不是基于整个工业行业的所谓"工业互联网平台"。平台化是发展的趋势，指的是企业的平台化，每一个大企业都会有自己的企业平台，而不会把自己的业务搬到其他企业的平台上去。波音公司的平台不会搬到中航工业的平台上，空客公司的平台也不会搬到波音公司的平台上去。如果一定要说有一个工业和产业共用的共享平台，那么这个平台就是全球物联网（Internet of Things，IoT）平台，它不是为哪个工业或哪个部门设计的，而是面向全世界各行各业乃至个人服务的全球物联网络。

工业互联网平台是一个理想的"过程"智能化的平台，设想得非常完美，但系统非常复杂，在实现过程中，未知数还有很多，不同产业类别的企业平台之间的差异也很大。例如，中航工业的平台几乎不太可能拿去给中石油用，基本上要推倒重建。所以，每个企业一定要从自身的需求和实际效益出发，分步推进，绝对不能盲目跟随，尤其是要考虑到当前中国制造业发展的水平和信息化的水平离国际先进水平相差仍然很大，"过程"智能化的路途还比较遥远。

如果把智能制造的全部资源和精力都投在工业互联网平台上，又把平台理解为产业的平台，可能就误判了智能制造的发展方向。当务之急，还是产品和装备的智能化问题，这

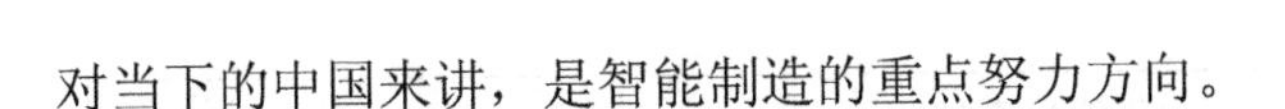

对当下的中国来讲，是智能制造的重点努力方向。

4.1.3 智能制造的技术机理：“人－信息－物理系统”

中国工程院在2018年初正式提出了新一代智能制造报告，系统阐述了对我国发展智能制造的看法，引起了社会上极大的关注和热烈的反响，其中对CPS的理解具有独到之处，我们把这些观点分享给大家参考。

智能制造涉及智能产品、智能生产以及智能服务等多个方面及其优化集成。从技术机理角度看，这些不同方面尽管存在差异，但本质上是一致的，下面以生产过程为例进行分析。

4.1.3.1 传统制造与“人－物理系统”

传统制造系统包含人和物理系统两大部分，完全通过人对机器的操作控制去完成各种工作任务，如图4-8（a）所示。动力革命极大提高了物理系统（机器）的生产效率和质量，物理系统（机器）代替了人类大量体力劳动。传统制造系统中，要求人完成信息感知、分析决策、操作控制以及认知学习等多方面任务，不仅对人的要求高，劳动强度仍然大，而且系统工作效率、质量和完成复杂工作任务的能力很有限。传统制造系统可抽象描述为如图4-8（b）所示的“人－物理系统”（Human-Physical Systems，HPS）。

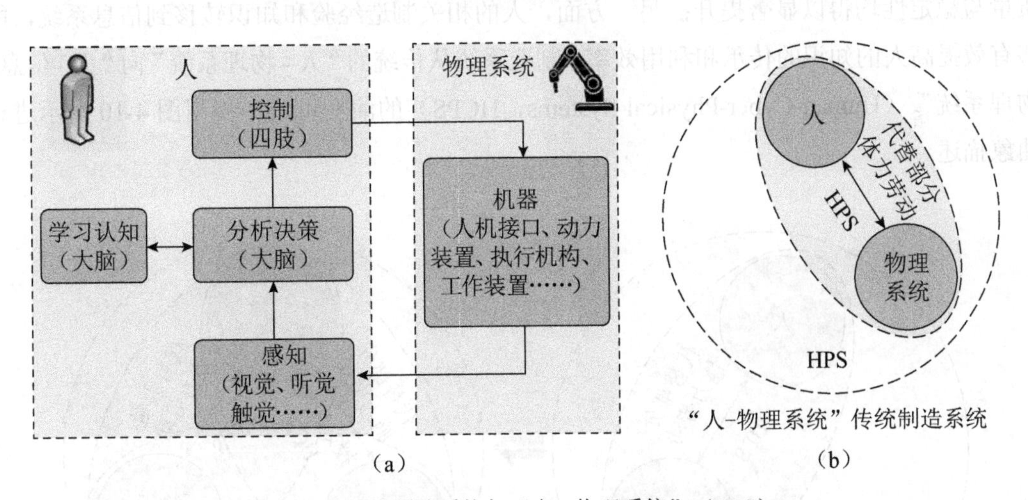

图4-8　传统制造系统与“人－物理系统”（HPS）

4.1.3.2 数字化制造、数字化－网络化制造与“人－信息－物理系统”

与传统制造系统相比，第一代和第二代智能制造系统发生的本质变化是，在人和物理系统之间增加了信息系统，信息系统可以代替人类完成部分脑力劳动，人的相当部分的感知、分析、决策功能向信息系统复制、迁移，进而可以通过信息系统来控制物理系统，以代替人类完成更多的体力劳动，如图4-9所示。

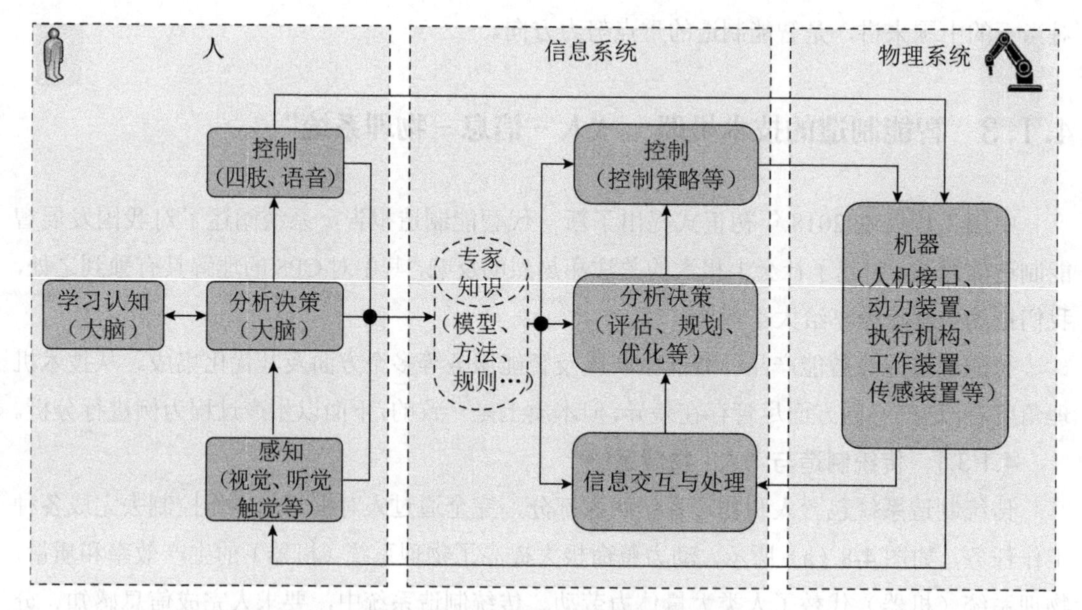

图 4-9　第一代和第二代智能制造系统

第一代和第二代智能制造系统通过集成人、信息系统和物理系统的各自优势，系统的能力尤其是计算分析、精确控制以及感知能力都得到很大提高。一方面，系统的工作效率、质量与稳定性均得以显著提升；另一方面，人的相关制造经验和知识转移到信息系统，能够有效提高人的知识的传承和利用效率。制造系统从传统的“人 - 物理系统”向“人 - 信息 - 物理系统”（Human-Cyber-Physical Systems，HCPS）的演变可进一步用图 4-10 所示进行抽象描述。

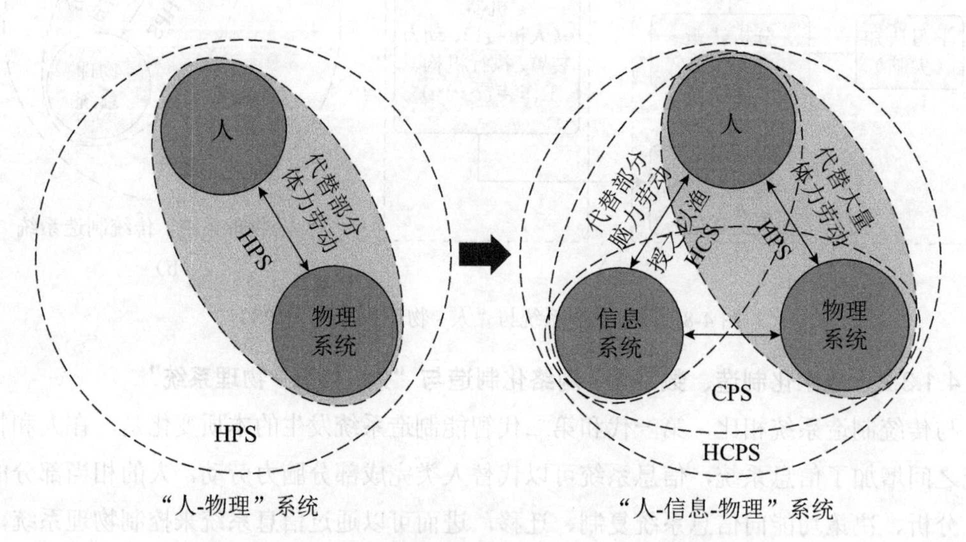

图 4-10　从“人 - 物理系统”到“人 - 信息 - 物理系统”

信息系统（Cyber System）的引入使得制造系统同时增加了“人 - 信息系统”（Human-Cyber Systems，HCS）和“信息 - 物理系统”（Cyber-Physical Systems，CPS）。其中，CPS 是非常重要的组成部分。美国在 21 世纪初提出了 CPS 理论，德国将其作为工业 4.0 的核心技术。CPS 在工程上的应用是实现信息系统和物理系统的完美映射和深度融合，“数字孪生体”（Digital Twin）即是最为基本而关键的技术。由此，制造系统的性能与效率可大大提高。

4.1.3.3 新一代智能制造与新一代“人 - 信息 - 物理系统”

新一代智能制造系统最本质的特征是其信息系统增加了认知和学习的功能。信息系统不仅具有强大的感知、计算分析与控制能力，更具有学习提升、产生知识的能力，如图 4-11 所示。

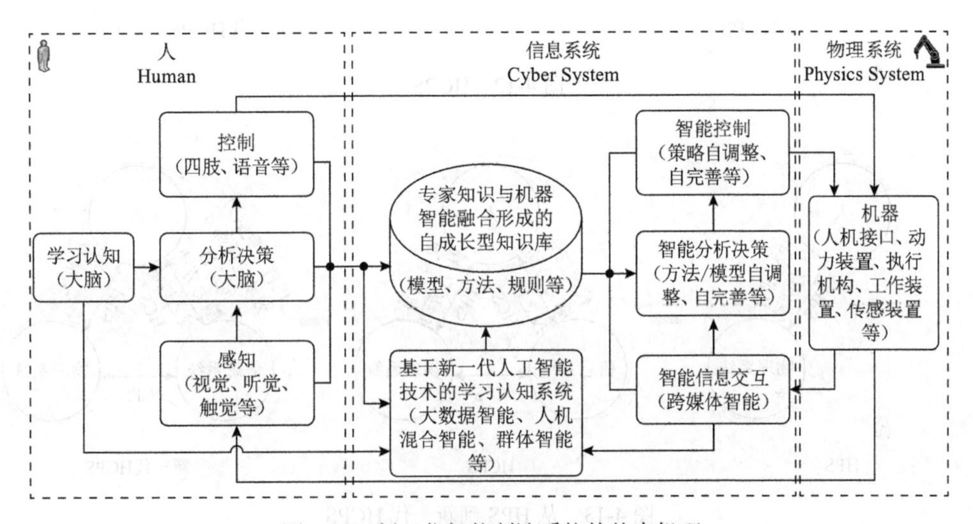

图 4-11　新一代智能制造系统的基本机理

在这一阶段，新一代人工智能技术将使 HCPS 发生质的变化，形成新一代 HCPS，如图 4-12 所示。其主要变化在于：第一，人将部分认知与学习型的脑力劳动转移给信息系统，因而信息系统具有了认知和学习的能力，人和信息系统的关系发生了根本性的变化，即从“授之以鱼”发展到“授之以渔”；第二，通过“人在回路”的混合增强智能，人机深度融合将从本质上提高制造系统处理复杂性、不确定性问题的能力，极大地优化制造系统的性能。

新一代 HCPS 中，HCS、HPS 和 CPS 都将实现质的飞跃。

新一代智能制造进一步突出了人的中心地位，是统筹协调“人”“信息系统”和“物理系统”的综合集成大系统；将使制造业的质量和效率跃升到新的水平，为人类的美好生活奠定更好的物质基础；将使人类从更多体力劳动和大量脑力劳动中解放出来，使得人类可以从事更有意义的创造性工作，人类社会开始真正进入“智能时代”。

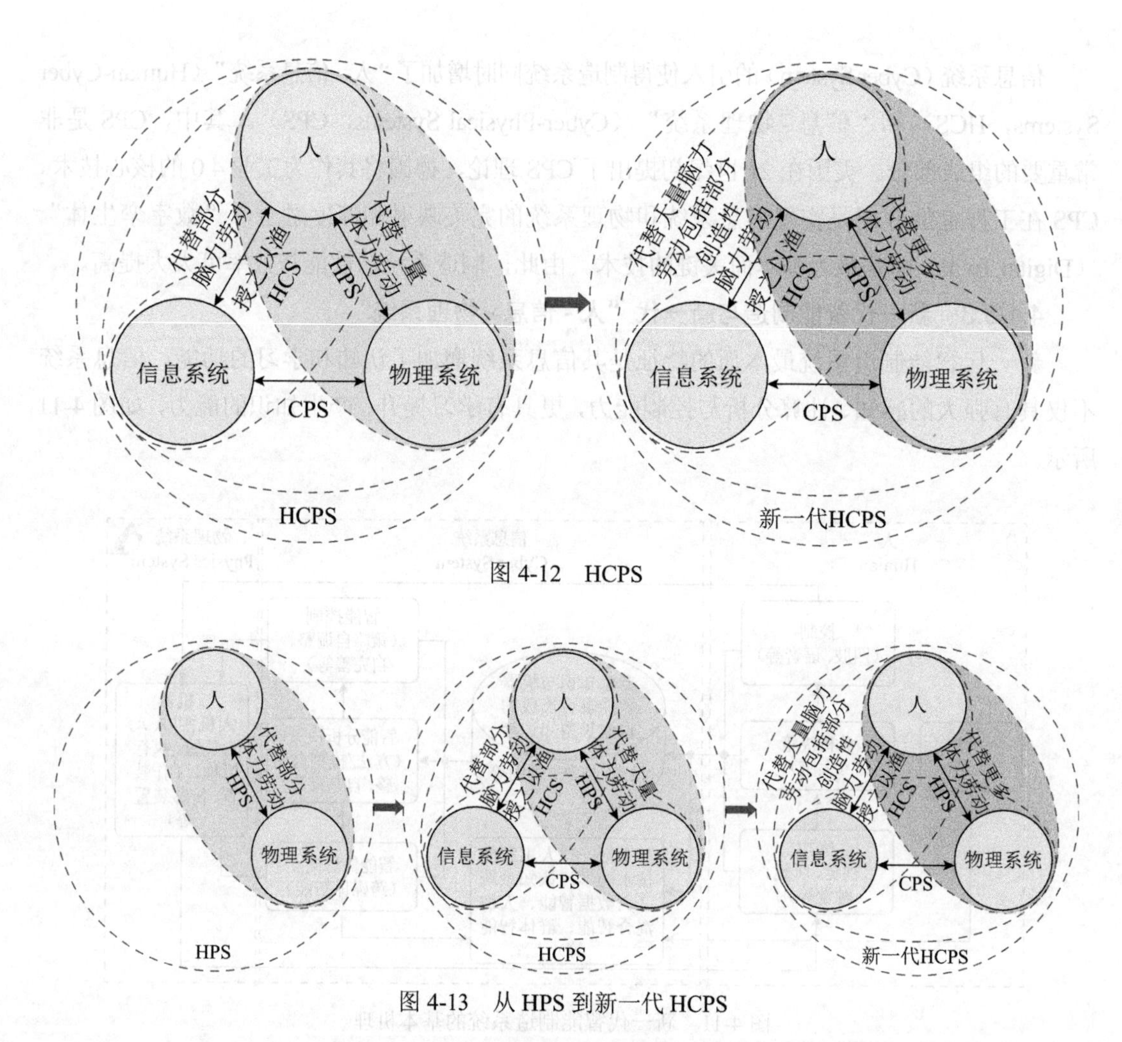

图 4-12　HCPS

图 4-13　从 HPS 到新一代 HCPS

总之，制造业从传统制造向新一代智能制造发展的过程是从原来的“人 - 物理”二元系统向新一代“人 - 信息 - 物理”三元系统进化的过程，如图 4-13 所示。新一代 HCPS 揭示了新一代智能制造的技术机理，能够有效指导新一代智能制造的理论研究和工程实践。

4.2 智能制造

智能制造是一个不断演进发展的大概念，可归纳为三个基本范式：数字化制造，数字化网络化制造，数字化、网络化、智能化制造——新一代智能制造。新一代智能制造是新一代人工智能技术与先进制造技术的深度融合，贯穿于产品设计、制造、服务全生命周期的各个环节及相应系统的优化集成，不断提升企业的产品质量、效益、服务水平，减少资源能耗，是新一轮工业革命的核心驱动力，是今后数十年制造业转型升级的主要路径。

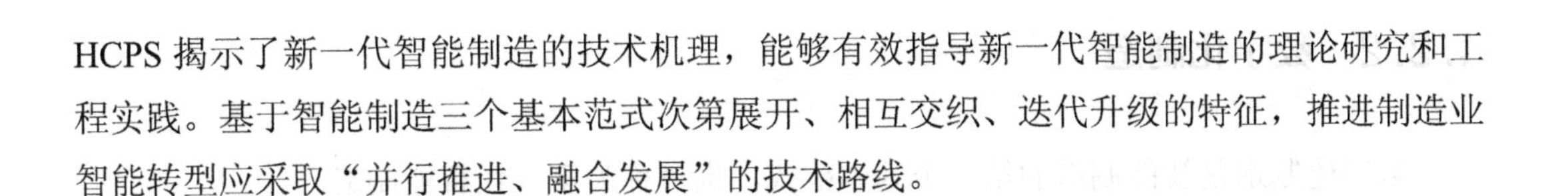

HCPS揭示了新一代智能制造的技术机理，能够有效指导新一代智能制造的理论研究和工程实践。基于智能制造三个基本范式次第展开、相互交织、迭代升级的特征，推进制造业智能转型应采取“并行推进、融合发展”的技术路线。

4.2.1 智能制造的三个基本范式

广义上，智能制造是一个大概念，是先进信息技术与先进制造技术的深度融合，贯穿于产品设计、制造、服务等全生命周期的各个环节及相应系统的优化集成，旨在不断提升企业的产品质量、效益、服务水平，减少资源消耗，推动制造业创新、绿色、协调、开放、共享发展。

数十年来，智能制造在实践演化中形成了许多不同的相关范式，包括精益生产、柔性制造、并行工程、敏捷制造、数字化制造、计算机集成制造、网络化制造、云制造、智能化制造等，在指导制造业技术升级中发挥了积极作用。但同时，众多的范式不利于形成统一的智能制造技术路线，给企业在推进智能升级的实践中造成了许多困扰。面对智能制造不断涌现的新技术、新理念、新模式，有必要总结提炼出基本范式。

智能制造的发展伴随着信息化的进步。全球信息化发展可分为三个阶段：从20世纪中叶到90年代中期，信息化表现为以计算、通信和控制应用为主要特征的数字化阶段；从20世纪90年代中期开始，互联网大规模普及应用，信息化进入了以万物互联为主要特征的网络化阶段；当前，在大数据、云计算、移动互联网、工业互联网集群突破并融合应用的基础上，人工智能实现战略性突破，信息化进入了以新一代人工智能技术为主要特征的智能化阶段。

综合智能制造相关范式，结合信息化与制造业在不同阶段的融合特征，可以总结、归纳和提炼出三个智能制造的基本范式（见图4-14），也就是数字化制造、数字化网络化制造、数字化网络化智能化制造即新一代智能制造。

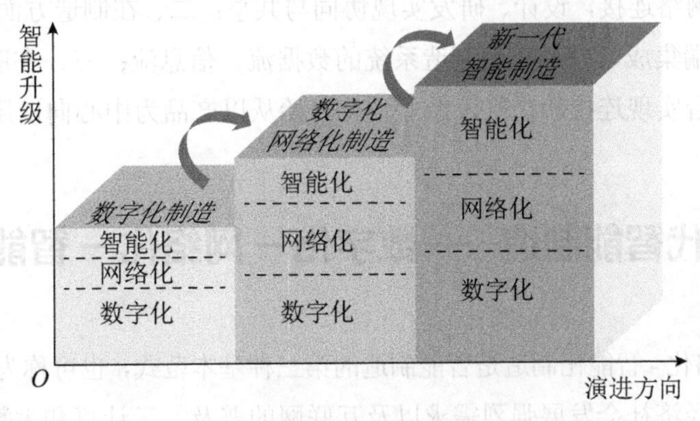

图4-14　智能制造三个基本范式的演进

4.2.2 数字化制造

数字化制造是智能制造的第一个基本范式，也可称为第一代智能制造。

智能制造的概念最早出现于20世纪80年代，但是由于当时应用的第一代人工智能技术还难以解决工程实践问题，因而那一代智能制造主体上是数字化制造。

20世纪下半叶以来，随着制造业对技术进步的强烈需求，以数字化为主要形式的信息技术广泛应用于制造业，推动制造业发生了革命性变化。数字化制造是在数字化技术和制造技术融合的背景下，通过对产品信息、工艺信息和资源信息进行数字化描述、分析、决策和控制，快速生产出满足用户要求的产品。

数字化制造的主要特征表现为：一、数字技术在产品中得到普遍应用，形成“数字一代”创新产品；二、广泛应用数字化设计、建模仿真、数字化装备、信息化管理；三、实现生产过程的集成优化。

需要说明的是，数字化制造是智能制造的基础，其内涵不断发展，贯穿于智能制造的三个基本范式和全部发展历程。这里定义的数字化制造是作为第一种基本范式的数字化制造，是一种相对狭义的定位。国际上也有若干关于数字化制造的比较广义的定义和理论。

4.2.3 数字化-网络化制造

数字化网络化制造是智能制造的第二种基本范式，也可称为“互联网+制造”或第二代智能制造。

20世纪末互联网技术开始广泛应用，“互联网+”不断推进互联网和制造业融合发展，网络将人、流程、数据和事物连接起来，通过企业内、企业间的协同和各种社会资源的共享与集成，重塑制造业的价值链，推动制造业从数字化制造向数字化网络化制造转变。

数字化网络化制造主要特征表现为：一、在产品方面，数字技术、网络技术得到普遍应用，产品实现网络连接，设计、研发实现协同与共享；二、在制造方面，实现横向集成、纵向集成和端到端集成，打通整个制造系统的数据流、信息流；三、在服务方面，企业与用户通过网络平台实现连接和交互，企业生产开始从以产品为中心向以用户为中心转型。

4.3 新一代智能制造——数字化-网络化-智能化制造

数字化-网络化-智能化制造是智能制造的第三种基本范式，也可称为新一代智能制造。

近年来，在经济社会发展强烈需求以及互联网的普及、云计算和大数据的涌现、物联

网的发展等信息环境急速变化的共同驱动下，大数据智能、人机混合增强智能、群体智能、跨媒体智能等新一代人工智能技术加速发展，实现了战略性突破。新一代人工智能技术与先进制造技术深度融合，形成新一代智能制造——数字化、网络化、智能化制造。新一代智能制造将重塑设计、制造、服务等产品全生命周期的各环节及其集成，催生新技术、新产品、新业态、新模式，深刻影响和改变着人类的生产结构、生产方式以至生活方式和思维模式，实现社会生产力的整体跃升。新一代智能制造将给制造业带来革命性的变化，将成为制造业未来发展的核心驱动力。

智能制造的三个基本范式体现了智能制造发展的内在规律：一方面，三个基本范式次第展开，各有自身阶段的特点和要重点解决的问题，体现着先进信息技术与先进制造技术融合发展的阶段性特征；另一方面，三个基本范式在技术上并不是绝对分离的，而是相互交织、迭代升级，体现着智能制造发展的融合性特征。对中国等新兴工业国家而言，应发挥后发优势，采取三个基本范式“并行推进、融合发展”的技术路线。

4.3.1 新一代智能制造的系统组成与系统集成

新一代智能制造是一个大系统，主要由智能产品、智能生产及智能服务三大功能系统以及工业智联网和智能制造云两大支撑系统集合而成，如图4-15所示。

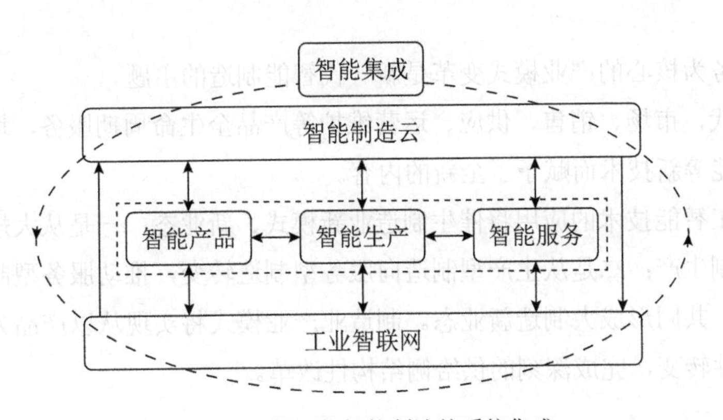

图4-15 新一代智能制造的系统集成

新一代智能制造技术是一种核心使能技术，可广泛应用于离散型制造和流程型制造的产品创新、生产创新、服务创新等制造价值链全过程创新与优化。

4.3.2 智能产品与制造装备

产品和制造装备是智能制造的主体，其中，产品是智能制造的价值载体，制造装备是实施智能制造的前提和基础。

新一代人工智能和新一代智能制造将给产品与制造装备创新带来无限空间，使产品与制造装备产生革命性变化，从“数字一代”整体跃升至“智能一代”。从技术机理看，“智能一代”的产品和制造装备也就是具有新一代HCPS特征的、高度智能化、宜人化、高质量、高性价比的产品与制造装备。

设计是产品创新的最重要环节，智能优化设计、智能协同设计、与用户交互的智能定制、基于群体智能的“众创”等都是智能设计的重要内容。研发具有新一代HCPS特征的智能设计系统也是发展新一代智能制造的核心内容之一。

4.3.3 智能生产

智能生产是新一代智能制造的主线。

智能生产线、智能车间、智能工厂是智能生产的主要载体。新一代智能制造将解决复杂系统的精确建模、实时优化决策等关键问题，形成自学习、自感知、自适应、自控制的智能生产线、智能车间和智能工厂，实现产品制造的高质、柔性、高效、安全与绿色。

4.3.4 智能服务

以智能服务为核心的产业模式变革是新一代智能制造的主题。

在智能时代，市场、销售、供应、运营维护等产品全生命周期服务，均因物联网、大数据、人工智能等新技术而赋予了全新的内容。

新一代人工智能技术的应用将催生制造业新模式、新业态：一是从大规模流水线生产转向规模化定制生产；二是从生产型制造向服务型制造转变，推动服务型制造业与生产型服务业大发展，共同形成大制造新业态。制造业产业模式将实现从以产品为中心向以用户为中心的根本性转变，完成深刻的供给侧结构性改革。

4.3.5 智能制造云与工业智联网

智能制造云和工业智联网是支撑新一代智能制造的基础。

随着新一代通信技术、网络技术、云技术和人工智能技术的发展和应用，智能制造云和工业智联网将实现质的飞跃。智能制造云和工业智联网将由智能网络体系、智能平台体系和智能安全体系组成，为新一代智能制造生产力和生产方式变革提供发展的空间和可靠的保障。

4.3.6 系统集成

新一代智能制造内部和外部均呈现出前所未有的系统“大集成”特征。

一方面是制造系统内部的“大集成”。企业内部设计、生产、销售、服务、管理过程等实现动态智能集成，即纵向集成；企业与企业之间基于工业智联网与智能云平台，实现集成、共享、协作和优化，即横向集成。

另一方面是制造系统外部的“大集成”。制造业与金融业、上下游产业的深度融合形成服务型制造业和生产性服务业共同发展的新业态。智能制造与智能城市、智能农业、智能医疗乃至智能社会交融集成，共同形成智能制造“生态大系统”。

新一代智能制造系统大集成具有大开放的显著特征，具有集中与分布、统筹与精准、包容与共享的特性，有着广阔的发展前景。

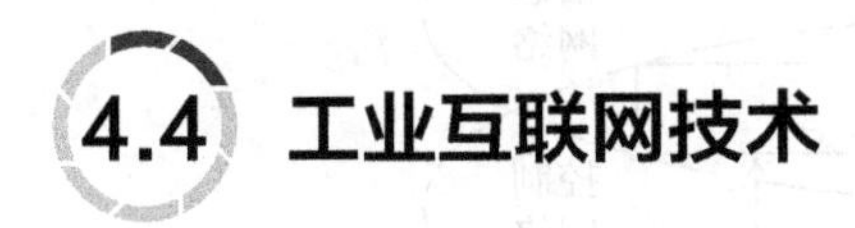

4.4 工业互联网技术

4.4.1 企业网络

企业网络主要由处理企业管理与决策信息的信息网络和处理生产现场实时信息的控制网络组成。信息网络处于企业的上层，处理大量、变化和多样的信息，具有高速、综合的特点；控制网络采用现场总线技术，处于企业的底层，实时处理现场传感器和执行器等设备的现场信息，具有协议简单、安全可靠、容错性强及成本低等特点。

4.4.1.1 企业网络概述

在信息社会中，信息是一项重要的生产力要素，是至关重要的资源，在社会各行各业的生存和发展中发挥着重大作用。在市场经济下，企业要实现管理现代化，要在激烈的市场竞争中求得生存和发展，就必须善于收集信息、处理信息和利用信息，并开发信息资源。国内外大企业都把加强信息基础设施建设放在企业经营发展战略的重要位置，以加快企业自身的信息化建设步伐。企业信息化就是企业用信息化的功能去推动企业的管理、生产、销售和决策。

企业网络一般是指在一个企业范围内将信号检测，数据传输、处理、存储、计算、控制等设备或系统链接在一起，将企业范围内的网络、计算、存储等资源链接在一起，提供企业内的信息共享、员工间的便捷通信和企业外部的信息访问，提供面向客户的企业信息查询及业务伙伴间的信息交流等多方面功能的计算机网络。企业网络能够实现企业内部的资源共享、信息管理、过程控制和经营决策，并能够访问企业外部的信息资源，使企业的各项事务能协调运作，从而实现企业集成管理和控制。

企业网络是一个企业的信息基础设施。企业网络涉及局域网、广域网、现场总线以及网络互连等技术，是计算机技术、信息技术、分布式计算和控制技术在企业管理与控制中的有机统一。网络技术与应用的热点和重心向企业网络技术的转移，是网络技术发展及应用的一个重要方向。企业网络作为一种网络技术，就是要适应各行各业的不同应用需求，并确定相应的技术实现方案。

企业网络是众多新技术综合应用的结果。企业网络在技术上涉及其集成和实现，在应用上要考虑企业网络本身，而且要考虑企业网络周围的环境。企业网络组成技术和企业网络实现技术是构成企业网络应用的基础。企业网络的结构如图 4-16 所示。

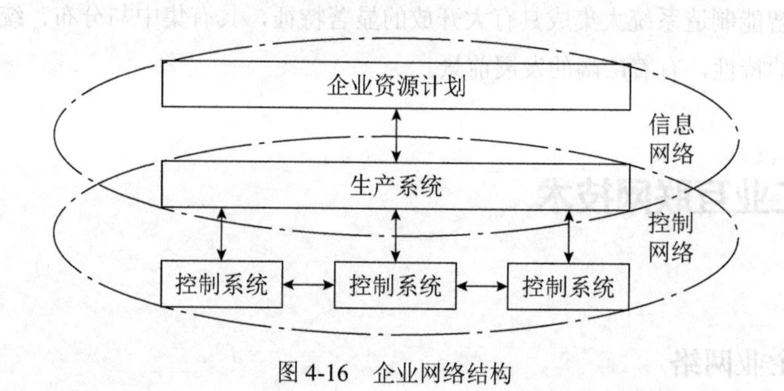

图 4-16　企业网络结构

企业网络组成技术包括：计算机技术、数据库技术、网络与通信技术、控制技术、现场总线技术、多媒体技术和管理技术。企业网络实现技术包括：局域网、广域网、网络互连、系统集成、Internet（因特网）、Intranet（企业内部网）和 Extranet（企业外部网）。企业网络支持下的应用包括：管理信息系统（MIS）、办公自动化（OA）系统、计算机支持协同工作（CSCW）系统、制造执行系统（MES）、制造资源计划（MRPE）和客户关系管理（CRM）系统等。

4.4.1.2　企业网络体系结构

根据计算机集成制造开放体系结构（Computer Integrated Manufacturing Open System Architecture，CIM-OSA）和普渡企业参考体系结构（Purdue Enterprise Reference Architecture，PERA），企业的控制管理层次大致可分为 5 层，如图 4-17 所示。

底层的单元控制层和设备层是企业信息流和物流的起点，以控制为主，能否实现高柔性、高效率、低成本的控制管理，直接关系到产品的质量、成本和市场前景。而传统的 DCS、PLC 控制系统由于其控制相对集中，导致了可靠性的下降和成本的增加，且无法实现真正的互操作。另外，由于其自身系统的相对封闭，与上层管理信息系统的信息交换也存在一定困难。因此，20 世纪 90 年代以来，现场总线控制系统正逐渐成为该控制领域的主流。

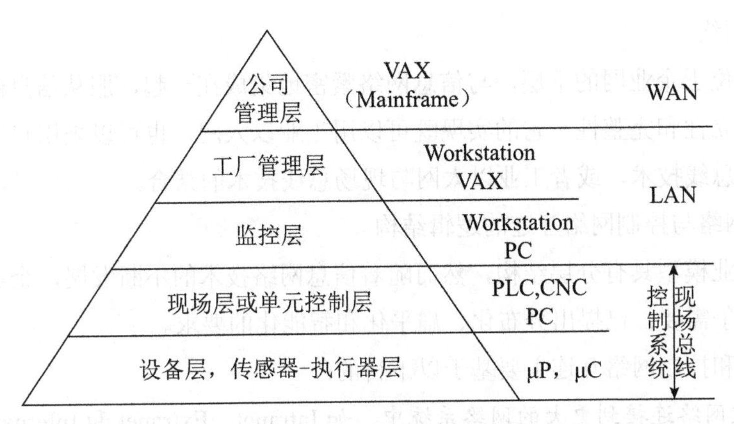

图 4-17 企业的控制管理层次

企业网络体系结构

应用需求的提高和相关技术的发展，要求企业网络能同时处理数据、声音、图像、视频等多媒体信息，满足企业从管理决策到现场控制自上而下的应用需求，实现对多种媒体、多种功能的集成。

企业网络的结构按功能可分为信息网络和控制网络两层，其体系结构如图 4-18 所示。

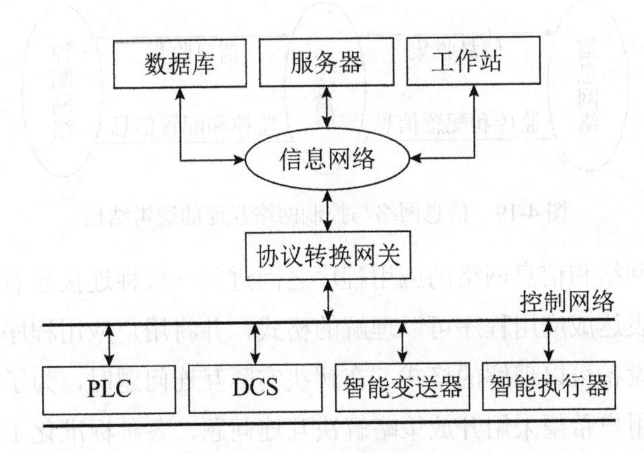

图 4-18 企业网络的体系结构

1）信息网络

信息网络位于企业网络的上层，是企业数据共享和传输的载体，它应满足如下要求：

- 高速通信网络；
- 能够实现多媒体的传输；
- 与 Internet 互连；
- 开放系统；
- 满足数据安全性要求；
- 易于技术扩展和升级/更新。

2）控制网络

控制网络位于企业网的下层，与信息网络紧密地集成在一起，服从信息网络的操作，同时又具有独立性和完整性。它的实现既可以用工业以太网，也可以采用自动化领域的新技术——现场总线技术，或者工业以太网与现场总线技术的结合。

3）信息网络与控制网络互连的逻辑结构

传统的企业模型具有分层结构，然而随着信息网络技术的不断发展，企业为适应日益激烈的市场竞争需要，已提出分布化、扁平化和智能化的要求。

信息网络和控制网络互连主要基于以下目的：

- 将测控网络连接到更大的网络系统中，如Intranet、Extranet和Internet；
- 提高生产效率和控制质量，减少停机维护和维修的时间；
- 实现集中管理和高层监控；
- 实现远程异地诊断和维护；
- 利用更为及时的信息，提高控制管理及决策的水平。

信息网络与控制网络互连的逻辑结构如图4-19所示。

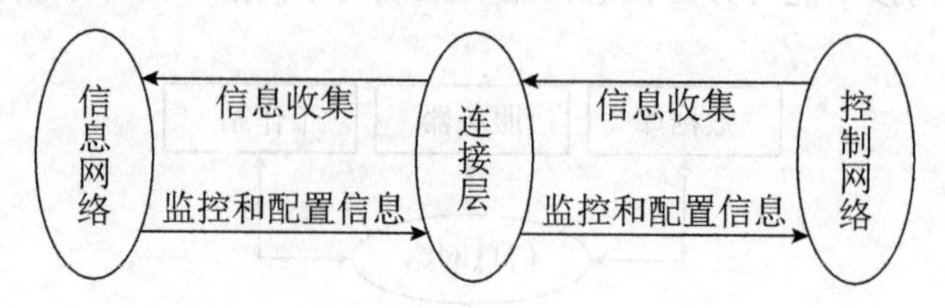

图4-19　信息网络与控制网络互连的逻辑结构

连接层在控制网络和信息网络的应用程序之间进行一致性连接起着关键作用。它负责将控制网络的信息表达成应用程序可以理解的格式，并将用户应用程序向下传递的监控和配置信息变为控制设备可以理解的格式。在解决实际互连问题时，为了最大限度地利用现有的工具和标准，用户希望采用开放策略解决互连问题，各种标准化工作的展开和进展对控制网络的发展是极为有利的。连接层具有协议简单、容错性强、安全可靠、成本低廉等特征。

企业要实现高效率、高效益、高柔性，必须有一体化的企业网络支持。建立控制与管理一体化的企业网络将为企业综合自动化与信息化创造如下有利条件：

- 建立综合、实时的信息库，为企业优化控制、生产调度、计划决策提供依据；
- 建立分布式数据库管理功能，保证数据一致性、完整性和可操作性；
- 实现企业网络的协同工作，充分利用设备资源与网络资源，提高网络服务质量；
- 实现对控制网络工作的统一管理与优化调度；
- 实现对控制网络工作的远程监控、诊断、软件维护与更新。

控制系统与信息系统关系

企业网络是在企业以及与企业相关的范围内，为了实现资源共享、优化调度和辅助管理决策，通过系统集成建立的网络环境，是一个企业的信息基础设施。企业网络是网络化企业组织的管理理念的体现。目前，企业网络的主流实现形式基本上是以Intranet为中心，以Extranet为补充，依托Internet建立的。

工业企业网络是企业网络中的一个重要分支，是指应用于工业领域的企业网络，是工业企业的管理和信息基础设施。它在体系结构上包括信息管理系统和控制网络系统，体现了工业企业管理-控制一体化的发展方向和组织模式。控制网络系统作为工业企业网络中一个不可或缺的组成部分，除了完成现场生产系统的监控外，还实时收集现场信息与数据，并向信息管理系统传送。控制网络系统便是在控制网络的基础上实现的控制系统。控制网络系统与信息管理系统的关系如图4-20所示。

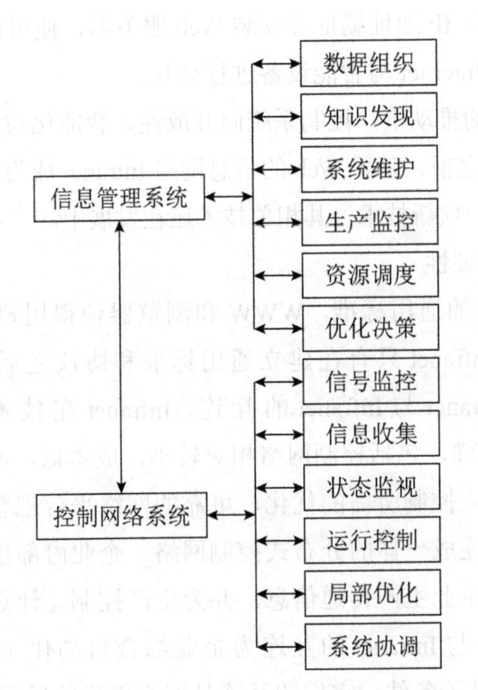

图4-20 控制网络系统与信息管理系统的关系

4.4.1.3 信息网络与控制网络

信息网络与控制网络的区别

信息网络与控制网络的主要区别如下：

（1）控制网络中数据传输的及时性和系统响应的实时性是控制系统最基本的要求。一般来说，过程控制系统的响应时间要求为0.01～0.5s；制造自动化系统的响应时间要求为0.5～2.0s；信息网络的响应时间要求为2.0～6.0s。在信息网络的大部分应用中，实时性是被忽略的。

（2）控制网络强调在恶劣环境下数据传输的完整性、可靠性。控制网络应具有在高温、潮湿、震动、腐蚀、电磁干扰等工业环境中长时间、连续、可靠、完整地传送数据的能力，并能抗工业电网的浪涌（跌落和尖峰干扰）。在易燃易爆场合，控制网络还具有安全性能。信息网络没有上述严格要求。

（3）在企业自动化系统中，由于分散的单一用户要借助控制网络进入某个系统，通信方式多使用广播或组播方式。在信息网络中，某个自主系统与另一个自主系统一般都使用一对一通信方式。

（4）控制网络必须解决多家公司产品和系统在同一网络中的互操作问题。信息网络没有这个要求。

信息网络与控制网络的互连

只要给智能设备进行IP地址编址并安装Web服务器，便可以获得测量控制设备的参数，人们也就可以通过Internet与智能设备进行交互。

在计算机网络技术的推动下，控制系统向开放性、智能化与网络化方向发展，产生了控制网络Infranet。在此之前，基于Web的信息网络Intranet成为企业内部信息网的主流。相对而言，控制网络是一项新技术，其相关技术还在发展中。

1）互连的基础和必要性

Intranet有简单易用的通用标准，WWW和浏览器使得用户能够越过复杂的技术而获得Internet的益处。Infranet只有在建立通用标准和协议之后，才能真正进入市场。LonWorks可以实现Intranet与Infranet的互连。Infranet在技术上依赖于Internet，而Infranet对自身要求较特殊，包括控制网络相对较小，成本低，网络流通量的需求较少，响应时间短等。通过建立控制所需的优化、可靠的网络平台把智能设备接入，即可实现将家庭、办公室和企业连成一体的分布式控制网络。企业内部控制网络与信息网络既相互独立又相互联系，为企业生产传递信息，并为生产控制、计划决策、销售管理提供全面的信息服务。Infranet与Intranet的互连为企业综合自动化（Computer Integrated Plant Automation，CIPA）提供了条件，它们的互连是网络未来的发展趋势。如何实现Infranet与Intranet的无缝连接以满足企业的需要，是网络技术的热点问题。

信息网络与控制网络互连具有以下重要意义：

（1）控制网络与企业网络之间互连，建立综合实时的信息库，有利于管理层的决策。

（2）现场控制信息和生产实时信息能及时在企业网内交换。

（3）建立分布式数据库管理系统，使数据保持一致性、完整性和互操作性。

（4）对控制网络进行远程监控、远程诊断和维护等，节省大量的投资和人力。

（5）为企业提供完善的信息资源，在完成内部管理的同时，加强与外部信息的交流。

2）互连的技术特点

信息网络与控制网络可以通过网关或路由器进行互连。由于控制网络的特殊性，其互连的网关、路由器与一般商用网络不同，要求容易实现IP地址编址，能方便地实现Infranet与Internet之间异构网的数据格式转换等。因此，开发高性能、高可靠性、低成本的网关、路由器产品是目前的迫切任务。

控制网络不同于一般的信息网络，控制网络主要用于生产、生活设备的自动控制，对生产过程状态进行检测、监视与控制。它有自身的技术特点：

- 要求节点有高度的实时性；
- 容错能力强，具有高可靠性和安全性；
- 控制网络协议实用、简单、可靠；
- 控制网络结构的分散性；
- 现场控制设备的智能化和功能自治性；
- 网络数据传输量小，节点处理能力需要减小；
- 性价比高。

信息网络与控制网络的集成

控制网络与信息网络集成的目标是实现管理与控制一体化的、统一的、集成的企业网络。企业要实现高效率、高效益、高柔性，必须有一个高效、统一的企业网络来支持。

实现控制网络与信息网络的无缝集成，形成统一、集成的企业网络的策略如下：

（1）将信息网络与自动化层的控制网络统一组网，融为一体。然后通过路由器与设备层控制网络（如现场总线控制网络）进行互连，从而形成统一的企业网络。

（2）各现场设备的控制功能由嵌入式系统实现，嵌入式系统通过网络接口接入控制网络。该控制网络与信息网络统一构建，从而形成集成的企业网络。

控制网络与信息网络的集成技术

控制网络与信息网络的集成技术主要有：

（1）控制网络与信息网络集成的互连技术。一般来说，控制网络与信息网络是两类具有不同功能、不同结构和不同形式的网络。实现控制网络与信息网络的互连是控制网络与信息网络集成的基本技术之一。通常采用的网络互连方法有网关和路由器；通常采用的网络扩展方法有网桥和中继器。Web技术在控制网络与信息网络互连中已得到实际应用。

（2）控制网络与信息网络集成的远程通信技术。远程通信技术有：利用调制解调器的数据通信和基于TCP/IP的远程通信，其中包括TCP/IP中的FIP和PPP。

（3）控制网络与信息网络集成的动态数据交换技术。当控制网络与信息网络有一共享工作站或通信处理机时，可通过动态数据交换技术实现控制网络中实时数据与信息网络中数据库数据的动态交换，从而实现控制网络与信息网络的集成。

（4）控制网络与信息网络集成的数据库访问技术。信息网络一般采用开放式数据库系统，这样通过数据库访问技术可实现控制网络与信息网络的集成。信息网络 Intranet 的一个浏览器接入控制网络，基于 Web 技术，通过该浏览器可与信息网络数据库进行动态、交互式的信息交换，实现控制网络与信息网络的集成。

为了更好地实现信息网络与控制网络的集成，解决现场总线不足的问题，除了继续研究现有的现场总线控制网络技术外，还需要不断地研究控制网络的新技术，如工业以太网和分布式控制网等。

工业以太网进军自动化领域，并占据了一定的控制网络市场，形成与现场总线控制网的竞争态势。

（1）工业以太网正在工业自动化和过程控制市场迅速增长。

（2）工业以太网是目前应用最广泛的局域网技术之一，它具有开放性、低成本和广泛应用的软硬件支持等明显优势。以太网是很有发展前景的一种现场控制网络。

（3）工业以太网最典型的应用形式是 Ethernet+TCP/IP，即底层是以太网（Ethernet），网络层和传输层采用 TCP/IP。

（4）随着实时嵌入式操作系统和嵌入式平台的发展，嵌入式控制器、智能现场测控仪表和传感器将方便地接入以太网，直至与 Internet 相连。预计工业以太网将最终直接与所有传感器和执行器连接。

（5）Web 技术和 Ethernet 技术的结合，将实现生产过程的远程监控、远程设备管理、远程软件维护和远程设备诊断。

（6）工业以太网容易与信息网络集成，组建统一的企业网络。

此外，分布式控制网络已呈快速发展的势头，迅速在各类工程应用中发展。但目前尚有一些技术问题有待解决。实现分布式控制网络的关键是研究分布式控制网络的工业标准和满足分布式控制网络技术要求的路由器和网关。

4.4.2 工业以太网

4.4.2.1 以太网引入工业控制领域

随着工业自动化系统向分布化、智能化控制方面发展，开放、透明的通信协议是必然要求。以太网由于具有传输速度快、低耗、易于安装、兼容性好、软硬件产品丰富和支持技术成熟等方面的优势，几乎支持所有流行的网络协议，因此在商业系统中被广泛采用。近几年来以太网逐渐进入工业控制领域，形成了工业以太网控制技术。

以太网的技术优势

将以太网技术引入工业控制领域，具有非常明显的技术优势：

（1）以太网是全开放、全数字化的网络，遵照网络协议，不同厂商的设备可以很容易实现互连。

（2）以太网能实现工业控制网络与企业信息网络的无缝连接，形成企业级管控一体化的全开放网络，如图 4-21 所示。

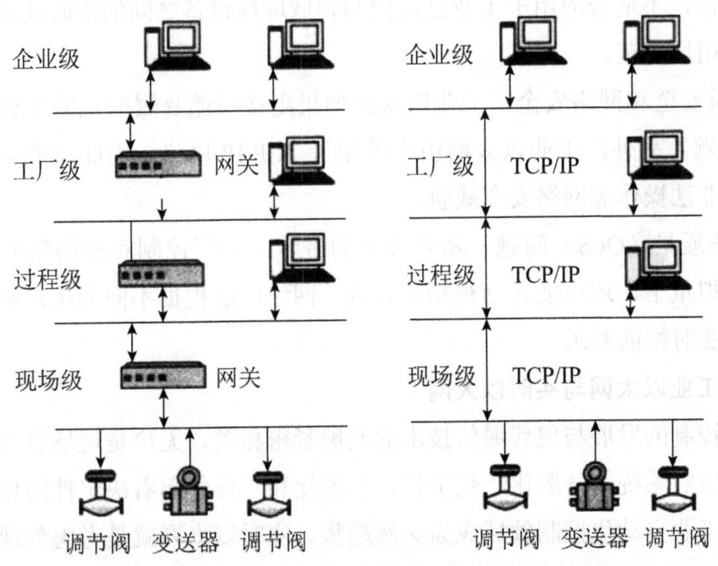

图 4-21　传统工业控制网络和工业以太网控制网络

（3）软硬件成本低。由于以太网技术已经非常成熟，支持以太网的软硬件受到厂商的高度重视和广泛支持，有多种软件开发环境和硬件设备供用户选择。

（4）通信速度快。随着企业信息系统规模的扩大和复杂程度的提高，对信息量的需求也越来越大，有时甚至需要音频、视频数据的传输。目前标准以太网的通信速率为 10Mb/s，100Mb/s 的快速以太网也已被广泛应用，吉比特以太网技术也逐渐成熟，2010 年 5 月正式批准的最新的重要以太网标准 IEEE 802.3ba 定义了 40Gb/s 和 100Gb/s 的数据传输速率。

（5）可持续发展潜力大。在这信息瞬息万变的时代，企业的生存与发展在很大程度上依赖于一个快速而有效的通信管理网络。随着信息技术与通信技术的发展更加迅速，也更加成熟，保证了以太网技术不断地持续向前发展。

以太网存在的问题

以太网进入工业控制领域有以上优势，但也存在一些问题。

（1）实时性问题。以太网采用载波监听多路访问 / 冲突检测（CSMA/CD）的介质访问控制方式，其本质上是非实时的。一条总线上有多个节点平等竞争总线，等待总线空闲。这种方式很难满足工业控制领域对实时性的要求。这成为以太网技术进入工业控制领域的

技术瓶颈。

（2）对工业环境的适应性与可靠性。以太网是按办公环境设计的，抗干扰能力、外观设计等应符合工业现场的要求。

（3）适用于工业自动化控制的应用层协议。目前，信息网络中应用层协议所定义的数据结构等特性，不适合应用于工业过程控制领域现场设备之间的实时通信。因此，还需定义统一的应用层规范。

（4）本质安全和网络安全。工业以太网如果用在易燃易爆的危险工作场所，必须考虑本质安全问题。另外，工业以太网由于使用了TCP/IP协议，因此可能会受到病毒、黑客非法入侵与非法操作等网络安全威胁。

（5）服务质量（QoS）问题。随着技术的进步，工厂控制底层的信号已不局限在单纯的数字和模拟量上，还可能包括视频和音频，网络应能根据不同的用户需求及不同的内容适度地保障实时性的要求。

4.4.2.2　工业以太网与实时以太网

现代自动控制的发展与现代通信技术的发展紧密相关，无论是现场总线还是工业以太网，都对工业控制系统的分散化、数字化、智能化和一体化起着决定性的作用，将现代通信技术应用到工业自动化控制领域成为必然趋势。实时以太网就是考虑到现场总线的实时性，与以太网通信技术结合，建立了适合工业自动化并有实时能力的以太网总线。

实时的含义是指对一个特定应用保证在一个确定的时间内，控制系统能对信号做出响应。而以太网由于采用CSMA/CD的介质访问控制机制，具有通信不确定性的特点。将高速以太网技术应用到实时工业控制网络中，用以提高网络传输速度，其中的关键问题在于提高以太网的实时性与可靠性。

对于工业自动化系统来说，根据不同的应用场合，将实时性要求划分为3个范围，它们是信息集成和较低要求的过程自动化应用场合，实时响应时间要求是100ms或更长；绝大多数的工厂自动化应用场合，实时响应时间要求为5～10ms；对于高性能的同步运动控制应用，特别是在100个节点下的伺服运动控制应用场合，实时响应时间要求低于1ms，同步传送和抖动时间小于1μs。工业控制网络的实时性还规定了许多技术指标，如交付时间、吞吐量、时间同步、时间同步精度冗余恢复时间等，并且对于这些性能指标都有详细的规定。

通常，人们习惯上将用于工业控制系统的以太网统称为工业以太网，但是按照国际电工委员会SC65C的定义，工业以太网是用于工业自动化环境，符合IEEE 802.3标准，按照IEEE 802.1D介质访问控制网桥协议和IEEE 802.1Q虚拟桥接局域网协议，对其没有进行任何实时扩展而实现的以太网。因此，工业以太网主要是通过采用交换式以太网、全双工通信、流量控制及虚拟局域网等技术，来减轻以太网负荷，提高网络的实时响应时间，与商用以太网兼容的控制网络。

实际上，制定IEC6 1158国际标准的时候，除了经典的现场总线之外，工业以太网通信技术也越来越多地用于工业数据通信系统中。因此，2003年初的IEC6 1158第3版文本中也写入了相关的工业以太网技术，如Ethernet/IP、FF-HSE、PROFINET等协议规范。这3个规范均是建立在IEEE 802.x的以太网规范上的。

对响应时间小于5ms的应用，通常意义上的工业以太网已不能胜任。为了满足高实时性能应用的需要，各大公司和标准组织纷纷提出各种提升工业以太网实时性的技术解决方案。这些方案都建立在IEEE 802.3标准基础上，通过对其和相关标准的扩展提高实时性，并且做到与标准以太网的无缝连接，这就是实时以太网（Real-TimeEthernet，RTE）。实际上实时以太网也是工业以太网的一种。

4.4.2.3 工业实时以太网

2003年5月，IEC/SC65C成立了WG11工作组，旨在适应实时以太网市场应用需求，制定实时以太网应用行规国际标准。根据IEC/SC65C/WG11定义，实时以太网是指不改变ISO/IEC8802-3的通信特征、相关网络组件或IEC1588的总体行为，但可以在一定程度上进行修改，满足实时行为，包括确保系统的实时性，即通信确定性；现场设备之间的时间同步行为；频繁的较短长度的数据交换的计算机网络。因此，实时以太网标准首先需要解决实时通信问题。同时，还需要定义应用层的服务与协议规范，以解决开放系统之间的信息互通问题。

实时以太网除了实现现场设备之间的实时通信之外，还能够支持传统的以太网通信，如办公网络。这样就能够将办公网络和现场网络结合为一个整体，现场设备之间采用实时通信，现场网络与办公网络之间采用以太网通信，在办公网络上的管理者能够及时获取现场设备的数据，更好地监控现场网络。考虑到市场需求的不同，不能用统一的方法和要求来对待不同的应用网络，因此IEC61786-2吸收了多种不同的实时以太网通信方案作为应用行规。这些新的实时以太网通信方案除了解决实时通信以外，还有效提高了以太网的传输带宽和网络传输范围。

IEC61786-2是在IEC61158（工业控制系统中现场总线的数字通信标准）的基础上制定的实时以太网应用行规国际标准。IEC61786-2定义了系列实时以太网的性能指标以及一致性测试参考指标。实时以太网性能指标包括传输时间、终端节点数、网络拓扑结构、网络中交换机数目、实时以太网吞吐量、非实时以太网带宽、时间同步精度、非时间性能的同步精度以及冗余恢复时间等。值得注意的是，传输时间是指应用进程所测量的实时应用层PDU（协议数据单元）从源端传送到目的端的时间，其中最大传递时间为在没有传输出错的情况下的数据传递时间，包括一次丢包发生并重传所需要的时间和所有等待时间。各种不同实时以太网应用行规通过这些指标来描述各应用网络的终端和网络通信能力，以及各类不同的网络应用需求。为了使不同生产厂商的网络终端设备能够具有兼容性、互可操作性，并且实现良好的通信，这些设备必须经过一致性测试，证实这些设备符合一种或多种实时以太网通信行规。一致性测试是通过制订一系列测试案例，在模拟环境或者实际应用环境中，检测设备的各项性能指标是否达到实时以太网通信行规的要求。

2005年5月IEC发布实时以太网国际标准IEC61786-2。IEC61786-2实时以太网通信行规包括中国的EPA、德国西门子的PROFINET、美国Rockwell的Ethemet/IP、丹麦的PNetTCP/IP、德国倍福的EtherCAT、欧洲开放网络联合会的Powerlink与SERC0S_ III、施耐德的Modbus_RTPS、日本横河的Vnet、日本东芝的TCnet等15种实时以太网协议。这些不同的实时以太网协议都是在IEEE 802.3以太网协议的基础上加以改进，提高网络的传输效率和实时性能，达到不同工业控制网络的应用需求。

4.4.2.4 工业以太网技术发展

由于以太网技术和应用的发展，使其从办公自动化走向工业自动化。首先是通信速率的提高，以太网从10Mb/s、100Mb/s，到现在的1Gb/s、10Gb/s，100Gb/s，速率提高意味着网络负荷减轻和传输延时减少，网络碰撞概率下降。其次，由于采用双工星状网络拓扑结构和以太网交换技术，使以太网交换机的各端口之间数据帧的输入和输出不再受CSMA/CD机制的制约，避免了冲突；再加上全双工通信方式使端口间两对双绞线（或两根光纤）可以同时接收和发送数据，而不发生冲突。这样，全双工交换式以太网能避免因碰撞而引起的通信响应不确定性，保障了通信的实时性。同时，由于工业自动化系统向分布式、智能化的实时控制方向发展，通信已成为关键，用户对统一的通信协议和网络的要求日益迫切，技术和应用的发展使以太网进入工业自动化领域成为必然。

所谓工业以太网，是指技术上与商用以太网（即IEEE 802.3标准）兼容，但在产品设计时，在材质的选用、产品的强度，以及适用性、实时性、可互操作性、可靠性、抗干扰性和本质安全等方面能满足工业现场需要的以太网。

随着互联网技术的发展与普及推广，以太网技术也得到了迅速发展。以太网传输速率的提高和以太网交换技术的发展，给解决以太网通信的非确定性问题带来了希望，并使以太网全面应用于工业控制领域成为可能。目前工业以太网技术的发展体现在以下几个方面。

1. 通信确定性与实时性

工业控制网络不同于普通数据网络的最大特点在于，它必须满足控制作用对实时性的要求，即信号传输要足够快并满足信号的确定性。实时控制往往要求对某些变量的数据准确、定时刷新。由于以太网采用CSMA/CD碰撞检测方式，网络负荷较大时，网络传输的不确定性不能满足工业控制的实时要求，因此传统以太网技术难以满足控制系统要求准确、定时通信的实时性要求，一直被视为非确定性网络。

然而，快速以太网与交换式以太网技术的发展，给解决以太网的非确定性问题带来了新的契机，使这一应用成为可能。首先，以太网的通信速率从10Mb/s增大到如今的1Gb/s、10Gb/s、100Gb/s，在数据吞吐量相同的情况下，通信速率的提高意味着网络负荷的减轻和网络传输延时的减少，即网络碰撞的概率大大下降。其次，采用星状网络拓扑结构，交换机将网络划分为若干网段。再次，全双工通信又使得端口间两对双绞线（或两根光纤）同时接收和发送报文帧也不会发生冲突。因此，采用交换式集线器和全双工通信，可使网络上的冲突域不复存在（全双工通信），或碰撞概率大大降低（半双工），使得以太网通信的确定性和实时性大大提高。

2. 稳定性与可靠性

以太网进入工业控制领域的另一个主要问题是，它所用的接插件、集线器、交换机和电缆等均是为商用领域设计的，而未针对较恶劣的工业现场环境来设计（如冗余直流电源输入、高温、低温、防尘等），故商用网络产品不能应用在有较高可靠性要求的恶劣工业现场环境中。

随着网络技术的发展，上述问题正在迅速得到解决。为了解决在不间断的工业应用领域极端条件下网络也能稳定工作的问题，美国Synergetic微系统公司和德国西门子、JetterAG等公司专门开发和生产了导轨式集线器、交换机产品，安装在标准DIN导轨上，并有冗余电源供电，接插件采用牢固的DB-9/M12结构，特别设计用于连接工业应用中具有以太网接口的工业设备（如PLC、HMI、DCS等）。

在IEEE 802.3af标准中，对以太网的总线供电规范也进行了定义。此外，在实际应用中，主干网可采用光纤传输，现场设备的连接则可采用屏蔽双绞线，对于重要的网段还可采用冗余网络技术，以此提高网络的抗干扰能力和可靠性。

3. 工业以太网协议

工业自动化网络控制系统不仅是一个完成数据传输的通信系统，而且还是一个借助网络完成控制功能的自控系统。它除了完成数据传输之外，往往还需要依靠所传输的数据和指令，执行某些控制计算与操作，由多个网络节点协调完成自控任务。因而它需要在应用、用户等高层协议与规范上满足开放系统的要求，满足互操作条件。

对应于ISO/OSI七层通信模型，以太网技术规范只映射为其中的物理层和数据链路层；而在其之上的网络层和传输层协议，目前以TCP/IP协议为主（已成为以太网上传输层和网络层“事实上的”标准）；对较高的层次，如会话层、表示层、应用层等没有作技术规定。目前，商用计算机设备之间是通过FTP（文件传送协议）、Telnet（远程登录协议）、SMTP（简单邮件传送协议）、HTTP（超文本传输协议）、SNMP（简单网络管理协议）等应用层协议进行信息透明访问的，如今它们在互联网上发挥了非常重要的作用。但这些协议所定义的数据结构等特性不适合应用于工业过程控制领域现场设备之间的实时通信。

为满足工业现场控制系统的应用要求，必须在Ethernet+TCP/IP协议之上，建立完整、有效的通信服务模型，制定有效的实时通信服务机制，协调好工业现场控制系统中实时和非实时信息的传输服务，形成广大工业控制生产厂商和用户所接收的应用层、用户层协议，进而形成开放的标准。为此，各现场总线组织纷纷将以太网引入其现场总线体系中的高速部分，利用以太网和TCP/IP技术，以及原有的低速现场总线应用层协议，构成所谓的工业以太网协议，如HSE、PROFInet和Ethemet/IP等。

从目前的趋势看，以太网进入工业控制领域是必然的，但会同时存在几个标准。现场总线目前处于相对稳定时期，已有的现场总线仍将存在，并非每种总线都将被工业以太网替代。伴随着多种现场总线的工业以太网标准在近期内也不会完全统一，会同时存在多个协议和标准。

4.4.3 PROFINET实时工业以太网

4.4.3.1 PROFINET概述

从工业以太网的技术发展趋势看，未来的工业以太网在保持以太网固有优点的基础上，必须着力于解决通信的实时性问题。于是，实时工业以太网——PROFINET应运而生。

PROFINET是由PROFIBUS国际组织（PROFIBUS International，PI）推出，是新一代基于工业以太网技术的自动化总线标准。作为一项战略性的技术创新，PROFINET为自动化通信领域提供了一个完整的网络解决方案，囊括了诸如实时、运动控制、分布式自动化、故障安全以及网络安全等当前自动化领域的所有热点技术，并且，作为跨供应商的技术，可以通过代理设备集成现有的现场总线（诸如PROFIBUS、Modbus、Interbus、DeviceNet等）技术，保护原有的投资。

与过去的现场总线相比，PROFINET应用范围更为广泛。它不仅能应用于工厂自动化、过程自动化，由于其具备了等时同步的特性，还能应用于运动控制领域；此外，它还突破了普通的工业以太网只能应用于管理层的限制，能够延伸至工业现场的控制层和现场层。

在现场应用中PROFINET的应用方式主要有如下两种：

（1）PROFINET I/O适合模块化分布式的应用，与PROFIBUS DP方式相似。在PROFIBUS DP应用中通过主站周期性轮循从站的方法通信，而在PROFINET I/O应用中I/O控制器和I/O设备通过生产者和消费者周期性的相互交换数据来通信。另外，PROFINET I/O支持等时实时功能，应用于运动控制场合。

（2）PROFINET CBA适合分布式智能站点之间通信的应用。把大的控制系统拆分成不同功能、分布式、智能的小控制系统，这些小控制系统通过生成功能组件，利用Imap工具软件通过简单的连线组态就能轻松实现各个组件之间的通信。

目前，PROFINET技术在中国的推广得到中国国家权威机构的大力支持。全国工业

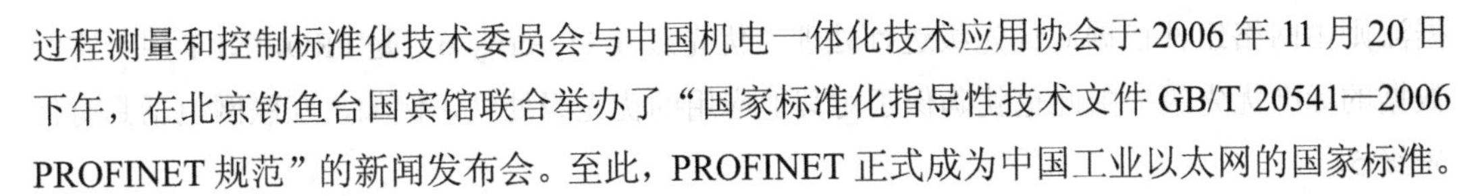

过程测量和控制标准化技术委员会与中国机电一体化技术应用协会于 2006 年 11 月 20 日下午，在北京钓鱼台国宾馆联合举办了“国家标准化指导性技术文件 GB/T 20541—2006 PROFINET 规范”的新闻发布会。至此，PROFINET 正式成为中国工业以太网的国家标准。

4.4.3.2 PROFINET RT

在工厂自动化领域，实时通信要求为了确保优先连续处理应用程序，应尽量使设备处理器用于实现实时通信的负载减少到最小。另外，实时通信应该可以使用原有的工业以太网络架构，原有的工业网络设备（如交换机）不会影响网络设备之间原有的数据通信。PROFINET 就是这些要求的最佳答案。

实时通信要求对事件的响应具有时间确定性，例如 5 ～ 10ms 的响应时间。响应时间包括信息由生产者提供Δ T1，生产者与消费者之间的通信 2 Δ T2+ Δ T3、消费者的信息处理Δ T1 以及消费者对于生产者的响应的逆过程 2 Δ T1+2 Δ T2+ Δ T3。而实时通信的刷新时间是指真正的数据通信的时间仅仅就是 2 Δ T2 与Δ T3 的和。对于Δ T3 与设备中的处理时间Δ T2 相比，快速（100Mb/s）或更高速率的以太网线路上的传输时间是可以忽略不计的（传输最大的数据帧报文在快速以太网上的时间仅为 125μs）。在生产者的应用中可提供数据的时间是不受通信影响的，这也适用于消费者中处理所接收的数据。这就是说，在刷新时间以及实时响应中任何重大的改进主要可通过生产者和消费者通信栈的优化来达成，即减少Δ T2，如图 4-22 所示。

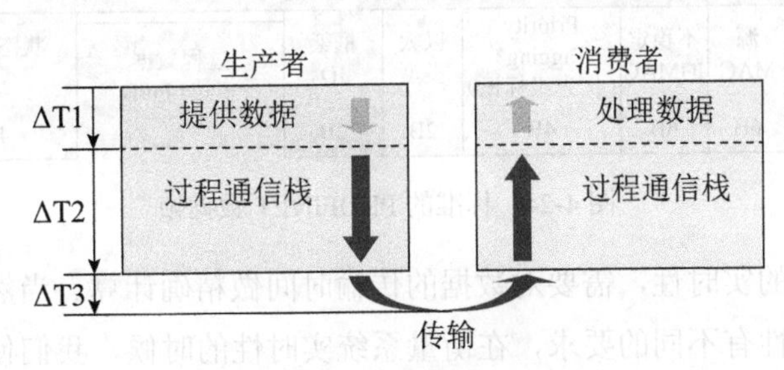

图 4-22　信息传输模式

为了满足工业自动化的实时要求，PROFINET 使用优化的实时通道。此通道与 TCP/IP 相比，仅仅使用了 ISO/OSI 参考模型的 1、2、7 层。该解决方案显著地减少了通信栈所占用的运行时间，从而提高了过程数据刷新性能。一方面，若干个协议层的去除，减少了处理报文的时间；另一方面，在用于传送的数据准备就绪（即被应用处理准备就绪）之前，只需要较少的时间。同时也节约了可编程控制器的通信缓存，大量减少了设备用于通信所需的处理器能力，如图 4-23 所示。

PROFINET 不仅优化了可编程控制器中的通信栈，而且也对网络传输的数据进行了优化。为了能在多数情况下达到一种最佳结果，PROFINET 报文中按照 IEEE 802.1Q 添加了 4B 的虚拟局域网标签 VLANTag 来区分数据包的优先级，如图 4-24 所示。设备之间的数据流则由网络组件依据此优先级进行处理。优先级 6（Priority 6）是 PROFINET 用于实时数据的标准优先级。由此也就确保了对其他应用的优先级处理，例如，互联网电话具有优先级 5。

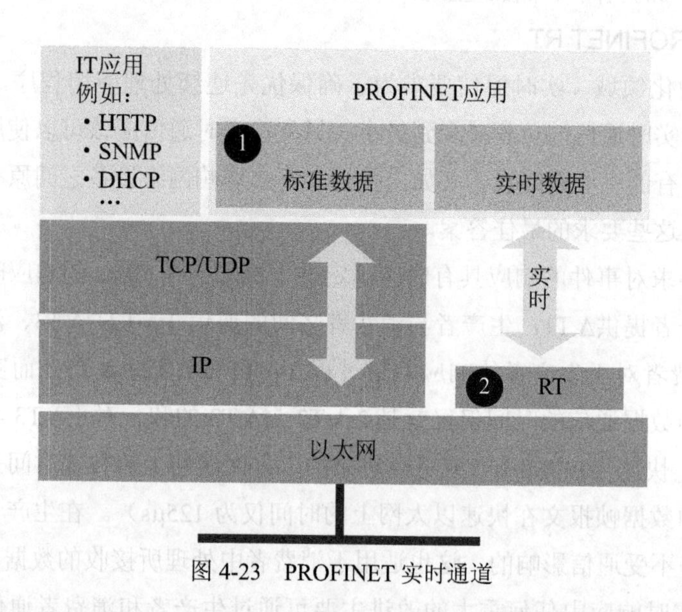

图 4-23　PROFINET 实时通道

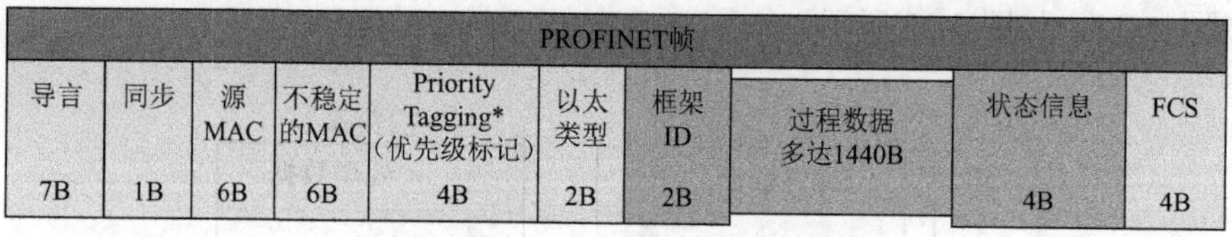

PROFINET帧										
导言	同步	源MAC	不稳定的MAC	Priority Tagging*（优先级标记）	以太类型	框架ID	过程数据多达1440B	状态信息	FCS
7B	1B	6B	6B	4B	2B	2B		4B	4B

图 4-24　标准的 PROFINET 数据帧

为了保证通信的实时性，需要对数据的传输时间做精确计算。当然，不同的现场应用对通信系统的实时性有不同的要求，在衡量系统实时性的时候，我们使用响应时间作为系统实时性的标尺。

根据响应时间的不同，PROFINET 分别支持三种通信方式：TCP/IP 标准通信、实时（RT）通信、等时同步实时（IRT）通信。三种通信模式的响应时间对比如下页图 4-25 所示。其中，横坐标表示响应时间，纵坐标表示循环周期的取样次数。

PROFINET 使用以太网作为基础，具有开放的以太网结构，同样支持 TCP/IP 协议。下载、组态、诊断及 HMI 访问等非周期的数据交换使用 TCP/IP 协议。TCP/IP 是 IT 领域事实上的标准，它的响应时间 t 大概在 100ms 的量级，不过，对于工厂企业的应用级来说，这个响应时间已经足够了。

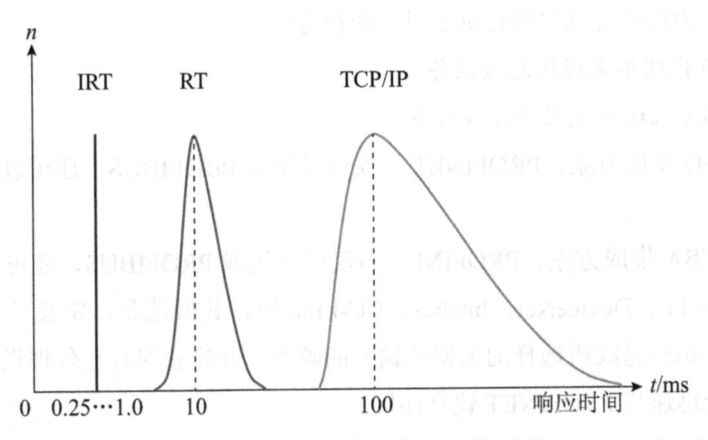

图 4-25　三种通信模式响应时间比较

4.4.3.3　PROFINET IRT

在现场级通信中，对通信实时性要求最高的是运动控制（motion control）。伺服运动控制对通信网络提出了极高的要求，在 100 个节点下，其响应时间要小于 1ms，抖动误差要小于 1μs，以此来保证及时、确定的响应。

PROFINET 使用等时实时同步（Isochronous Real-Time，IRT）技术来满足如此苛刻的响应时间，通过保证高质量的等时通信，使所有的网络节点很好地实现同步。这样才能保证数据在精确相等的时间间隔内被传输。网络上的所有站点必须通过精确的时钟同步以实现等时同步实时。通过规律的同步数据，其通信循环同步的精度可以达到微秒级。该同步过程可以精确地记录其所控制的系统所有时间参数，因此能够在每个循环的开始时实现非常精确的时间同步。想要获得高精度的实时性能，单纯靠软件是无法实现的，必须依靠特殊的硬件来支持，如西门子 IRT 同步实时 ASIC 芯片。等时实时（IRT）的应用则需要使用 IRT 交换机（如 SCALANCEX-200IRT 等）支持。

4.4.3.4　PROFINET 集成总线系统

PROFINET 提供了一个在 PROFINET 环境下协调现有 PROFIBUS 和其他现场总线系统的模型。这表示，用户可以构造一个由现场总线和基于以太网子系统任意组合的混合系统。这就能够进行从基于现场总线的系统向 PROFINET 的连续技术转移。

大量的现有 PROFIBUS 系统意味着保护投资是必须要考虑的因素之一，因此，重要的是能够使这些系统简单地融入 PROFINET。以下情况说明了这一特点：

- 最终用户希望有一种方便的途径将现有的设备集成到新的 PROFINET 系统中。
- 装备和机器制造商希望能够将其经过现场考验和文档化的系列设备（无须做任何修改）用在 PROFINET 自动化项目中。
- 设备制造商希望能够将他们的现场设备集成到 PROFINET 系统中（无须因修改而发生额外费用）。

PROFINET 为连接现场总线提供了以下两种方法：

- 通过 I/O 代理集成现场总线设备。
- 通过 CBA 代理集成现场总线设备。

采用上述 I/O 集成方案，PROFINET 不仅可以集成 PROFIBUS，还可以集成现场总线系统 AS-i。

采用上述 CBA 集成方案，PROFINET 不仅可以集成 PROFIBUS，还可以集成其他现场总线系统，如 FF、DeviceNet、Intebus、CC-Link 等。其做法是，定义一个总线专用的组件接口（用于相应总线所选择的数据传输）的映像，并将它保存在代理设备中。这样各种现场总线就能迅速与 PROFINET 建立连接。

4.4.3.5 PROFINET I/O

PROFINET 是一种用于工业自动化领域的创新、开放式以太网标准（IEC61158）。使用 PROFINET，设备可以从现场级连接到管理级。

通过 PROFINET，分布式现场设备（如现场 I/O 设备信号模板）可直接连接到工业以太网，与 PLC 等设备通信；并且可以达到与现场总线相同或更优越的响应时间，其典型的响应时间在 10ms 数量级，完全可以满足现场级的使用。

目前，PROFIBUS DP 系统已经被大量用户所采用，用户可以通过 PROFIBUS 实现组态、编程和诊断。PROFINET I/O 具有与 PROFIBUS DP 类似的组态、编程和诊断方法，而且有比 PROFIBUS 更高的实时性能。

PROFINET IO 在 I/O 控制器和 I/O 设备之间进行过程数据、参数数据和诊断数据交换。I/O 监视设备（IO Supervisor）用于 HMI 和诊断，如图 4-26 所示。

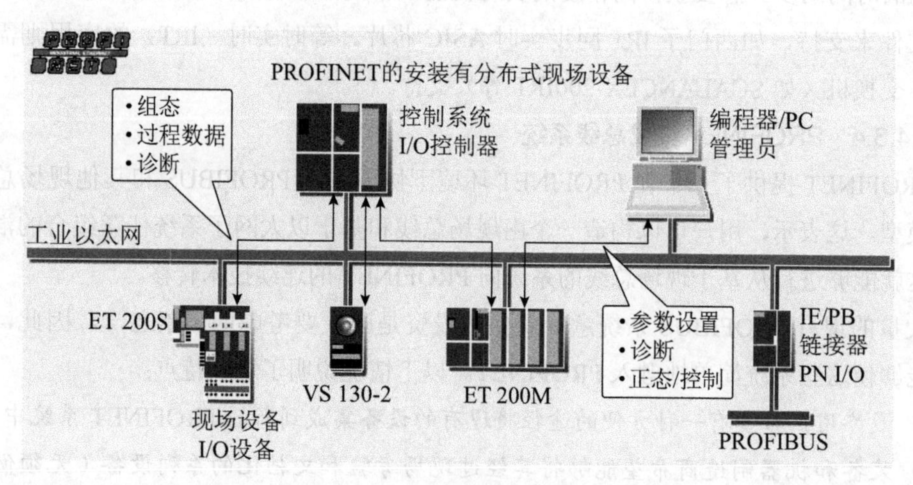

图 4-26 PROFINET I/O 结构图

对于生产者和消费者，I/O 最快的刷新时间为 0.25ms。借助于具有 PROFINET 接口的

PLC或代理，现有的PROFIBUS模板或设备仍可以继续使用，从而保护PROFIBUS用户的投资。

在PROFINET结构中，PROFINET I/O是一个执行模块化、分布式应用的通信概念。PROFINET I/O与我们所熟悉的PROFIBUS一样，可以开发出不同的自动化的解决方案。所以不管用户使用的组态PROFINET I/O或PROFIBUS，在STEP7中有着相同的应用程序外观。

4.4.4 工业以太网网络规划

不管是工业4.0还是工业互联网，其技术本质都是自动化与信息化的深度融合。在融合过程中网络复杂度会不断地增长。不断增长的网络复杂度为工业控制网络的设计方法提出了新的挑战。

目前实际工业应用的网络一般由控制工程师成设计，网络性能主要由控制工程师经验决定，但是随着网络复杂度的增加，这难以保持高效与可靠。在大规模网络中，如何确定网络性能的瓶颈变得非常棘手，并且，小规模网络中获取的网络设计经验未必适用于大规模网络。控制工程师设计工业控制网络需要保障网络QoS性能，避免工业控制网络的性能成为工业自动化系统性能的瓶颈。

工业以太网技术具有价格低廉、稳定可靠、通信速率高、软硬件产品丰富、应用广泛以及支持技术成熟等优点，已成为最受欢迎的通信网络之一。近些年来，随着网络技术的发展，以太网进入了控制领域，形成了新型的以太网控制网络技术。这主要是由于工业自动化系统向分布化、智能化控制方面发展，开放、透明的通信协议是必然的要求。以太网技术引入工业控制领域，其技术优势非常明显。工业以太网制造现在信息的强大性与控制的快捷性，能够实现快速的串联与控制，为现代工业制造实现真正意义上的“E网到底”奠定了良好的基础。工业以太网已经被业内认为是未来控制网络的最佳解决方案，也是当前现场总线中的主流技术。图4-27所示是工业以太网在工业控制系统的各个层级的应用。

在图4-27中，虽然在网络上的自动化系统的各个层级都可以是以太网，但在各个层级上的以太网上运行的协议并不相同，这是由控制系统的应用决定的。控制系统的各个层级对传输的数据量、响应时间、传输频率等的要求如图4-28所示。

控制系统各个层级的不同要求，使得工业控制网络的规划不能简单地复制IT网络的网络规划。对自动化的控制网络不但要考虑网络规模的大小，还需要考虑自动化不同层级的特点。

所以，对于自动化系统的工业以太网络，可以从如下的几个角度去规划和设计网络，如图4-29所示。

ERP，例如SAP
管理级
操作层级
控制层级
现场层级
WinCC
PCS 7
SIMATIC Manager

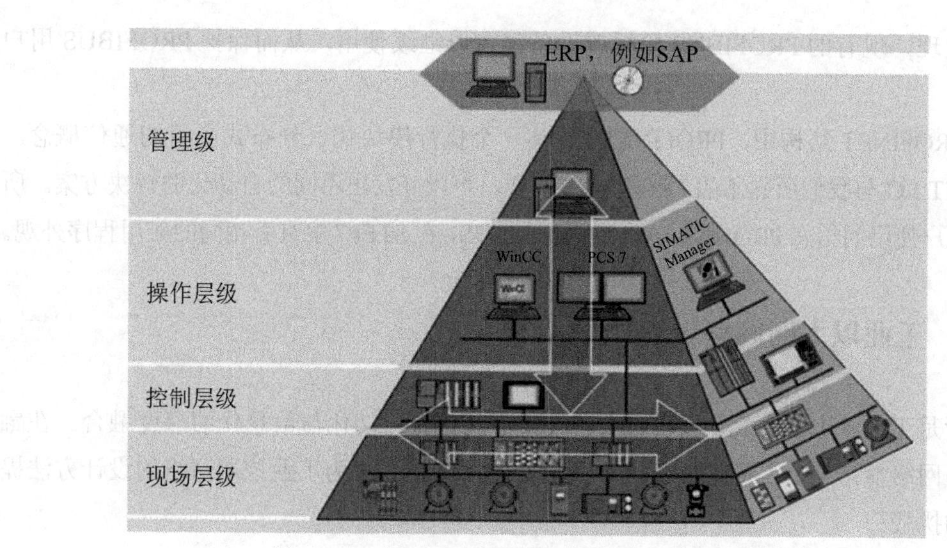

图 4-27　工业以太网在自动化系统各个层级的应用

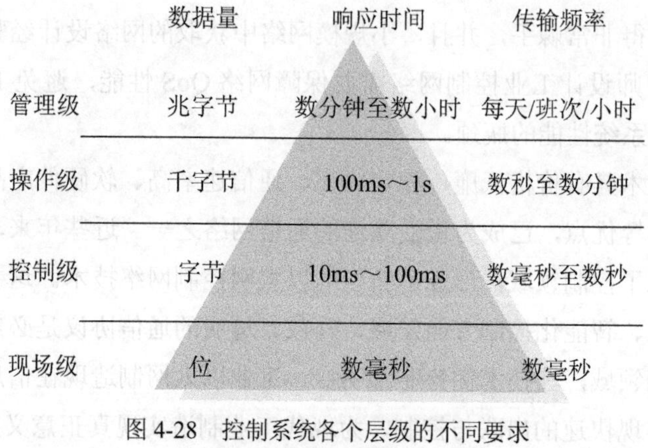

数据量
响应时间
传输频率
管理级
兆字节
数分钟至数小时
每天/班次/小时
操作级
千字节
100ms～1s
数秒至数分钟
控制级
字节
10ms～100ms
数毫秒至数秒
现场级
位
数毫秒
数毫秒

图 4-28　控制系统各个层级的不同要求

网络规模/网络节点数量
自动化网络层级
通信业务流类型
设备的地理分布情况
工业信息安全的需求

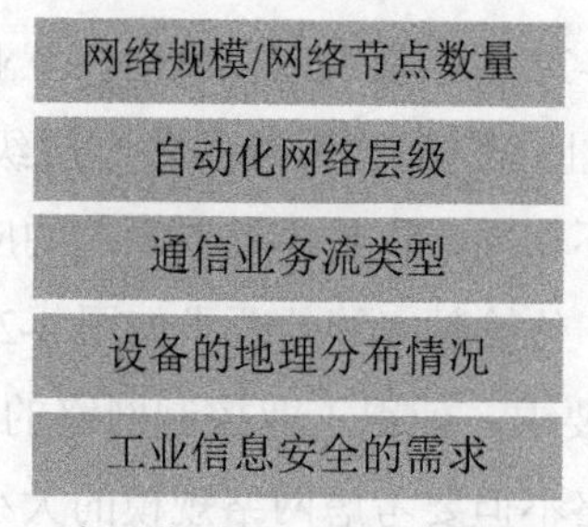

图 4-29　自动化系统工业以太网的考虑因素

4.4.4.1　根据网络规模 / 节点数量规划

工业以太网由以太网发展而来，所以工业以太网具有以太网的一些特点。对于工业以太网的规划可以参考 IT 网络规划的一些原则（这是工业以太网规划要考虑的一个方面）。

对于 IT 网络的规划往往是从网络规模的大小来考虑。对于一个小型网络可能只规划一个广播域即可；而对于大型的网络则需要规划多个广播域，如图 4-30 和图 4-31 所示。

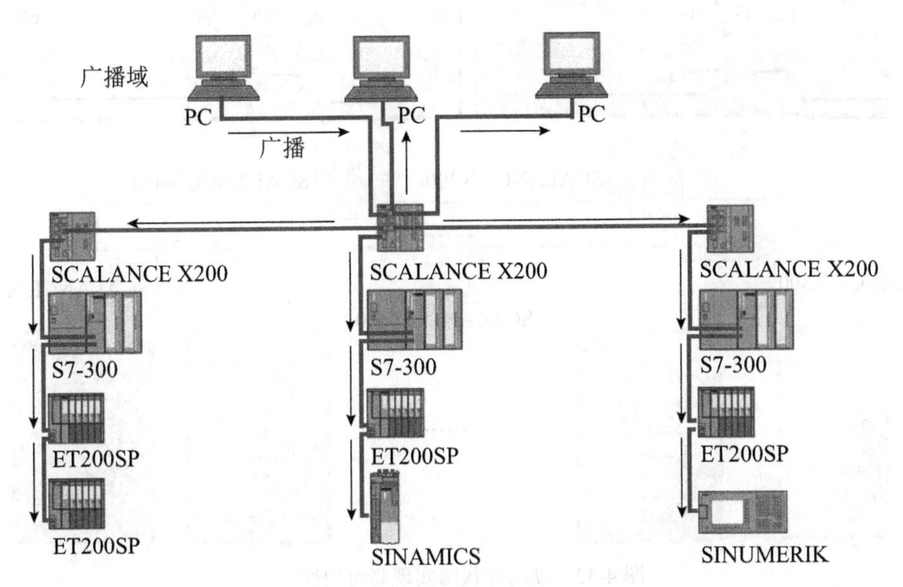

图 4-30　小型网络采用扁平的网络结构

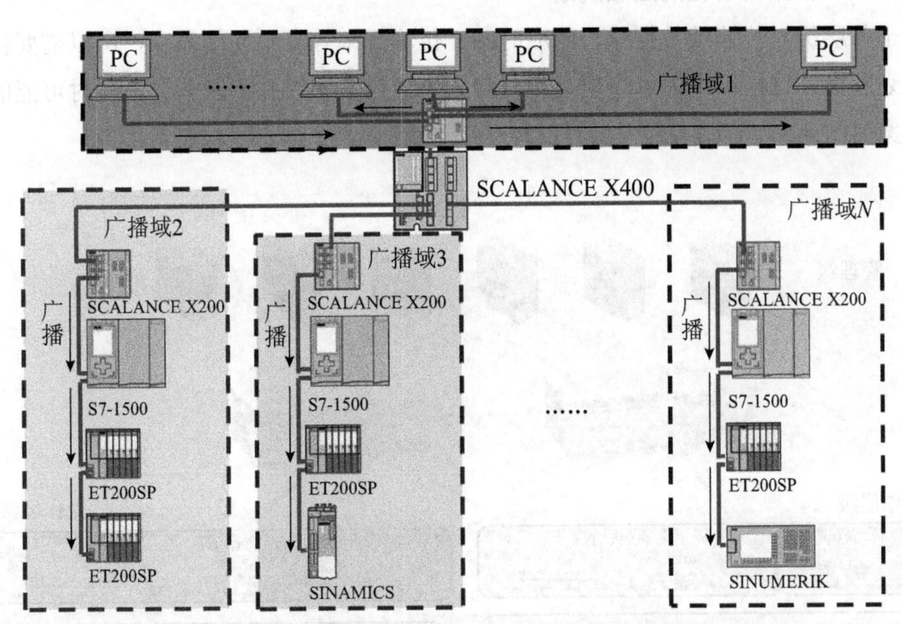

图 4-31　大型网络采用分层 / 分广播域的网络结构

以上网络规划采用的是以太网的星状和总线状拓扑结构，若需要更高的网络可用性可采用冗余的网络结构（环状或网状的网络结构）。使用何种网络冗余架构还需要结合对实时性的要求来考虑。在工业控制层，使用较多的是环状的网络拓扑结构，以便提高网络的可用性，如图 4-32 所示。

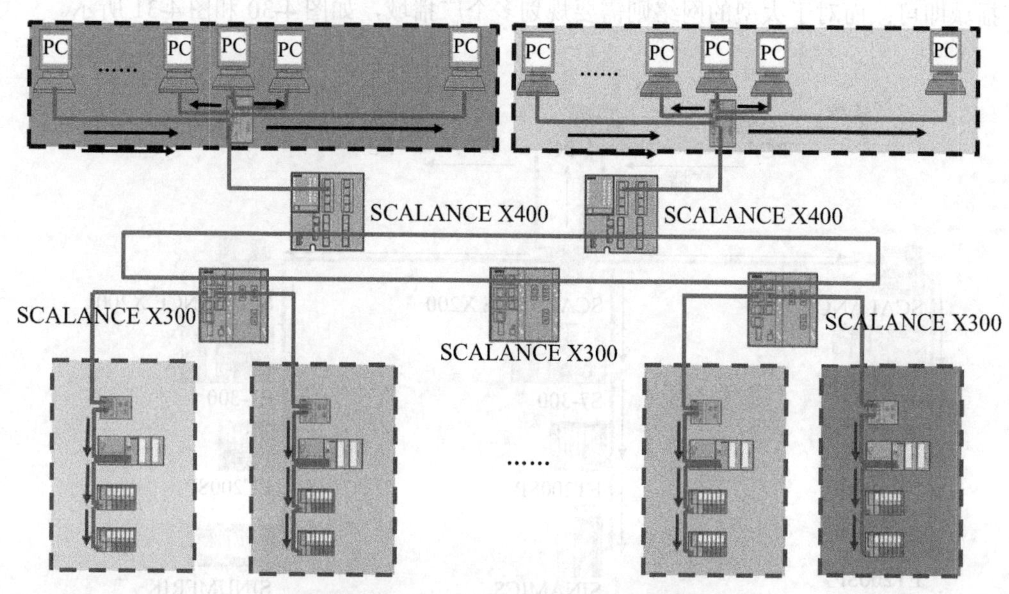

图 4-32　使用环状网实现高可用性

4.4.4.2　根据自动化的层级规划

由于各层级对传输的数据量、响应时间、传输频率等有不同的需求，所以需要按照层级来规划网络，这样可保证每个层级相对独立（各通信协议互不影响）。此时可能的网络规划方案如图 4-33 所示。

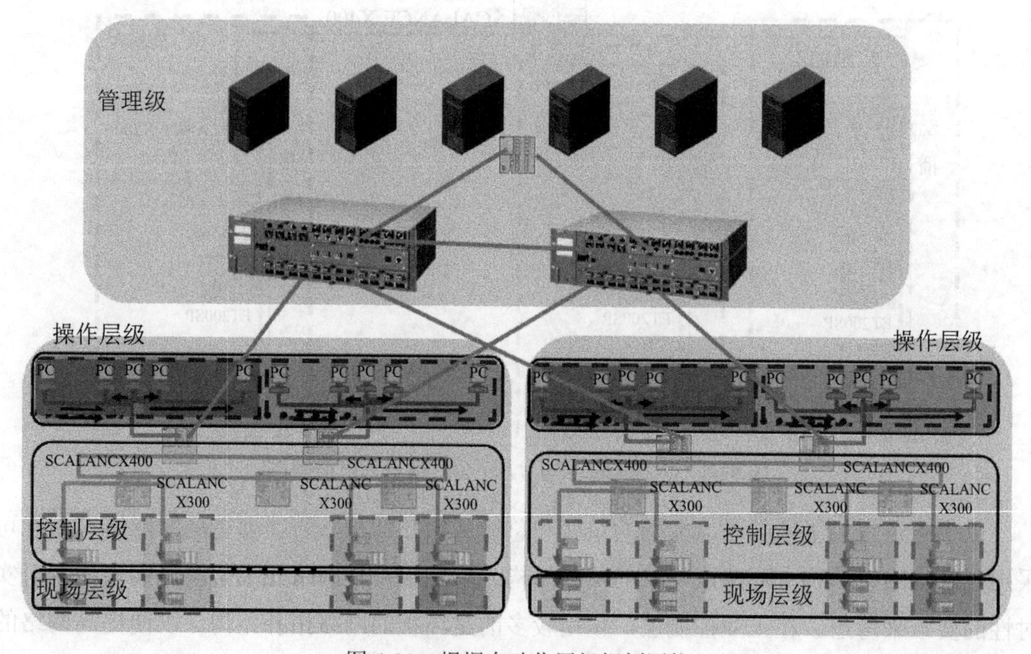

图 4-33　根据自动化层级规划网络

按照图 4-23 的规划方式可以使控制层级的数据流不会进入到现场层级的网络中，进而保证现场网络的实时性能不受其他层级的数据流影响，从物理上保证了每个层级相对的独立性。

4.4.4.3 根据通信业务流类型规划

在相同的层级中也会存在着不同的业务数据流，它们对实时性的要求可能相同也可能不同，如图 4-34 所示。它们对实时性的要求相同，但它们又属于不同的业务流。

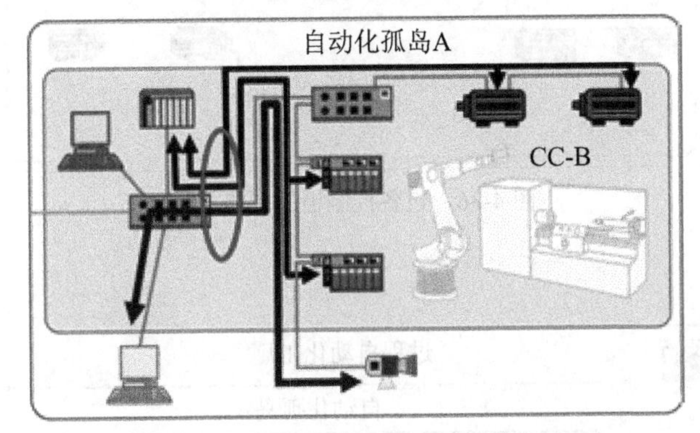

图 4-34 同一层级的不同业务数据流

若按照图 4-34 所示的网络规划方式势必会造成两种业务流互相影响，最差的结果是两种应用都不能达到预期的要求。所以此时需要根据业务流的不同来规划网络，如图 4-35 所示。

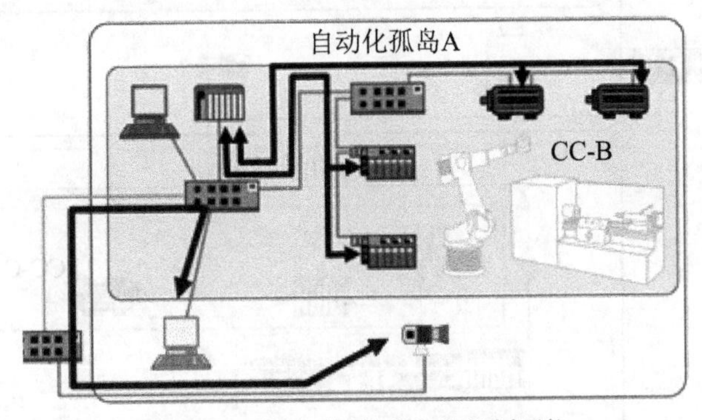

图 4-35 按照不同的业务流规划网络

4.4.4.4 根据设备的地理分布情况规划

在现场中根据工业的需求，设备会安装在不同的位置，需将这些分布在不同地理位置上的设备联网。考虑到节约成本且使各工艺段的网络相对清晰，往往会按图 4-36～图 4-38 所示的方式来规划网络。

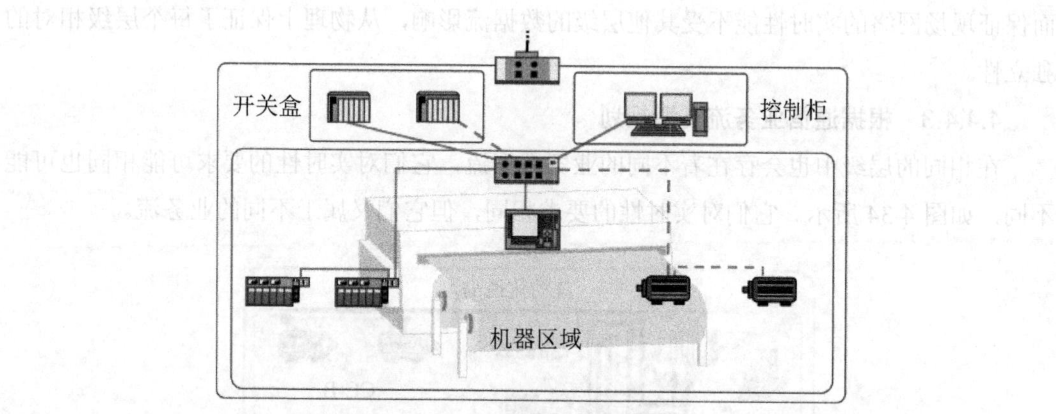

图 4-36　设备控制柜的网络规划

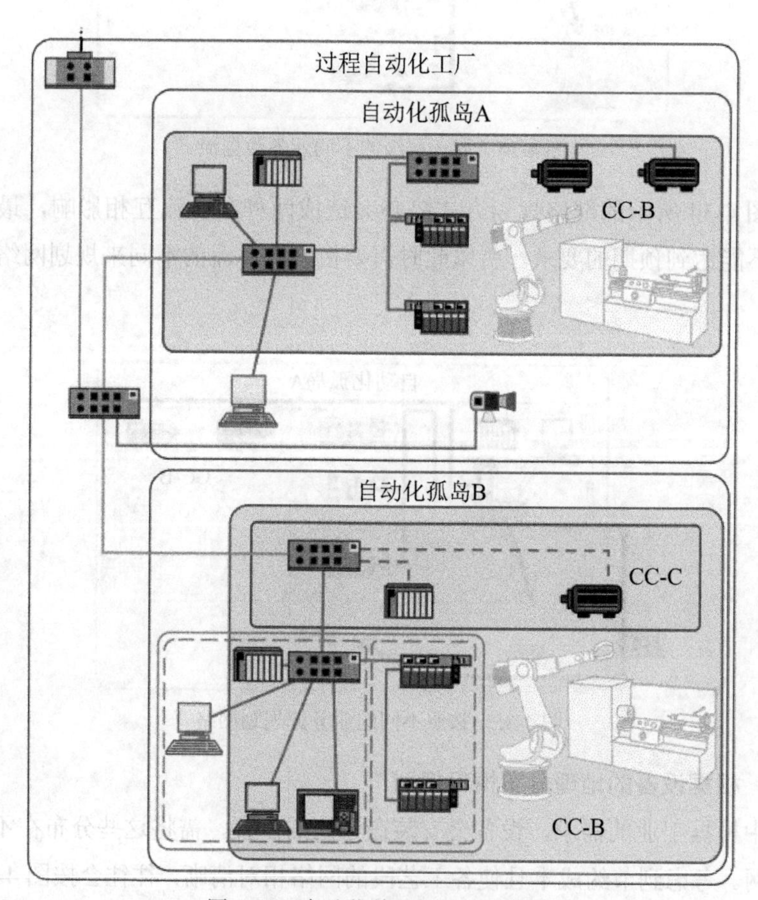

图 4-37　自动化单元间的网络规划

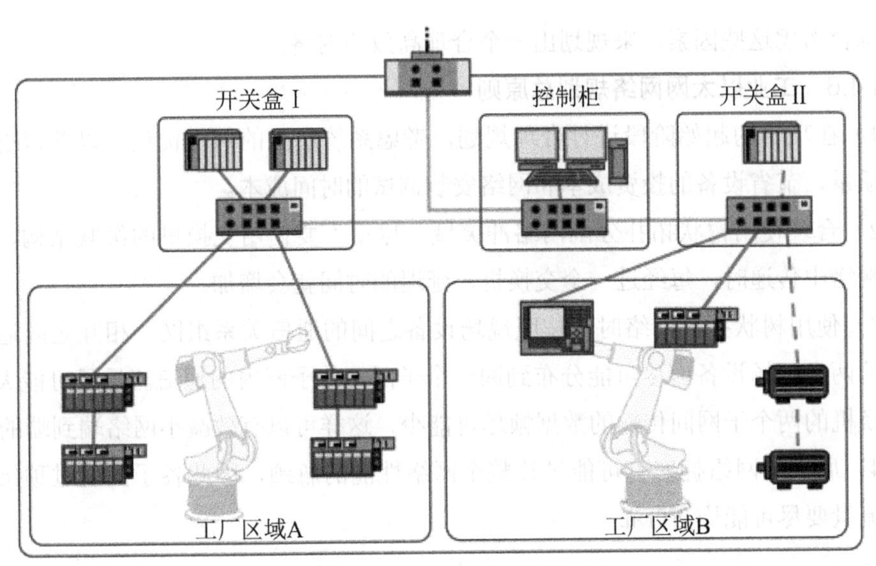

图 4-38　各工厂之间的网络规划

4.4.4.5　根据工业信息安全的需求规划

由于网络规模不断增大，所以对各层级的网络资源的访问应该通过一种有效的方式控制，以实现数据流只允许在允许的范围内流动，进而实现有效的流量管控。这种有效的方式就是从信息安全的角度来规划网络，如图 4-39 所示，即在网络中增加一些安全设备来实现对数据流的控制。

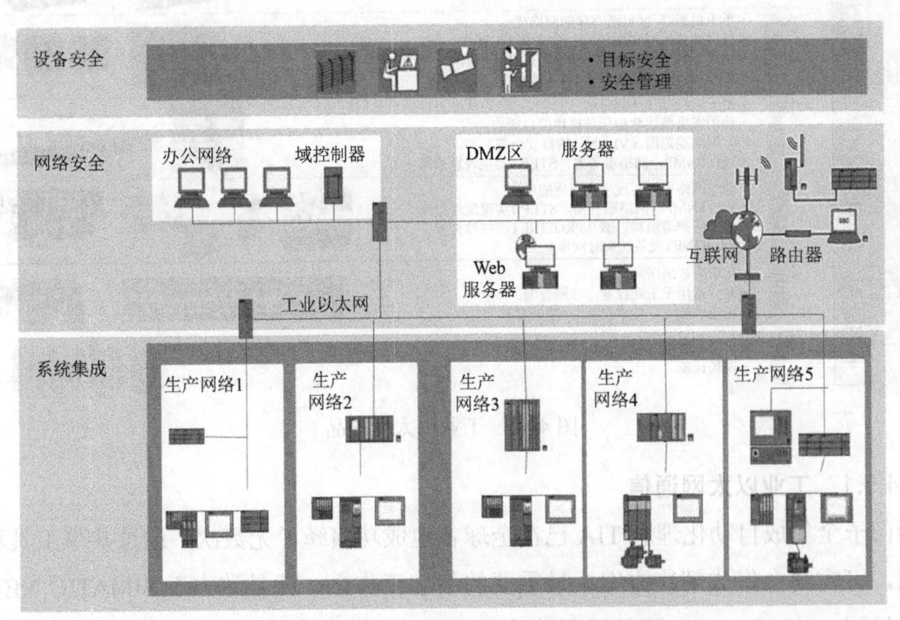

图 4-39　基于信息安全的理念进行网络规划

对于自动化系统网络的规划不能从上面所述的这几个方面的某一方面考虑，而是需要全面地综合考虑这些因素，来规划出一个合理高效的网络。

4.4.4.6 工业以太网网络规划总原则

（1）在项目的起始阶段进行合理规划，考虑系统层面的网络优化，以获得更好的数据传输质量，节省设备的投资成本和网络安装调试的时间成本。

（2）合理使用树状拓扑分割网络冲突域，尽量不要使用交换机的级联结构，因为数据帧在网络中传递时，每经过一个交换机，延迟的时间就会增加。

（3）使用树状拓扑网络时，按照现场设备之间的通信关系组网。相互之间通信流量比较大的两个现场设备应尽可能分布到同一个子网，使子网内的通信流量尽可能大，跨越顶级交换机的两个子网间传输的数据帧尽可能少，这样可以有效减小网络端到端的延迟。

（4）局部的网络拥塞有可能导致整个网络性能的瓶颈，因此各子网通过顶级交换机转发的流量要尽可能均衡分布。

4.4.5 西门子工业以太网产品

西门子工业以太网产品如图4-40所示，下面进行简单的介绍。

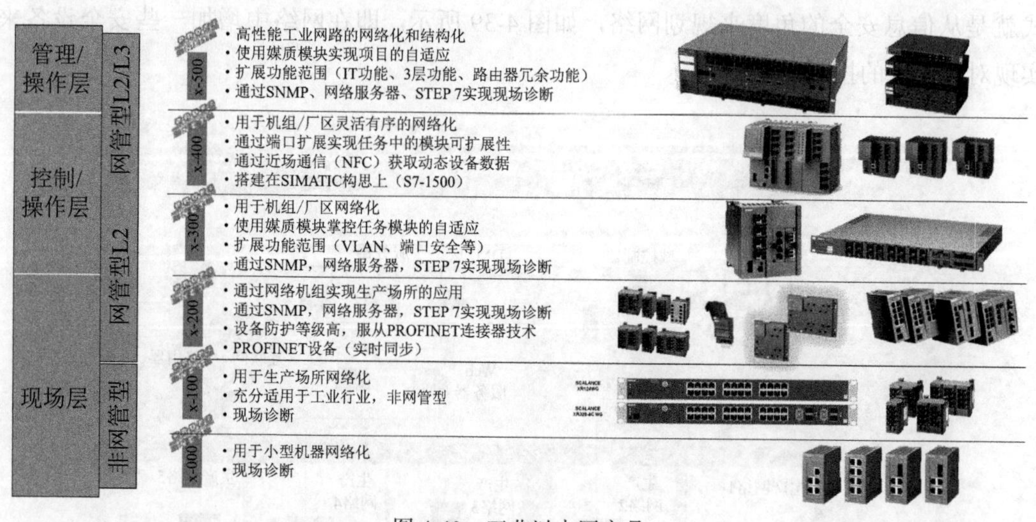

图4-40 工业以太网产品

4.4.5.1 工业以太网通信

西门子全集成自动化理念TIA已在全球各地成功演绎了无数次，通过共享工具和标准化机制，可实现全集成解决方案。最重要的基础工作之一就是致力于SIMATIC NET工业通信的发展。SCALANCE即是里程碑式成果，一种全新的有源网络部件，用于构建集成网络。这些有源网络部件可完美地相互协同工作，旨在严酷的工业环境下能够集成、灵活、

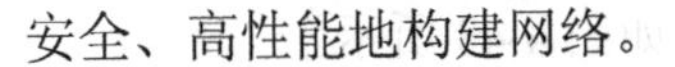

安全、高性能地构建网络。

工业以太网交换机 SCALANCE X 是一种有源网络组件，支持不同的网络拓扑结构：总线状、星状或环状光纤。这些有源网络组件可以把数据传输到指定的地址。

SCALANCE X 产品系列是全新一代的 SIMATIC NET 工业以太网交换机。它由不同的模块化产品线组成，这些产品线也适用于 PROFINET 的应用，并与相关的自动控制任务协同工作。工业以太网是一种符合 IEEE 802.3（以太网）和 802.11（无线局域网）标准的高性能的局域网络。通过工业以太网，用户能建立高性能宽范围通信网络。通过 SCALANCE X 交换机，用户可以使用开放工业以太网标准 PROFINET，实现一直到现场级的实时通信。

SCALANCE X 工业以太网交换机具有如下优势：

- 坚固、创新、节省空间的外壳设计，可非常容易地集成到 SIMATIC 解决方案中（可选择标准 35mm DIN 导轨、S7-300 DIN 导轨或直接墙壁安装）。
- 快速标准件设计，PROFINET 工业以太网连接插头，FastConnect RJ45 180 插头可去除应力和扭力。
- 西门子 HRP（高速冗余技术）。对于 SCALANCE X-200、SCALANCE X-300 或 SCALANCE X-400，当环状网络结构由多达 50 台交换机组成时，网络重构时间将小于 0.3s。
- 西门子 Stand-by 技术，用于 SCALANCE X 管理型交换机的环网间的冗余，网络重构时间小于 0.3s。

4.4.5.2 工业无线通信

未来市场成功的关键在于可随时、随地提供信息访问的能力。对于通过标准化的无线网络互联的移动系统来说，其效率会更高。无线解决方案的主要优点是移动站的简单性和灵活性，如图 4-41 所示。

SCALANCE W 产品在可靠性、坚固性和安全性方面表现出众。通过工业无线局域网（IWLAN）基本技术，使得 IEEE 802.11 标准加以延伸，以符合工业领域用户的要求，尤其是对确定性响应和冗余性有较高要求的用户，如图 4-42 所示。使用该产品，用户将首次实现一种单一的无线网络既能用于对数据要求严格的过程应用（IWLAN），例如报警信号发送，又能满足一般通信应用（WLAN），例如维修和诊断。

SCALANCE W 产品的主要优点在于其无线通道的可靠性，防水设计的金属外壳（IP65），以及众所周知的 SIMATIC 产品的机械耐用性。为防止未授权访问，该产品提供有先进的用户识别验证和数据加密标准机制，还可与现有安全系统很容易地进行集成。

使用移动数据终端，可实现从公司管理级到生产级的连续信息流。使用西门子 SINEMA E 软件，借助于仿真功能可简化 IWLAN 网络的规划和组态；清晰地可视化无线属性和设备属性，从而降低组态和调试费用，避免组态错误，如图 4-43 所示。

这就意味着可随时随地、快速、容易而安全地提供信息，更具灵活性和移动性。

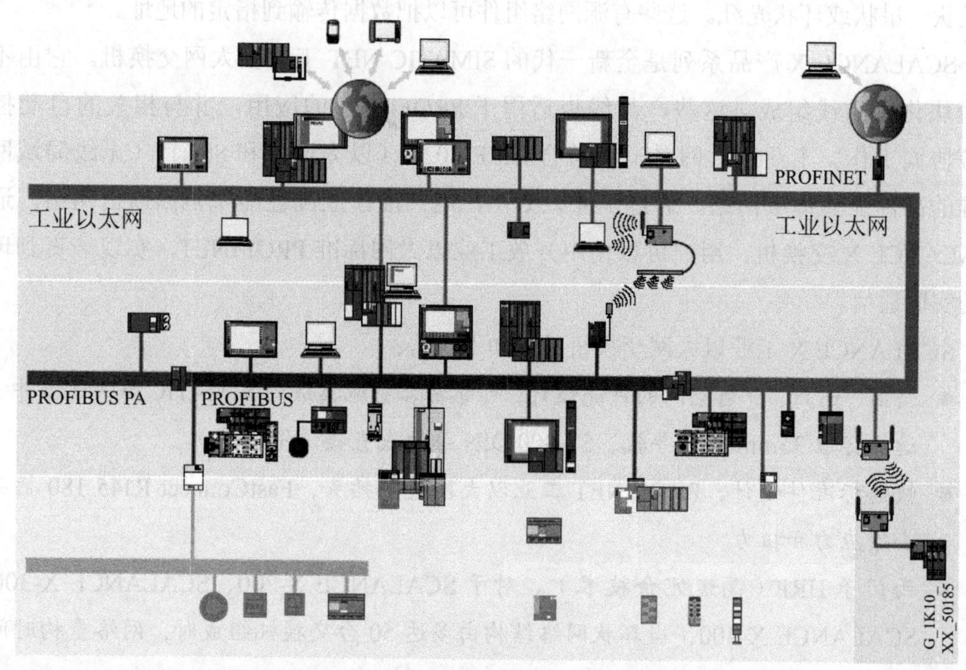

图 4-41 通信环境中的移动工业通信

	客户端			接入点（可组态为客户端使用）			接入点（内置管理功能）
	SCALANCE						
	W720	W730	W740	W760	W770	W780	W1750D
室外环境							
室内环境							
控制柜安装							
温和环境							
iFeatures（选项）	•	•	•		•	•	

图 4-42 工业无线产品

4.4.5.3 一体化远程运维平台

SINEMA Remote Connect（SINEMA RC）是西门子工业通信部门推出针对工业远程维护的解决方案，其以灵活的系统架构、安全可靠、维护方式简单、对网络运营服务商的低要求而受到广大工业客户的青睐，其整体架构部署如图 4-44 所示。

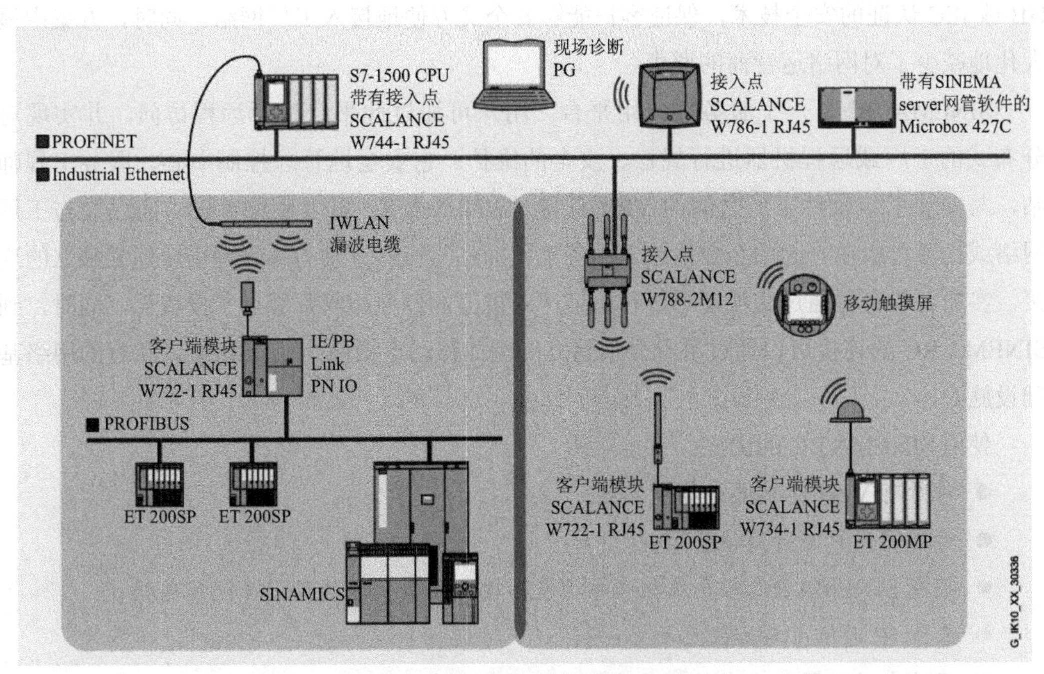

图 4-43　典型工业无线局域网系统架构

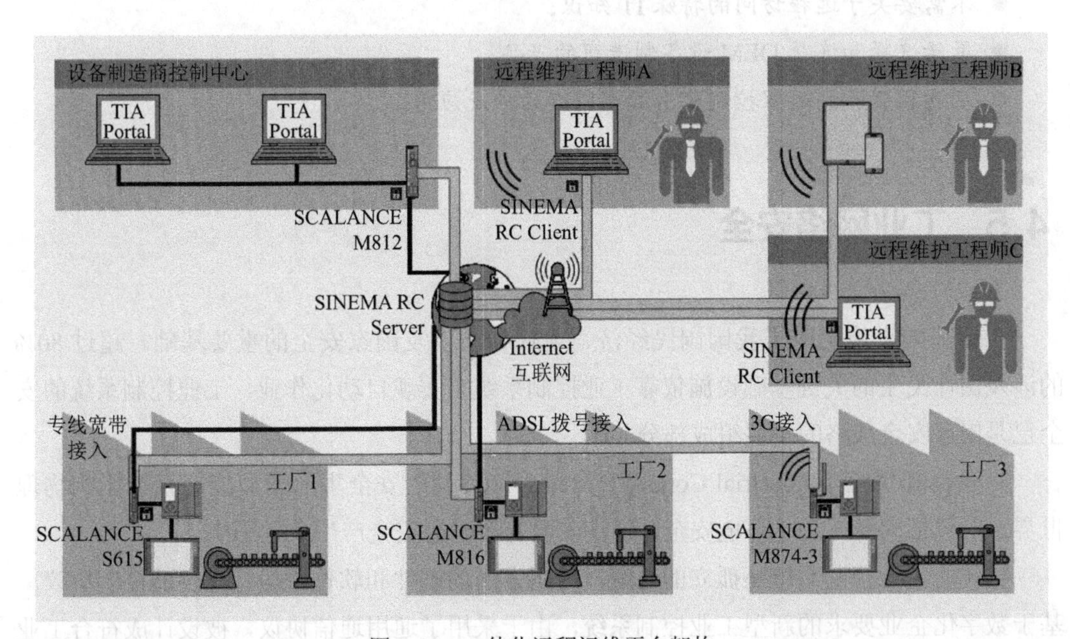

图 4-44　一体化远程运维平台架构

SINEMA RC 通过 OpenVPN 技术来搭建一体化运维远程通信系统，满足客户在全球各地跨越物理位置的限制，通过 PC 或手持终端等方式远程接入网络系统，以达到远程维护和监控目的。在该方案中，OpenVPN是目前VPN技术中连接快速同时又有基于国家GB或IEC认证的安全技术，保证客户能够安全又方便地接入工厂网络。同时，方案中最大化地减少了对网络运营商的要求。

SINEMA RC是一个服务器应用平台。用户可通过此平台进行远程访问，并实现对分布式的工厂或远程机器进行轻松、安全的维护。它安全地管理控制中心、服务工程师站，与安装了该软件工厂之间的VPN连接。SINEMA RC可以避免直接访问已经与工厂网络或机器集成在一起的企业网络。服务工程师站与机器分别与该管理平台建立独立的连接，参加者的身份通过交换证书进行验证（对机器的任何访问都经过了授权），同时，到SINEMA RC的连接可以通过各种介质建立（例如移动电话网络、DSL或者私有的网络基础设施）。

使用SINEMA RC的优势：

- 对所有VPN连接进行集中管理；
- 对不同用户进行简便管理；
- 拥有SINEMA RC客户端电话簿功能，建立简单快速的西门子远程连接；
- 基于IP通信（与协议无关）；
- 通过自动配置，实现西门子路由器的灵活集成；
- 不需要关于远程访问的特殊IT知识；
- 灵活选择和连接OEM设备制造商的产品；
- 从远程服务到远程控制都有远程网络的广泛应用。

4.5 工业网络安全

工业基础设施构成了我国国民经济、现代社会以及国家安全的重要基础。超过80%的涉及国计民生的关键基础设施依靠工业控制系统来实现自动化作业。工业控制系统的安全已是国家安全战略的重要组成部分。

工业控制系统（Industrial Control Systems，ICS）的安全事件已经能够直接影响物理世界，对包括人身安全、环境安全、经济安全甚至国家安全产生重大影响。

传统的工业控制系统是孤立的系统，使用专用的硬件和软件来运行特定的控制协议。基于数字化企业要求的新型工业控制系统，由于采用了通用通信协议，被设计成符合工业标准系统（标准对外公开）、大量采用了传统IT的通用操作系统（OS）、数据库和网络协议，这种设计在安全事件频发的今天为工业控制网络带来便利的同时也大大增加了工业控制系统的风险因素。

因此，针对智能工厂部署有效的安全解决方案，成为构建智能工厂系统的不可或缺的环节。需要关注的是：工业信息安全的解决方案部署，并不是单一针对硬件或软件的部署与改动。高成熟度的ICS信息安全解决体系，是在遵守不断改进的法律法规前提下，循环交替地提升安全解决方案。

4.5.1 工业基础设施与控制系统的安全现状与威胁

工业控制系统(ICS)广泛应用于国家基础设施、生产型企业中，如电力、水利、污水处理、石油天然气、化工、交通运输、制药、纸浆和造纸、食品、饮料、离散制造（如汽车、航空航天和耐用品）以及其他大型制造行业。

智能工厂的实现，包括了对工厂控制系统以及信息系统的通信系统建立，以及通信系统相关的安全体系建立。在工业基础设施与控制系统中的控制系统有其独立的安全需求。

与传统的IT信息系统不同，工业基础设施中关键ICS的安全事件可能会导致：

- 系统性能下降、影响系统可用性；
- 关键控制数据被篡改或丧失；
- 系统失去控制；
- 环境灾害；
- 人员伤亡；
- 公司企业信息受损；
- 关键基础设施遭到破坏；
- 甚至危及公众生活与国家安全。

智能工厂的工业控制系统设计需要兼顾应用场景与控制管理等多方面的因素，应优先确保系统的高可用性和业务连续性。在这种设计理念的影响下，缺乏有效的数据通信保密措施是很多工业控制系统所面临的通病。

近年来，针对工业控制系统的安全事件逐渐增多，攻击实施从个人行为转化成为团体组织行为，甚至有可能是国家行为。实施动机也逐渐由随意的攻击，转变成为经济利益甚至是政治目的。因此工业控制系统所受到的安全威胁也逐渐提高，部署有效的控制系统安全解决方案迫在眉睫。

基于智能化与数字化的企业控制系统要求已经发生了巨大的变化。工业控制系统的构成由过去非数字化工业与制造的封闭系统向开放系统转变；运营方式由孤立分离的控制系统向集成了IT与生产部门在内的一体化控制通信系统转变，如图4-45所示。TCP/IP作为工业控制中网络基础设施的常用通信协议，提供了便利的无线接入手段、广泛丰富的应用连接可能，但同时为控制系统安全带来了新的挑战。在享受IT技术便利的同时，工业控

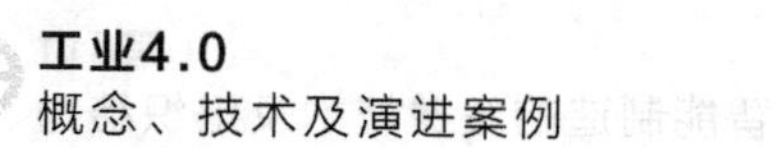

制系统需要应对来自 TCP/IP 网络的攻击，需要部署综合、全面的安全防范解决方案，并提供面向应用的解决方案及服务。

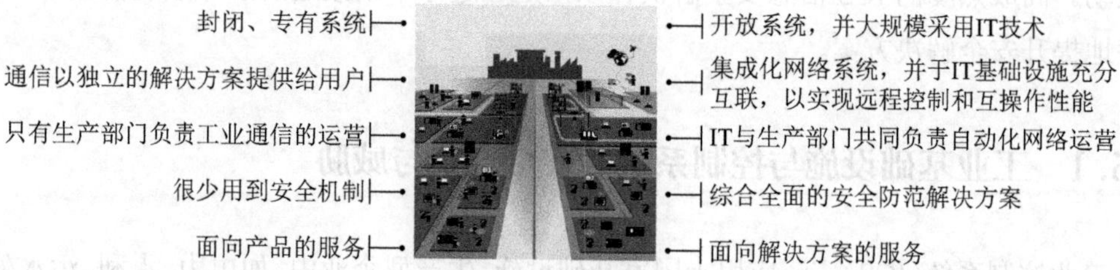

封闭、专有系统
通信以独立的解决方案提供给用户
只有生产部门负责工业通信的运营
很少用到安全机制
面向产品的服务
开放系统，并大规模采用IT技术
集成化网络系统，并于IT基础设施充分互联，以实现远程控制和互操作性能
IT与生产部门共同负责自动化网络运营
综合全面的安全防范解决方案
面向解决方案的服务

图 4-45　工业控制系统的变化带来了工业信息安全挑战

与传统 IT 信息网络的安全目标以保密性为优先不同，控制系统的安全目标优先考虑其可用性，其次才是数据的完整性与保密性。其目的是维持不可中断的连续运行与实时系统可用性，以避免应用与系统失效造成的人员伤亡与生产损失。

表 4-2 引自《工业控制系统及安全研究报告》。

表 4-2　《工业控制系统及安全研究报告》（部分）

对比项	工业控制系统（ICS）	传统 IT 信息系统
建设目标	利用计算机、互联网、微电子、电气等技术，使工厂的生产和制造过程更加自动化、效率化、精确化，并具有可控性和可视性。强调的是工业自动化过程及设备的智能控制、监测与管理	利用计算机、互联网技术实现数据处理与信息共享
体系架构	ICS 主要由 PLC、RTU、DCS、SCADA 等工业控制设备及系统组成	由计算机系统通过互联网协议组成的网络
数据交换协议	专用通信协议或规约（OPC/Modbus、DNP3 等），直接使用或作为 TCP/IP 协议的应用层使用	TCP/IP 协议栈（应用层协议：HTTP、FTP、SMTP 等）
系统实用性	系统传输、处理信息的实时性要求高，不能停机和重启恢复	系统的实时性要求不高，信息传输允许延迟，可以停机和重启恢复
系统故障响应	不可预料的中断会造成经济损失或灾难，故障必须紧急响应处理	不可预料的中断可能会造成任务损失，系统故障的处理响应级别随 IT 系统要求而定
系统升级难度	专有系统兼容性差，软硬件升级较困难。一般很少进行系统升级，如升级可能需要整个系统升级换代	采用通用系统，兼容性较好。软硬件升级较容易，且软件系统升级较频繁

目前，我国工业控制系统已经步入了应用开放系统架构的新阶段，但普遍存在系统架构规划不系统，运维水平参差不齐等各种问题。包括企业 ERP、MES 以及控制系统在内的各个系统或者难于实现有效的信息流畅通，或者缺少对信息安全的防御手段，系统中的

核心数据、控制指令、机密信息随时可能被攻击者窃取或篡改破坏。

作为一项复杂而烦琐的系统工程，保障工业系统的信息安全除了工业自动化过程中所涉及的产品、技术、操作系统、网络架构等因素，企业自身的管理水平同样决定了工业控制系统的整体运维效果。

当前我国网络运维的现实，决定了国内工业控制系统的安全运维效果并不理想，安全风险存在于开发、管理、配置、架构的各个环节。借鉴IT安全领域信息安全管理体系和风险控制的成功经验，结合工业控制系统网络特点以及工业环境业务类型、组织职能、位置、资产、技术等客观因素，对工业控制系统构建专门工业控制信息安全管理体系，是确保工业控制系统高效稳定运行的理论依据。这一体系可以参考IEC62443工业网络与系统信息安全标准针对产品供应商、系统集成商以及用户的相关规范。标准应与国家标准兼容，确保符合国家法律与相关标准。

4.5.2 工业信息安全在智能工厂中的关键性

智能工厂的先决条件是实现数字化，而这一过程的含义是：建立完全的互联，将真实组件中的与数字化双胞胎中的每个组件、生产单元、网络都连接在一起并建立可靠的数据通信。通过大数据，传输并存储所有机器和工厂的数据信息，进行实时数据、过程数据、质量数据等的诊断与采集，并通过开放的标准与各个外部系统建立无障碍的数据交换。

这决定了工业信息安全在智能工厂的构建中扮演着必不可少的角色。实现数字化的重要条件中，工业通信系统担负了连接虚拟世界与现实世界桥梁的责任，而工业信息安全承担了保护虚拟与现实世界的重要任务，如图4-46所示。数字化的进程需要克服工业信息安全的挑战来实现。

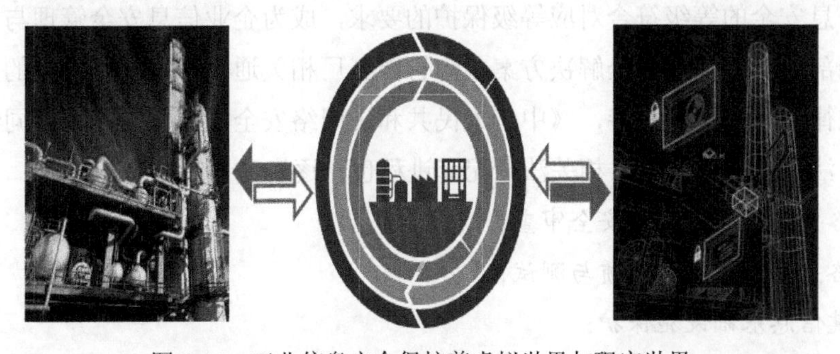

图4-46 工业信息安全保护着虚拟世界与现实世界

政府网络安全和信息化领导小组明确指出：

“网络安全和信息化是一体之两翼、驱动之双轮，必须统一谋划、统一部署、统一推进、统一实施”。这意味着，对工业信息安全的构建已经提出了明确的方向。智能工厂的规划过程中，在建立通信系统实现大数据、完全互联的同时，必须考虑工业信息安全的部署与规划实施。只有建立了完整的工业信息安全体系，才能确保建立一个高度信息化、数字化的智能工厂。

4.5.3 工业控制系统政策与法规的影响

基于政府的这一明确方向，国家标准制定与监管机构于近些年逐步明确了相关的法律法规与执行标准。

中华人民共和国工业和信息化部于2011年发布了《关于加强工业控制系统信息安全管理的通知》，并于2017年10月印发了《工业控制系统信息安全防护指南》。通知明确了重点领域，针对工业控制系统信息安全的要求，强调了“谁运营谁负责，谁使用谁负责”的原则。《工业控制系统信息安全防护指南》同时引起了行业与地方监管机构排查企业信息安全的检查。

2014年，国家标准化委员会发布了工业控制系统信息安全的国家标准GB/T 30976《工业控制系统信息安全第一部分：评估规范》和《工业控制系统信息安全第二部分：验收规范》。该标准的建立充分参考了IEC62443工控网络与信息安全的国际标准，确定了基本的工业信息安全评估与验收规范。同时，随着GB/T 22239《信息安全技术网络安全等级保护基本要求》的标准发布，明确了企业控制系统安全执行的实际参考评测标准，与针对不同敏感程度的工厂制造系统、关键基础设施所定义的控制系统安全执行等级。

随着2017年6月1日起正式实施的《中华人民共和国网络安全法》的发布，我国已经为企业执行部署工业信息安全的要求，提供了法律化的依据。进一步强调强制性的要求，延伸和加速了相关标准的进展，同时也推动了等级保护要求的强制性作用。

企业信息安全的等级符合对应等级保护的要求，成为企业信息安全管理与发展的关键需求。实施部署工业信息安全解决方案成为智能工厂相关通信系统基础设施的重要组成部分。随着法律法规的不断完善，《中华人民共和国网络安全法》针对7个不同维度的标准制定、部门法规文件的发布，相关法律配套进程也在逐步完善，包括：

- 网络安全产品和服务安全审查；
- 网络关键设备安全资质与测试；
- 关键信息基础设施保护；
- 个人信息保护；
- 重要数据跨境传输；
- 网络安全等级保护；
- 安全事件处理。

根据一系列法规的完善，智能工厂工业信息安全建设过程中，所部属的工业信息安全解决方案，应当提供：

- 基于国家监管部门、行业监管部门的标准监管；
- 以工业控制系统信息安全评估规范和信息系统安全等级保护要求作为支撑；
- 涵盖了从风险评估、规划设计、部署实施到检测维护；
- 从单一防御转向多级防御，从低成熟度向高成熟度改进；
- 持续改进完善，遵循不断改进的法律法规，优化安全性的解决方案，并能够提供覆盖智能工厂生命周期的工业信息安全服务。

4.5.4 纵深防御理念

参考当前国际与国内的信息安全规范，基于工业控制系统当前面临的各种威胁，智能工厂的信息安全建设，应当遵循基于纵深防御理念的信息安全解决方案。

表 4-3　工业控制系统安全十大威胁与对策

威胁	说明
社会工程与钓鱼式攻击	社会工程是通过大多数非技术性行动获得未经授权的信息或IT系统访问权限的方法，其中利用了诸如乐于助人、信任或恐惧，以及尊重权威等人格特征。社会工程的一个例子是欺诈性电子邮件（网络钓鱼电子邮件），这些邮件诱使员工打开包含恶意软件的附件的附件或指向假冒网站的链接
通过可移动介质和外部硬件引入恶意软件	可移动介质（如U盘）容易受到不被注意的恶意软件感染。若使用的笔记本电脑中包含了可能在其他公司使用过的外部数据和维护软件，则会存在被感染的可能
恶意软件通过互联网攻击	标准IT组件（如操作系统、Web服务器和数据库）通常包含可被攻击者利用的错误和漏洞
通过远程维护访问入侵	出于维护目的的从外部进行ICS安装是一种普通的做法。当访问一个系统以进行维护时，访问者也可以轻松进入其他系统。通常，缺乏认证和授权以及采用了扁平化网络层次结构是造成此类安全事件的原因
人为错误和蓄意破坏	在ICS环境中从事工作的人员在安全性方面具有特殊地位，这适用于公司自己的员工以及所有参与维护或施工工作的外部人员。单纯依靠技术措施无法保证安全，同时，必须要有相应的组织法夫进行管理
控制组件已连接到互联网	不安全的ICS组件，例如可编程逻辑控制器，通常未遵照制造商的建议，没有采取适当的安全措施就直接连接到互联网上
技术故障和不可抗力	由于极端的环境影响或技术缺陷而导致故障的可能性始终存在——在此，只能将风险和损害的可能性降至最低
外联网和云组件的妥协	目前，传统IT向外包IT组件转变的普遍趋势也正在进入到ICS。例如，远程维护解决方案提供商正在将客户端系统放置在云端的远程访问中，但这会使系统所有者对这些组件的安全性控制能力变得非常有限

续表

威胁	说明
分布式拒绝服务（DoS）攻击	（分布式）拒绝服务攻击可用于破坏网络连接和所需资源，并导致系统崩溃，例如破坏 ICS 的功能
智能手机在生产环境中的妥协	在智能手机或平板电脑上显示、更改操作和生产参数的功能构成了一个额外的产品功能，目前，该功能正在被推广并用于越来越多的 ICS 组件。这代表了一种特殊的远程维护访问案例，但因为使用智能手机而创建了额外的被攻击目标

纵深防御理念提供了一个多方面的概念，为客户的系统提供全方位的、深入的保护。该概念基于工厂安全性、网络安全性和系统完整性三方面，如图 4-47 所示。它是根据 ISA 99/IEC 62443 的建议发展而来，此建议是工业控制系统安全的主导标准。

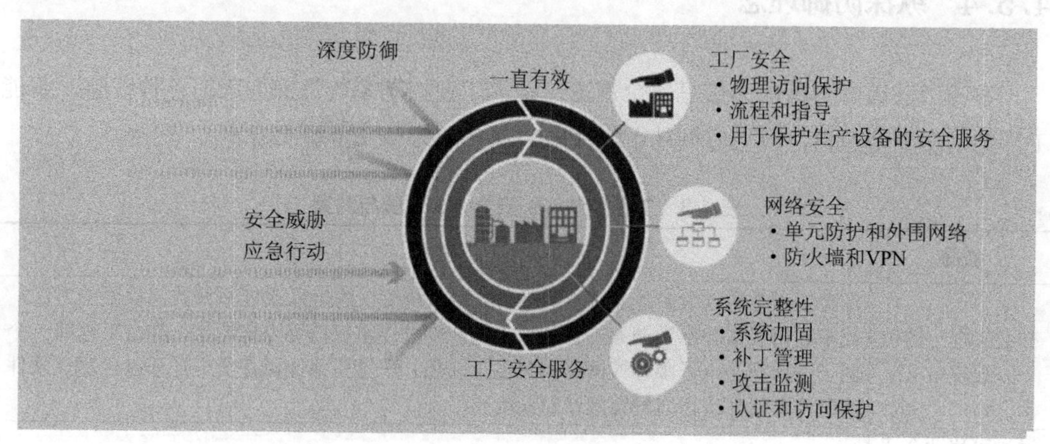

图 4-47　纵深防御理念

工厂安全是工业控制系统最为外围的防护手段。

工厂安全可使用许多方法来防止未经授权的人员获得对关键部件的物理访问。这从传统的建筑物访问开始，并通过应用钥匙卡扩展到敏感区域保护。全面的安全监控体现了生产设施安全状况的透明程度。通过对现有数据的不断分析关联，以及对工业信息安全监控与威胁情报信息进行匹配，可以根据其关键程度来检测和分类安全相关事件。在此基础上，工厂业主会收到概述生产设施目前安全状况的每月状态报告，以使他们能够根据威胁状况迅速做出反应。

在构建纵深防御系统的过程中，网络安全是纵深防御理念的核心组成部分。

网络安全意味着保护自动化网络免遭未经授权的访问，这包括监控所有接口，例如办公网络和生产网络之间的接口，或远程维护对互联网的访问。它可以通过防火墙和（如果适用）建立一个安全并受保护的“隔离区”（DMZ）来实现。DMZ 使数据可用于其他网络，而无须直接访问自动化网络本身。将工厂网络按照安全相关要求进行分段，划分为单独保护的自动化单元，可最大限度地降低风险并增加安全性。单元划分和设备分配基于通信和保护要求。

数据传输可以使用虚拟专用网（VPN）加密，从而避免数据遭到窃取和操纵。通信节点要进行安全认证。可以通过集成安全功能的通信组件对自动化网络、自动化系统和工业通信进行安全保护。

系统完整性是纵深防御的第三个支柱。

系统完整性的重点是保护自动化系统和控制组件，如控制单元以及 SCADA 和 HMI 系统，防止未经授权的访问以及满足特殊要求（如专有技术保护）。此外，系统完整性还涉及用户认证、访问和更改授权以及系统强化。

通过纵深防御理念，以工业信息安全解决方案防护工业通信系统是智能工厂成功的关键。部署实施过程中，单元保护概念尤为重要。基于单元保护概念，工厂网络被分割成单独的受保护的自动化单元，所有设备都能够在该单元内彼此可靠地进行通信。各个单元通过 VPN 和防火墙以安全的方式连接到工厂网络。单元保护可降低整个生产工厂的故障易感性，从而增加其可用性。

4.5.5 控制系统的层级划分与安全策略

基于纵深防御这一理念，在工业信息安全规划过程中，可以依据 ISA-99 工业自动化和控制系统的安全标准和 ISA-95 企业系统与控制系统集成标准，对工业控制系统进行层次划分。将层次化的工业通信系统分割成 ERP、MES、MCS 三个层级（如图 4-48 所示），并在各层级内部对通信系统进行进一步划分与分割。这一划分方式，作为 ISA-99/95 标准的最佳实践，在控制系统规划中被广泛使用。工业信息安全解决方案可以对划分好的工业通信系统进行有效保护。

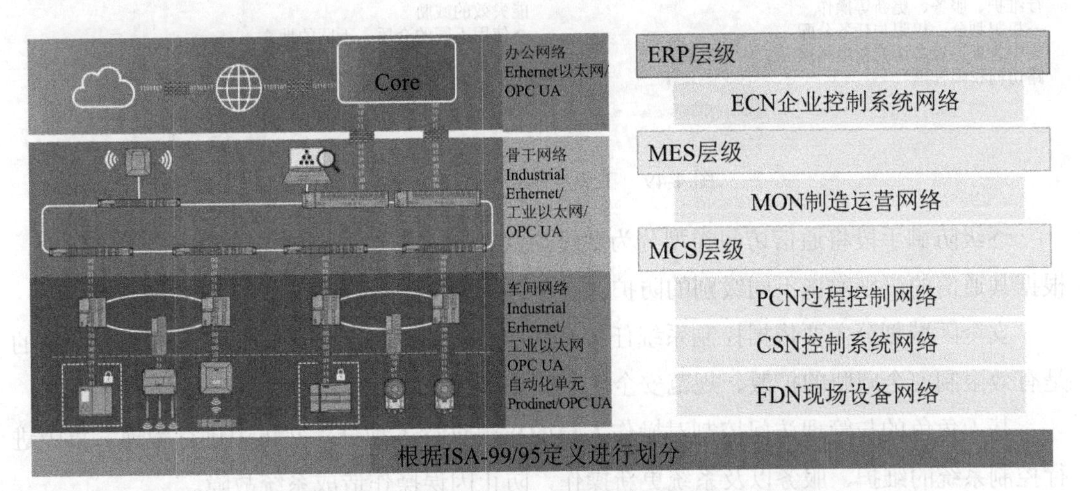

图 4-48　基于 ISA-99/95 的工业控制系统划分最佳实践

工业通信系统完成的最基本任务是自动化单元的连接，包括传感器控制器。这一部分基础自动化的连接规范为系统的FDN现场设备网络。控制器向上连接形成了CSN控制系统网络，建立控制器与监控系统通信的可能性。进一步通过通信系统将不同的自动化单元的信息汇集在一起，就形成了PCN过程控制网络。这三个层次的集合，称为MCS制造控制系统，也就是传统自动化系统金字塔结构的工厂层级划分。

大型制造企业可能存在多个这样相似关联的MCS制造控制系统，当系统向上延伸就将不同工艺或者不同的单一控制系统连接在了一起，形成了MON制造运营网络。这部分通常需要搭建高性能的工业通信骨干网络，将各系统连接在一起并且与MES制造执行系统相连进行交互。

通过规划时的定义MES层级可连接工业数据核心，同时继续向上延伸和企业核心网络相连。建立合理规划的ECN企业控制系统网络为ERP系统提供服务，并且为数据接入云端或者连接其他系统、建立其他广域网通信做好准备。

基于这一划分，工业信息安全解决方案的实施策略主要包含逐级防御、安全区域划分、基于角色的管理与访问控制、差异化冗余等，如图4-49所示。

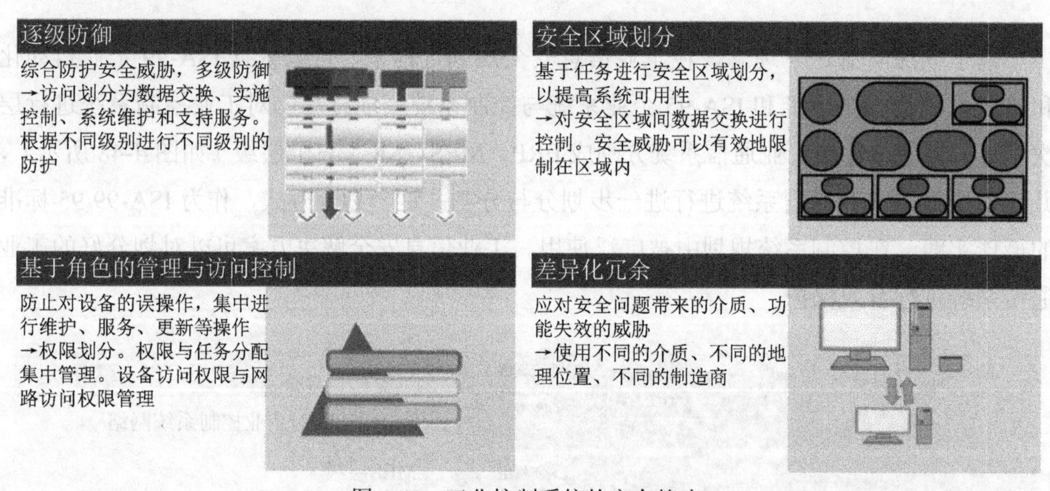

图4-49　工业控制系统的安全策略

逐级防御手段将通信访问类型分为数据交换、实时控制、系统维护和支持服务级别，根据其通信的级别实施不同级别的防护。

安全区域划分主要依据控制系统任务与控制系统的冗余区域进行相对应的划分，目的是有效限制安全威胁的扩散、规范安全区域间的数据交换，以提高系统可用性。

基于角色的与管理访问控制对操作人员的权限进行了划分，并集中进行管理。集中进行控制系统的维护、服务以及系统更新操作，防止因误操作造成系统故障。

最终，通过差异化冗余的策略，为控制系统部署不同机制的防护手段，以增加控制系

统被入侵的难度，并在关键时刻提供系统功能和防护上的冗余。

基于这些策略，工业信息安全的关键网络安全应用场景包括：

- DMZ 区域的建立。通过 DMZ 交换数据，避免对控制系统网络的直接访问，实现增强防护。
- 远程访问的建立。通过建立可靠的远程访问通道，避免入侵活动和蓄意破坏，以实现通过互联网或移动通信网络的远程访问操作。
- 安全单元防护。以集成安全功能的通信组件，对控制系统核心的自动化单元进行额外防护。

除此以外，还需要考虑工业控制通信系统的冗余特性，在安全防护部署时考虑安全防护的冗余。

4.5.6 控制系统安全应用场景与西门子的解决方案

西门子提供了基于纵深防御理念的工业信息安全解决方案，并对各种控制系统安全场景提供了具体的应对手段，如图 4-50 所示。

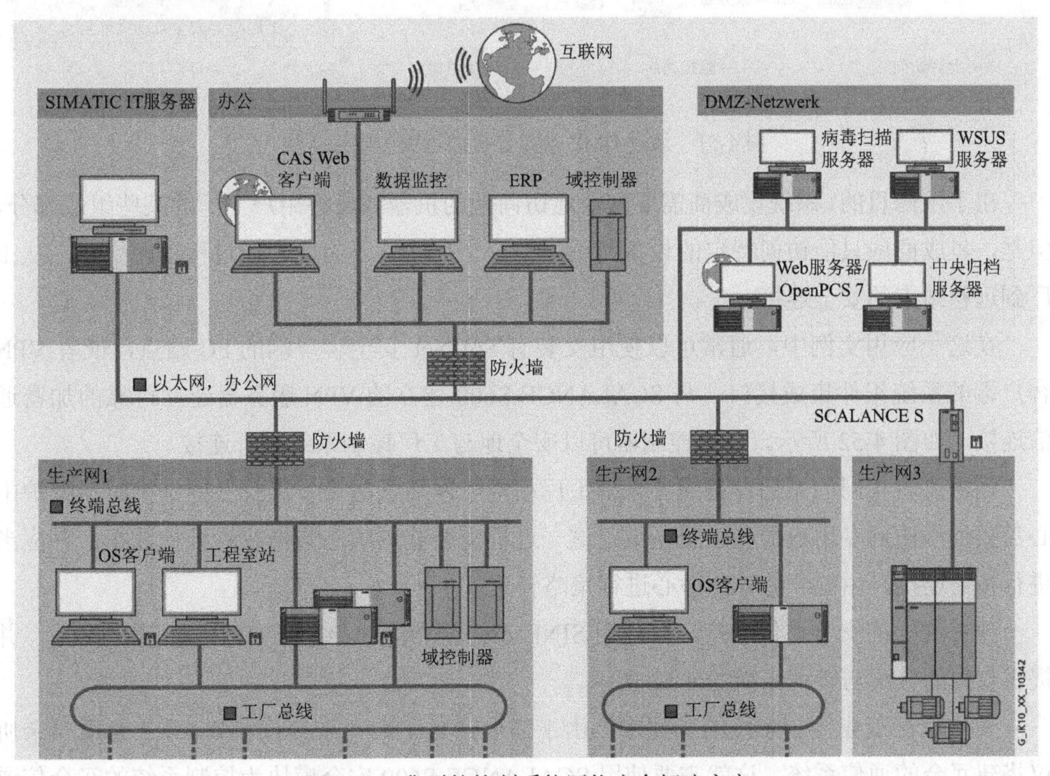

图 4-50　典型的控制系统网络安全解决方案

保护本地网络防止未经授权的访问，并且使授权的个人将仅能获得与其角色相应的访问权限，可以通过控制系统中的安全防护模块来实现。

SCALANCE S600 的 DMZ 端口提供了唯一的本地访问端口，通过该端口可将安全模块连接到工厂网络和较低层级的自动化单元，并为每个用户创建特定的防火墙规则，如图 4-51 所示。若要访问网络，用户必须使用用户名和密码登录。

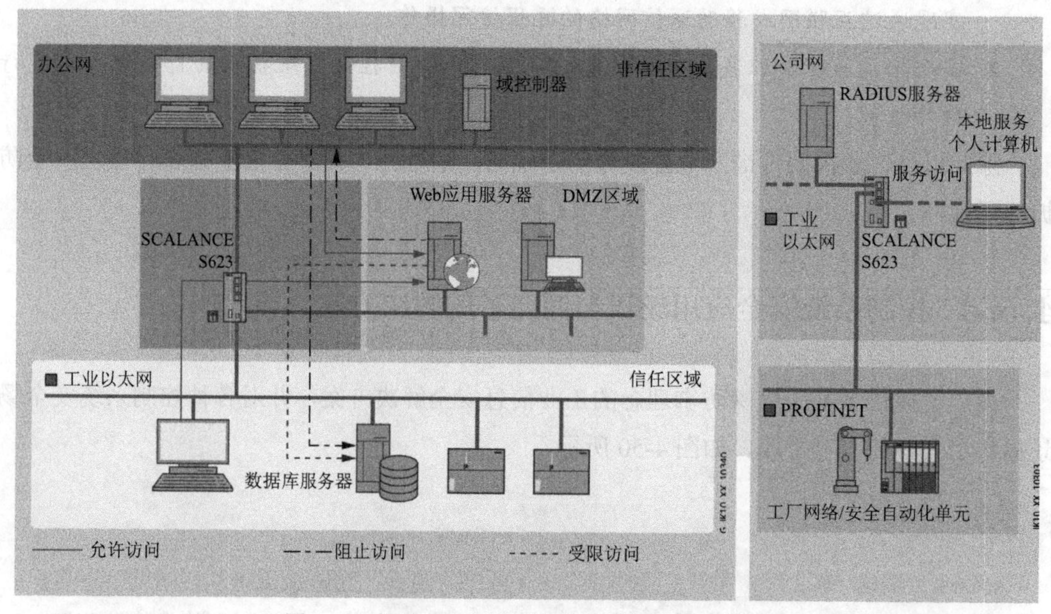

图 4-51　通过 DMZ 端口连接的远程访问示意图

出于维修目的，系统集成商需要安全地访问他的机器或最终用户工厂的某些组成部分，但是，集成商应只能访问特定的设备而不是整个工厂网络。为此须通过移动网络建立从工厂到远程站点的安全连接。

在这一应用实例中，通常可以使用安装有 SoftNet 安全客户端的 PC 站点，或者 VPN 客户端的系统组件集成接口，与 SCALANCE S600 建立的 VPN 服务器建立可靠的加密通信连接，如图 4-52 所示。各类控制器可以安全地与工厂控制系统进行连接。

当需要对相同的系列设备或者大型工厂相同子网络下的设备进行远程维护时，维护中心需要远程访问专用机器和敏感区域。这一过程需要获取状态数据或者维护数据，并应当进行按需连接，由统一的管理中心进行策略管理。

建立这样的安全通信连接，可使用 SINEMA 远程服务站组件 VPN 加密通道平台，并提供权限的分配与管理，如图 4-53 所示。

当然，在工业控制系统的构建中，由于需要通过工业冗余协议，如 MRP 介质冗余协议搭建冗余的通信系统，这就需要使用 SCALANCE S600 安全模块为控制系统的冗余信道搭建冗余的安全防护，并实现防护设备之间的同步。

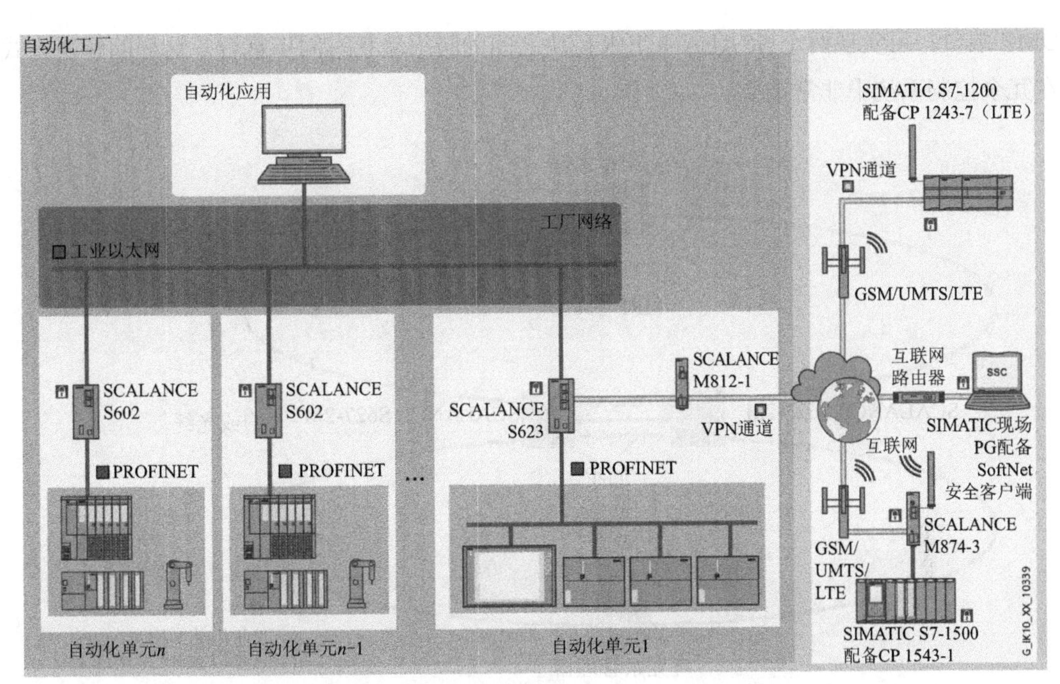

图 4-52　通过 VPN 连接的远程站点与工厂内自动化单元

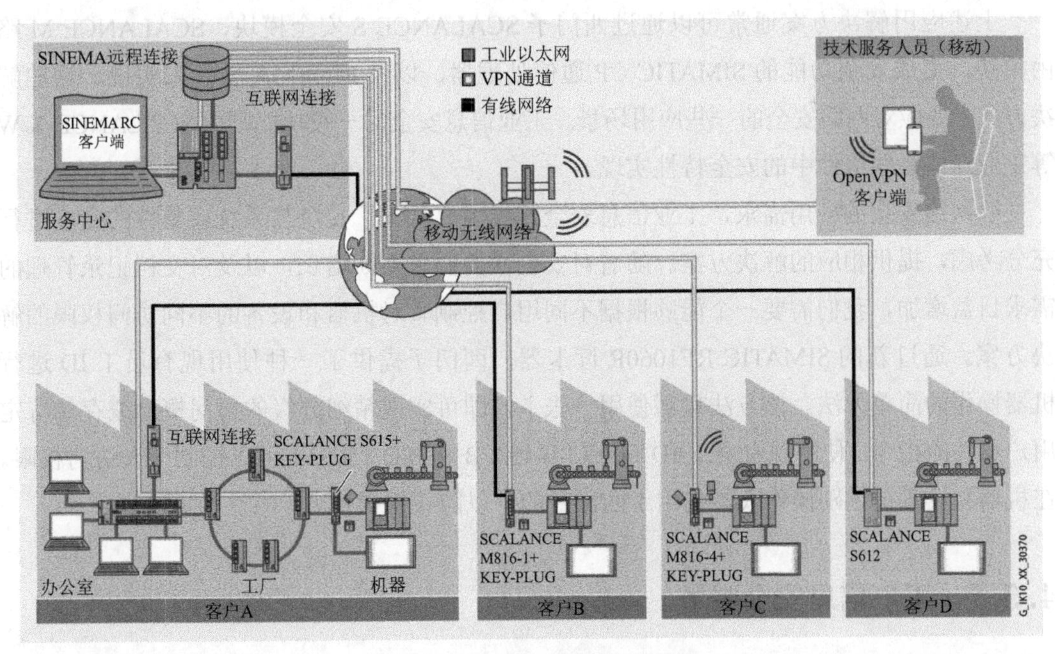

图 4-53　SINEMA 远程连接示例

以这样的方式，可以将工业控制系统中不同层级的冗余区域 / 安全区域，以冗余的方式进行连接，并使用 SCALANCE S600 作为路由器和安全防护墙。第二个 SCALANCE S600 以类似的方式连接并以待机模式运行，如图 4-54 所示。通过使用同步电缆连接两个

DMZ 端口，可实现两个 SCALANCE S 模块之间的防火墙状态同步耦合。这样的解决方式在冗余控制系统中非常重要。

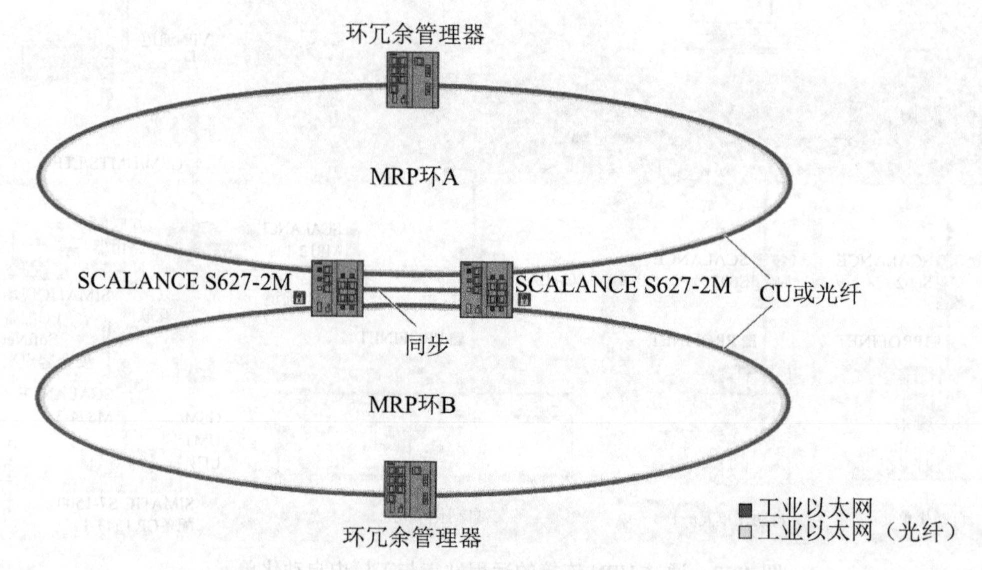

图 4-54　以冗余方式进行防护连接的工业冗余通信系统

上述应用解决方案通常可以通过西门子 SCALANCE S 安全模块、SCALANCE M 路由模块，集成安全功能的 SIMATIC CP 通信处理器，以及 SINEMA 软件来实现。这些解决方式主要应对网络安全的一些应用场景。工业信息安全的一般功能则由 SCALANCE X/W 等工业通信系统组件中的安全特性实现。

除网络安全的应用需求，工业信息安全同样需要从工厂安全与系统完整性的角度进行充分考虑，提供相应的解决方案。随着对安全性的要求不断增长，以及对文档记录管理的需求日益增加，我们需要一个能够根据不同用户控制其对机器和设备的不同访问权限的解决方案。通过新的 SIMATIC RF1060R 读卡器，西门子提供了一种使用现有员工 ID 进行机器操作的简单方法。该方法只需使用一张卡，即可实现精细分级的访问概念或存储特定用户相关的指令。使用现有员工 ID（ISO 14443A/B 和 ISO 15693）可以控制个人访问权限。在机器和设备前识别操作人员也用于回溯目的，以防止误操作。

4.5.7　工厂信息安全服务

生产车间和办公室的网络如果不进行隔离，虽然大家感觉办事效率提高了，并且使得许多业务流程更加快速和容易，统一使用相同的数据和信息会产生协同效应。然而，这一趋势也增加了风险。

今天，不仅是办公环境受到病毒、黑客攻击等威胁，生产环境同样存在外来入侵风险，影响生产设备运行指令的完整性并造成损失。在开始时，许多安全漏洞并不明显。因此，建议检查和优化现有自动化环境的安全性，以保持工厂具备高可用性。

工业信息安全不仅仅相关于安全实施一个环节，也与前期的规划部署、后期的检测维护密切相关。工业信息安全也不仅与安全解决方案的供应商相关，同时与安全实施的系统集成商与运营工业控制系统的用户自身密切相关。这些关注点在IEC62443中有明确的依据。因此为智能化工厂实现可靠的工业信息安全环境，不仅是安全应用场景的实现，还需要通过可靠的工厂信息安全服务来确保整个流程的质量。

工厂信息安全服务提供了一个全面的产品系列，用于开发、实施和维护符合深度防御思想的战略。可提供包括综合建议（访问安全）、技术实施（实施安全）和持续服务（管理安全）等方面的服务，如图4-55所示。

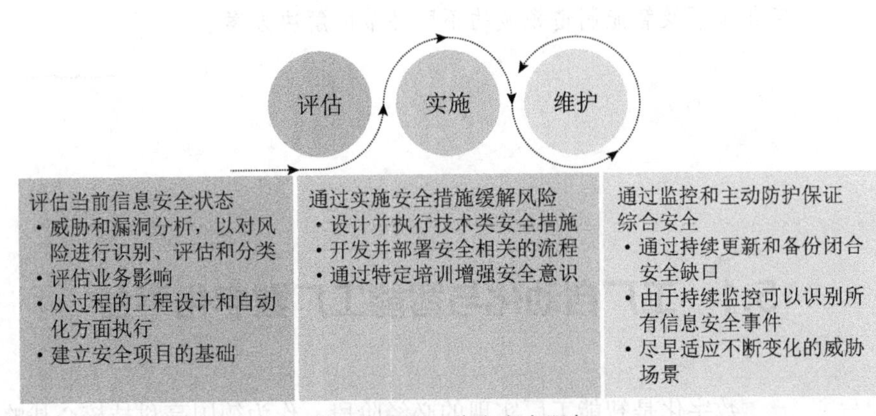

图4-55 工厂信息安全服务

1）评估安全

评估安全性包括多项评估，以确保自动化系统内基于评估的透明度。为此，系统与客户一起进行分析，目的是识别关键组件的漏洞并仔细进行检查。

2）实施安全

实施安全意味着实施安全措施来提高生产设施的安全水平，为此安装了可以检测和防御具体攻击的系统。同时，还整合了相应措施，使未经授权的人员难以通过未被注意的病毒或恶意软件渗透到系统中。

3）管理安全

管理安全性使得用户可以持续监控，并定期调整及更新自动化系统中现有的安全措施。网络安全运营中心的安全分析人员可以监测全球各地可能出现的脆弱性和威胁，并及时发出报警和警报。如果发现风险升高，将确定并提供适当的主动保护措施。如果工厂发生安全事故，网络安全检测中心将协调对事故原因的分析，并提出适当的解决对策。

第5章

智能制造解决方案

数字工厂是以物理工厂为基础，以先进的互联网信息技术为方法，构建真实工厂的虚拟现实仿真，实现对产品全生命周期的设计、制造、装配、质量控制和检测等各个阶段进行管控的功能。数字工厂对生产进行规划、管理、诊断和优化，从而实现工厂的高效率、低成本、高质量生产。高效、快速、柔性正是数字工厂为制造业带来的最大变化。

数字工厂解决方案，不但以其快速、高效和柔性化等特点为制造业企业创造价值，而且帮助制造业企业打通信息孤岛，有效实现集成与互联互通，为未来企业走向智能化奠定了良好的基础。本章着重介绍西门子在数字化工厂及智能制造领域的不同环节的解决方案。

5.1 工厂自动化与智能工厂数字化平台

数字化是智能工厂实现的必经阶段。作为德国高科技核心战略之一的工业 4.0，以信息物理系统（CPS）为基础，来实现虚拟世界与现实世界的数字化集成。在中国，工业和信息化部印发的《智能制造发展规划（2016—2020）》（本节简称《发展规划》）也指出中国政府推进智能制造发展将分两步走，第一步是到 2020 年，传统制造业初步实现数字化；第二步是到 2025 年，重点产业初步实现智能化。可以说，智能化是在数字化的基础上增加“自感知、自学习、自决策、自执行、自适应”等功能，以数字化为基础，信息技术和先进制造技术深度融合的结果。

5.1.1 智能工厂数字化平台概述

通常，工厂的制造活动大体可分为产品设计、工艺与工厂规划、工厂工程与调试、生产制造及服务等五种。在劳动分工日益细化的今天，上述五种活动通常由不同的部门或者团队完成，相互之间保持着专业上的独立性。但是，从整个制造过程来看，上述活动都以产品为纽带紧密联系在一起。智能制造的数字化阶段要解决两大课题，即如何实现上述五种活动的数字化以及这些活动之间的数字化互联，进而打通整个生产制造过程的各个环节，成为真正的数字化工厂，如图5-1所示。

产品：

1 产品设计	2 工艺与工厂规划	3 工程与调试	4 生产制造	5 服务

图5-1　生产制造环节的关键活动

智能工厂第一步是数字化工厂的建设，其离不开相关数字化软件平台的支撑。数字化的价值也越来越被制造业所认可，成为企业适应快速变化的市场、赢得未来竞争的关键所在。正因如此，鲁思沃（Siegfried Russwurm）教授指出工业软件是工业未来增长的重要动力，是工业的未来。实际上，上述支撑具体体现在两个层面。首先，工业软件是生产制造关键环节数字化的重要工具。回顾整个现代工业的发展历程，不难发现，企业早已经借助如计算机辅助设计（Computer Aided Design，CAD）等工业软件平台初步实现研发、设计等环节的数字化，通过制造执行系统（Manufacturing Execution System，MES）基本实现从原料到成品的生产过程数字化管理。可见，这些工业软件是企业实现生产制造关键活动数字化的必要条件。如今，大多数企业都或多或少地使用着一些数字化平台工具，以数字化发展步伐相对缓慢的制药行业为例，企业资源管理（Enterprise Resource Planning，ERP）、质量管理体系（Quality Management System，QMS）、建筑信息模型（Building Information Modeling，BIM）等数字化平台早已不陌生，甚至像MES、实验室信息管理系统（Laboratory Information Management System，LIMS）等也正在被广泛关注和推广使用。但是，仅仅实现关键活动的数字化还远远不够，因为生产制造的每个环节并不是相互孤立的。显然，数字化技术提升了生产制造关键环节的效率，但是随着竞争的加剧、消费者需求的变化，生产效率的提升已不仅是某个点的问题，而是成了整个生产价值链条上系统性的问题。例如，在当今火热的新能源汽车领域，通过使用数字化设计、仿真软件，企业可以很快推出新的概念产品，然而不能把设计快速转化为生产，就会出现设计出来的产品一时无法量产的窘境。在智能制造时代，工业软件平台的第二个重要任务是实现制造价值链的集成，通过集成让存储在各个关键环节的数据流动起来，通过工业云平台，形成数据价值闭环。在工业4.0中，这种集成被进一步细分为“三大集成”，即生产制造系统的自下而上的纵向集成、贯穿从供应商到客户的价值链的横向集成，以及以工厂为载体的，从设计到服务的工程数字化集成。西门子SIMATIC自动化平台能够帮助企业实现从现场到MES的纵向集成；而Teamcenter平台可以实现产品从设计到服务的全生命周期的集成；COMOS则可以助力工厂实现从设计到运维的工程数字化集成。

本章将以西门子相关数字化平台为例向读者简要介绍智能制造数字化平台，如图 5-2 所示。之所以以西门子的数字化平台为例进行说明，是因为该公司是目前唯一一家能够为企业提供从产品设计到服务整个生命周期完整产品的企业，不仅有应用于生产制造关键环节的数字化平台（如工程与调试 / 生产制造的过程自动化平台 SIMATIC PCS 7）、专业用于制药行业经过验证的 MES 平台（SIMATIC IT eBR）、适用于过程工业的过程分析平台 SIPAT 等；还有打通生产制造关键环节、连接企业数据孤岛的数字化平台。例如 Teamcenter 作为面向产品生命周期管理的平台工具，能够以产品为中心实现研发、仿真、制造、服务等环节数据的互联，是西门子数字化企业关键软件套件之一；COMOS 作为面向工厂设计、工程和运维的软件平台，能够助力流程工业实现一体化工程和运维。

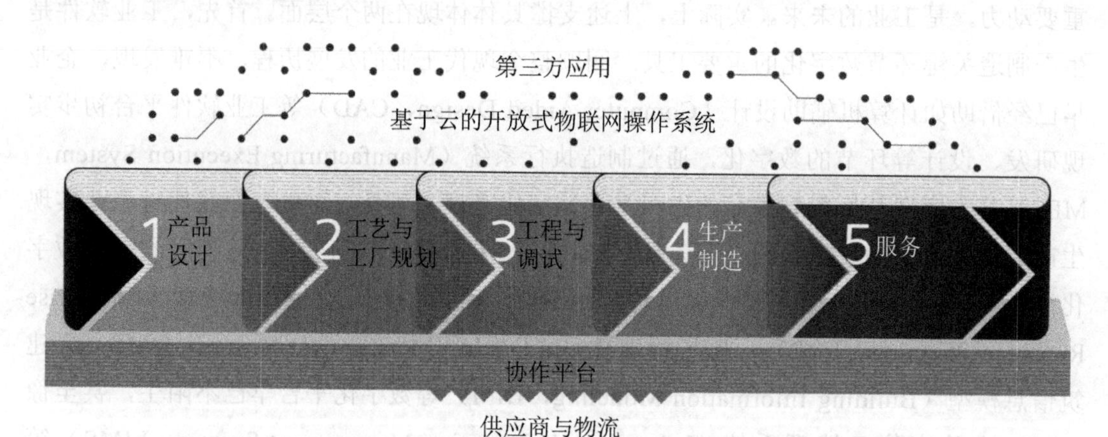

图 5-2　西门子的智能工厂数字化平台简易模型

本章限于篇幅，不能对图 5-3 中的数字化平台一一阐述，但会竭尽所能为读者介绍西门子智能制造产品家族中的关键平台，这些平台包括但不限于表 5-1 所示工业软件和部分硬件。其中 SIMATIC Ident、SIMATIC PCS 7 和 SIMATIC IT eBR 等组成的 SIMATIC 平台成为生产制造纵向集成的关键平台；COMOS 是生产制造端到端工程集成的核心平台。本章末尾介绍的过程分析平台 SIPAT 及第 6 章讨论的工业互联网平台，如 Mindsphere 等是在数字化的基础上，分析、使用生产制造各个环节的数据，助力企业从数字化走向“自学习、自决策、自执行、自适应”的智能化，已经不完全是数字化阶段使用的平台。

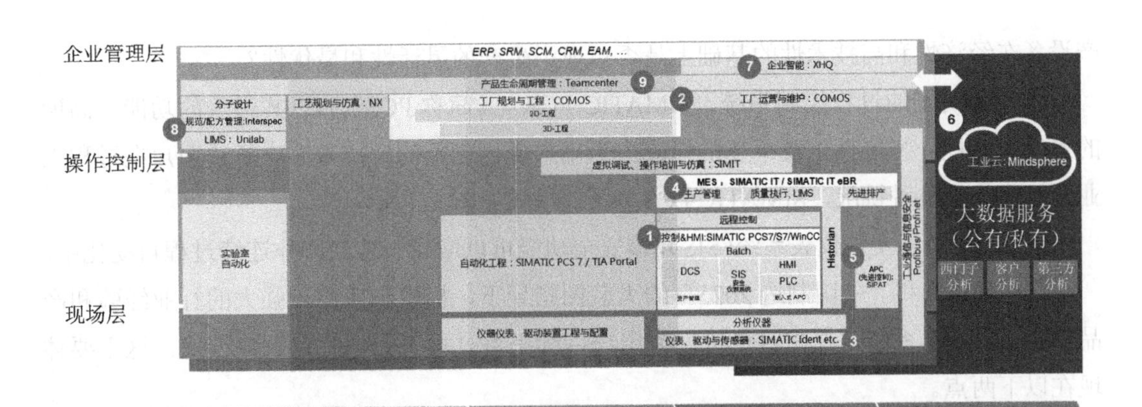

图 5-3　西门子为智能制造提供的数字化平台产品族谱

表 5-1　西门子智能制造关键数字化平台总览

数字化平台	说明	典型产品 / 功能
SIMATIC PCS 7	• 工厂自动化系统工程、调试与调试平台 • 生产制造环节的自动化集成平台	• SIMATIC PCS 7 OS/ES • SIMATIC PSC 7 Batch • SIMATIC PSC 7 Power Control • SIMATIC PSC 7 Route Control
COMOS	• 工厂规划的平台 • 工厂工程管理平台 • 工厂运维管理及仿真培训平台	• COMOS P&ID • COMOS PQM • COMOS MRO • COMOS Walkinside
SIMATIC Ident	• 工程自动化数字识别传感器	• SIMATIC MV 系列
SIMATIC IT eBR	• 生产制造管理平台	• 物料管理 • 电子批记录 • 称量配料 • 仓库管理 • 包装管理
SIPAT	• 生产制造环节的先进控制平台	• 数据采集 • 数据建模 • 反馈控制
Mindsphere	• 产品生产周期中的数据服务	• 数据的连接、分析、第三方应用 APP

5.1.2　西门子自动化系统 SIMATIC PCS 7

5.1.2.1　系统概述

在流程行业中，如何实现生产综合信息的透明化，实时获取生产、安全、质量、负荷和环境数据，为优化生产做指导？如何快速响应瞬息万变的市场环境？如何让生产过程具有可追溯性（例如符合 FDA 标准）？怎样才能知道产品是否符合各种法律法规要求？生产设备在经济性和高技术性的基础上是否实现了生产的灵活性和最优性？

作为西门子的过程控制系统，SIMATIC PCS 7（简称 PCS 7）以其强大的功能、高度的系统灵活性、扩展性以及卓越的性能，为用户提供创新的解决方案，解决用户在过程工业领域面临的各种挑战，SIMATIC PCS 7 系统组成如图 5-4 所示。

PCS 7集成了安全仪表系统（SIS），该安全功能可以应用于连续和非连续过程自动化中。

在工业 4.0 和“中国制造 2025”的大蓝图指导下，根植于西门子强大的行业经验和产品平台，PCS 7 系统也在与时俱进，为用户持续提供过程工业数字化解决方案，这主要体现在以下两点。

- 持续推进一体化工程和一体化运维，配合 COMOS/PAA 和 SIMIT 等组件，给用户提供从设计到工程，从工程到运维，从运维到服务 / 持续升级改造等完备的解决方案。
- 产品的持续创新。提供更多满足流程行业应用需求的软硬件产品。在推出面向流程行业的高端控制器 CPU 410 之后，2017 年 8 月发布了 PCS 7 V9.0 新版本，工业以太网 Profinet 网络实现从上位监控层到底层设备的全覆盖，为过程工业数字化奠定基础。

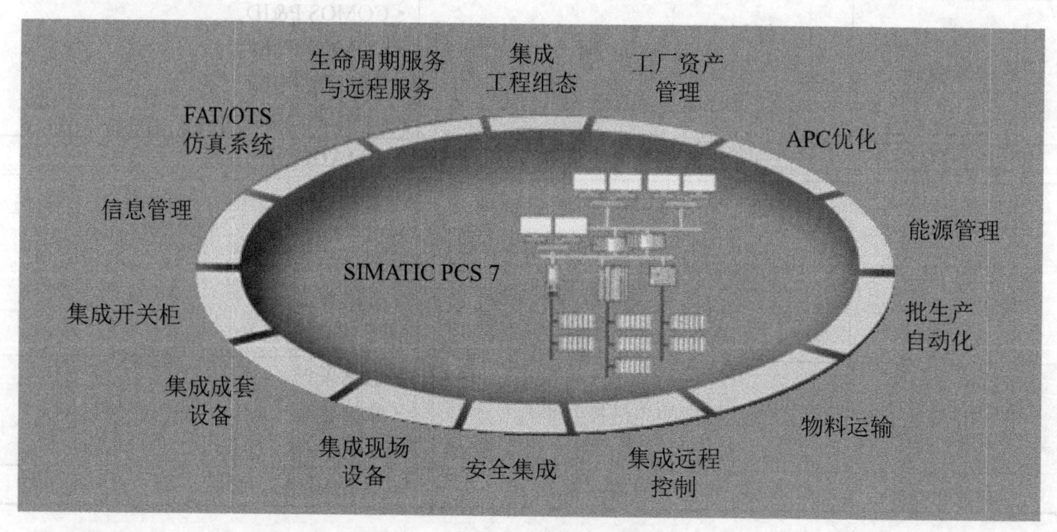

图 5-4　PCS 7 系统组成概要

经过近20年的发展，目前PCS 7全球安装台（套）数达到22000台。应用覆盖化工/石化、油气、化纤、制药、造纸、水处理、水泥、食品饮料、有色等工业领域。在 PCS 7 的应用业绩中，包括中石化青岛千万吨炼油项目，抚顺石化百万吨乙烯项目等里程碑项目，也包括南水北调这样的民生工程。巴斯夫、诺华制药、华北制药、林德、安德里兹等都是 PCS 7 的长期合作伙伴。

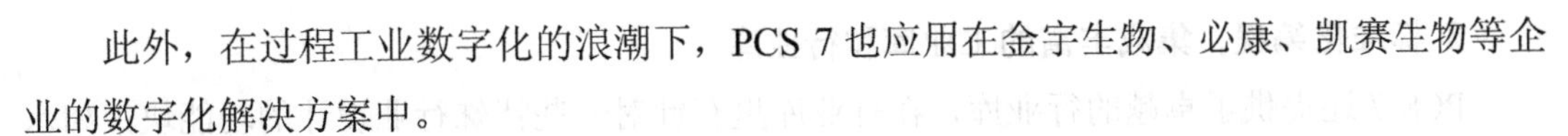

此外，在过程工业数字化的浪潮下，PCS 7 也应用在金宇生物、必康、凯赛生物等企业的数字化解决方案中。

PCS 7 系统的主要特点可以归纳为以下几个方面。

1. 灵活的系统架构及可扩展性

PCS 7 系统网络结构既支持单站结构（操作员站可直接与控制器通信），也支持服务器 / 客户端结构。用户可以依据工厂生产规模及运行要求最经济地规划过程控制系统架构，从而完美地匹配工厂规模，提高工厂的投资收益率。且系统扩展灵活，可根据客户要求组态设备和控制器。对控制系统随时进行扩展或重新组态则可以支持工厂技改或改造需求。

2. 高效工程组态

PCS 7 工程师站提供集成化的工程组态工具，一体化的工程组态数据库，符合 IEC61131-3 标准的自动化组态工具及功能极其强大的算法库，可帮助用户高效、高质量地完成系统组态工作。

通过 PCS 7 V9.0 新发布的软件 PAA，用户可以快速创建和完成基于 CMT 的标准化 PCS 7 项目。

3. 便捷操作

现代工厂工艺越来越复杂，对运行的要求也越来越严格，PCS 7 提供了众多创新技术帮助用户实现工厂操作运行的高效及安全。符合人体工学的画面符号和以任务为导向的操作面板，显著提高了操作员对异常工况的响应速度。例如：

- 高效报警管理系统将潜在危险降到最低。
- 统一的状态信息表示、强大的数据归档能力将生产可视化程度进一步提升。
- 高级过程图形（APG）提供了面向生产过程的特殊图形设计，使操作更加安全便捷。

4. 与 COMOS 平台结合，实现一体化工程及一体化运维

PCS 7 可以与 COMOS 设计软件结合使用，实现从自动化工程设计到自动化系统实施的集成。基于 PCS 7 和 COMOS 的双向数据交互，工厂的全生命周期将基于统一的工程数据库管理，不仅提高了自动化工程效率，而且即时与现场同步的文档也为工厂的运维和升级改造带来便利。位于芬兰的安德里茨 • 欧伊造纸厂在自动化工程中将 PCS 7 与 COMOS 结合使用后，工程成本降低了 40%。

5. 集成过程安全

PCS 7 不仅集成了安全仪表系统（SIS），而且基本控制功能和安全功能可以在 PCS 7 的同一个控制器中执行，一个 CPU 即满足 SIL3 要求 PCS 7 安全功能的组态、操作员人机接口、诊断系统与 PCS 7 常规控制系统完全集成在同一个平台中，提供最佳的用户体验及最小的工程成本。

6. 标准化编程，集成丰富的工业库和行业库

PCS 7 还提供了卓越的行业库，在行业库里有针对一些特殊行业设计的功能块，如水泥、造纸、水处理行业功能块。行业库集成了西门子的丰富行业工程经验，帮助用户工程组态更加方便与专业。美国的格林派克纸业，在 PCS 7 自动化系统中使用了造纸行业库 SIPAPER 对变频驱动装置进行优化控制，最高可使鼓风机的能耗降低达到 50%。山东御馨生物科技有限公司大豆分离和膳食纤维两条生产线，生产工艺复杂，控制节点数近 5000 点，通常这样的组态工作需要一个月的时间才能完成。采用了 PCS 7 组态软件后，借助 PCS 7 高效的编程方式，仅用了一周就完成了组态工作，组态时间较以往节省了 70%。

此外，PCS 7 还提供了丰富的功能选件，例如：

- SIMIT 仿真与培训系统；
- 工厂资产管理系统 AMS；
- BATCH 批处理功能；
- Route Control 路径控制；
- Power Control 配电控制；
- Tele Control 远程控制；
- 先进控制 APC；
- 高级过程画面 AGP；
- 信息管理；
- 资产信息清单 SMMC 等。

5.1.2.2 系统结构

图 5-5 是一个典型的 PCS 7 系统架构示例。现场 IO、变频器、智能马达保护等设备通过 PROFINET 或 PROFIBUS 总线连接到 AS 自动化站，自动化站与工程师站、操作员站、服务器等通过工业以太网通信。如果系统数据要接入云端或者有 Web 浏览需求，则需要增加防火墙，保护 DCS 系统网路通信安全。对于支持其他通信协议，如 Asi、Modbus 等现场层设备，PCS 7 系统提供了丰富的接入方式，如转换网关或通信卡提供宽泛的现场层设备集成。

实际应用中，PCS 7 有两种典型的系统应用架构：单操作员站模式和客户机服务器模式。

1. 单操作员站模式

单站结构通常用于规模较小的系统，可以有一台或者多台单站组成。各个单站分别独立运行，各自完成从 AS 自动化站采集数据、归档和报警的功能，单站同时还是操作员进行操作的人机界面。单站结构下，最多可以支持 8 个操作员站。单站结构如图 5-6 所示。

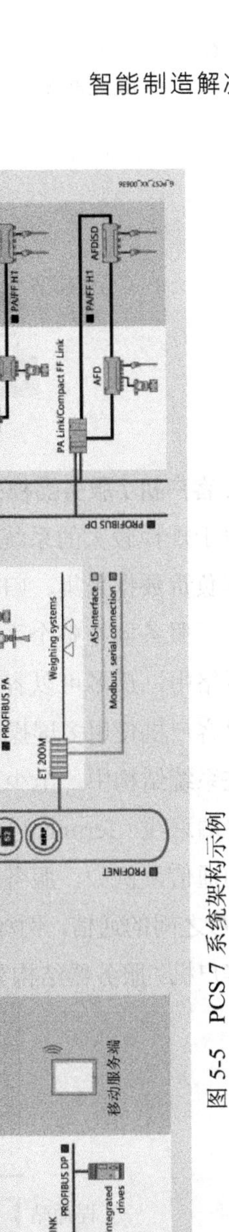

图 5-5　PCS 7 系统架构示例

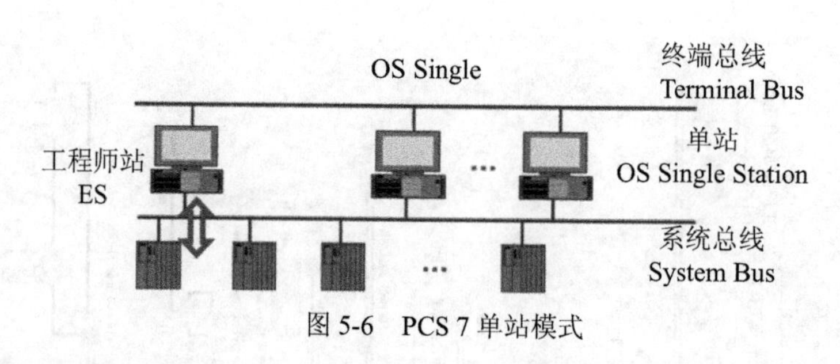

图 5-6　PCS 7 单站模式

2. 客户机 / 服务器模式

对于规模较大的系统，通常使用客户机 / 服务器结构。在这种结构中有一个或者多个服务器负责数据采集、归档和报警信息的处理，从性能考虑，服务器一般不提供操作员界面。由于服务器在整个系统体系中的关键地位，常常将 OS 服务器配置为冗余服务器。在整个网络中，最多可以容纳 18 个（对）服务器，每个（对）服务器可以连接 40 个客户机（如果客户机使用多屏操作，则每一个屏幕算作一个客户机）。

在系统结构中，至少存在一个工程师站（ES）用于项目组态。网络结构分为两层，分别是终端总线（Terminal Bus）和系统总线（System Bus）。系统总线用于 PC 和控制器（AS）之间的通信，例如，服务器和控制器之间的通信以及 ES 和控制器之间的通信；终端总线用于 PC 之间的通信，例如，客户机和服务器之间的通信以及工程师站和 OS 之间的通信。

客户机 / 服务器结构如图 5-7 所示。

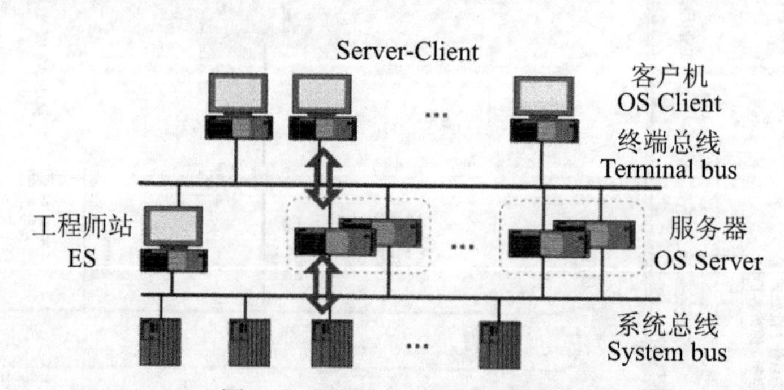

图 5-7　PCS 7 客户机 / 服务器模式

大型 PCS 7 系统可以是两种 OS 结构的灵活混合。除了过程生产的必备 OS 外，还可以通过附加选件配置 PH 中央归档服务器 /BATCH 服务器 /MS 维护站 /Route Control 路径控制服务器等多种上位系统应用。PCS 7 系统是开放的过程系统，可以通过 OPC、WEB 方式提供上层网络的通信接口。

5.1.2.3　PCS 7 系统硬件

PCS 7 系统硬件由工程师站（工程师站）、OS 操作员站（OS 服务器、客户端和 OS 操作单站等）、自动化站（AS）、分布式 IO 站、现场总线、网络交换机等组成。其中网

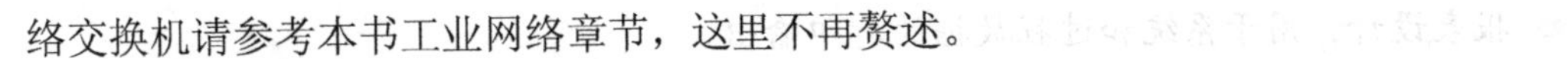
络交换机请参考本书工业网络章节，这里不再赘述。

1. 工程师站

PCS 7 项目是在 PCS 7 工程师站上设计的。工程师站安装有 PCS 7 工程组态工具，可以和自动化站和操作员站进行通信。PCS 7 工程师站提供了功能强大的组态工具，如：

- SIMATIC Manager：用于项目创建、库创建、项目管理和诊断等。
- HW Config：AS 的硬件配置环境。用于配置 CPU、通信处理器、外设以及现场总线等。
- NetPro：AS 与 AS 之间以及 AS 与 OS 之间的通信组态环境。
- 图形编辑器：用于设计工艺图、图形对象以及动画。
- Web 浏览器：通过 PCS 7 OS Web，利用因特网或者企业内网，可以方便地监视并控制过程。

在 SIMATIC Manager 中，提供了三种不同维度的视图，为项目开发带来极大的便利。这三种视图分别是：

- 组件视图：用来新增或组态新的工作站（如工程师站、AS 和 OS）。
- 工厂视图：用于设计工厂的工厂层级（PH）。
- 过程对象视图：组态期间可以创建大量的对象。过程对象视图包含有一个项目组态的各个方面。在视图中，可以查看并编辑这些对象。

用户可以创建项目（单个）或多项目。一个多项目包含一个或几个项目和一个主数据库。一个主数据库关联一个多项目。与其他系统或特定应用的库不同，主数据库存在于多项目中，并收集该多项目所使用的全部功能类型。

典型的 PCS 7 项目在结构上可以分为两个部分，即 AS 组态和 OS 组态。

AS 组态包括工厂层级、功能块、CFC、SFC 的设计，以及硬件和通信组件的组态。

OS 组态包括带有操作功能和工艺图的工厂操作界面的设计，以及对归档和协议的组态。在执行“编译 OS”（Compile OS）功能时，OS 组态可以自动地调用 AS 组态的大量系统功能。

2. 操作员站

简单来说，PCS 7 OS 是一台计算机，用来控制过程工厂并同时承担过程值和消息的管理 / 维护和归档功能，即 OS 单站。在分布式系统中，OS 被分为 OS 客户端和 OS 服务器。OS 客户端位于控制室，用来控制工厂。OS 服务器承担所有的管理 / 维护和归档功能。

操作员站信息组态均在工程师站上进行。操作员 OS 项目是组态项目的一部分，在工程师站上可以实现以下组态功能：

- 设计图形对象（按钮、滑块、趋势、面板等）。
- SFC 可视化，在 OS 运行系统中自动显示 SFC 的执行顺序。
- 数据归档（变量和消息）以及长期数据存储的设计。

- 报表设计，用于系统和过程数据的打印输出。
- 用户管理，用于指定和控制不同操作用户角色的授权访问。
- 冗余，指组态与主服务器连接的对等 OS 服务器。这两个服务器中，如果某一个出故障，则第 2 个将承担整个系统的管理 / 维护工作。故障服务器恢复工作后，将会复制并同步所有的消息和过程归档。
- 时间同步，指一台 OS 在运行系统中作为时间主站，对工厂总线和终端总线上所连接的所有其他 OS 和 AS，以当前时间进行时间同步控制。
- Lifebeat 监视，用来持续不断地监视各个系统（OS 和 AS），并在 OS 运行系统中以屏显的方式显示其结果。
- 资产管理，除Lifebeat监视外，还可以自动生成诊断画面，以便更好地进行工厂维护，从而将这些数据提交至更高一级的管理系统中。

PCS 7 OS 提供开放式接口，这使得 PCS 7 OS 可以集成进复杂的企业级自动化解决方案中，例如 OPC 或 OLEDB。因此可以创建 3 种不同的 OS 项目。

- 单用户项目。单用户项目用于独立的操作站。它适用于小型系统，其服务器和客户端功能组合在同一台 PC 上。工程组态和操作视需求而定，也可以组合在一个单站上。
- 多用户项目。多用户项目用于服务器 / 客户端环境。OS 服务器上的项目具有自己的数据库，并为 OS 客户端提供项目数据。
- 客户端项目。客户端项目也用于服务器 / 客户端环境。OS 客户端上的项目无自己的数据库，其项目数据来源于 OS 服务器。OS 项目组态完成后，OS 项目将会被下载至相应的站。根据项目需求，客户端项目的 OS 服务器可以是单服务器，也可以是冗余服务器。中大型项目中推荐应用冗余服务器。

（1）OS 服务器。

OS 服务器将流程图中的过程值提供给所连接的 OS 客户端，并将操作员的指令传递给指定 AS 中的函数块。一个 OS 服务器最多可供 50 个客户端（操作员站）访问。通常不使用 OS 服务器来控制工厂。一个 OS 服务器可访问的过程对象数目由其许可决定，最多可访问 12000 个过程对象，这些过程对象可分布在多达 64 个 AS 上。

如果工厂项目需要多个 OS 服务器，则按工厂层级组织这些 OS 服务器。层级上的一个或多个区域可以指派给一个 OS 服务器。这与 SCADA 系统从根本上是不同的。在 SCADA 系统中，OS 服务器按归档任务分配，例如，消息（报警）服务器、过程—趋势（过程变量）服务器、图形（图形对象）服务器。图 5-8 所示为按工厂区域分布的 PCS 7 OS 服务器。

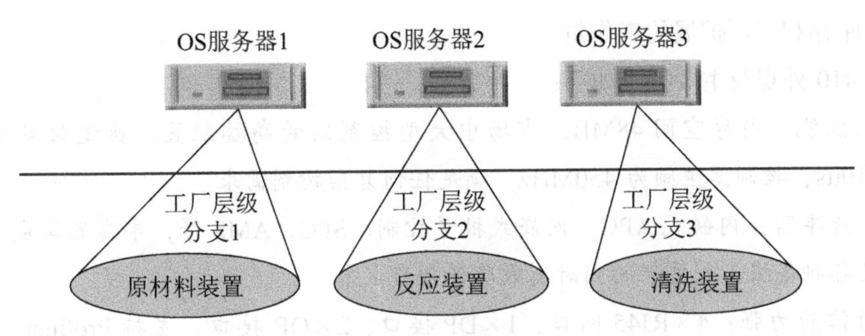

图 5-8　PCS 7 OS 服务器分布

（2）冗余 OS 服务器。

这里指OS级冗余。PCS 7可以在所有层级提供冗余，如AS级、工厂总线级和设备级等。两个 OS 服务器可以组成一对冗余的服务器，其中一个被设计为备用服务器。这一对服务器功能完全相同，正常工作时并行运行。每个服务器都有其自己的过程连接和数据归档。AS 会将过程数据和消息同时发送给这两个冗余服务器。若一个服务器故障，则客户端自动地从故障服务器切换至另一个运行的服务器。故障服务器修复并联网后，冗余功能将执行故障期间的归档同步操作。服务器将故障期间丢失的数据发送给曾经发生故障的服务器，从而消除了因故障导致的归档差异。该过程将使服务器保持一致。

（3）OS 客户端。

OS 客户端通过终端总线与指定 OS 服务器进行通信。客户端不能直接访问工厂总线和 AS。它们仅能通过服务器数据包访问 OS 服务器上的项目数据。

3. AS（自动化站）

自动化站是完成控制的核心层级，控制逻辑、信号采集、控制指令下发以及与子系统通信等主要工作均在这个层级实现。稳定可靠是自动化站的主要需求，从构成组件来看，一个典型的 PCS 7 自动化站应该包括以下模块：

- 模块机架（机架）；
- 电源（PS）；
- 中央控制单元（CPU）；
- 通信卡件（工业以太网 /PROFINET）（可选）；
- 输入和输出模块（可选）。

CPU 410 是专门为 PCS 7 过程控制系统设计的控制器。可用于所有的过程自动化行业，是目前市场上速度最快而且功能最强大的控制器之一。

无论对于标准型、容错型还是与安全相关的 PCS 7 自动化系统，都只需一种控制器——CPU 410。该控制器的控制容量可根据 PCS 7 过程对象（PO）数量灵活调整，控制器的系统扩展卡的 PO 数量可在线升级。这样不仅显著简化了自动化系统的选型和组态，而且降低了备件库存和工厂扩展的工作量。

CPU 410 外观及主要特点如下：

- 高性能：内存空间48MB，市场中大型控制器的高端配置。典型位处理运算为110μs，控制器主频为450MHz。满足任何复杂控制需求。
- 功能丰富：内嵌式APC、内嵌式批量控制、SPC、AMS等，丰富的集成功能在满足各种高级控制需求的同时有效降低项目成本。
- 通信能力强：4×RJ45网口、1×DP接口、2×OP接口。支持Profinet、Modbus-TCP、OPC、Open-ethernet等多种通信协议，方便系统扩展与数据整合；全球第一款支持冗余开放型总线技术（PROFINET R1+IEEE 802.3）的CPU。工业4.0数字化工厂的基石。
- 严苛环境适应性：G3防腐、耐高温、高海拔、抗震、抗冲击、符合EMC要求。
- 工业安全：高等级信息安全防火、Achilles level II 认证 /TUV 信息安全认证。

CPU410目前有三种型号：面向小型到大型应用的高性能CPU 410-5H（见图5-9），面向中小型应用的经济型CPU 410 SMART以及面向小型应用的CPU 410E。

图5-9　CPU 410-5H外观及技术特点

4. 分布式IO–ET 200SP HA

PCS 7支持西门子旗下几乎所有的IO系列，包括ET 200SP HA、ET 200PA、ET 200M、ET 200SP、ET 200iSP等，每个IO系列都有其典型的使用范围，例如专用于流程自动化的高端IO ET 200SP HA，适用于流程行业的经济性IO ET 200PA SMART，紧凑型的ET 200SP、用于防爆一区的ET 200iSP、通用型的ET 200M等。本文重点介绍适用于PROFINET通信的IO–ET 200SP HA。

ET 200SP HA是西门子专为过程行业研发的高性能IO，也是第一款支持PROFINET冗余通信的紧凑型IO系列。基于ET 200SP技术研发，小尺寸（模块宽度：22.5mm），卡件集成高密度通道，扩展模式灵活，可以通过光纤和铜介质连接，单站点最多可集成56个模块，所有信号采用统一的接线方式和内嵌式冗余IO接线端子，提供电源分组，盘柜集成方便简单。

HA为High Availability（高可用性）的缩写，标准的宽温型设计（-40～70℃），带防腐涂层（符合G3防腐标准），模块可以应对严苛的现场工作环境。卡件冗余设计、高精度时间戳、MultiHart等功能让卡件更能满足流程行业的应用需求。

全系列卡件在继承灵活性和可靠性的同时，又具有高可用性和丰富的功能，作为数字化解决方案中的重要一环，开拓了流程行业新的思路。

ET 200SP HA分布式IO包括接口模块、信号模块、基座单元、服务模块等，图5-10示意了ET 200SP HA分布式IO的外形和基本特点。

图5-10　ET 200SP HA外形及基本特点

作为基于PROFINET通信的高端分布式IO，ET 200SP HA具有以下特点。

- 更宽泛的环境适应性，带涂层，温度范围-40～70℃，适应海拔高度为4000m。
- 统一的I/O端子排，带快速接线功能，方便设计、安装和维护。
- 高密度I/O模块，有效节省机柜空间。
- 带防腐涂层（符合G3防腐标准），适应严苛的现场环境。
- 可安装在防爆II区。
- 支持PROFINET通信冗余。
- 内嵌式I/O冗余端子，I/O冗余更方便。
- 允许运行时更改组态，支持CiR功能。
- 高达1mm精度的时间戳。
- 强化的诊断功能，借助于工程师站的网络拓扑图即可快速识别故障类型和故障位置。

5. 现场总线

PCS 7系统的一大优点是采用现场总线技术，在其中央控制系统中无缝地集成了大量现场设备和仪表。西门子以及各设备供应商，如PI组织成员（http://www.pi-china.org/）提供了丰富的驱动装置、变送器、传感器和仪表等，这些设备都遵从PROFINET/PROFIBUS DP协议。这里重点介绍PROFINET。

PROFINET是PROc工程师站s FIeld NET的缩写，是最具创新性的基于工业以太网技术的开放式工业自动化总线标准。通过PROFINET，可实现制造自动化和运动控制领域的各种解决方案。在全集成自动化（TIA）环境中，PROFINET是基于成熟现场总线系统PROFIBUS和工业以太网的通信总线。使用PROFINET，可将简单分布式现场设备与对时间要求苛刻的应用（PROFINET IO）无缝集成到以太网通信以及基于组件的自动化系统中。

PROFINET能够完全满足自动化技术的要求。PROFINET融合了PROFIBUS和工业以太网技术，它是一个开放性标准，能够非常简便地操作和集成现有工厂组件。现在，PROFINET已成为PROFIBUS用户组织（PNO）独立于制造商的通信、自动化和工程组态模型，并已成为标准IEC61158的一部分。

从PCS 7 V9.0版本开始，PROFINET已经在PCS 7系统中得到了全面的应用，各项流程行业中的技术需求，例如不停机修改组态、Hart路由、双接口模块冗余等，均可在以PROFINET实现的系统中实现。基于PROFINET，系统架构更加灵活，将工业以太网一直延伸到现场层，为实现流程工业数字化奠定了坚实的基础。

图5-11所示是一个典型的基于PROFINET的DCS网络架构。

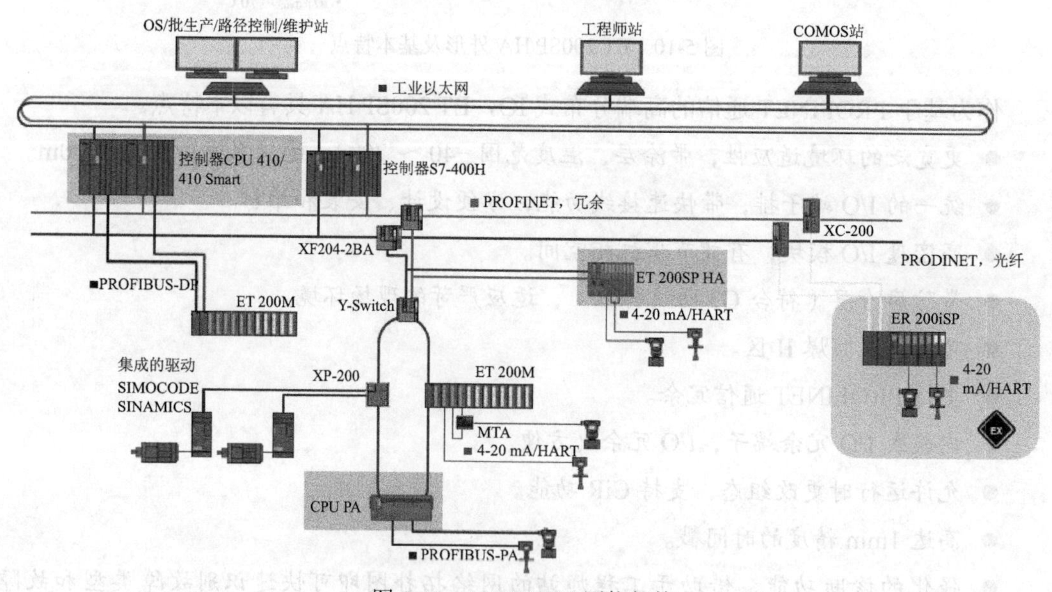

图5-11　PROFINET网络架构

5.1.2.4 PCS 7 系统软件

1. 工程组态软件

SIMATIC Manager 是 PCS 7 项目工程组态任务的核心管理工具，如图 5-12 所示。PCS 7 工程组态需要完成的功能，如硬件组态（HW Config）、系统网络配置、操作员站组态以及项目配置、程序等都是在 SIMATIC Manager 中完成。

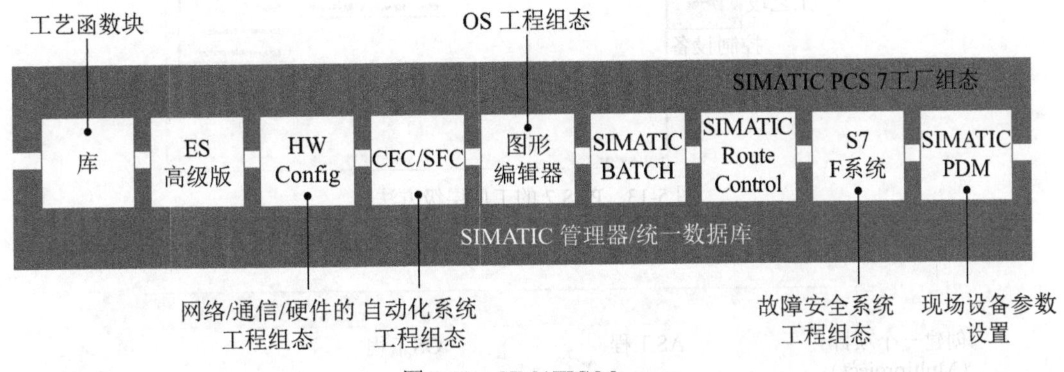

图 5-12 SIMATIC Manager

SIMATIC Manager 提供三个视图进行不同维度的工程开发，为了方便客户全方位地查看自动化项目和项目数据，为项目设计带来极大的便利，同时也让工程开发更标准化和规范。

（1）Component View（组件视图）。

- 创建项目结构与站点。
- 硬件组态（HW-Config）和网络连接（NetPro）。

（2）Plant View（工厂视图）。

- 根据过程工艺创建工厂层级。
- 创建 AS 站点的 CFC 以及 SFC 程序。
- 创建 OS 站点的画面。

（3）Process Object View（过程对象视图）。

- 基于项目的交叉索引工具。
- 可以通过表格形式编辑设置过程对象的参数等。
- 一个集成化的工厂视图。

PCS 7 工程的工厂层级设计方法可以实现所见即所得的工程方式。工程师的编辑界面，即对应工厂操作人员的操作画面如图 5-13 所示。

PCS 7 工程组态包括 AS 组态和 OS 组态两大部分。AS 组态包括工厂层级、功能块、CFC、SFC 的设计以及硬件和通信组件的组态。OS 组态包括带有操作功能和工艺图的工厂操作界面的设计以及对归档和协议的组态。一个完整的 PCS 7 项目组态流程如图 5-14 所示。

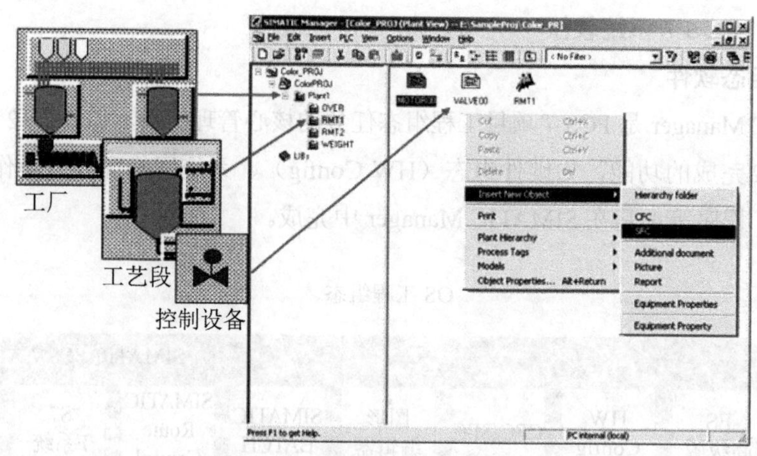

图 5-13 PCS 7 的工厂层级方法

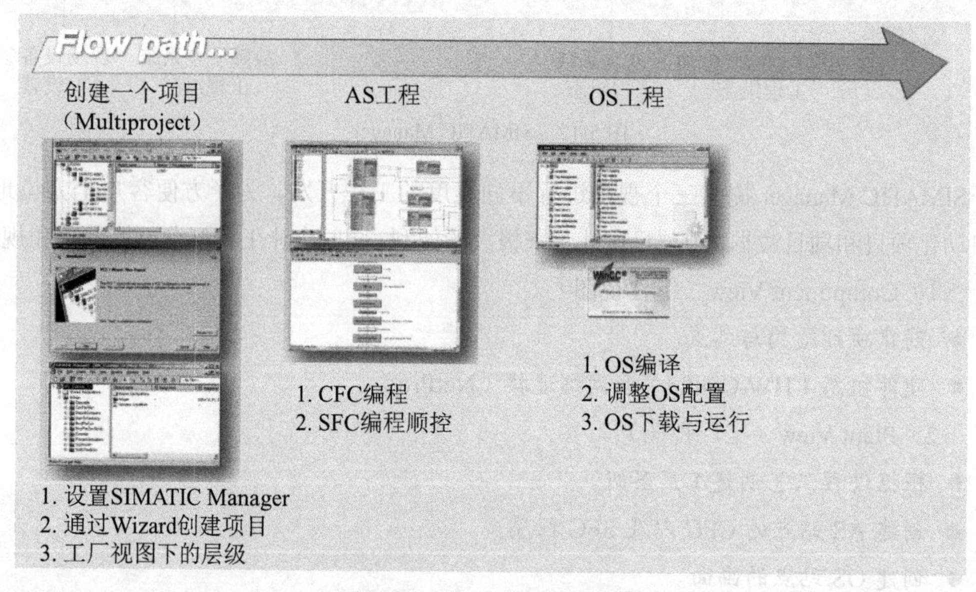

图 5-14 PCS 7 项目组态流程

在 PCS 7 中首次创建项目时，建议使用新建项目向导。该向导可自动在一个多项目（Multi-Project）中创建所需的项目结构。这样，用户可以直接开始对工厂执行真正的工程组态。在 SIMATIC Manager 中看到的一个 PCS 7 项目组成如图 5-15 所示。

PCS 7 工程组态的两大特点是多项目和主数据库。

（1）多项目的特点

- 多个工程师协同工作，组态大型项目，采用分布式组态和集中管理。
- 某些 PCS7 的功能必须使用多项目，如 IEA。

注意：建议用户无论项目的大小均组态成多项目的方式，方便项目维护等工作。

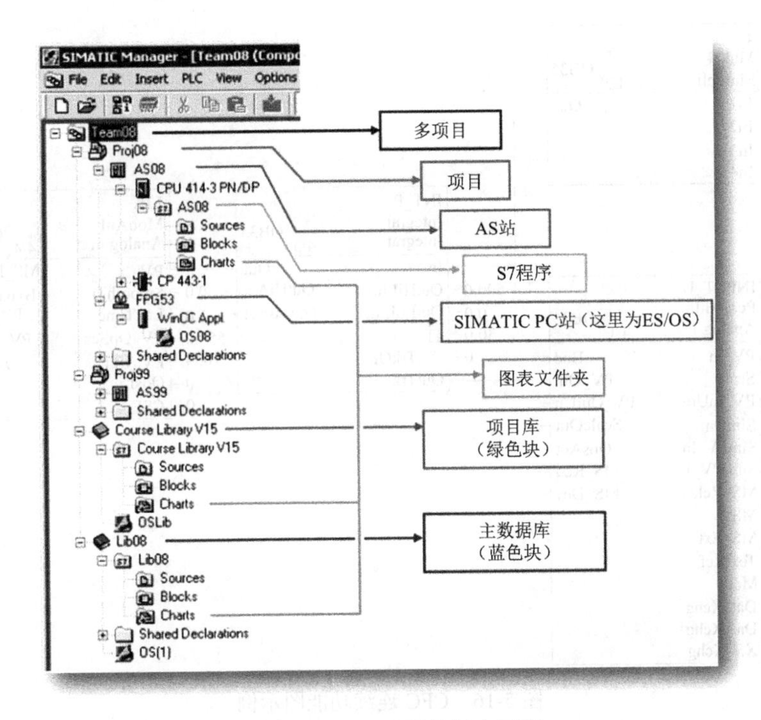

图 5-15 PCS 7 项目组态界面

（2）主数据库的特点

- 集中管理整个多项目中单项目所使用的功能块，保证数据的统一性，防止各项目之间的数据结构产生冲突。
- 方便对整个多项目中各单项目的功能块的更新和管理。

在 SIMATIC 程序管理器下，有多种组态工具可以使用，无论采用何种组态工具，生成的组态数据都自动存到同一数据库中。这些组态工具包括连续功能图（CFC）、顺序功能图（SFC）、SIMATICS7 系列 PLC 编程语言（STEP7）、结构化的控制语言（SCL）和 SIMATIC 视窗控制中心（WinCC）等。这里将重点介绍 CFC 和 SFC 的内容。

1）连续功能图（CFC）

CFC 编辑器可用于组态连续自动化功能。除了便捷易用的编辑功能之外，CFC 功能范围还包括强大的测试和调试功能以及对文档的单独组态功能。在该工具中，可以在 CFC 上对函数块类型的实例进行定位、参数设置和互连。还可以使用块属性指定块级别的访问优先级，更为细致地设置优先级。CFC 连续功能图如图 5-16 所示。

创建一个新 CFC 时，也就创建了一个和图表具有相同名称的运行组并自动分配给该图表中的所有块。因此，每个块都会立即分配运行属性，组态工程师可以用算法对这些属性进行修改或优化。

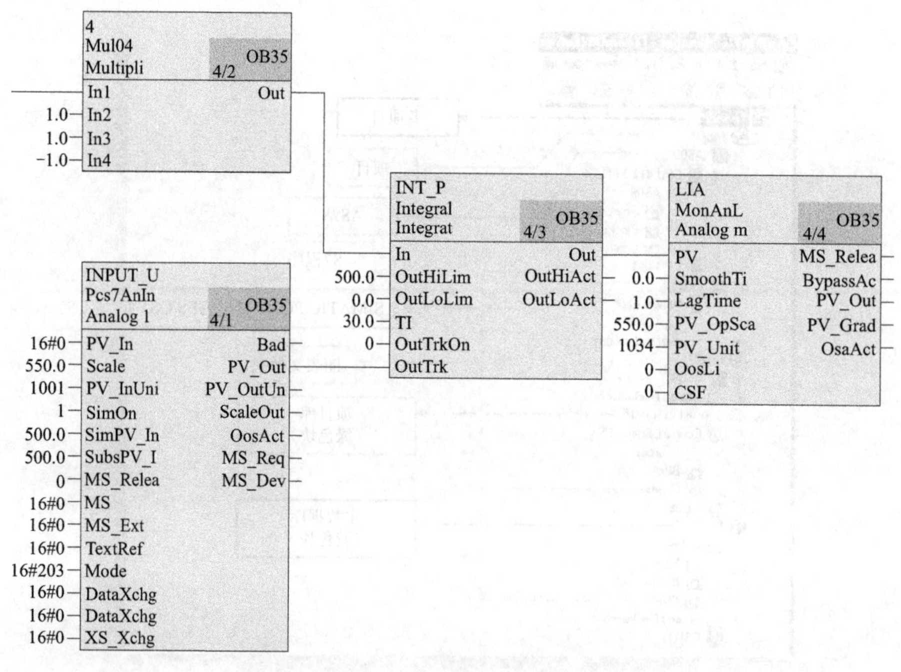

图 5-16　CFC 连续功能图示例

特殊组态方法（如层级图表中使用的图中图）、多功能的图表块类型（单个控制单元 / 过程变量类型）和实例形式的 SFC 类型（标准化顺序控制），都极大地提高了操作效率。

CFC 编辑器支持以下类型的标准软件模块。

（1）函数块类型。

I&C 库支持的函数块类型可以用于对诸如阀或电机之类的过程工程组态设备进行 I&C 建模。这种应用广泛的最小标准化软件模块连接驱动信号和控制信号，可以进行参数设置并具有监视功能，同时还包含在自动转换到已定义安全设置的互锁功能。

（2）过程变量类型。

每种过程变量类型都表示一个由特定 I&C 功能（如液位控制器）的基本自动化函数块实现的标准 CFC 图表。这种过程变量的实例可通过实例方案统一修改，也可进行手动修改和连接。

（3）独立的控制模块类型。

独立的控制模块类型（CMT）是一种新型的标准化软件模块。通过与高级工程组态系统协作，这种类型的工程组态效率会比传统的过程变量类型要提高很多。CMT 中可以包含块、图表、控制变量（诸如信号和参数的块 I/O）和消息。

2）顺序功能图（SFC）

SFC 编辑器用于以图形方式对批生产操作的顺序控制进行组态和调试，它具有简单易用的编辑功能以及强大的测试和调试功能。使用顺序控制，可以通过更改操作模式和状态

控制选择性地处理通常由 CFC 创建的基本自动化功能。顺序控制可以根据后续的用途，创建为 SFC 或 SFC 类型，SFC 顺序功能示例如图 5-17 所示。

（1）SFC

SFC 可用于实现仅应用一次且会访问生产工厂的若干局部区域的顺序控制。每个 SFC 都包含标准输入和输出，可用于状态信息、用户程序和用户控制。SFC 可在 CFC 中作为一个块进行定位和互连。只需通过简单操作即可选择所需的 CFC 块 I/O，并连接到步骤序列的步和转换条件。

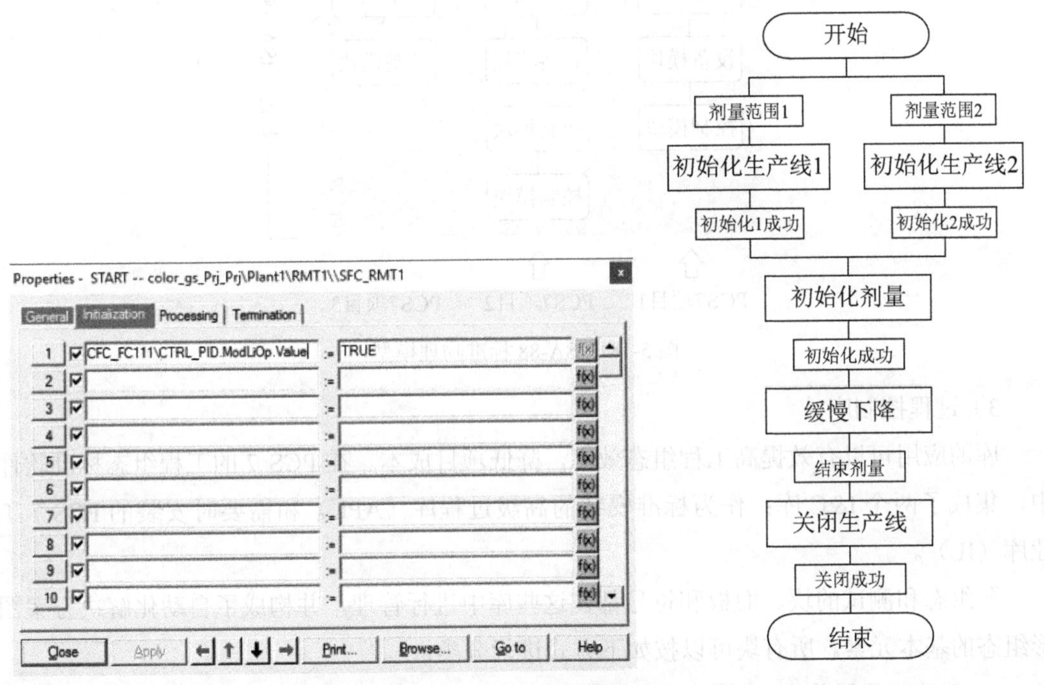

图 5-17　SFC 顺序功能图示例

符合 ISA-88 标准的状态管理器在单个 SFC 中最多可以组态 8 个单独顺控程序，如管理 RUNNING、HOLDING 或 ABORTING 等状态，或管理其他各种操作模式。ISA-88 标准物理模型如图 5-18 所示。

（2）SFC 类型

SFC 类型是可重复应用且会访问生产工厂某个局部区域的标准化顺序控制。可以在库中对 SF 类型进行管理，处理方式与标准函数块类似。例如，可从目录中选择 SFC 类型，并将其作为 CFC 图表中的实例进行定位、互连和参数设置。对源站进行更改后，所有实例都将自动进行更改。一个 SFC 类型可包含最多 32 个序列。使用“创建 / 更新块图标”功能，可在具有 HMI 功能的所有 SFC 实例的相关过程显示中自动定位并互连块图标。

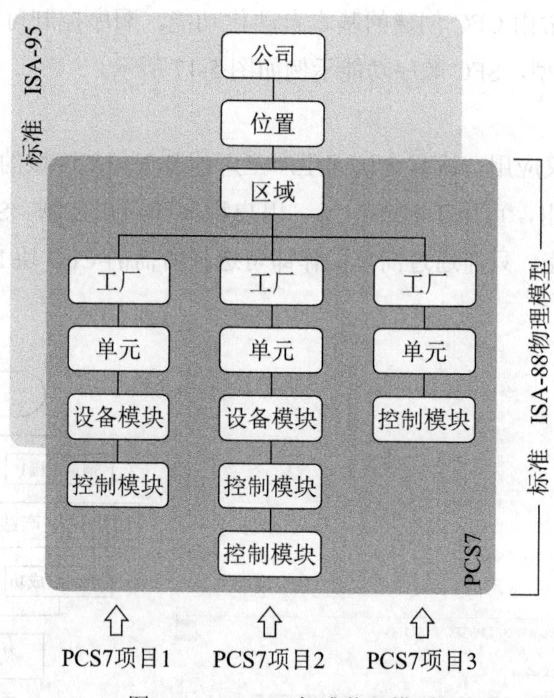

图 5-18 ISA-88 标准物理模型

3）过程控制库

库的应用可以有效提高工程组态效率，降低项目成本。在 PCS 7 的工程组态标准软件中，集成了两个 I&C 库：作为标准安装的高级过程库（APL）和需要时安装的 PCS 7 工业库（IL）。

预组态和测试的块、面板和符号都在这些库中进行管理，并构成了自动化解决方案图形组态的基本元素。所有块可以按如下方式进行分类：

- 数学运算操作块、模拟块和数字逻辑块；
- 互锁块；
- 具有集成显示、操作和信号发送功能的工艺函数块，如标准控制块、先进过程控制块、电机块和阀块、计数器块、剂量装置块；
- 集成现场设备的块；
- 操作员控制块和监视块；
- 信号发送块和诊断块。

此外，一些诸如泵、阀、配料单元和控制器（级联控制、分程控制）的过程设备，它们的预组态过程变量类型都增加了库元素的范围。

（1）高级过程库 APL

高级过程库（APL）是 PCS 7 的标准库。它基于项目工程师和工厂操作员的丰富经验，并将最新的 NAMUR 建议和 PI 规范考虑在内，如图 5-19 所示。

APL 库是一套 AS 功能库与 OS 操作对象的集合，利用系统提供的标准功能块，工程师可以很方便地对项目进行自下而上的 AS 控制算法开发和 OS 画面组态。以一个电机控制功能回路的开发为例：首先，在 AS 控制器侧，它是一个 MotL 功能块（Function Block）；在OS侧，它却是此功能块对应的电机图标（Block Icon）和一套操作面板（Faceplate），APL 定义了一套标准的 OS 操作权限与操作规范，并为操作员的操作生成操作员记录。

<PCS7 AP Library>
Motoy
MetL
Metey-
OB32
8/3
StartAut
StepAut
ModLu0p
AutModLi
ManModLi
LocalLi
OsoLi
StartLoe
StepLoca
Fbhkvm
Mamitay
MamLista
MamLiOym
KapidStp
KstLti
BypPvat
Ivip
Permit
Imtleck
Pvateck
StartFet
StarFerc
VsevAmoS
VALvmit
Sim0m
CSr
CxtMoa2
CxtVas08
Featvre
AV
Cvamtlol
Ms_Kelea
MomOymCw
MoMStaCw
K_StpAct
CockAct
VawmAct
Start
P_Start
P_Step
LecaiAct
AytAct
ManAct
OosAct
FbhkvmOv
Av_Ovt
Av_Vmit
Av_OpSca
cvvovNvm

图 5-19　PCS 7 APL 库

APL 库极大地简化了操作员的操作，同时还加强了操作员与工厂之间的交互，而且各种小版本的函数块精简了核心功能，这些函数块的块图标和面板在过程显示中所占空间极少，使得复杂过程的显示更清晰明了。

（2）工业库 IL

PCS 7 工业库（IL）是用于对 PCS 7 高级过程库（APL）进行功能扩展的领域库。IL 库的所有图标、函数块和面板在原理与设计方面都采取 APL 形式。IL 库通过工艺软件块和具有 APL 设计的面板对 PCS 7 APL 加以扩展，适合实现特定领域的功能。IL 库集成了多种经过实践检验的行业库，如水和废水处理行业库以及楼宇自动化行业库。它还支持通过触摸面板进行操作员输入与控制，并集成进 SIMATIC S7 成套设备。

IL 库是对 APL 库的标准功能的理想补充。通过 APL 和 IL 库，PCS 7 为客户提供针对众多不同领域内的特殊过程控制任务实现协调一致的总体解决方案，例如：

- 用于楼宇自动化的各种块（供暖、空调、通风）；
- 用于使用触摸屏进行操作和监视的块；
- 用于集成 SIMATIC S7 成套设备（对 S7-300 进行优化）的块；
- 诸如用于扩展测量值监视或指定设定值曲线的其他工艺块。

IL 库广泛使用在过程工业中。这些行业包括：化工、制药、水和废水处理、玻璃制造和太阳能、石油和天然气、食品和饮料。

4）批量组态与控制模块类型 CMT

依托于 PCS 7 多项目与主数据库结构，在大型系统中可以应用 IEA（Import Export Assistant）和 CMT（Control Module Type）批量工程工具进行项目程序开发，避免重复性劳动，节省开发时间。

IEA 是 PCS 7 为用户提供的一个简单易用的导入、导出工具，支持 CSV 文件编辑。借助于 IEA 工具，通过导入、导出的方式轻松快捷地生成多个参数不同的过程标签或模型实例。

控制模块类型（CMT）在 PCS 7 SIMATIC Manager 编辑器中进行 CFC 编程时，可以通过使用预先定义好的控制模块类型达到快速、灵活组态的目的。

5）操作员站（OS）

PCS 7 过程控制系统的操作员系统允许操作人员进行直观且安全的过程控制。操作员通过各种视图来监视过程顺序，并在必要时进行干预。操作员系统架构具有很大的可变性，且可灵活地适应不同的工厂架构和客户需求。

PCS 7 使用一个多监视器图形卡选件可连接多达 4 个过程监视器，从而可以从一个操作站上直观便捷地控制若干个工厂区域。

操作员站的系统软件通过追加 SIMATIC PCS 7 OS Runtime 许可证可进行灵活扩展，可以将过程对象的数量（PO）增加到 100、1000 或 5000 个，直至以下组态限制：

- 每个 OS 单站 5000 个 PO；
- 每台 OS 服务器（客户端 / 服务器架构）8500 个 PO。

关于操作员站结构，请参考 5.1.2.2 PCS 7 系统结构。

6）图形用户界面组态

操作员系统的预定义图形用户接口（GUI-Graphical User Interface）具有控制系统的所有典型特征，它具有多语种、结构清晰、人体工程学设计且易于理解的特点。操作员能够非常方便地浏览和查看工艺流程并快速查看工厂的不同视图。

PCS 7 的操作员站（OS）项目为集成式项目，过程画面在 SIMATIC Manager 工厂视图中插入，而不是在 WINCC 图形编辑器中直接插入。在组态时为每一个工厂层级创建唯一的 PDL 文件，并为该层级分配 AS 和 OS。OS 编辑后，会根据工厂层级结构生成画面树结构，如图 5-20 所示。

图 5-20　PCS 7 OS 画面树结构

并在过程画面中根据 AS 程序插入对应的块图标。在 OS 项目中，除了用户创建的过程画面 PDL 文件外，还有大量以 @ 符号标识的系统画面文件。OS 的运行需要这些系统画面文件进行支撑，如图 5-21 所示。

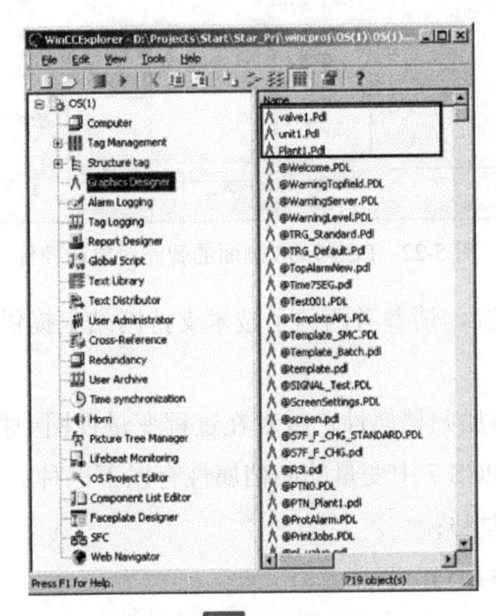

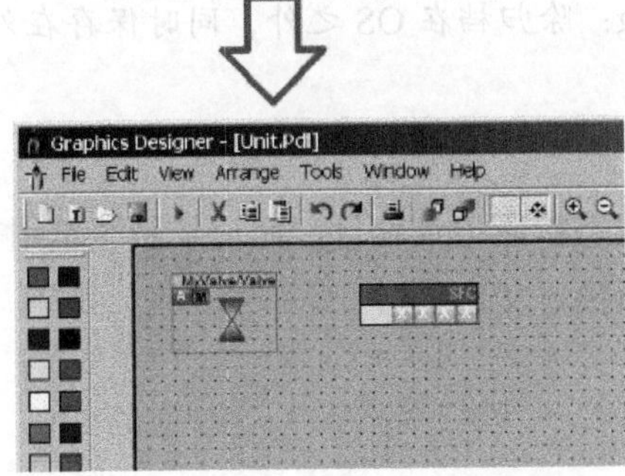

图 5-21　PCS 7 OS 系统画面文件

块图标的位置可以根据 P&ID 图进行位置调整并保存。而静态画面背景、管道流程等工艺图形需要用户自己在图形编辑器中绘制。也可以在画面中插入 WINCC 的智能对象、控件进行一些自定义功能，如图 5-22 所示。

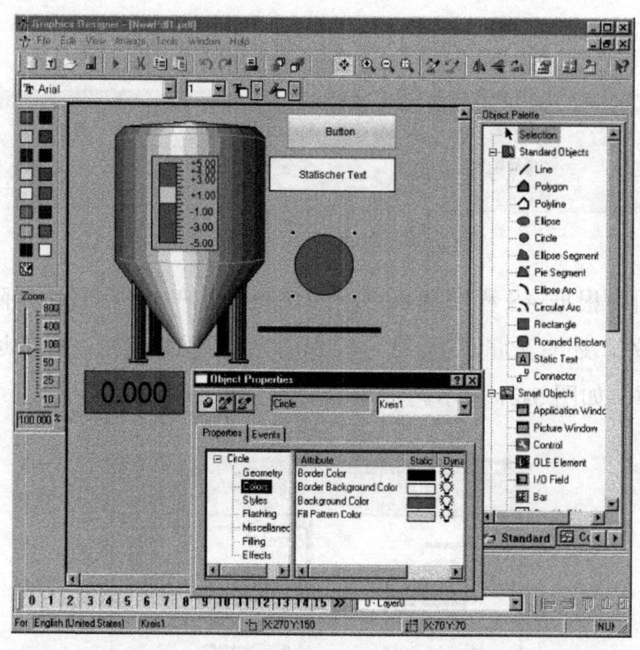

图 5-22　PCS 7 OS 画面的智能对象和控件

更多关于本部分的内容，请参考西门子技术支持网站上提供的帮助文档。

7）变量归档与报表

通过在 CFC 中逐个添加归档属性，或者在过程变量视图中批量添加归档属性，PCS 7 即可完成变量归档功能。PCS 7 中变量的归档属性有以下三种：

- No Archiving：不归档；
- Archiving：仅归档在 OS 中；
- Long-term Archiving：除归档在 OS 之外，同时保存在外部归档服务器（如果存在，CAS 或者 PH 站）。

8）报表与记录系统

报表系统用来在项目组态阶段记录项目，而记录系统是用来清晰地打印操作中记录的数据，可以使用不同类型的预定义日志。

- 消息序列日志；
- 消息和归档日志；
- 测量值日志；
- 操作员活动日志；
- 系统消息日志；
- 用户日志。

可以使用页面布局编辑器来创建全新的页面布局或修改预定义的布局。要打印的日志

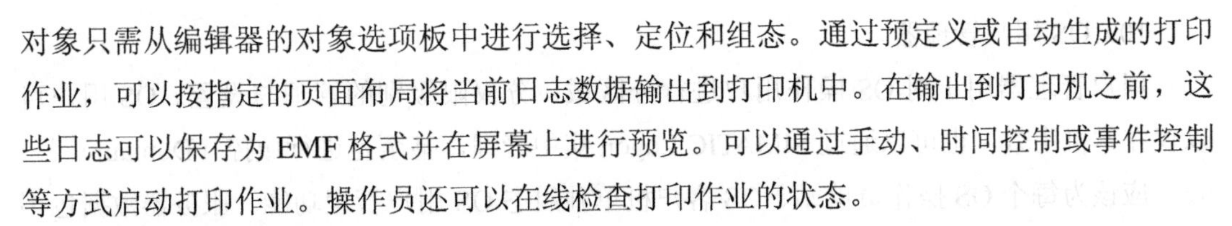

对象只需从编辑器的对象选项板中进行选择、定位和组态。通过预定义或自动生成的打印作业，可以按指定的页面布局将当前日志数据输出到打印机中。在输出到打印机之前，这些日志可以保存为 EMF 格式并在屏幕上进行预览。可以通过手动、时间控制或事件控制等方式启动打印作业。操作员还可以在线检查打印作业的状态。

9）趋势与报警

TrendControls 功能允许操作员显示过程值归档中归档变量的归档值，以及变量管理中与时间相关（表格 / 趋势窗口）或与其他值相关（功能窗口）的过程变量在线值，图 5-23 所示为 PCS 7 趋势图示例。可以按照以下方式静态或动态定义时间（根据实际系统时间）。

- 开始和结束时间；
- 开始时间和周期；
- 开始时间和测量点数量。

所有的 TrendControls 都有滚动条以及选择开始或结束时间的功能。

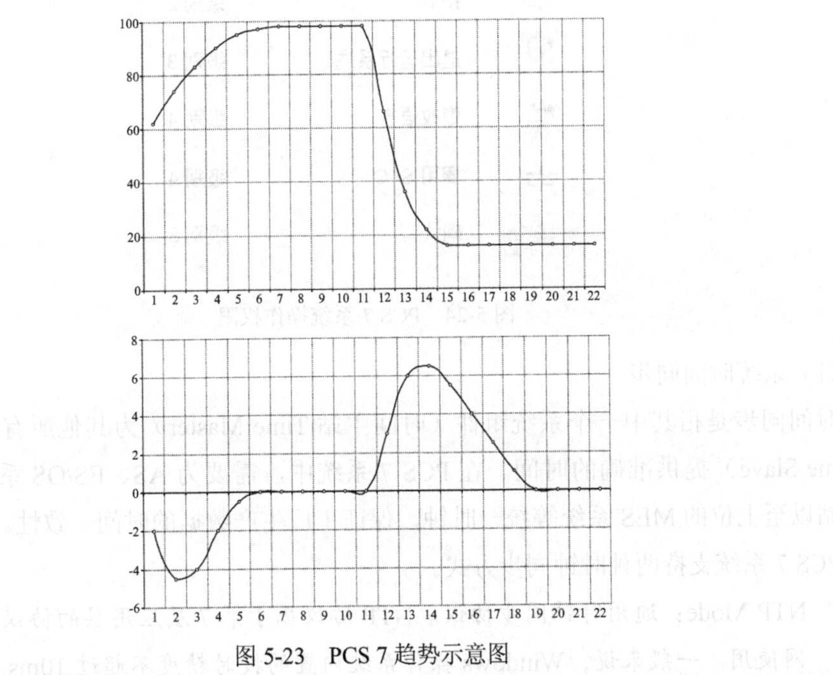

图 5-23　PCS 7 趋势示意图

集成在操作员站中的消息，系统通过可任意组态的 AlarmControl 功能（消息视图 / 窗口），记录这些过程消息和本地事件并保存在消息归档中，然后显示每个 OS 单站或 OS 服务器，最多可组态 200000 条消息。这些消息包括：

- 预定义的系统消息，由系统事件触发；
- 单个或群组消息，由过程状态的更改初始化；
- 操作员输入消息，在手动操作对象时产生。

10）OS 用户管理器

用户管理器用于对 OS 操作用户进行分区域、分权限级别的管理与设置。OS 用户可以仅在本机生效，也可以通过 SIMATIC Logon 集中管理，甚至是进行域控（Domain）。

应该为每个 OS 操作员单站、OS 客户机单独组态 OS 用户管理功能。服务器数据包不包含在服务器上所组态的用户。如果为服务器项目指定了一个项目特定的权限，则必须在每个客户端项目中也定义该权限。

PCS 7 系统按钮的操作权限如图 5-20 所示。

用户权限	级别 1
工厂组态	级别 2
趋势系统	级别 2
报表	级别 2
退出运行系统	级别 3
更改语言	级别 4
调用 SFC	级别 4
确认	级别 5

图 5-24　PCS 7 系统操作权限

11）系统时间同步

时间同步是指其中一个系统组件（时间主站 Time Master）为其他所有组件（时间从站 Time Slave）提供准确的时间。在 PCS 7 系统中，需要为 AS、ES/OS 系统、ET 200M 远程站以至上位的 MES 系统等统一时钟，保证工厂生产数据的时间一致性。

PCS 7 系统支持两种时钟同步方式。

- NTP Mode：通用时钟同步协议。NTP 协议属于第 7 层应用层的协议，可以跨局域网使用。一般来说，Windows 操作系统内置的授时精度不超过 10ms。
- SIMATIC Mode：仅西门子产品支持该协议，通过西门子软件对设备进行时钟组态。使用 SNAP 协议（第二层数据链路层协议），只能在局域网中使用。通信处理器（CP）和被同步 CPU 之间同步精度为 ±10ms、分辨率为 ±1ms。

时钟同步的方案根据工厂需求可以非常灵活。

12）PCS 7 Web 选件

OS Web 选件允许使用 PCS 7 通过 Intranet/Internet 对自动化过程进行操作员监控。既可以用在 OS 单站，也可以用在服务器 / 客户机结构。

PCS 7 提供支持智能手机或平板电脑进行远程监控的解决方案。

2. SIMATIC PCS 7 功能选件

1）SIMIT 仿真与培训系统

在过程工业中，自动化项目通常具有预算紧、复杂度高以及实施时间短等特点。因此，不但需要在最短的时间内完成 I&C 工厂的规划、安装和调试工作，还必须满足日益增长的高质量、低成本要求。使用 SIMIT 对 I&C 和工艺功能进行仿真可以缩短调试时间，极大地提高了新工厂实现预期产量、生产效率以及进行扩展和现代化改造的速度。

通过 SIMIT，可以在某些虚拟工厂中对工厂特定的用户软件进行测试和调试。为此，需要在 SIMIT 中仿真现场工艺和工厂 / 单元的工艺响应。在 SIMIT 中不但可以仿真实际的自动化系统，还可以仿真虚拟自动化系统。

将系统投入实际的工厂应用之前，可以通过该系统进行高效检测并消除潜在的故障，如标识正确使用、互连测试或互锁逻辑关系。采用这种方式，可优化组态过程的质量，而且不会对实际工厂带来任何风险。

通过 SIMIT 还可以更好地培训操作员，增加操作安全性和提高生产效率。

SIMIT 可通过开放式接口集成到 PCS 7 中进行灵活应用，通过 OPC 和共享内存等标准化接口，还可以将更多仿真模块连接到 SIMIT 系统中，SIMIT 仿真与实际 DCS 的对应如图 5-25 所示。

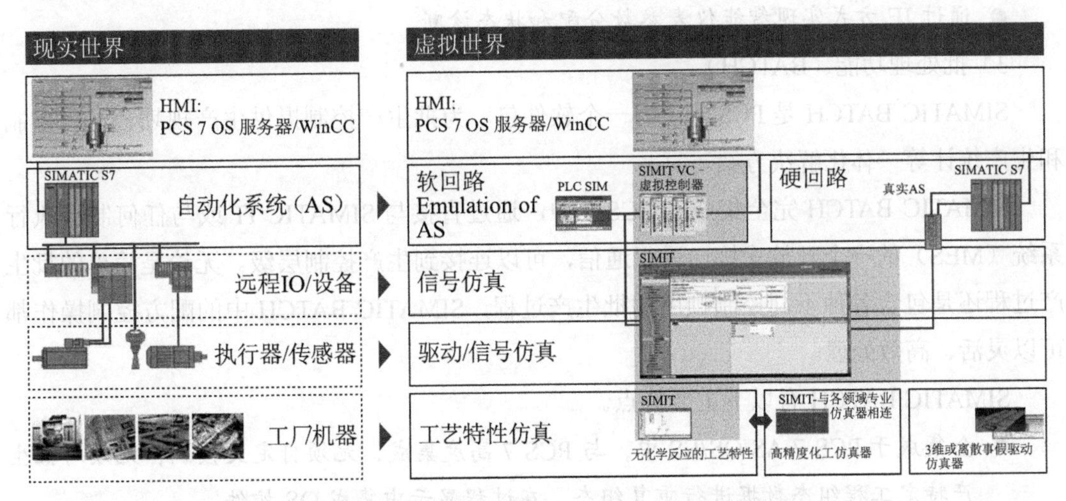

图 5-25 SIMIT 仿真与实际 DCS 的对应关系

SIMIT 提供多种库供客户完成仿真工程。

- 标准库：如电机、阀门、变频器、数学功能块等。
- FLOWNET 库：用于建立 P&ID 形式的工艺流程模型。模拟含有单一介质（水 / 蒸汽、液体、理想气体）的管道网，包括压力、温度、流量。用户可以通过 CMT 扩展自己的 FLOWENT 库。

- CONTEC 库：用于建立传送装置模型。
- CHEM-BASIC 库：用于化工或制药工厂仿真，建立带仪表工艺流程图的模型。

2）工厂资产管理系统 AMS

PCS 7 提供了非常完善的工厂资产管理功能。

- 设备组态和远程管理。
- 设备预测性维护。
- 诊断信息及维护请求。
- 标定管理、文档管理等。

PCS7 主要提供以下三种资产管理方式。

（1）PCS 7 / MS

- 通用设备状态诊断，产生维护请求，跟踪维护工作。
- PC 设备、CPU/IO 从站、智能仪表、Simocode 等。

（2）CML 库

- 用于大型工艺设备，如泵、换热器等自学习和状态诊断，预测性维护。
- 内含西门子 Know-how 分享。

（3）PDM Web

- 通过 IE 方式实现智能仪表参数分配和状态诊断。

3）批处理功能（BATCH）

SIMATIC BATCH 是 PCS 7 中的一个软件包，为批生产控制提供生产规划、过程控制和生产统计等一体化解决方案。

SIMATIC BATCH 完全集成在 PCS 7 中，通过直接与 SIMATIC IT 或与任何制造执行系统（MES）的一个开放式接口进行通信，可以连接到生产控制层级。无论是简单的批生产过程还是包含各种不同控制顺序的批生产过程，SIMATIC BATCH 中的配方控制操作都可以灵活、高效处理。

SIMATIC BATCH 有以下主要特点。

- 全集成于 PCS 7 AS/OS/ES 中，与 PCS 7 高度集成，无须自定义接口，无须对批生产特定工程组态数据进行重复组态，在过程显示中集成 OS 控件。
- 配置灵活，采用模块化架构，且支持冗余服务器架构，提升生产安全性。
- 图形化的配方编程系统操作简便，有效降低大量顺控程序的编程强度。
- 符合 ISA-88 国际标准的层级配方系统。
- 独立于控制程序的配方设计软件。

- 电子签名。
- 可与路径控制结合使用。

SIMATIC BATCH 行业应用包括（但不限于）：

- 制药：药物活性组分、生物原浆。
- 化工：颜料、浆料。
- 精细化工：香精原料。
- 生物化工：生物化学发酵。
- 食品饮料：啤酒、食品。

4）路径控制（Route Control）

路径控制（Route Control，RC）是 PCS 7 系统中组态、控制、监视并诊断物料传输的组件。路径控制不仅可以对生产过程和相关仓库进行自动化控制，而且还可以对连接这两个区域的物料传输进行自动化控制。

RC 既可以用于具有简单的静态传输路径的小型工厂，也可以用于具有大量复杂路径和管道网络的高生产能力的中型工厂。

SIMATIC Route Control 尤其适合处理以下需求。

- 频繁改变和扩展传输网络（包含执行器和传感器）。
- 须定期更换物料或动态选择物料的传输源和目标地址，具有高度灵活的传输路径。
- 大量物料的同时传输。

路径控制工程组态软件包括工程组态工具、向导和块库，并与其他工程组态工具一起集成到中央 PCS 7 工程组态系统中，其主要特点如下。

- 与 PCS 7 完美集成，结构灵活，依工厂实际规模和需求而定。支持冗余服务器，提高了系统可用性。
- 1∶1 的图形化路径网络图，在组态、调试或运行期间对工厂修改可作出快速响应。
- 兼顾物料兼容性，避免意外的物料混合。
- 局部路径的独占性分配，通过部分路径获得工厂路径网络的映射。
- 传输物料量的自动计算。
- 离线 / 在线的详细诊断。
- 可与 SIMATIC BATCH 配合使用，从批生产控制配方中启动物料传输。
- 通过重复应用组态部分路径以及将组态数据导出到 Microsoft Excel 中，从而减少组态费用和调试时间。

5）先进控制 APC

先进过程控制（APC）是区别于传统过程控制方案的控制理念与方法的一个统称，它涉及多种先进控制，如模型预测控制、软传感器、神经网络、模糊控制等。

除了基础控制功能（如PID控制、串级闭环控制、分程控制和比率控制）之外，PCS 7的I&C库还免费提供以下用于先进控制功能的功能块和模板，为生产控制优化提供了更多可能。

（1）控制性能监视：在线监视自控回路控制性能，鉴别工厂中哪些回路需要优化，并对潜在的运行故障或生产风险进行预判。控制性能监视是执行APC的第一步，应用在控制回路较多的大型过程自动化，如炼油厂。

（2）PID控制器优化：优化PID回路，模拟闭环控制回路。该功能可以应用在任何优化PID控制参数的场景中。

（3）超驰控制：两个（或更多）PID控制器共用一个执行单元（控制装置），根据当前过程状态来决定哪个控制器对执行机构进行控制。可应用于流量控制或者出于安全考虑的限压控制。

（4）增益调度：适用于非线性过程，比如Batch。增益调度为三个操作点提供了三个完整的参数集。应用实例包括使用非线性滴定曲线控制pH值（中和处理）、控制锅炉温度或者包含化学反应的批生产过程（非线性响应特性）。

（5）动态前馈控制：用于补偿可测量的、大扰动的控制回路。预测模板（CFC）建立在标准功能块上，扰动在产生负面影响之前就被消除。可应用在工业熔炉的温度控制（扰动变量：流速）或搅拌反应槽的浓度控制（扰动变量：流入物浓度）中。

（6）Smith预测程序：用于具有较长时间滞后（已知且通常保持不变）的过程。主要应用于聚合过程或闭环控制分析值（作为与分析有关的时间停滞的结果）。

（7）基于模型的预测性多变量控制（MPC）：MPC可实现基于稳态最优化和效益最大化的控制优化。PCS 7支持最多10×10内置式MPC。MPC增强功能主要体现在：综合静态/经济优化操作点；预测模式为新模式，不主动介入生产操作，仅显示预测结果；自动模型识别工具，简化识别过程；可以选择基于鲁棒性或快速响应型的控制方案，模型识别过程非常简单。

MPC应用实例包括：

- 2×2应用：二成分蒸馏、造纸、双膛系统。
- 3×2应用：钢铁漂白过程。
- 3×3应用：连续反应器、蒸馏器、蒸馏柱。
- 3×4应用：水泥磨。
- 4×4应用：三成分蒸馏、LPG蒸馏器、带四个燃烧器的熔炉。
- 10×10应用：为Tennessee Eastman Benchmark开发的基于模型预测控制器的配置MPC10×10。

APC完全集成于PCS 7，在PCS 7高级过程库（APL）中默认集成，无须额外成本，且与 PCS 7 具有统一的操作界面，支持冗余控制器，为过程自动化提供高可用性的优化控制。

此外，PCS 7 Add-on 还提供以下 APC 工具。

- INCA：模型预测多变量控制器。
- INCA Sensor：软传感器的不可测质量变量。
- INCA PID-Tuner：PID 控制器的专门优化工具。
- ADCO：自适应控制器。
- MATLAB/SIMULINK-DDE client：APC 在线耦合。
- FuzzyControl++：模糊逻辑配置工具。
- NeuroSystems：神经网络的配置工具。

6）高级过程流程图（AGP）

现有的 DCS 人机交互方式 HMI（人机界面）多以面向技术层次的组织方式为主，过程值显示主要基于字母和数字，操作员在过程画面上实现对现场设备与仪表的直接操作。APG 操作结构如图 5-26 所示。这种方式下，对生产状态的预判只能基于操作员的 know-how，且画面通常不为操作员提供操作方面的指示。

PCS7 提供以操作为导向的高级过程流程图设计，将可视化对象应用于整个屏幕，从操作员需求出发，面向任务设计 HMI 三级操作。这使得关键生产参数和生产状态得以集中展示，而且重点突出，缩短了操作时的反应时间，例如：在工厂警报报警后可及时在作业区做出反应。

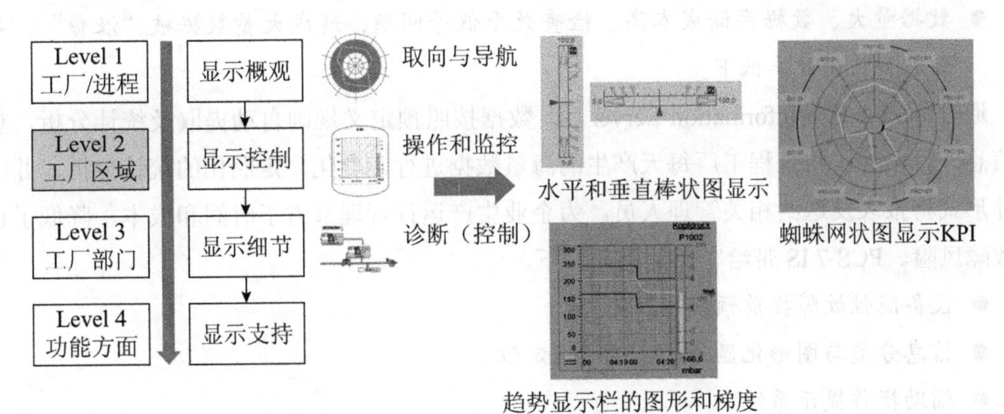

图 5-26　APG 高级过程流程图操作结构

7）资产信息清单（SMMC）

SMMC 对 PCS 7 软件实现统一标准化管理，并产生清单显示 PCS 7 工厂中安装的所有硬件和软件组件。通过 XML 文件，这些信息可以同步到企业管理平台的固定资产信息，用于备品仓库管理和设备出入库电子记录。

SMMC完成的主要功能如下。

- 统计系统产品清单。
- 网络结构拓扑。
- 软件信息和固件信息统计。
- 在线数据同步。
- 数据批量上载和下传。
- 表格显示和智能查找。

SMMC带给客户的主要利益如下。

- 快速分析安装硬件，提高维护和升级效率。
- 快速自动创建最新文档。
- 生成实际使用的PCS 7企业产品许可（EPL）清单。
- 为长线运营工厂的生命周期规划提供基础。

8）信息管理（Information Server）

数字化背景下，企业产生的大数据对工厂信息化管理带来了极大挑战。

- 数字化进程中大量的生产、质量、安全和绩效信息，造成大数据工厂下的海量信息。
- DCS系统实时产生的信息数据量庞大，同类信息的时间跨度大，分布在不同控制系统和不同的生产装置中，使工厂技术管理人员在横向分析统计数据时耗时耗力，很难且无法准确统计，所以错过很多发现隐患和解决问题的时机。
- 数据量大、数据存储成本高、检查效率低等问题，造成大量数据被“浪费”，导致数据使用效率低下。

通过PCS 7 IS（Information Server），数据按照预定义规则自动提取及统计分析，重点信息一目了然，将过程工厂每天产生的海量数据进行归类化、定制化的统计分析，并以邮件形式将报表发送给相关管理人员。为企业生产运行管理节省了时间和成本，降低了设备故障风险。PCS 7 IS带给客户的利益如下。

- 设备隐性故障提前预知、预判。
- 信息分类与图形化显示，实现精准定位。
- 辅助操作提示系统。
- 控制系统层面上的信息挖掘与大数据分析。

中石化青岛炼化公司使用PCS 7 IS后，每天工艺过程预警和报警值总量比使用前减少了近80%，仪表设备维修完好率大幅度提高。

5.2 西门子工程设计与运维软件 COMOS

5.2.1 COMOS 平台的特点

日益加剧的全球竞争迫使工厂工程设计企业及业主不得不提高生产力并改进生产质量。在降低成本和缩短周期的巨大压力下，并行实施的高效工作流必须得以采用，这就需要有能够满足跨专业和跨部门需求的软件解决方案。在所有工程设计和运营阶段持续创新并进行一致性的数据管理是解决方案得以成功实施的关键因素。由于具有开放式的架构和一致性的数据平台，COMOS 能够确保在整个企业内获得连续且透明的数据流，并杜绝任何数据丢失或者数据不一致；将生命周期各个阶段以及各个专业整合在一起，以最佳的方式在全球范围内实现互联。

友好的用户界面

传统的工程数据平台，一般都起源于工程绘图软件，因此界面和使用方式也往往和绘图软件比较相似。这样的界面和使用方式安排虽然有利于图纸的绘制，但是一旦涉及数据的集成、检索、报表生成等，往往需要工程师在不同的界面和菜单中进行跳转和切换，有时甚至需要打开其他的外置模块来进行操作，非常烦琐。

COMOS 作为一个崭新的数据平台，采用了最新的 Windows Presentation Foundation 技术作为界面的主框架。界面不仅易于理解，操作直观，而且还集成了标准的 Windows 操作功能，比如快捷方式和弹出菜单以及常用的拖拽功能等。在 COMOS 中，用户的操作界面可以按照用户自己的喜好，进行随意配置，这种配置不需要繁杂的配置过程，只需要使用鼠标进行几个简单的拖拽操作即可。这样，一个设备或者多个设备可以在数据表以及绘图中双向进行处理，不仅减轻了工程师绘图的工作量，还大大简化了数据的检索、比对、报表生成的工作流程，从而提高了工作效率。

唯一的中心数据库

传统的数据平台对数据的整合方式有两种，即整合数据库方式和数据仓库方式。COMOS 平台则完全突破了以上两种传统整合方式的桎梏。COMOS 产品系列采用模块化结构构建而成，这些解决方案可以相互集成，涵盖从工艺设计到基础和详细设计直至运营和现代化改造等生命周期的各个阶段。这些模块都构建在同一个中心数据库上，它们既可以单独实施，在需要时也可以作为独立的解决方案使用。简单来说，无论哪个专业人员需要使用 COMOS，都是从双击同一个 COMOS 图标开始工作的，具体的工作内容完全由系统授权和权限决定。

这种基于单一数据库的架构，使得工厂生命周期过程中的数据能够完全无缝地从各专业集成到同一数据库中而不通过任何接口。平台为参与项目的所有人员提供了一个高效的相互协作的工作环境，从一张简单的P&ID图，到复杂的电气回路，工程设计中所涉及的数据、图表等信息都能保存在单一的数据库中，不同专业的用户被赋予不同的权限，以便在登录此数据库后能以既定的权限进行相应的设计工作，并且不同的数据能以不同颜色标识数据状态，并使不同地域的项目组之间实现便捷、高效的合作。这种单一的数据库也使得工程公司和业主间的数字化移交变得非常简单。

完全面向对象的数据库结构

在工厂的整个生命过程当中，数据平台需要集成大量的数据和文档，这些数据和文档来自不同的专业，并且会随着工厂生命周期的演进不断增加。这些数据和文档往往不是孤立存在的，它们之间会存在大量的关联关系，如何建立和管理这些关联关系是评价一个平台优劣的关键因素之一。

目前大多数数据平台软件，由于先天架构上的束缚，必须依赖于通过接口整合进来的数据，导致数据的关联必须依靠位号、系统号等参数，这也直接导致了关联关系的建立和管理变得十分的困难和不直观。

在COMOS平台中，工厂的每一个设备都会有一个独一无二的“对象”与之对应，无论这个设备是什么时候、由谁来创建的，它在数据库中都有一个唯一存在的“对象”。而所有与这个设备相关的参数，比如位号、安装位置、温度、压力，包括关联关系都是作为设备的属性得以保存的。例如，建立设备和图纸的关联关系，在COMOS中，这个过程是直接在绘图过程中完成的，只要这个设备被画到了一张图纸上，设备自然就会生成一个和图纸相对应的关联关系，而不需要再次单独给设备指定图纸的图纸号等信息，从而大大简化了关联关系的建立和管理。也就是说，在COMOS中只要找到了设备也就找到了与这个设备有关系的一切信息。

基于SOA架构的开放平台

如何在多个系统间进行安全的数据、文档交换一直是数据平台的核心功能。在很多应用场景下，这种数据交换的过程甚至需要系统自动完成而不能影响正在进行的工作。随着应用软件的增多，单纯依靠软件和平台之间一对一的，不可复用的接口，会导致整个IT架构变得异常庞大和繁杂，难以维护。

COMOS Enterprise Server基于SOA架构，可以将COMOS数据库中的各种数据交换功能以特定服务的形式发布出来，这样第三方应用无须开发定制的接口，只需调用Enterprise Server的数据服务就可以从COMOS平台中读取或者存储数据。这种调用的过程是直接由Enterprise Server来处理的，这种数据处理机制和传统的数据调用方式相比，可以大大降低客户端的负荷，甚至可以在不安装COMOS客户端的情况下进行。

这种基于服务的数据交换方式有以下几个优点。

- 摒弃了应用和应用之间专有的数据接口，而转向只需定义应用间传递的数据格式。
- 数据交换工作完全在后台进行，可自动触发也可人工干预。
- 平台的灵活性和开放性得到大大加强。

5.2.2 COMOS一体化工程设计

在现代大型工程项目中，项目规模越来越大，所涉及的资金和总人工时也愈发庞大；绝大部分项目不仅流程复杂，专业配备齐全，而且为了减少风险和取得更好的经济效益，对项目工期也有着严格的要求。在这样的情况下，不管是业主还是工程公司，都在想方设法进行团队建设，理顺专业职责和专业间的条件关系，力图加强专业间的协同工作，降低成本和缩短工期。

加强专业间的协同工作，这是工程公司一直以来的希望和要求，通常会通过团队建设和专业间条件关系表来进行。通过团队建设来加强团队的凝聚力和向心力，改善团队内外部关系；在设计经理的带领下，各个专业负责人进行协商，共同完成专业间条件关系表，以期对各专业在什么时间提出和接受条件达成一致性意见。这些做法无疑是有效的，它们从人员上和制度上对专业间的协同工作给予了保障和指导；但仅仅从这两方面来进行还是不够的，大量的重复劳动在专业间进行，专业间文件的传递还是批量传递，工程公司需要更加高效的专业间协作，来提高工作质量和工作效率。

COMOS作为一体化的工程设计软件，覆盖了工程设计的全周期，在项目的工程设计阶段涵盖了工艺、设备、仪表、电气、管道等专业，如图5-27所示。这些专业，尤其是作为龙头专业的工艺专业，是工程设计的最主要专业，其出品文件包含了大量初步设计阶段和详细设计阶段的二维图纸、文档和计算等。专业间的关系是错综复杂的，理顺专业间关系，尽量减少重复的数据输入/输出、校对审核，加速上下游专业的交流与沟通，促进专业间的协作，是COMOS的核心所在。

工艺专业作为龙头专业和基础专业，在项目前期所有其他专业还没开始之前就已经开始，向其他专业输出大量的设计条件。工艺专业的核心文件P&ID是所有其他专业的最重要的设计输入条件，管道专业将依据P&ID提供的工艺流程进行设备和管道布置，以期达到工艺在物料存储和输送上的设计意图；仪表专业将依据P&ID上的仪表、信号和连锁关系，进行具体的回路设计和连锁设计，以期达到工艺在自动化控制上的设计意图；电气专业将依据P&ID提供的电机信息，进行负载计算和电气设计，以保证良好的电力供应。工艺专业的其他重要出品文件，如设备工艺数据表、仪表工艺数据表、设备一览表、管道一览表、特殊管件一览表、仪表一览表等，也都是其他专业十分重要的设计依据。COMOS作为一体化的工程设计平台，能够将工艺设计的全部成果与其他专业进行继承和分享。例如仪表专业在完成仪表规格书时，不需要将规格书上的工艺数据从工艺数据表中抄写过来，因为所有的工艺数据已自动按照链接关系在系统后台运作，即便还没有开始进行仪表设计。当我们第一次打开仪表规格书时，所有的工艺数据都会被系统完整地录入进来，而且不需要进行任何抄写校对。工艺专业在大多数时候作为输出专业，但在一些时候也会作为输入专业，接受来自其他专业的设计条件的反馈，如在项目末期来自于厂商资料的最终确定的电机功率参数。在项目初期，工艺会向电气专业提供一个源自计算或估计的电机功率，以供电气专业作为初步选型的依据，在COMOS平台下，这个初步的电机功率参数由工艺专业填写，参数将自动出现在电气专业的相关文件上，而无须再次抄写；在项目末期，经过评标和选型，电气专业将得到最终确定下来的真正的电机功率参数，并将之录入到COMOS平台中，这样无须工艺专业进行任何操作，工艺专业的最终成品文件，如泵数据表、搅拌器数据表、设备一览表等文件中的电机功率参数已经更新，这样既提高了效率，又保证了专业间数据的一致性。

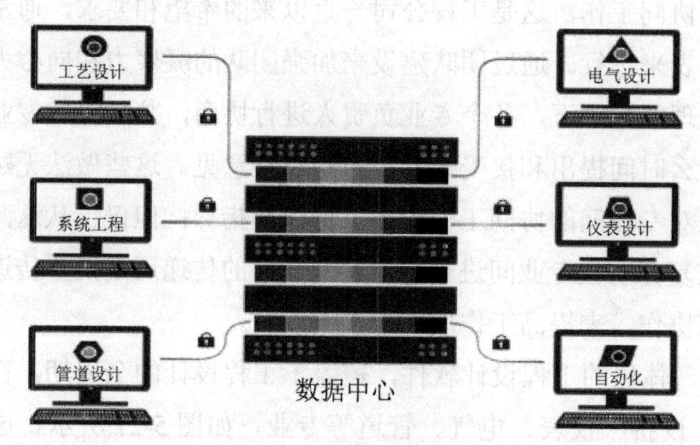

图5-27 COMOS功能架构

工艺专业与管道专业的一致性，在整个设计阶段显得尤为重要。相对于仪表和电气设备，管道、管件的数量要多很多，尤其是在公用工程部分，由于它们的相对不重要性和机动性，需要为主工艺设备和管道让路，导致大量通往直接用户的管道走向和数量可能都与最初进行P&ID设计预想的不一样，造成P&ID图与3D模型的不一致，给材料统计、施工乃至开车运维都带来极大的困扰。COMOS平台通过与常用3D模型软件，如PDMS、PDS等连接，可以实现P&ID图中对象的数据和3D模型中设备、管道等数据的无缝连接，确保数据的一致性。

5.2.3 COMOS与DCS的集成

按照传统的设计流程，在工艺电气仪表等各专业设计完成后，这些不同专业的设计数据资料将会以 Excel 文件或 XML 文件等格式向自动化工程阶段手工传输，需要人工调整格式并挑选整理内容，非常容易发生错误，并且一旦发生设计变更，自动化工程需要人工进行比对更改。

由此传统分离的设计流程和方法，如图 5-28 所示，面临如下诸多挑战。

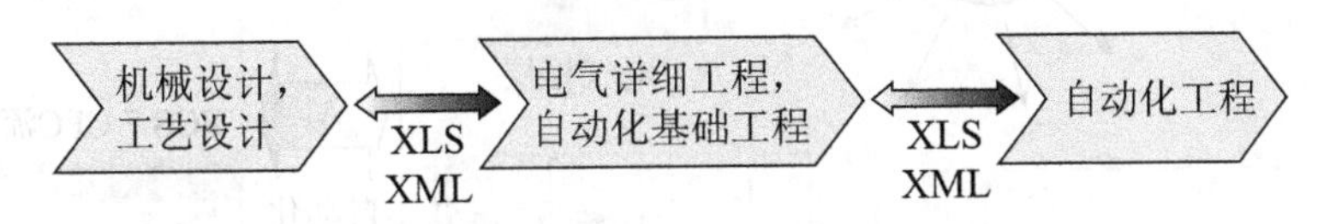

图 5-28　传统设计数据信息流向

- 各阶段的工程数据需要人工重复工作。
- 各阶段之间缺少高效的变更管理。
- 分散的信息存储。
- 人工进行数据一致性检查。

由此导致工程的进度延误，并且增加了各个阶段的工程成本。作为一个覆盖工厂全生命周期的设计运营管理平台，COMOS 致力于挖掘管理，利用工厂全生命周期内每一阶段的数据，为客户构建一个真正的数字化工厂。

在设计阶段，COMOS 将各专业的设计工作整合在一起，为所有专业提供了一体化的设计平台。

在工程建设阶段，针对自动化工程需要使用前期大量的设计数据，COMOS 提供了标准的解决方案，利用自动化接口（Automation Interface）与 SIMATIC PCS 7 系统实现了无缝集成（如图 5-29 所示），充分快捷地利用了全面的工程设计数据，并且能够及时将自动化工程中的更改回传到 COMOS 中，保证了 COMOS 数字工厂资料始终能够与工厂的实际数据保持一致。

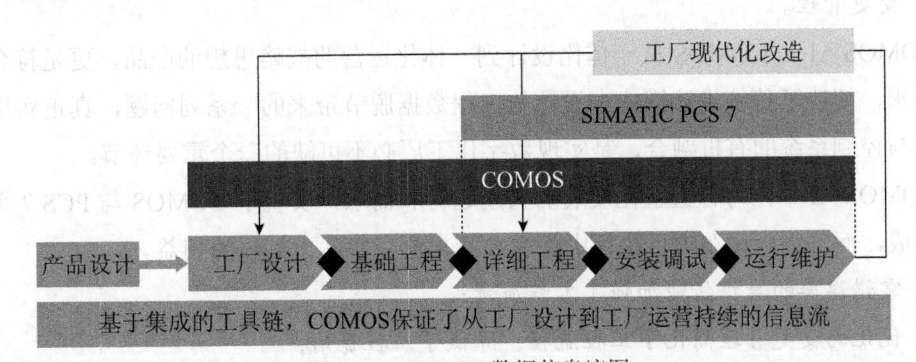

图 5-29　COMOS 数据信息流图

西门子 PCS7 系统是西门子旗下的分布式控制系统（DCS），在众多行业都有广泛的应用，与同属西门子的 COMOS 系统无缝集成，具有独特的优势，如图 5-30 所示。

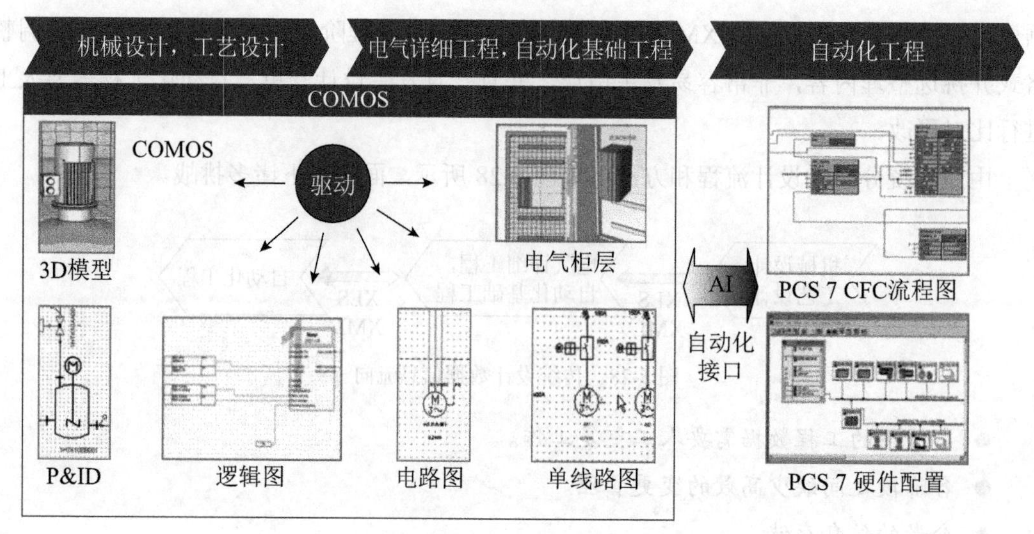

图 5-30　COMOS 与 SIMATIC PCS 7 的信息接口

COMOS Automation Interface（以下简称 AI）是 COMOS E&IC 模块的标准插件，提供了 COMOS 与 SIMATIC PCS 7 之间的双向接口，可以向 SIMATIC PCS 7 传输工程数据。数据传输操作在 COMOS 中执行。

利用 AI 接口插件与 SIMATIC PCS 7 的链接，COMOS 为客户提供了以下功能选项：

- 将过程变量库从 PCS 7 导入至 COMOS；
- 将项目 / 数据从 COMOS 导出至 PCS 7；
- 将对项目 / 数据的更改从 PCS 7 导入至 COMOS。

AI 接口具有以下特点，保证了 COMOS 与 PCS 7 之间数据的安全交换：

- 双向数据交换；
- 一致性检查；
- 变更管理。

COMOS AI 是 COMOS 从一体化设计到一体化运营的战略思想的产品，更是符合客户真实需求，解决了传统设计模式中设计与工程数据脱节带来的一系列问题，真正实现了设计平台与控制系统的有机融合，是实现数字化工厂必不可缺的一个重要环节。

COMOS AI 不但符合数字化发展的长期趋势和需求，实现了 COMOS 与 PCS 7 系统的无缝集成，而且将直接在项目执行中为客户带来众多实际、具体的利益。

- 零错误率的数据传输加强了工程质量；
- 优化的变更管理简化了工程流程，降低了工程费用；
- 跨专业的一体化工程设计提高了效率，缩短了项目周期，降低了成本。

COMOS 与 PCS 7 的无缝集成，保证了设计信息和自动化工程信息之间的一致性，提高了数字化工厂信息的完整性，加强了数字化工厂的复用性，满足了工厂全生命周期管理

的需求。

5.2.4 COMOS 数字化工厂与一体化运维

据权威机构统计，一个典型的石油工厂从前端设计到实际运行大约有如下数据量被生成：35000 个设计文档，150000 个供应商元件库和规范库，100000 个规格说明书，250000 个表格、单据等。对于业主而言，25% 的数据在设计阶段产生，另外 75% 在工厂运行维护阶段产生，超过 70% 的投资和运行费用与信息的处理和操作密切相关。由于石油石化行业的复杂性和对安全性的高要求，工程公司或 EPC 在承担该类项目时，为了防止错漏碰缺，及更好地控制材料和工期，不得不借助智能三维工厂设计工具先完成一个虚拟的三维工厂模型，并基于该数字三维模型来达成多专业的协作、碰撞检查、图纸生成、材料表的统计等一系列设计和管理工作。如图 5-31 所示，工程设计和建造这一过程一般会延续 0.5 ～ 2 年。该数字工厂模型通过数字化的移交，交付给业主之后，业主在延续 20 年，乃至 60 年的运行维护、改造、退役阶段中，业主如何有效利用该数字化工程资产，包括三维和二维的信息，发挥数字资产最大价值，提高工厂 HSE 水平，为工厂的全生命周期打下扎实的基础，是关系工厂运行效率和安全的一项重大课题。

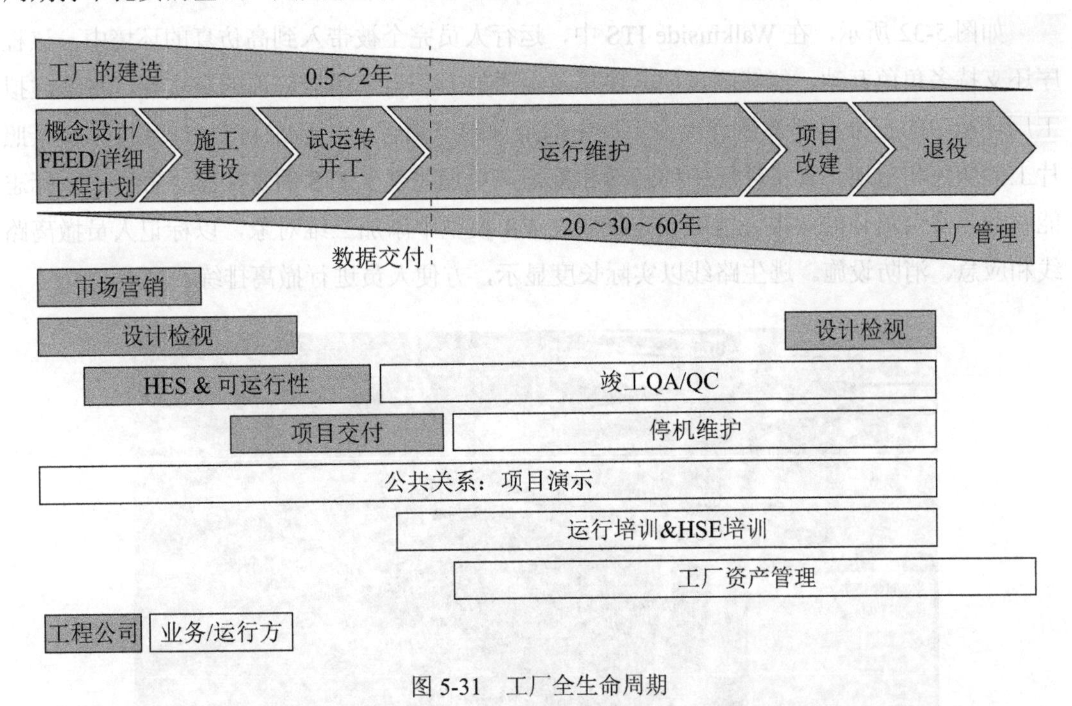

图 5-31　工厂全生命周期

基于从工程公司移交的各类型的工程设计文档，应用 COMOS 智能设计软件对数字化工厂数据库进行可视化工厂的构建，实现高效信息查询、一键搜索和不同设计专业的数字化信息间的导航，进行科学的变更管理，实现高效的工厂运维、工艺改造、保准操作与安全培训和演练。

1. COMOS Walkinside 可视化工厂

西门子应用 COMOS Walkinside 的 3D 虚拟现实系统建立可视化工厂系统。应用 COMOS Walkinside 的 3D 虚拟现实查看器，可以在工厂的所有生命周期阶段，在运营、维护计划、仿真和工作人员培训方面重复利用工程设计阶段所积累下来的工程数据。这项专门针对运营设计的工具可供操作人员和工程师方便地使用，提供了对复杂模型的快速和现实感强烈的渲染，形成了一种身临其境的感受。典型运用范例包括了项目进度审查、问题解决讨论、场外仿真培训、工程设计和维护任务的空间环境掌握，以及紧急状况下的空间分析和决策支持。

COMOS Walkinside 虚拟现实解决方案从数字化、数据建模、系统仿真、决策支持一直到虚拟现实，它是一个开放的复杂系统，是一个综合信息的数据系统工程。WalkInside 使用 Ambient Occlusion 环境光遮蔽技术来实现边缘附近的阴影效果，增加了模型的视觉真实感，有助于对三维模型阴影部分物体和复杂组合的辨认。它可以为诸如流程工厂构建大型的 3D 模型，这项挑战将结合真实感强烈的视图和快速导航功能供操作或维护人员使用。

如图 5-32 所示，在 Walkinside ITS 中，运行人员完全被带入到高仿真的环境中，该程序还支持多角色互动，能够测试团队协作及沟通能力。为了增加培训的真实感，每个虚拟工厂环境中的三维模型都带有现实工厂中的全部细节属性，包括来自 CAD 数据和实景照片上的颜色和质地。真实环境中的音效和警笛声更加完善了 ITS 的真实感，各种安全标志能够加强安全培训的效果。能够设定程序在 VR 模型中添加三维对象，以标记人员撤离路线和应急、消防设施。逃生路线以实际长度显示，方便人员进行撤离排练。

图 5-32 COMOS 实景模拟

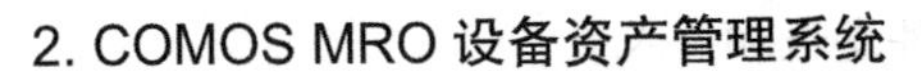

2. COMOS MRO 设备资产管理系统

传统工作模式下，设计单位移交的设计成果是蓝图，施工单位移交的质量管理和记录也是纸质文档，这些是业主在运营阶段设备管理的基础资料，可是这些图档很难利用，而管理这些文档也是一项繁杂的工作。基于 COMOS 可以形成方便高效的文档管理平台，通过拖拽的方式，可以把各种格式的文档方便快捷地挂在结构树下，包括文本文档、各种设计图纸、PDF、Word 及 Excel 表，甚至三维安装示意图、现场照片和拆装音频视频文件等。由于系统结构完全与工厂实际情况保持一致，对于工厂的服务人员而言，查找工厂的系统会非常直观、非常方便；并且所有设备资料都以设备为核心进行管理，结合 COMOS 方便快捷的智能导航功能，工厂服务人员可以快速查到所需资料。

设备在其工厂环境下的 3D 视图与表格、文本或 2D 信息联合起来能够提供极其巨大的帮助。运用 COMOS Walkinside 系统，维护人员就能查看设备所处的位置：是可以从地面接近这台设备，还是需要搭设脚手架或利用起重机械。另一种方式是，利用 COMOS 所提供的链接，只需在 3D 视图内点击设备，工程师就可以直接访问设备特性、维护历史记录和文档。反之，如果工程师正在进行工程设计或维护数据库，则可单击转换至设备的 3D 视图，从而看到空间环境情况。

3D 视图能够帮助人们获得已颁发工作许可证的工作地点的空间感受，并从危险物质、高温表面或与工艺互动关系的存在方面，评估这些位置的风险因素。如果这些人员装备了 RFID 芯片，则在紧急情况下就可以通过快速浏览 3D 图确定他们的位置，引导他们前往安全位置。

COMOS MRO 基于工厂设计成果资料库与数字工厂模型，建立了设备的全生命周期管理系统，提供丰富的设备维修维护功能、高效的关联备品备件管理系统，提升了设备管理的效率。

3. COMOS 友好、易用、高效的操作界面

COMOS 提供直观的用户界面，易于操作，包括拖放功能，可以双向编辑对象属性，在文档与对象之间进行导航。通过高效的搜索机制，灵活定义筛选条件，方便快捷地查找相应数据，实现数据的快速定位和不同数据间的快速跳转，并且通过预定义模板，自动生成 Excel 汇总报表等。

- 智能生成报表，各类数据的灵活检索及整合；
- 灵活、方便的报表设计，定制符合企业各种需求的报表；
- 企业管理可以远程在线监控数据，并实时生成定制的报告、报表；
- 强大的数据检索能力，提供决策数据支持（如成本核算、节能减排分析、企业效益趋势等）；
- 可以将报表直接生成 Excel、PDF 等文档格式；

- 可以将报表直接作为通知电子邮件的附件发送相关人员；
- 可以实现相关审批工作流的电子化，必要时可以采用电子签名方式；
- 可与外部程序交换数据；
- 移动办公，随时随地管理工厂。

利用 COMOS Mobile 解决方案，所有工厂管理人员或工程师都可以随时随地通过网络服务器及移动端（平板电脑）快速获得和使用设备相关信息，极大简化了数据和文档的管理及相互协作，如图 5-33 所示。用户无须培训，即可在熟悉的操作环境中访问 COMOS 数字化工厂信息。

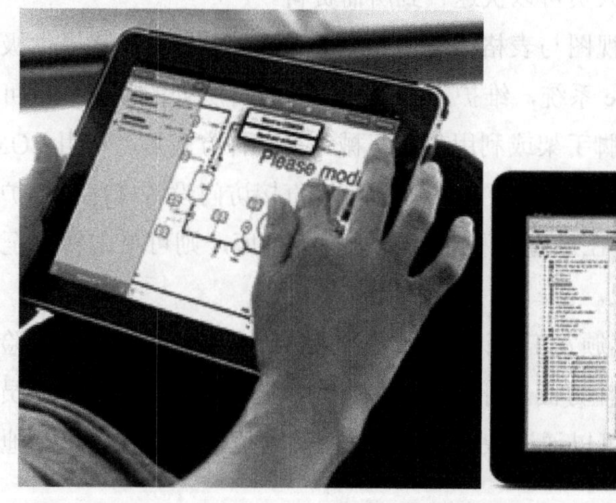
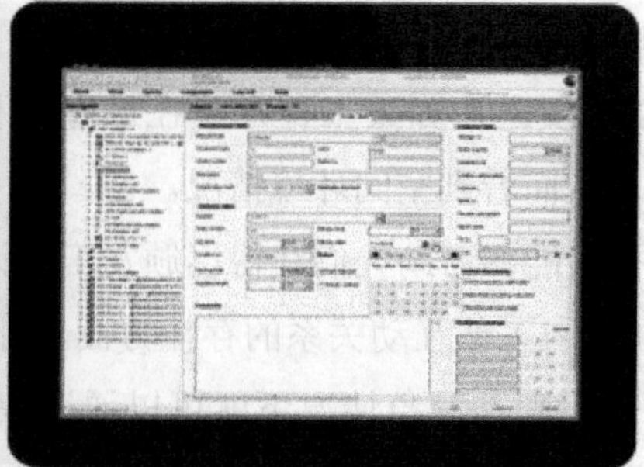

图 5-33　COMOS 移动端

5.3 智能工厂中的数据源泉

在中国制造 2025 及工业 4.0 信息物理融合系统的支持下，工厂需要实现生产设备网络化、生产数据可视化、生产文档无纸化、生产过程透明化、生产现场无人化等先进技术应用，做到纵向、横向和端到端的集成，以实现优质、高效、低耗、灵活的生产，从而建立基于工业大数据和互联网的智能工厂。

智能工厂的“智能”并不仅限于制造环节，也延伸到管理环节，只有智能化的管理+制造才能实现智能化的弹性生产。对于智能工厂来说，最重要的需求是实现纵向、横向和端到端的集成，如何实现三个维度的集成是工厂迫切需要解决的问题。横向集成的目标是将信息流从原料端到生产端再到销售端打通，使生产过程、物流过程、配送过程完全透明化，从而实现对产品全生命周期的监控和管理、完全透明化供应链管理，进一步提高生产

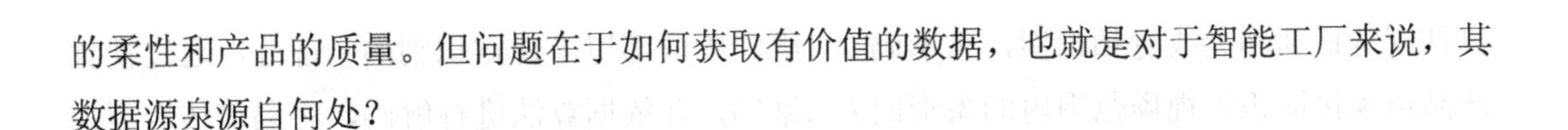

的柔性和产品的质量。但问题在于如何获取有价值的数据，也就是对于智能工厂来说，其数据源泉源自何处？

5.3.1 工业识别获取准确的信息使工厂透明化

对于工厂来说，存在很多自动化设备，如机械手、AGV、控制器等，这些设备本身就具备与上层控制系统通信的能力，也就是智能设备。通过这些智能设备，上层控制系统可以方便快捷地了解现场工作状况并发出控制指令指导生产。但同时，工厂中并非所有设备都是智能的，如车间中很常用的托盘、载具、机床上的各式刀具等，这些设备本身不具备与控制系统通信的能力，它们的状态信息无法自发地上传到控制系统，这就使得这些设备的状态、库存等信息成为盲点，控制系统无法监测以及控制这些设备。这些设备并非不重要，它们也是智能生产的一部分，打通智能工厂的横向集成在这些“盲点”处存在挑战。

那么，是否有一种技术能够使这些传统非智能设备变成智能设备呢？

笔者认为，工业识别产品及技术是解决这一问题的最理想解决方案，通过工业识别产品的应用，工厂可以获得实时的过程透明化、对产品进行完整的全生命周期的追踪追溯，以及贯穿整个价值链的可靠识别，如图 5-34 所示。用户还可以使用工业识别获取的信息做出正确的决策，比如通过最小化资产的空闲时间来提高效率，通过降低库存来降低成本，并且对某些重要资产或设备进行预测性维护。

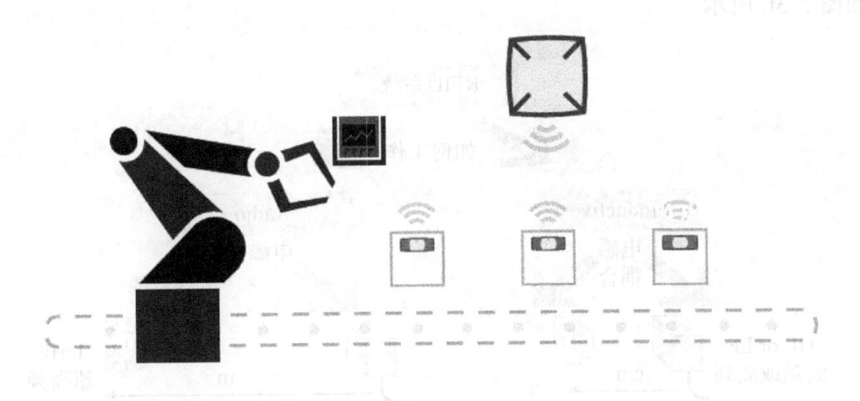

图 5-34　工业识别使过程透明化

5.3.2 工业识别系统原理及应用举例

不管是 RFID、条形码/二维码、还是 OCR，每种技术都有其优点，这些识别技术的应用取决于很多因素，如检测距离、照明条件、环境温度、电磁干扰等。通常，工业识别包括视觉识别和无线射频识别，条形码/二维码读取都属于视觉识别的一部分，通过视觉产品可视化地识读视场范围内的条形码/二维码，并依据算法进行解码，将码值传送至控制系统，使控制系统能对产品进行识别并给出控制指令，进行柔性化控制和生产。相较于条形码而言，二维码能存储的信息量更大，能表示更多的数据类型，也具有更优的防错容错能力，因此有更广泛的应用前景。视觉识别的应用比较多地受到现场照明条件、遮挡等因素的影响，对视觉产品的选择提出了较高的要求。

无线射频识别（RFID）基于无线射频原理，可通过无线电信号识别特定目标并读写相关数据，而无须识别系统与特定目标之间建立机械或光学接触。与视觉产品相比，RFID 具备读取和写入功能，可承载的信息量较大，并且具备批量识别功能。RFID 按工作频率可分为低频（LF）、高频（HF）、超高频（UHF）和微波（Micro wave），如图 5-35 所示。

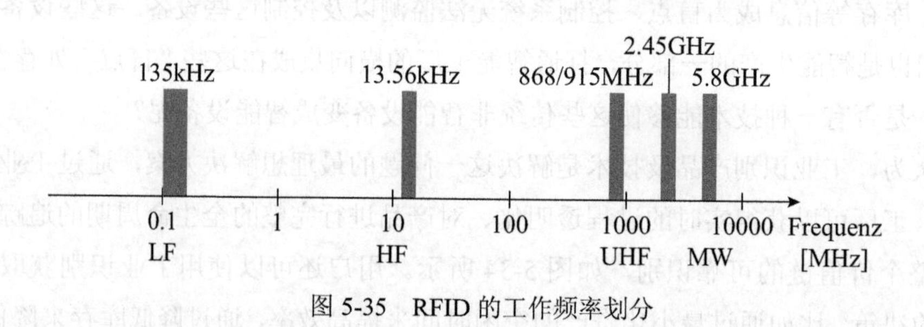

图 5-35　RFID 的工作频率划分

不同的 RFID 系统工作原理不同，如 HF RFID 基于电感耦合原理，UHF 基于电磁波原理，如图 5-36 所示。

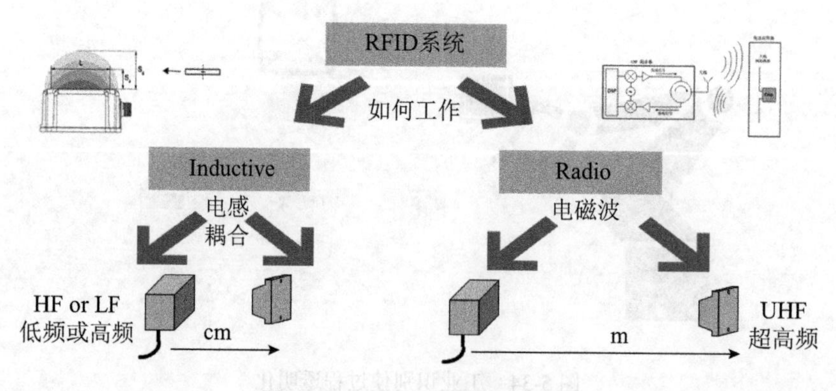

图 5-36　RFID 工作原理示意图

一个 RFID 系统包括用于控制读写指令的读写设备、用于在读写器和发送应答器之间传递射频信号的天线、用于存储信息的发送应答器、用于通信协议转换的通信处理器。

工业 RFID 在工业现场有很多应用，如在某药厂，为了实现透明化生产和物流，应用了工业 RFID 产品作罐体的识别和管理，每个罐体上安装 RFID 标签标识罐体的信息，在生产线上用 RFID 读写设备读取标签信息，进行配料控制，在清洗工位用读写设备识别罐体以判断清洗状态，清洗完成后将信息写入标签，记录清洗已完成，如图 5-37 所示。借助 RFID 产品，药厂对于罐体的管理变得透明化，罐体的状态、位置、所盛物质信息都变得清晰透明，药厂借助这些信息可对生产过程进行追踪追溯和记录。由于总是预先知道罐体的清洁状态，因此可提前合理安排清洗过程，既不影响生产进度又能使干净的容器及时投入生产，最大限度地提高罐体的利用率。

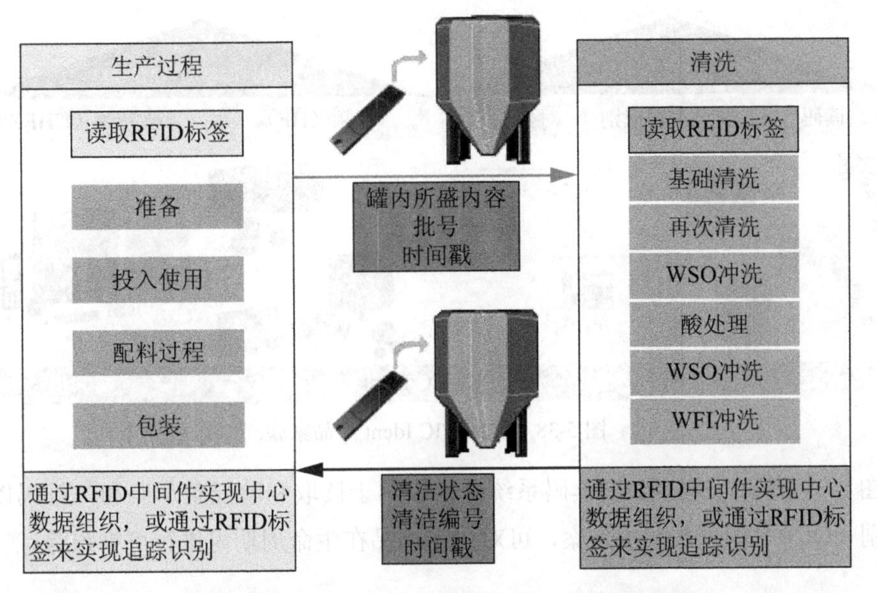

图 5-37　某药厂应用 RFID 进行罐体透明化管理

再如，某些药厂配有低温冷库储存某些重要物质，如人体血浆，血浆需要长期存储在低温环境中，冷库温度在 -30℃左右，药厂在制药的过程中要提取血浆中某些活性成分，而在提取之前需要明确血浆的来源、储存时间等，还需要对血浆进行检验检测并记录检测结果。所有的操作都需要对血浆进行识别，因此药厂自然需要一种可靠的识别技术，能确保经过长时间低温储存后信息依然能被可靠地识别出来。由于低温环境的特殊要求，该药厂最终选择了 RFID 作为识别产品，相比于药厂之前采用的条码识别，RFID 标签能在 -30℃的环境中长期存储，冷凝等作用不影响 RFID 的读取，使读取率大大提高，从而提高了药厂生产的透明性和可追溯性。

5.3.3　西门子工业识别产品线简介

西门子为工业识别系统提供了独特的 SIMATIC Ident 产品系列，可以为用户的需求提供完美的解决方案，使用户有足够的灵活性来应对未来，如图 5-38 所示。SIMATIC Ident

已经面市超过30年的时间，在极多的工厂、现场有丰富的应用。SIMATIC Ident产品家族包括光学识别和无线射频识别（RFID）两大产品线。其中光学识别主要聚焦在条形码/二维码读取、光学字符识别（OCR）和对象外观识别功能（PAT-Genius）；无线射频识别包括高频（HF）和超高频（UHF）两个频段产品，提供包括读写设备（固定式和手持式）、天线、发送应答器、通信模块、线缆附件等全部产品，为用户提供完整的产品和系统解决方案。

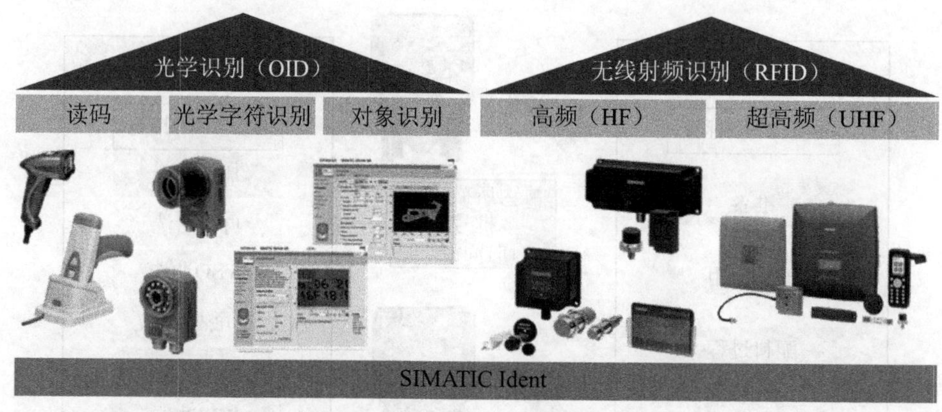

图5-38　SIMATIC Ident产品家族

如图5-39所示，SIMATIC读码系统提供了用于读取和验证条形码和二维码以及用于文本识别（OCR）的理想解决方案，可对生产产品在生命周期内进行可靠跟踪。

图5-39　SIMATIC OID读码系统产品实物图

固定式读码系统包括紧凑型读码器MV420和高性能读码器MV440，可以读取各种二维码和条形码，支持各种打码方式，尤其在读取DPM（直接部件打标）时效果更优，也可应用Data Matrix二维码校验功能实现打码过程质量控制。通过使用“Text-Genius”OCR授权，SIMATIC MV440可用于光学字符识别，并具有在同一幅图像区域中完成对纯文本及机器识读码的同时读取并进行比较的功能。通过使用“Pat-Genius”授权，SIMATIC MV440可用于对象检测（对象分类、位置检测、计数等）。此外，这个功能可以和文本识别一起使用，如在一个图像场内检测标签的位置，同时读取标签上的文本等。

如图 5-40 所示，固定式读码系统可通过集成的 PROFINET 以及 Ethernet 接口或 RS-232 串口与控制系统通信，并可通过连接通信模块与各种控制系统通信，如 PROFIBUS DP 等。

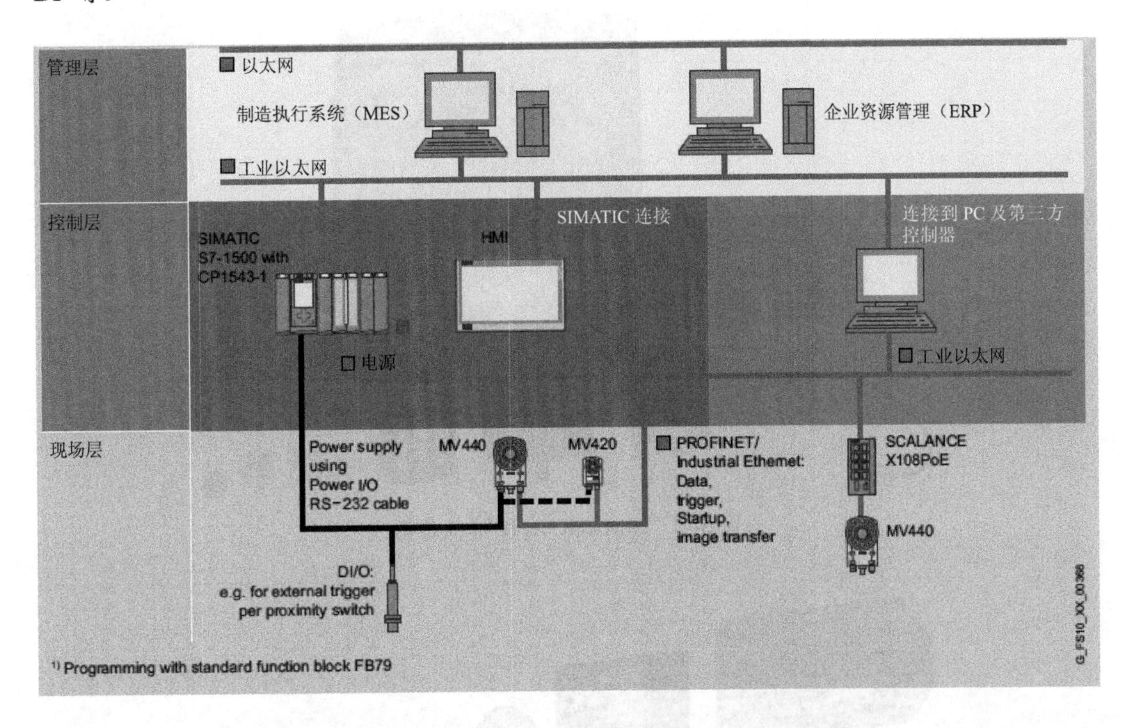

图 5-40　固定式读码器与 PROFINET 或以太网连接示意图

手持式读码器适用于便携式地读取二维码和条形码，内置了复杂的图像处理功能和照明技术，使得手持式读码器能读取任何表面上的代码。基于光学特征的手持式读码器提供了多种型号用于多种应用环境，既可完成简单的读码任务，如印刷码，也可以完成复杂的、低对比度编码的读码任务，如点刻或激光喷码。

SIMATIC RFID 系统提供了无缝的透明性，可以在整个生产与分配链上随时获得数据，以实现物料流和产品信息流的完美控制与优化（见图 5-41）。SIMATIC RFID 系统拥有完整和可扩展的产品系列，包括 HF（13.56MHz）和 UHF（868 ～ 928MHz）两个频段的产品，提供包括发送应答器、读写器、天线、通信模块和用于系统集成的软件，为用户提供了完整的解决方案。

SIMATIC RF300 用于实现 HF 范围内的中等到高性能的识别任务，特别适用于工业生产中的生产控制、装配线和输送系统（见图 5-42）。RF300 可以工作在 RF300 高性能模式下和 ISO 15693 模式下，在 RF300 模式下具有极高的数据传输速率（7.8KB/s），RF300 系列发送应答器的存储容量高达 64KB；在 ISO 15693 标准模式下，兼容 MOBY D 系列发送应答器，容量最高达 8 KB，具有广泛的兼容性。SIMATIC RF300 通过无缝集成到全集成自动化系统中而简化组态、调试、诊断和维护，通过随时可用的函数块进行简便的 S7 软件集成，并具有广泛的状态和诊断功能。

图 5-41　SIMATIC RFID 系统总览

图 5-42　SIMATIC RF300 高频产品系列

SIMATIC RF200 是紧凑型的 HF RFID 系统，用于要求不太苛刻的识别场合。产品线包括种类丰富的读写器，既包括适用于小型组装线的小型读写器，也包括用于内部物流的读写器，如图 5-43 所示。RF200 读写器支持 ISO 15693 协议，兼容 MOBY D 系列发送应答器。SIMATIC RF200 具备高度的开放性，可连接到来自不同供应商的多种总线系统中，无缝集成在 TIA 平台下，简化编程、调试、诊断和维护。对于简单的识别任务（如读取识别码或用户定义数据），RF200 提供了 IO-Link 接口的读写器，借助这种标准化的接口，可以非常方便和经济地将数据集成到自动化层级。

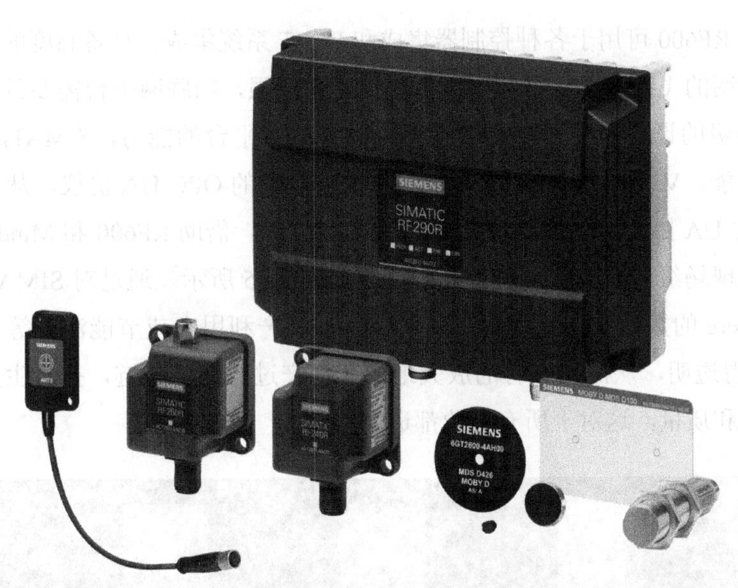

图 5-43　SIMATIC RF200 紧凑型高频产品系列

SIMATIC RF600 可实现数米检测距离的识别任务。此系统适用于存储和记录产品、容器或运输单元上遵循 EPCglobal 标准的唯一识别码，也可以存储其他任意用户自定义的数据。SIMATIC RF600 是专门为满足工业领域的需求设计研发的，可经济可靠地在生产、原材料管理和物流中使用。典型应用包括在进货 / 出货门采集供货；在生产过程的重要站点识别运输容器，例如桶或集装箱；在多样化的定制生产过程中控制物流和生产；在恶劣工业环境下进行产品标识；进行工具和设备的库存监控和使用监控；带工业叉车的仓库和配送中心自动化。SIMATIC RF600 提供包括工业级的读写设备、天线和各种数据载体（从低成本的智能标签，到可使用数千次的耐高温电子标签），可用于各种工业应用，如图 5-44 所示。

图 5-44　SIMATIC RF600 超高频产品系列

SIMATIC RF600可用于各种控制器集成和PC/IT系统集成，具备高度的开放性和兼容性。随着物联网的飞速发展，万物互联的趋势日益增强，物联网平台需要具备连接万物的能力，而现场级的设备和机器必须具备连接到物联网平台的能力，SIMATIC RF600使这种互联成为可能。V3.0版本的RF600新固件支持开放的OPC UA协议，从而能够连接到任何支持OPC UA协议的物联网平台，如MindSphere。借助RF600和MindSphere，西门子能够提供从现场级到云端的完整解决方案，如图5-45所示。通过对SIMATIC RF600提供给MindSphere的数据进行分析，工厂可用性、资产利用率或节能潜力等关键性能指标（KPI）将变得透明，从而能够有的放矢地优化生产过程和供应链，提高生产、物流、资产管理的效率和质量，这对于所有行业都适用。

图5-45　现场级到云端的一体化解决方案

在工业应用中对RFID的要求是确保读取的准确性，而工业环境中存在着各种各样的干扰，因此对读写器的设计有极高的要求。SIMATIC RF600是专门为工业领域设计的，在工业环境中表现良好。西门子独有的“工业UHF算法”内置在RF600读写器中，通过Web配置界面的简单配置，可实现读写点配置、标签检测、信号强度测定、功率设定、标签过滤等功能，通过启用“算法”功能可以提高读取的准确率，降低误读率，大大节省现场调试和诊断的时间。

西门子SIMATIC Ident产品家族始终为用户提供正确的解决方案，使用通信模块和功能块，可以轻松地将读码器和RFID系统连接到PLC（例如SIMATIC）或IT环境，如图5-46和图5-47所示。这样便可确保拥有系统范围内统一的软件体系结构，并在工程组态、调试和维护方面节约可观的支出与成本。

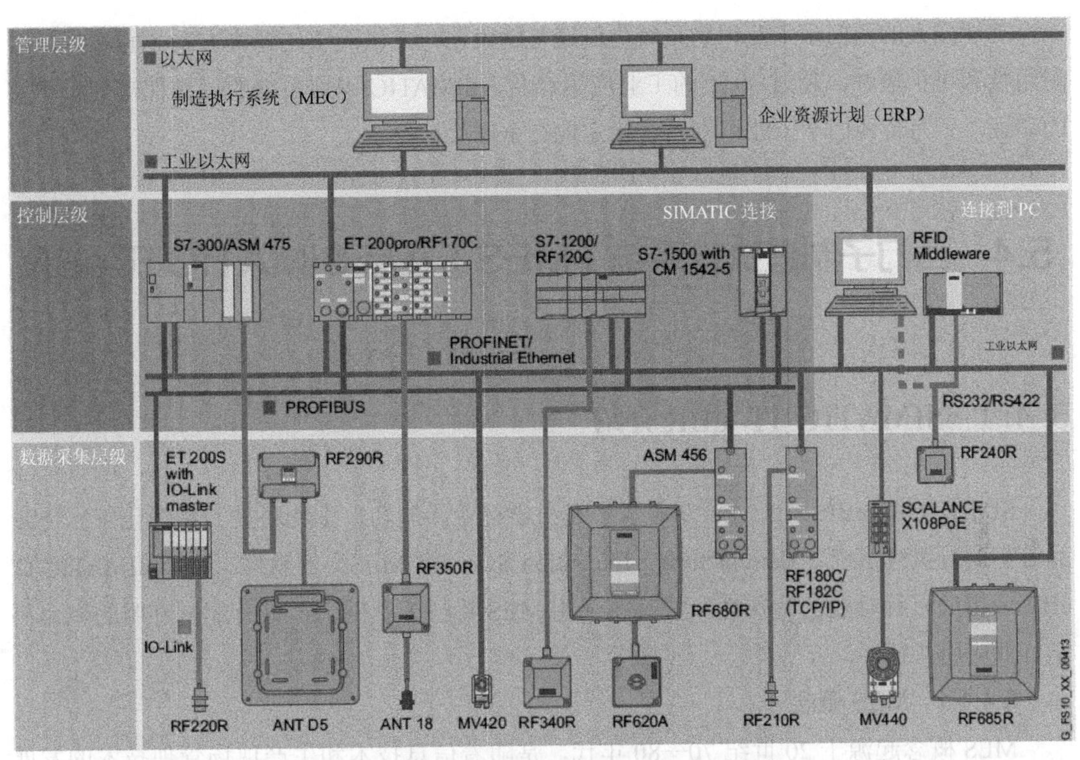

图 5-46　SIMATIC Ident 系统与 PLC 体系集成

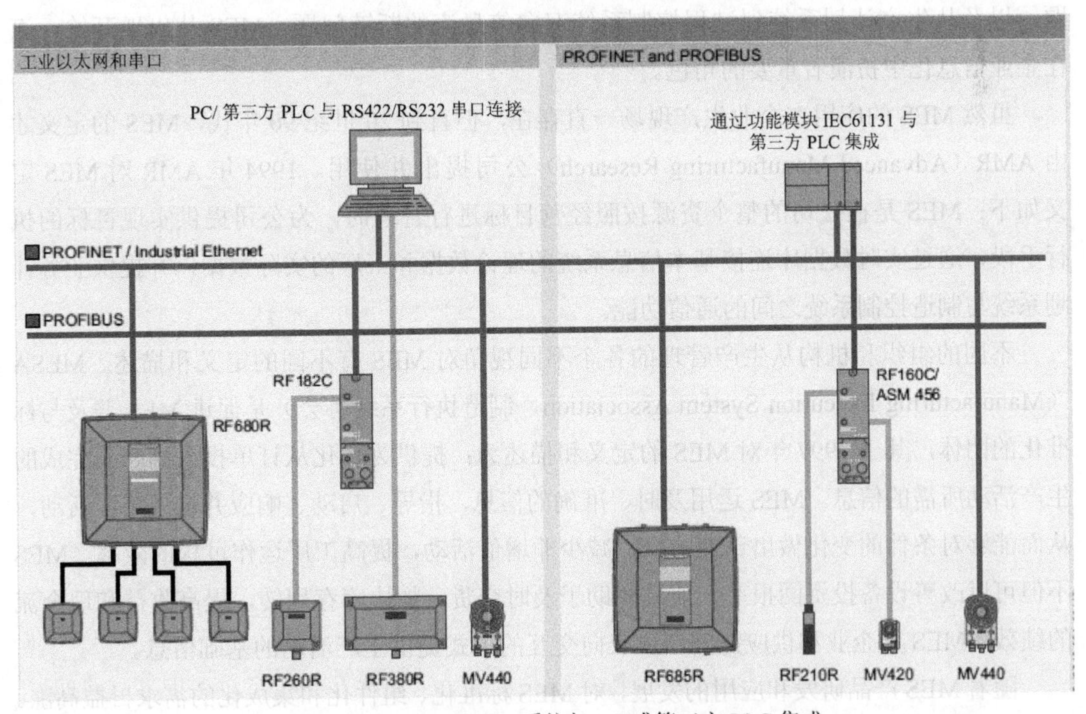

图 5-47　SIMATIC Ident 系统与 PC 或第三方 PLC 集成

功能强大的西门子工业识别系统为制造与物流用户提供的整体解决方案，兼备可靠性、耐用性和可扩展性。超过 30 年的工业应用经验，SIMATIC 识别系统的可靠性得到了事实的印证，千万台西门子工业识别系统稳定地在全球运行。

5.4 西门子制造执行系统（MES）产品 SIMATIC IT eBR

5.4.1 SIMATIC IT eBR 介绍

SIMATIC IT eBR 是西门子专用于生命科学行业（制药、生物科技、精细化工、化妆品等）制造执行系统（Manufacturing Execution System，MES）的软件。由于 SIMATIC IT eBR 应用的目标行业的特殊性，使其在通用 MES 特征的基础上，具有非常鲜明的生命科学行业应用特征。

5.4.1.1 MES 概念

MES 概念起源于 20 世纪 70—80 年代，是随着信息技术和生产现场管理技术的发展而产生的，主要用于解决企业生产管理引入的各个孤立的横向软件或系统间的信息孤岛问题，以及从生产计划系统到过程控制系统双向信息流的断链问题。MES 从出现开始一直在企业信息化中扮演着重要的角色。

虽然 MES 的应用在企业生产现场一直存在，但直到 20 世纪 90 年代，MES 的定义才由 AMR（Advanced Manufacturing Research）公司提出并使用。1994 年 AMR 对 MES 定义如下：MES 是在公司的整个资源按照经营目标进行管理时，为公司提供实现目标的执行手段，通过实时数据库连接基本信息系统的理论数据和工厂的实际数据，并提供业务计划系统与制造控制系统之间的通信功能。

不同的组织和机构从生产管理的各个不同视角对 MES 有不同的定义和描述。MESA（Manufacturing Execution System Association，制造执行系统协会）是促进 MES 普及与标准化的团体，其于 1997 年对 MES 的定义和描述为：提供为优化从订单投入到产品完成的生产活动所需的信息。MES 运用及时、准确的信息，指导、启动、响应并记录工厂活动，从而能够对条件的变化做出迅速响应，减少非增值活动，提高工厂运作过程的效率。MES 不但可以改善设备投资回报率，而且有助于及时交货，加快库存周转，提高收益和现金流的绩效。MES 在企业和供应链间，以双向交互的形式提供生产活动的基础信息。

随着 MES 产品研发和应用的发展，对 MES 标准化、组件化和集成化的需求日益高涨。图 5-48 是 MESA 组织提出的 MES 的功能组件和集成模型。MESA 提出了 MES 应具备的

11个功能模块。只要具备11个功能模块中的一个或多个功能模块，就属于MES系列的单一功能产品。

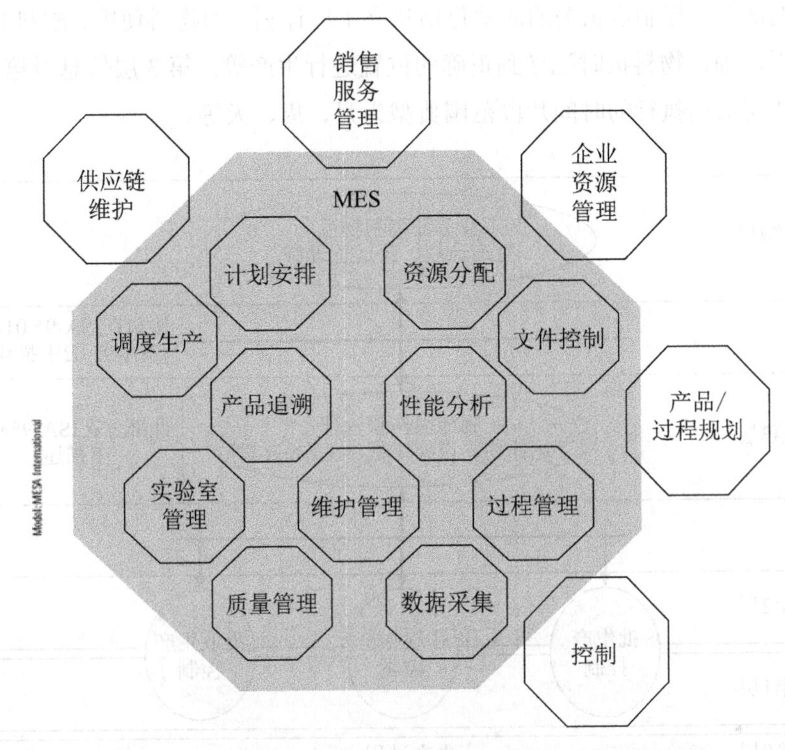

图5-48 MESA提出的MES功能模型（系统组成与功能边界）

多个团体、组织参与到MES的标准化及标准、模型的研究和建立活动。其中ANSI/ISA-95企业控制系统集成标准是影响最大的。

ANSI/ISA-95（S95）企业控制系统集成标准由ISA（仪表、系统和自动化协会）和ANSI共同发起制订，定义了企业业务系统和制造系统间数据交换的正规模型。ANSI/ISA-95标准定义了企业控制系统集成时所使用的模型和术语（ANSI/ISA-95.00.01-2010）、企业控制系统集成模型对象和属性（ANSI/ISA-95.00.02-2001）、制造运营管理（MOM）的活动模型（ANSI/ISA-95.00.03-2005）、制造运营管理活动的对象模型和属性（ANSI/ISA-95.00.04）、业务到制造事务映射（ANSI/ISA-95.00.05），以及制造运营事务（ANSI/ISA-95.00.06）。其中第四部分（ANSI/ISA-95.00.04）和第六部分（ANSI/ISA-95.00.06）目前还在开发中。

ANSI/ISA-95标准中引入了企业控制系统集成的层级模型，如图5-49所示。在此具有5个层次的模型中：第0层是实际的生产过程。第1层定义感知和操作实际生产过程所涉及的活动，其活动执行的时间片段范围为秒级或更快。第2层定义监视和控制生产过程的活动，其活动执行的时间片段范围可以为小时、分、秒。第3层定义生产所需最终产品工作流程的活动，包括维护记录和协调生产过程的活动，其活动执行时间片段范围可以为天、班次、小时、分或秒。MES/MOM 的主要功能都位于第 3 层。第 4 层定义与管理制造组织的业务相关的活动。与制造相关的活动包括建立工厂计划（如物料使用、配料和发货等），决定库存水平，确保物料按时配送到正确的位置进行生产等。第 3 层信息对第 4 层活动至关重要。第 4 层活动执行的时间片段范围典型为月、周、天等。

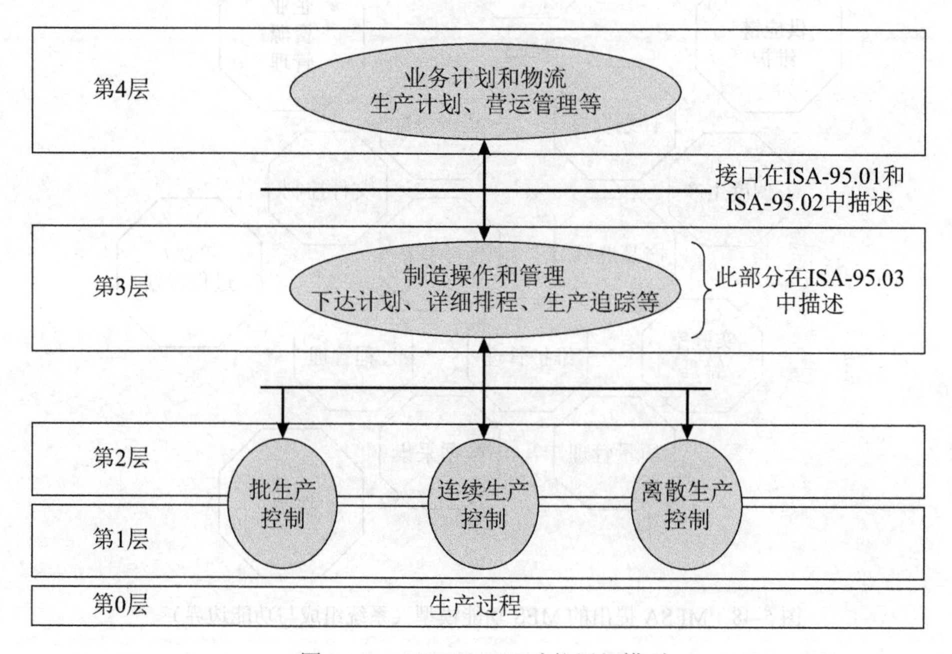

图 5-49　ANSI/ISA-95 功能层级模型

图 5-50 是 ANSI/ISA-95 中定义的制造运营管理通用活动模型。模型定义生产活动开始于需求 / 规划，随后需求 / 规划转换成详细排程，再根据详细排程，分派制造工作，管理制造工作执行，收集制造数据，最后将所收集的数据转换为响应的需求—响应制造循环。支撑此制造需求—响应循环的活动还包括：

- 分析制造绩效以改进或改正制造过程；
- 管理制造执行过程使用的资源；
- 管理制造运营定义。

ANSI/ISA-95 标准具有很大的影响力，许多 MES/MOM 产品都参考该标准或标准的部分来实现，具有很好的通用性和适应性。但是，ANSI/ISA-95 既不是强制的标准，也不是唯一的相关标准和指导原则。市面上还有很多 MES/MOM 产品在产品的开发理念上，使用了其他类似的制造模型，而未采纳 ANSI/ISA-95 标准定义的术语与模型。许多 MES/MOM 产品的开发和使用早于 ANSI/ISA-95 系列标准的制定，故不能采纳 ANSI/ISA-95 标准。而在某些特殊行业，制造执行 / 制造运营管理的关注重点超越了 ANSI/ISA-95 的定义，行业的MES/MOM产品研发就不便或不能采纳ANSI/ISA-95系列标准。

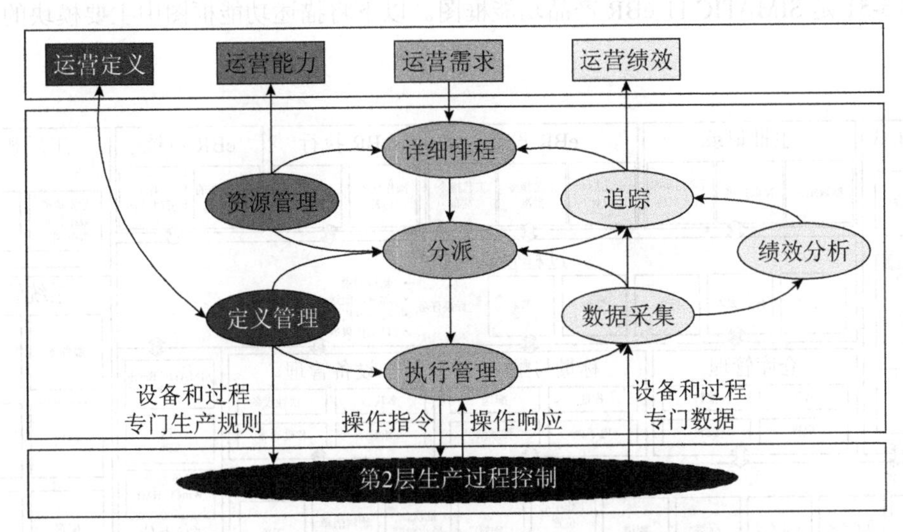

图5-50　ANSI/ISA-95制造运营管理（MOM）通用活动模型

5.4.1.2　SIMATIC IT eBR历史溯源

SIMATIC IT eBR的前身是由法国ElanSoftware Systems开发的MES产品XFP。

MES产品XFP诞生于20世纪80年代。从产品诞生开始，XFP就专注于制药和生命科学行业，提供符合cGMP监管开箱即用的称量和配料功能。随着产品的演化和发展，XFP产品通过优化从原材料配送到成品发货满足21 CFR Part 11要求的企业全制造生命周期，实现完整的企业级制造可视化和控制。

2009年，西门子并购Elan Software Systems，使XFP产品归于西门子SIMATIC IT产品大家族。XFP产品与SIMATIC IT平台的整合也随之开始。

2012年9月，西门子将SIMATIC IT XFP投入中国市场使用，此时的版本是6.0，配套的产品Unicode和中文化支持也逐渐就绪。

2015年1月，当SIMATIC IT XFP版本6.0 SP4发布时，SIMATIC IT XFP产品正式改名为SIMATIC IT eBR。

2016年3月，当SIMATIC IT eBR版本6.1发布时，SIMATIC IT eBR开始支持SIMATIC IT Unified Architecture Framework（UAF）。当前SIMATIC IT eBR最新的发布版本是6.1 SP4。

5.4.1.3　SIMATIC IT eBR产品功能

SIMATIC IT eBR是专用于生命科学行业（制药、生物科技、精细化工和化妆品等）的MES软件。应用行业的特殊性决定了其产品特点，因此始终把cGMP合规性以及满足21 CFR Part 11放在首要位置。在此基础上，产品提供了针对生命科学行业特征的大量模块和功能组，以满足行业合规性和生产过程特殊性要求。

图 5-51 是 SIMATIC IT eBR 产品功能框图。以下将描述功能框图中主要模块的功能和特点。

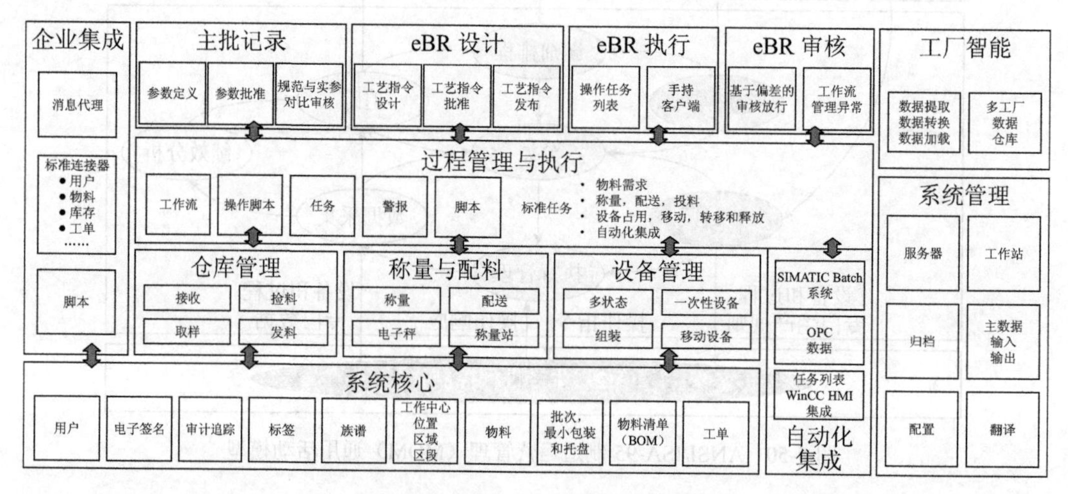

图 5-51　SIMATIC IT eBR 功能框图

1. 系统核心

SIMATIC IT eBR 在系统核心提供了用户管理、电子签名管理、默认的系统审计追踪信息、标签管理、物料族谱、位置 / 区域 / 区段定义和工作中心定义、物料定义管理、物料最小包装、托盘和物料批次管理、物料清单管理和工单管理等核心功能。核心功能模块记录产品和合规性审核需要的所有操作。系统提供符合 21CFR Part 11 要求的电子签名、审核稽查、批次谱系和电子记录功能。核心功能也提供了与 ERP、LIMS 和任何自动化系统和任何第三方应用集成的功能。基于 SIMATIC IT eBR 的解决方案，西门子为制药企业提供了创新和最佳方案，集成成熟的高级功能。这意味着提供的很多模块是预先验证过的。

2. 仓库管理

SIMATIC IT eBR 的仓库管理物料接收、取样、批次放行、基于物料需求的捡料、发料出库、仓库循环盘点等，配合系统核心的用户和电子签名管理，工作中心、位置、区域和区段定义，物料 / 批次定义，实现完整的 GMP 管控要求的生产仓库管理功能，包含原料卸货、待检、取样规则、已检、入库位、车间请料、物料交接和成品 / 半成品入库等标准过程。系统根据原材料清单和预定义的分发规则（FIFO、FEFO）可完成批次或容器分发及缩减储量请求。

（1）物料入库管理：原辅料出入库管理、半成品出入库管理、成品出入库管理、包材出入库管理。

（2）库存管理：抽样管理、效期、开瓶有效期变更管理、库存状态 / 信息展示查询、物料锁定（因质量问题或按订单锁定特殊物料）、批次/包装锁定（事先指定批次生产所需要的原辅料批次和包装序号）。

（3）物料出库管理：物料出库需求计算、物料交接单及台账管理。

（4）仓库类型：工厂原辅料仓库（不包含高架立体仓库）、成品仓库、车间各类库房（常温区、阴凉区、冷冻区）、车间暂存/缓存区（常温区、阴凉区、冷冻区）、线边库。

3. 称量与配料

SIMATIC IT eBR 的称量与配料功能已经部署在 20 多个国家的 100 多个制造企业中，包含了开箱即用的 15 种称量模式，支持优势品牌的电子秤系统连接，提供了对称量操作的完整可追溯性和可靠性；支持电子秤的校准流程和校准周期管理、清洁管理；支持称量后、投料前的物料集中等功能；称重与配料模块确保根据配方规范对所有类型的材料进行一致性称重，并准确收集批跟踪和文档编制所需的数据；自动控制和计算称量量，消除错误风险并加速称重生产周期。

SIMATIC IT eBR 内嵌多达 15 种以上的称量模式，包括净重法、毛重法、手动称量、不开包装称量等。

- 多工单或每工单不同阶段和步骤下的合并称量模式；
- 根据一个工单中定义的矫正或补充方案管理填充料称量；
- 称量动作完整的追踪追溯；
- 根据工单用条码扫描枪进行称量后集中；
- 嵌入的称量器具的通信协议包括 Mettler、Sartorius、Precia Molen 等。

称量模块为组织和分配称量任务制定规则，允许在不同的工作站分配操作任务。

称量系统还提供了原辅料复称的功能。用户可以验证原材料的量，而不用打开包装。这样可以避免不正确的库存重量波动。

这种称量方法的优点是：

- 提高质量。这种称量方法允许用户在不打开包装的情况下称量，减少了交叉污染和出错风险。
- 提高生产率。并行物料的并行称量可显著提升生产率。
- 对账。

原辅料复称功能同样允许称量后集中，这样可以确认一个工单下正确的物料和正确的重量。这种操作能够确保给生产区域和实验室递交了可靠的物料。

4. 设备管理

SIMATIC IT eBR 设备管理的主要功能包括生产设备的多种不同状态管理，支持主设备/子设备组装，支持一次性设备使用，支持移动设备管理等。设备管理模块能管理一系列的设备，如罐子、反应罐、漏斗、称量仪器、过滤器和任何需要跟踪和管控的设备。

所有的设备在系统中用条形码唯一标识。它支持定义设备，基于ISA-95第一部分和ISA-88.01标准，包括物理特性（质量、容量等）、状态、从一个状态转换到另一个状态的条件（如从“使用中”到“待清洁”）。条件可能是基于时间或循环。

SIMATIC IT eBR对设备的支持主要有如下功能：设备移动及位置管理，设备的CIP/SIP状态变化控制管理，称量仪表的校验状态及效期管理，物料占用状态及设备内物料类别和数量管理，设备容量和相关属性的管理，有限状态循环次数管理，设备之间物料转移前提管理。所有定义的设备的修改、使用和状态的改变都将会通过审计被跟踪，以及能够方便地检索。

5. 主批记录

SIMATIC IT eBR主批记录模块管理生产过程的关键工艺和关键质量参数。通过预定义关键工艺和关键质量参数设定值、上下限等，形成生产工艺过程的关键工艺和质量参数规范。在关键工艺和质量参数规范批准后，SIMATIC IT eBR在生产过程中实时采集相关工艺和质量参数的实际值，形成参数规范和参数实际值的对比记录，帮助客户改进生产工艺和生产质量。SIMATIC IT eBR能够为电子主批记录管理提供软件解决方案，即在应用SIMATIC PCS 7和SIMATIC BATCH的分布式控制系统（DCS）和制造执行系统（MES）之间实现无缝集成。SIMATIC IT eBR能够加快主批记录（MBR）和电子批记录（eBR）的设计、执行、审核和发布。它还可以通过从SIMATIC BATCH向MES设计工具提供所有主数据信息来提高MBR设计灵活性。SIMATIC IT eBR将DCS批处理与MES工作流管理无缝集成，从而简化并加速无纸化生产解决方案的执行。此外，配方实现只需几个月即可完成。

6. 电子批记录管理

电子批记录（eBR）管理模块由三个子模块——电子批记录设计、电子批记录执行和电子批记录审核构成。SIMAITC IT eBR的电子批记录管理功能可协助客户实现满足cGMP无纸化制造的要求。

1）电子批记录设计

电子批记录设计模块提供基于HTML 5的完全所见即所得的配置界面，用于工艺指令的操作员界面配置。系统提供了丰富的数值，文本，日期/时间，物料需求，设备状态查询与修改，设备占用、移动、转移和释放，标签打印，物料称量/集中/投料，自动化集成，脚本调用等现成的标签，用于操作员界面配置，不用涉及复杂的IT开发技术就能完成客户对不同操作员界面的配置要求，具有最大的灵活性。

电子批记录设计模块还提供满足ISA-88标准的工作流设计器，用于构建工艺指令的配方流程。工作流设计器提供顺序、选择、并行、循环等基本路由逻辑和同步、异步执行的子流程支持，保证工作流设计器可以搭建任意复杂且满足客户实际配方流程需要的生产指令模型。

电子批记录设计模块的目标用户是SIMATIC IT eBR项目工程执行团队成员。项目工程执行团队与客户生产、质量和工程专家紧密配合，通过分析生产过程的人、机、料、法、环、测等所有生产相关的资源和要素，建立遵从FDA和GMP规范的工艺过程指令模型，系统性优化客户批次制造过程。工艺指令模型必须经过生产和质量管理人员批准和发布，才能够投入实际的生产运行。

2）电子批记录执行

电子批记录执行模块的目标用户是生产管理人员和生产现场的操作和质量管理人员。当生产工单创建和发布以后，通过与已发布的工艺指令合并，由MES管控的现场生产随即开始。MES实时将可执行生产任务推送到电子批记录执行模块的任务列表中，现场操作和质量管理人员可选择系统推送的生产任务来执行。生产管理人员可通过电子批记录执行模块查询图形化的工单执行进度，质量管理人员可以通过执行模块随时查询已执行任务的详细信息。

SIMATIC IT eBR电子批记录执行模块界面可按工单、工作中心等过滤任务列表显示；可按用户权限、特定工作中心决定生产任务是否可被执行；提供列表式或流程图式任务显示，使用不同的颜色区分任务的状态。电子批记录执行模块使用树状视图显示已执行任务及任务间的嵌套关系。电子批记录执行模块的用户界面完全可定制化，客户可根据需要添加按钮和菜单，挂接自己的工具。

在电子批记录执行模块中，具有相关权限的生产操作，管理人员和质量管理人员可以添加Ad-Hoc报警到电子批生产记录中，此报警的添加需要电子签名确认。电子批记录执行模块也支持将与批生产相关的原材料、半成品、成品电子检验记录或与批生产相关的电子文档作为附件添加到批生产记录中。

电子批记录执行模块支持两种任务执行模式：自动和手动模式。在自动模式下，系统根据预定义工艺指令的工作流程驱动任务执行，管理任务的状态转换。自动模式是电子批记录执行模块的默认运行模式。在自动模式驱动下，任务按预定义工作流程从开始点依序执行到结束。所有任务执行结束后，工单运行结束，电子批生产记录自动产生。如果在任务执行过程中，由于工作条件不具备或其他原因导致执行的自动驱动执行流程逻辑不能满足，具备相关权限的操作员可切换系统至手动执行模式，根据需要重复、跳过，或重新安排工作流程的预定运行路由，或重新安排 / 修改任务的输入参数来修正工艺指令运行。当工艺指令自动运行条件满足后，可将任务执行模式重新切换到自动模式，继续由工艺指令工作流程驱动任务执行。

3）电子批记录审核

质量管理和生产管理人员可以在电子批记录审核模块审核和放行电子批生产记录。

SIMATIC IT eBR 电子批记录审核是基于异常的审核。批记录审核开始于报警审核，系统首先列出电子批记录中的所有报警，生产和质量审核人员必须先完成记录中的所有报警审核才能继续后续的审核工作。SIMATIC IT eBR 的基于异常的记录审核，通过异常和偏差的集中显示并强制优先审核，以及系统保证任务执行的正确性和合规性，可以大幅度提高批记录审核和放行效率。

SIMATIC IT eBR 电子批记录审核模块是访问批生产所有信息的单点门户。批生产的所有异常和偏差、批生产原始记录、制造 BOM、称量投料记录、图形化的物料族谱、批生产过程的所有审计追踪信息（物料、设备、操作、系统访问等）、关键工艺和质量参数记录、批生产过程中的所有关联的附加附件等信息都可以通过电子批记录审核模块单点访问。质量和生产管理人员可以从电子批记录审核模块访问所有相关批生产信息，协助加快批记录审核和放行，提高记录审核效率。

电子批记录审核模块支持自定义报警、附件和批记录审核路径。每个通过审核路径的节点，具备权限的生产和指令人员需要通过电子签名确认完成审核。当审核在某个审核路径节点不能通过时，必须返回路径的首节点，重新开始审核。即使审核完成，具备权限的人员还可以重新发起审核。

7. 企业集成

SIMATIC IT eBR 的企业集成模块提供了独立于生产数据库的企业集成数据库，用于储存进入与发出的企业集成消息，也作为企业集成的数据防火墙，将可能对生产数据库有损害的消息与生产数据库隔离。

企业集成模块提供标准的集成连接器。用户、物料、库存、工单等信息，可通过配置标准连接器顺畅地实现 SIMATIC IT eBR 与外部系统集成。

企业集成模块支持多种消息代理，可通过消息机制实现 SIMATIC IT eBR 与外部系统集成。

企业集成模块支持通过脚本解析消息。系统提供大量标准脚本，也支持客户编写专有的脚本来解析特定的消息。

SIMATIC IT eBR 已经多次与 SAP 系统集成，并且可以多种数据流形式通信。SIMATIC IT eBR 在 2006 年获得 SAP 认证。数据流包括物料、批次、最小包装、资源、订单、配方、消耗报工、物料声明等。

工单交互过程中，很多信息可以通信（BOM、含量和补偿、批次留样、资源等）。

- 所有的在 ERP 系统中可用的主数据都可以传送和分享，快速、可靠并可验证，无须人工参与；
- 关键值，例如有效期、批次质量状态可以实时分享，并且在 ERP 和 MES 同步；
- 原材料包材也可以实时通信传输给 ERP，所以库存值一直跟实际值一致；

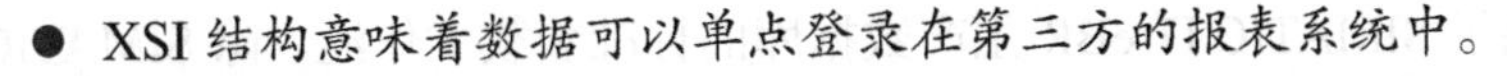

- XSI 结构意味着数据可以单点登录在第三方的报表系统中。

8. 自动化集成

MES 与自动化系统之间的无缝集成实现了真正的无纸化生产，使得系统配置更简单。统一的用户界面还允许操作员更加轻松高效地进行导航。

- SIMATIC IT eBR 通过标准 OPC DA 接口实现与第三方 SCADA/DCS 系统的集成。
- 如果客户使用 SIMATIC PCS7 BATCH 系统，则除 OPC DA 接口外，SIMATIC IT eBR 还可使用基于 Batch 事件的专有接口来实现与 SIMATIC PCS7 BATCH 系统的原生集成。
- SIMATIC IT eBR 提供了与西门子 WinCC HMI 的集成控件。SIMATIC IT eBR 的电子批记录执行模块任务列表可以嵌入 WinCC 操作员站显示画面，实现与 WinCC 的操作集成。
- 数据可以在设计或执行时共享。在第 1 和第 2 层定义的资源（物料定义、设备、产品等）可以在 MES（配方参数定义）层直接访问。在执行过程中，所有层级定义的参数值可以无缝交互通信。
- S88 模型中定义的配方和步骤可以在 MES 和 DCS 之间进行共享。批次集成层提供了配方、步骤、偏差和报告的集成。允许数据可以抽取集成以生成批记录。

9. 系统管理

SIMATIC IT eBR 的所有应用服务器支持完整的负载均衡和错误恢复，确保服务器架构的健壮性和运行效率。SIMATIC IT eBR 使用 Windows Server 服务器，支持 Windows Server 2008 R2 SP1、Windows Server 2012 R2 和 Windows Server 2016。

SIMATIC IT eBR 的常规客户端使用 Window 操作系统，支持 32/64 位的 Windows 7/8/10。SIMATIC IT eBR 的瘦客户端通过 Windows Terminal Service/Citrix XenApp 以虚拟化方式实现，可支持各种操作系统，各种手持设备和移动设备。

SIMATIC IT eBR 提供了符合数据完整性要求的数据归档工具用于系统数据归档，完全满足 GMP 监管要求。归档数据只能用于浏览，系统提供归档数据浏览工具。

SIMAITC IT eBR 提供主数据迁移工具，支持主数据的输入和输出，用于在不同的系统环境间迁移主数据。支持的迁移主数据包括物料定义数据、工厂模型数据、设备模型数据、工艺指令模型数据、权限定义、用户组定义等。

SIMATIC IT eBR 系统内置多种不同的国际化和本地化方案，客户也可自定义本地化方案。

10. 工厂智能

SIMATIC IT eBR 提供了工厂智能模块。SIMATIC IT eBR 工厂智能模块基于微软技术构建。使用 ETL（提取、转换和加载），工厂智能模块可以将数据装入工厂智能数据仓库。

工厂智能模块提供了 SIMATIC IT eBR 生产数据库的标准装载工作流。除 SIMATIC IT eBR 生产数据库外，工厂智能支持多种数据源的 ETL 装载。企业的多个工厂生产数据也能装载到工厂智能数据仓库。

工厂智能模块主要功能：

- 周期性地从工厂采集数据；
- 统一集中的数据存储；
- 详细的可视化和分析工具用以提高生产效率；
- 集成的 ETL 工具；
- 在线报表和实时仪表盘分析；
- 可由单工厂应用向多工厂应用扩展。

工厂智能模块业务受益：

- 生命科学行业的制造智能；
- 高扩展性和灵活性；
- 战略决策支持平台；
- 驱动横跨企业的真正实时决策；
- 生产事件的实时同步。

5.4.2 生命科学行业实施 MES 的必要性

5.4.2.1 生命科学行业生产面临的特殊挑战

生命科学行业作为具有一定独特性的行业，其产品生产也面临一些特殊挑战：

- 确定生产什么产品。生命科学行业的产品研发过程具有研发时间长、研发成本高的特点。
- 如何记录产品的生产。生命科学行业生产为了满足监管的要求，生产过程中的人、机、料、法、环、测等相关生产要素都需要详细记录，用于产品生产的追踪追溯以及监管部门的审计。
- 如何生产产品。生命科学行业的产品通常按批次组织生产。产品生产工艺从实验室研发、中试到大规模商业生产一般都要经历不同的工艺设计和验证阶段。
- 如何审核产品的生产过程。在产品的批生产完成后，批生产过程要经过质量审核，确认批生产过程的合规性，满足监管部门对产品质量的要求。
- 如何检验和测试产品。即如何针对产品检验和测试，确认生产的产品满足产品的预定质量标准。

记录产品生产过程以及审核产品生产过程，是生命科学行业区别于其他行业的特殊要求和特点。传统的生命科学行业产品生产，一般都通过纸质的方式记录产品的完整生产过程，形成纸质的批记录。质量管理人员通过审核纸质批记录的方式完成产品生产过程相关要素的审核。这种纸质记录生产过程的方式，在生产记录的及时性、准确性、完整性上都有弊端，同时生产操作人员在完成产品生产操作以外，还需要花费大量的时间在纸质记录的填写上。而质量管理人员面对大量的纸质批记录，也需要花费很多时间发现和处理生产过程的质量问题，确认批记录的合规性，因而导致企业质量管理人员过重的工作负荷。

“医药产品的生产是容易的，困难的部分是证明产品生产过程的合规性。”——GSK生产经理。

5.4.2.2 生命科学行业生产面临的特殊挑战

针对生命科学行业生产的特殊挑战，生命科学行业MES自动记录物料称量和投料过程、生产过程中的设备状态和使用情况；电子签名控制生产重要步骤的授权操作；电子作业指导操作员遵循标准的生产操作流程，收集生产现场和自动化控制系统的关键工艺和质量参数，自动形成物料族谱和生产过程的审计追踪信息。

生命科学行业MES通过电子批记录，实现批生产过程相关数据和信息的自动记录。MES对工艺工作流控制和电子作业指导的支持，预防了生产过程中的差错和混淆，使批记录的及时性、准确性和完整性都能得到最大保障。生产操作人员不用再花费额外的时间填写批记录，减轻了生产现场人员的工作负荷。

生命科学行业MES支持基于异常的批记录审核。系统通过集中呈现批生产过程的报警和偏差等异常情况，协助记录审核人员将精力集中到报警和偏差等异常处理，防止出现生产过程异常处理的疏忽和遗漏。其他未出现异常的记录部分，由MES保证其正确性和完整性。基于异常的批记录审核，减轻了记录审核人员的工作强度，极大地加快了批记录审核速度，显著减少了批记录时间，加快了批次放行和产品上市的时间。

5.4.3 实施MES给生命科学行业带来的优势

实施MES带给生命科学行业的优势主要表现在四个方面：加快产品上市时间；强化生产合规性，提升产品质量；优化生产过程，实现卓越营运；实现生产过程的标准化。

5.4.3.1 加快产品上市时间

通过在产品研发阶段就引入MES，记录研发设计阶段的产品数据与信息，与后续的生产制造阶段进行数据共享，可弥补产品研发与生产制造间的“鸿沟”。通过经工艺人员、质量管理人员审核并批准的工艺指令流程，来控制生产流程减少人为误差，从而固定生产工艺。

依据MES的基于异常的批次审核流程，即通过直接关注制造期间发生的偏差来审核相应的批记录，从而实现制造批次的轻松放行，将调查时间由天变为小时，同时自动生产执行和警告报告，方便审核人员进行评估调查以便批准或拒绝，确保批次放行的正确性。

5.4.3.2 强化合规性，提升产品质量

MES 内置的审计追踪功能可提供从物料的进厂、批次放行、生产相关的称量与配料、生产制造过程到成品发货的完整生产审计追踪。此外还提供强大的物料族谱功能，通过不同维度将生产相关的物料接收、物料批次、生产批次，包含半成品、成品的生产制造、产出及成品的包装流程以图形化族谱展示，详细展现物料、批次、工单之间的关系，为生产人员和质量管理人员提供了极大的便利。

MES 秉承 Paper-on-Glass 理念，将传统的纸质 SOP 嵌入系统变成强化的电子作业指导，指导操作人员严格按照系统指示进行操作；集成电子签名功能，使得客户可根据自己的生产过程配置所需的电子签名，确保关键操作 / 行为的正确性。

MES 严格控制生产所需的物料批次，并在电子批记录设计时引入质量管理人员来确定关键质量控制点、关键工艺 / 质量参数等。在生产过程中，通过控制物料的称量、生产流程，达到对生产制造的质量监控。在进行批次审核放行时，相关生产和质量管理人员需对生产批次的电子批记录进行异常审核确认、警报处理确认，直至进行批次审核放行，从而达到从设计、执行到审核全流程的集成的质量控制。

5.4.3.3 优化生产过程，实现卓越营运

MES 的电子批记录功能实现了在受控流程中完整的无纸化生产。相比，与传统纸质记录无纸化生产能够对过程数据、环境和结果进行更加详细的记录，可以构建更加稳健、不易发生偏差的生产过程，同时还可以减少数据的手工录入，降低文档复杂性，消除与使用纸质批记录相关的准备时间和工作量。MES 从电子批记录的设计、批准、发布至电子批记录的执行和审核完全达到无纸化指导，从而提高了运营和制造效率。

产品的质量是设计出来的，而不是检测出来的，即质量的重点在于设计。通过引入工艺人员和质量管理人员对产品的认知和对生产的全过程控制而进行的电子批记录设计、审核批准、发布，确保了工艺固定，操作规范，严格控制质量关键点，从而达到药品高效、灵活、持续、可靠的生产，实现了质量源于设计的理念。连接了不同层级的 MES 不仅可以接收 ERP 等系统的企业管理级数据，将之分解成生产制造所需的相关信息，还可以整合 QMS（质量管理系统）、LIMS（实验室管理系统）、WMS（仓库管理系统）及药品监管码系统等相关系统，打通上下层级，将生产制造过程中产生的所有生产相关数据，全部整合至 MES 中。此外，对于自动化层级，西门子的 MES 平台 SIMATIC IT eBR 可以与 PCS7 Batch 系统无缝对接，原生集成，真正实现了系统间最简单、可靠、高效的互联互通。

5.4.3.4 生产过程标准化

通过 MES 系统的多工厂实施，可实现跨工厂的实时可视化。

MES的配置开发工作，通过经验证的系统工具，可移植至其他工厂，实现数据复用，节省开发配置时间。不同工厂之间可实现数据共享与同步，进行生产过程的优化，有利于跨工厂的工艺优化。

经过审核批准验证的电子批记录，通过在多工厂环境中部署，实现了跨工厂生产操作的标准化，保证了工厂间系统的稳定性、生产工艺的可靠性和产品的高质量。

5.4.4 某制药企业实施MES的经验分享

国内某制药企业在2012 —2015年，经过三期实施了MES。客户通过预先规划，分步实施MES的方式，降低了项目实施的风险，达到了项目预定的目标。

5.4.4.1 项目一期实施范围

项目一期主要在工厂的辅助产品车间实施，实现了生产的称量配料支持、多种辅助产品生产的电子批记录。

通过MES项目一期的实施，企业的质量管理体系调整适应了新的基于MES的生产管理，企业建立了支持多种信息系统的IT环境，建立并锻炼了企业自身的IT系统运维队伍。

5.4.4.2 项目二期实施范围

项目二期把MES的实施推广到企业所有生产车间，覆盖所有产品的生产，结合一期项目，实现了所有产品的完整电子批记录；通过与工艺自动化控制系统集成，实现了工艺参数的自动采集。

5.4.4.3 项目三期实施范围

项目三期在项目二期实施的基础上，将企业的仓储管理纳入项目范围，实现了物料批次接收、抽样和放行管理。物料的领料和出库管理以及仓库内部的操作管理。

项目三期通过MES企业集成技术与企业ERP系统（SAP）集成，实现了完整的物流和生产数据闭环。

5.4.4.4 客户企业实施MES收获益处

- 精确的库存管理实现了物料从原料收货到成品生成的完整质量跟踪管理，提高了库存周转的效率，提升安全性和合规性，有效降低了物料混淆以及错误发料的风险。
- 精确称量及条码识别提高了称量的效率，提升了安全性和合规性。通过称量复核功能降低了物料混淆以及投错料和投错量的风险。
- 通过BOM和详细的工艺流程控制、条码识别等技术，确保在正确的工序、正确的位置使用正确的物料，防止投料差错。
- 在ERP和MES两个层面均完全实现了物料追踪、追溯和族谱查询。
- 电子化的生产计划和调度排程提升了生产管理的可控性和生产指挥效率，降低了人为差错风险。

- 所有的工艺流程操作、参数记录、偏差记录、物料流转记录、设备使用和指派、电子签名等信息都被记录在MES电子批记录数据库中。配方管理和电子批记录提高了生产的合规性并提升了产品质量，降低了人为风险和工作强度。
- 按照预定工艺流程，系统自动分解任务到各个工作站，保证正确的人员在正确的位置做正确的工作，防止差错，提高工作效率。
- 详细的工作作业指导，保证过程的合规性、操作准确性，并降低对操作人员的要求。
- 偏差管理提高了偏差处理的实时性，降低了处理偏差的人员成本和差错可能，控制了产品质量。
- 通过预先设定的逻辑判断和处理流程实现了产品质量和偏差控制，降低了人工控制质量参数和生产规程所产生的风险。
- 配方管理和电子批记录提高了生产的合规性并提升了产品质量，降低了人为风险和工作强度。
- 电子批记录审核人员更易于和高效获取审核需要的信息，大大提升了审核的效率，减少了人为差错。
- 减少合规花费、缩短生产周期，提高制造准确性和一致性。

5.4.5 西门子生命科学行业数字化制造运营管理产品家族

针对生命科学行业数字化需求，西门子提供了制造运营管理（Manufacturing Operation Management，MOM）平台，帮助从事生命科学行业的企业在强化合规性、提高产品质量、提升生产效率的基础上，持续提高企业数字化程度，增强企业智能化水平。

5.4.5.1 总体介绍

西门子生命科学行业制造运营管理平台由一系列标准软件产品/软件套件构成，涵盖企业产品规范定义、产品生产制造、生产过程和产品的质量管理、生产线监控、生产数据可视化、生产智能报表等各个方面。从事生命科学行业的企业用户可以根据企业现状和企业的数字化、智能化需求，选用不同的软件产品/软件套件。

西门子生命科学行业制造运营管理平台的所有软件产品/软件套件都归在SIMATIC IT品牌之下。

如图5-52所示，西门子生命科学行业制造运营管理平台产品家族由五个软件产品/套件构成。SIMATIC IT研发套件是帮助企业实现产品规范管理和实验室信息管理的系统（Laboratory Information Management System，LIMS）。SIMAITC IT Preactor是先进的计划和排程系统，可帮助企业优化生产计划，快速应对生产现场突发情况和工单优先级调整。

SIMATIC IT 智能套件帮助企业实现从车间现场到企业级的制造智能。SIMATIC IT LMS（Line Monitoring System）通过工厂生产现场实时数据和事务数据采集以及工厂生产现场的性能监控，实现生产线的可视化和控制。SIMATIC IT eBR 作为生命科学行业专有制造执行系统，是西门子生命科学行业数字化制造运营管理产品家族的核心。

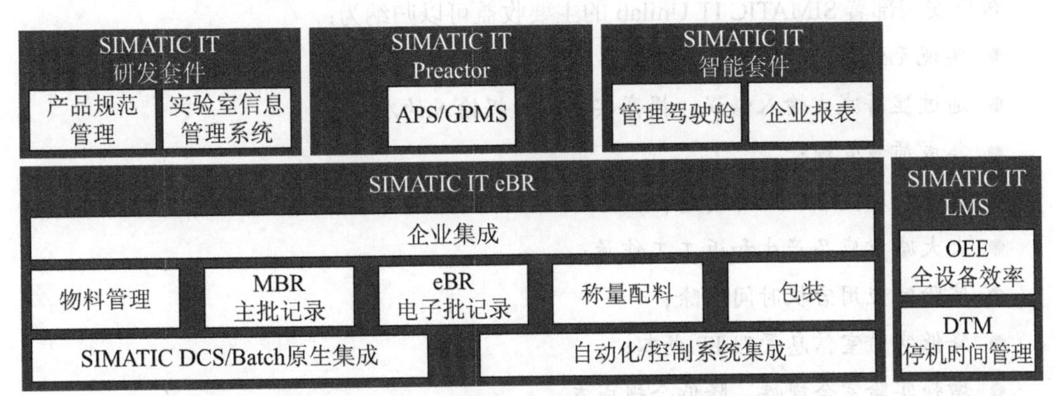

图 5-52　西门子生命科学行业制造运营管理（MOM）产品家族

西门子生命科学行业制造运营管理平台的软件产品 / 套件统一采用 SIMAITC IT UAF（Unified Architecture Framework）技术架构。平台产品之间的数据无缝交互，信息有机集成，能满足生命科学行业各种规模用户（从单个工厂到企业集团）不同范围的功能需求（从车间生产现场管理到集团生产管理）。

5.4.5.2　SIMATIC IT 研发套件

SIMAITC IT 研发套件是应对流程行业客户需要一个结构良好、高度灵活的系统平台来管理客户完整的产品研发流程需求的软件系统，可帮助客户加快新产品研发进度，提高产品研发成功性，显著缩短产品上市时间。

SIMAITC IT 研发套件包含如图 5-53 所示的主要软件模块：实验室自动化（实验室信息管理系统）、产品规范管理、实验室电子笔记本、物料清单和配方管理、供应商协作和监管管理。通过模块化、可升级的架构，SIMATIC IT 研发套件可以满足客户所有的研发需求。

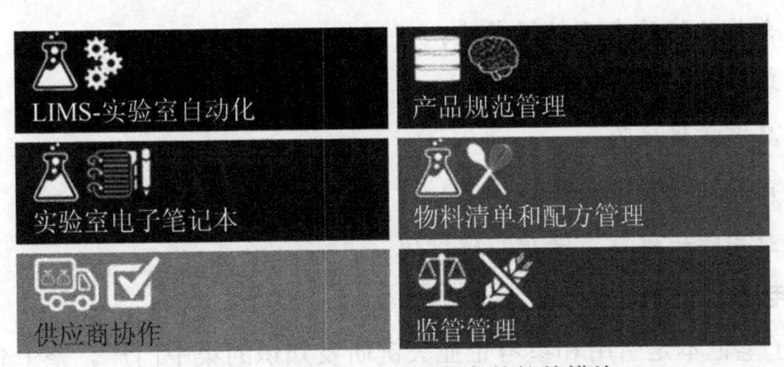

图 5-53　SIMATIC IT 研发套件软件模块

1. SIMAITC IT Unilab——实验室自动化

SIMAITC IT Unilab 既可以作为独立的应用安装部署，也可以作为西门子制造运营管理平台的有机组成部分来安装部署。它可以应用于小范围的实验室环境，也可以作为企业级实验室信息管理系统使用。

客户安装部署 SIMATIC IT Unilab 的主要收益可以归纳为：

- 实现无纸化的实验室信息管理；
- 通过显著减少输入错误，提高实验室数据输入的准确性；
- 集成质量管理；
- 降低实验室管理工作负荷；
- 大大减少废品产生和返工工作量；
- 实验室应用宕机时间消除；
- 降低实验室信息管理 IT 成本；
- 增强实验室合规性，降低合规成本。

2. SIMATIC IT Interspec——产品规范管理

SIMATIC IT Interspec 是一个应用于流程行业的高度可配置产品规范管理系统，可用于从事流程行业的企业的所有产品规范开发、配置和管理；可用于管理的产品规范包括但不限于原材料规范、中间品和成品规范、包装材料规范等。

SIMATIC IT Interspec 使用一个单独受控的数据仓库管理企业的所有规范。SIMATIC IT Interspec 通过可配置工作流、生命周期控制、版本管理、访问权限管理和审计追踪来管理所有产品相关的知识产权，包括产品规格定义、质量定义、物料配方、生产配方、工艺方法、产品标签等。

客户安装部署 SIMATIC IT Interspec 的主要收益可以归纳为：

- 缩短产品上市时间；
- 合理化和统一的产品范围；
- 管理全球采购，降低采购成本；
- 加快与合作伙伴的产品数据交换；
- 降低管理成本，管理失误较少；
- 降低产品可靠性风险；
- 降低新产品设计和导入成本；
- 强化企业品牌一致性，保护品牌价值。

3. 实验室电子笔记本

实验室电子笔记本是引用和参考企业关键研发知识的集中门户。整个企业的历史和当前实验数据可以在实验室电子笔记本中完整的基于上下文检索和重用。通过实验室电子笔记本，可以重用成功的产品研发知识，避免错误重复。

实验室电子笔记本模块主要特点：

（1）成功知识产权战略的牢固基石。

- 工作流和复杂的数据访问规则；
- 带完整审计追踪的知识产权相关数据捕获。

（2）便利的实验数据捕获。

- 所有研发数据随研发实验和项目上下文存储；
- 可以使用任意的电子格式捕获和结构化实验数据；
- 个性化的工作环境，可以自选嵌入需要的功能和应用；
- 随项目组织数据，也可跨项目引用；
- 跟随研发项目和阶段捕获来浏览数据。

4. 物料清单和配方管理

物料清单和配方管理模块支持通过现有产品配方和规范设计新产品或优化现有产品的物料清单和配方。所有的物料清单和配方相关数据、文档都存储在通用并可检索的数据仓库中。

物料清单和配方管理主要功能特点：

- 交互式检索、提取和重用已存在并批准的物料和配方；
- 采用启发式场景开发和配置新物料清单、原材料、包材和配方；
- 可以基于质量、成本、产品特殊需求等约束模拟和比较配方的性能；
- 多级产品配方；
- 实时转换验证配方到物料清单和产品规范。

5. 供应商协作

供应商管理门户可用于：

- 发送规范需求到供应商；
- 允许供应商输入其规范数据、文档等；
- 供应商提供规范数据与产品规范管理系统提供数据的比较；
- 产品规范管理系统的数据导入或归档；
- 供应商协作数据需求追踪：什么数据在什么时候由哪个供应商提供。

为使用企业和其供应商优化产品规范管理流程，供应商管理模块具有以下特点：

- 清楚明晰的数据追踪追溯功能；
- 减少人工输入工作；
- 防止数据不一致；
- 便利实施，便利使用。

6. 监管管理

监管管理的主要特点：

（1）将合规性嵌入到公司业务的各个方面。

（2）自动处理相关行业的特殊监管需求，包括成分声明、营养概括、过敏源声明、索赔等。

（3）构建产品标签内容的强力引擎：

- 完全可配置的规则和计算方法；
- 尊重产品配置 / 配方变化；
- 遵从产品目标市场或国家的规则；
- 标签内容作为产品规范的构成部分，可与CAD、PLM、LIMS、MES、ERP等系统分享。

5.4.5.3 SIMATIC IT Preactor

SIMATIC IT Preactor是先进生产计划和排程（APS）软件系列，具有详细生产排程、能力规划和图形化主生产排程能力。

SIMATIC IT Preactor被设计为伴随现有系统使用以增强现有系统功能，而不是代替现有系统。SIMAITC IT Preactor能和ERP、会计和预测软件、制造执行系统等软件紧密集成。SIMATIC IT Preactor系列软件既能应用于月、年时间尺度的长周期战略计划，中等周期和星期时间尺度的战术计划，又能应用于详细的工单排序和排程。

SIMATIC IT Preactor APS具有高度可定制性的能力计划和工单排程，可以通过安装事件驱动通信脚本来实现与跨多个工厂范围的外部系统紧密集成，支持创建客户专有的排序规则。

1. SIMATIC IT Preactor AS——先进排程

SIMAITC IT Practor AS是交互式多约束排程系统，制造工具、物料等制造资源的有效性可以作为附加约束应用在工单排程中，从而保证在客户应用环境下排程模型的准确性。计划员既可以使用系统内置的智能排程规则进行快速工单排序，也可以根据自己的经验或新获得的信息手动与排程模型交互，变更工单排序。

2. SIMATIC IT Preactor AP——先进计划

SIMAITC IT Preactor AP既可用于无限能力计划，也可用于有限能力模式计划。计划的时间段可以是天、周、月，也可使用三者的混合。每个计划约束项都可设置不同的参数，从而针对每个约束项计算不同的计划结果。

5.4.5.4 SIMATIC IT 智能套件

SIMATIC IT智能套件是转换实时生产数据到业务性能指标的数据引擎。SIMATIC IT智能套件通过提取、转换和情景化数据，将获得的数据转化为信息，并通过管理驾驶舱、企业报表和相关信息分析工具，完成信息的可视化和分析。

SIMAITC IT 智能套件将从不同系统收集的大量异构数据使用可配置的统一数据结构保存到唯一的数据仓库中。

SIMATIC IT 智能套件通过实时或基于事件驱动的管理驾驶舱的方式响应用户对实时数据或数据的请求，针对数据具有基于角色的数据访问控制、数据导航、数据过滤、数据计算、数据聚合和数据挖掘等功能。

客户实施 SIMATIC IT 智能套件的收益可归纳为：

- 实时可视化的性能指标，能够加快企业管理层决策的速度。通过与制造执行的集成，使用户能迅速采取相应行动；
- 从不同系统收集异构数据的能力确保用户保护其先期投资；
- SIMATIC IT 智能套件通过向客户提供新的业务视角以及提高业务运营效率的机会来改善客户盈利能力。

5.4.5.5 SIMATIC IT LMS

SIMAITC IT LMS 是生产线监控系统（Line Monitoring System，LMS），它是混合的实时和事务系统，从生产现场自动实时采集生产相关数据，监控生产车间性能，实现生产线的可视化和控制。

LMS 使得制造商能够提高生产效率，实现性能优化，发挥最佳优势，减少生产线低效影响的同时增加产量。

客户实施 SIMATIC IT LMS 系统的主要收益可归纳为：

- 高响应性的系统；
- 提高生产效率；
- 操作成本控制；
- 实时数据视图用以支持决策者做出最佳决策；
- 提高工厂可靠性；
- 低项目风险，更快/更便捷的投资回报率计算。

5.5 PAT 过程分析技术

5.5.1 PAT 和 QbD 概述

过程分析技术（Process Analytical Technology，PAT）基于“质量源于设计”的理念，为制药连续化生产、产品实时放行和生产效率的全面提高开创了一条新思路。在“质量源于设计”的生产过程控制阶段，过程分析技术（PAT）的优势在于充分发挥了区别于传统控制方法的提高了对生产内在理解的先进控制策略。

“质量源于测试”是传统的质量控制方法，它采用将成品药物和经认证的规范进行比较的方式，将所有不符合规范的药物都视为不合格品。同时，通过在生产前后进行严格、固定的成分测试过程来确保产品的质量。由于仅根据规范并不足以确保产品质量，因此还需对上述测试过程进行严密监控。

“质量源于设计”（Quality by Design，QbD）这一理念首先出现在ICH发布的Q8中，其定义为“在可靠的科学和质量风险管理基础之上的，预先定义好目标的一个系统的研发方法，强调对产品与过程的理解。”ICH Q8指出，质量不是通过检验注入产品中，而是通过设计赋予的。要获得良好的设计，必须增加对产品的认知和对生产的全面过程控制。

FDA把PAT描述为“一个为了保证最终产品质量，基于即时测量（工艺生产过程中）原料、中间物料和工艺过程的关键质量和性能属性，对生产过程进行设计、分析和控制的系统”。欧洲药监局（EMEA）也支持这个定义。PAT能完成实时产品质量追踪和提高对工艺过程的认识程度。PAT能实现“一次成功（Right the First Time）”生产，因为产品是通过严密的“内在设计”质量控制工艺生产出来的。在线质量监测会减少“不合格”产品的出现，从而降低生产成本。

5.5.2 制药企业需要实施PAT

目前制药厂商普遍采用的“质量源于测试”，其困境的根本原因在于无法充分认识到故障的发生原因，因而制造商将不断面临各种原因不明的经济损失。在政府监管部门制定各种增补规范以允许采用较为宽松的验收标准之前，这种窘境可能会无限期地延续下去。在从实验室试验转为全面生产时，“质量源于测试”这种方法可能会产生一些问题。生产规范通常都来自实验室环境下的小规模生产测试数据，但发展到商业化生产时，就会暴露出在研发过程中未曾出现的各种复杂性。在达到一定量的生产规模时，即便对生产过程的细微和增量变化制定增补规范，也很难通过闭环反馈实现过程来改善，进而无法确保连续、实时的质量保证。

在制药行业中，“质量源于设计（QbD）”在产品研发中采用了一种基于风险的科学方法，并重点关注过程设计和控制。QbD从研发阶段开始控制，首先确定并定义了产品质量的关键属性（CQA）。之后，QbD又定义了一些参数限值，即使参数值在该限值内发生变化，但不会影响产品质量的关键属性。最后，在生产过程中采用更为灵活便捷的设计，支持参数值发生上述变化，从而确保随着时间的推移质量始终如一。

法规监管、市场、科研技术能力将迫使制药生产在下一个十年里实现快速转变。生产效率和创新被提上变革日程，并确保创新成功的公司获得巨大收益。过程分析技术（PAT）是这次变革的一个重要部分，提供给公司在生物、化学原料药和制剂生产方面的如下预期：更好地控制工艺过程，产品工艺融入质量设计和实现“实时产品放行”。这会带来提高产品质量、缩短产品面市时间和更快速响应的供应链等诸多收益。

FDA 相信 PAT 会在制药生产的广泛创新和质量提高方面处于核心地位。FDA 的 PAT 指南强调 FDA 的信念：“改进制药的开发、生产和质量保证方面存在极大的机遇。”PAT 方法还不是强制性的，但是非常有可能在 21 世纪会对制药生产设定一个监管参考标准。获得独立的对工艺过程内在认识能力的制药公司会更好地在快速发展的竞争市场中生存下来。

成功实施 PAT 会给制药客户带来大量的商业收益，当然，每一家客户的实际情况可能会有所不同。

1. 大量节省成本

- 通过“一次成功”的产品生产来减少废品和返工；
- 减少原料、中间体（过程中物质）的消耗和最终产品的库存需求（准时生产）；
- 减少质量和批次文档费用（离线实验室花费、关于批次放行的 FTE 次数）；
- 提高设备的利用率。

2. 提高质量

- 内置的质量控制机制保持了稳定的质量并降低了污染的风险；
- 缩短产品上市时间和快速扩展；
- 验证优化——灵活的管理方式（设计空间原理）；
- 快速实现研发和生产对接或者不同场地的转换。

3. 提高企业形象

- 产品（生产）创新；
- 减少召回 / 警告信 / 和解协议的风险。

5.5.3 如何成功实施 PAT

在 PAT 中，内置的分析仪将在批次的生成过程中对过程变量进行检测，而不是根据样本和批次结束时的分析结果确定产品的质量。PAT 软件工具还会将这些数据转换为相应的质量信息，便于操作员对质量进行实时监视。与此同时，按照 QbD 理论所设计的生产过程具有高度的灵活性和可靠性，这样就可以采用这些质量信息进行参数调整，以确保过程始终位于质量限值范围之内，或者在批次的生产过程中进行及时修正以确保产品质量稳定合格。

在制药行业的产品研发过程、过程设计和连续生产过程中均可应用 PAT。以连续生产为例，通常，制药商都会采用批生产控制机制，根据生产计划、产能或客户订单确定每个批次的产量。虽然连续处理比批生产具有更大优势，但是质量控制需求却迫使制药商不得不选择批量生产。随着PAT工具的应用，这一状况得以改观。

由于PAT可以通过提供实时且连续的质量信息，将批量生产过程转变为连续生产过程，因此，可以在生产过程中不间断地进行质量检测，而无须最终质检即可放行批量生产的产品。与生产指定数量的药品不同，制造商可以“采用”足够多的原材料并“产出”大量成品满足市场需求。连续过程的优势在于提高设备使用的效率，实现更高的生产率并确保高品质的产品质量。

成功实施PAT的意义不只局限于技术方面，终极目标是通过在线质量控制方法更好地获得对工艺过程的内在了解，实时产品放行，生产性能提高，质量的连续提高以及符合法规监管。达到这些目标需要做的工作远远多于在现有工艺过程中更换一台在线分析仪表。客户需要根据FDA的PAT指南概述采取用于PAT宽领域的方法。PAT是人员和技术的结合，需要多学科的方法。PAT必须和多种其他生产相关系统进行通信，例如过程控制系统（PCS和SCADA）、工业IT系统（例如MES和LIMS）和数据存储管理系统。对工艺过程的认识是成功实施PAT的关键所在。基于数学模型以自动化方法能够控制“关键质量”（CtQ）参数，包括会影响过程和最终质量的参数。目标是获得可预测的过程和预定义的产品质量。只有满足这些条件，才可实现连续化生产、保证和提高质量以及“实时产品放行”，而且包括生产、库存、管理和验证在内的成本才会得到显著降低。

5.5.4 SIPAT——西门子提供的PAT数据解决方案

SIPAT是西门子的PAT集成解决方案。针对PAT系统包含多方实时数据系统的特点和数据集成需求，西门子很早就开始了PAT工具的研发，并于2007年发布了SIPAT。SIPAT可集成过程分析仪表，基于PLC或DCS的自动化系统控制，批控制软件（Batch）、制造执行系统（MES）和实验室信息管理系统（LIMS），如图5-54所示。

PAT采用数据驱动型技术，需要对多个来源的数据源进行智能管理。通过SIPAT，可以从诸如分析仪和传感器等各种实时源进行数据收集，然后再结合过程采样的实验室数据或MES的质量数据等离线数据。SIPAT可以非常便捷地与各种过程分析仪表进行集成，同时还可对这些设备进行组态管理、维护和校准。

作为整个制药解决方案的一部分，SIPAT可集成到批生产控制系统中，为系统提供诸如当前阶段或报警的状态信息。这对开始、停止、暂停和恢复数据收集至关重要，并需要在配方程序和PAT工具之间确保这些信息及时同步。操作员可通过用户界面监视CQA、查找当前或历史批次信息并将该信息与理想的批次轨迹进行比较。此外，通过对SIPAT进行设置，还可以向MES发送有关CQA的状态信息，从而实现实时批次放行。

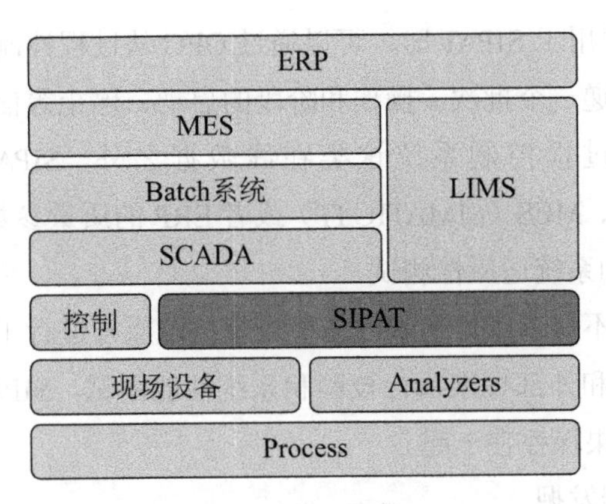

图 5-54　SIPAT 层级

SIPAT 内置的审核功能可确保符合 21CFR Part 11 等法律法规的要求，包括系统安全和政府检查、电子签名、修订历史变更记录、记录保留以及目标版本控制。

SIPAT 可以非常容易地加入到现有的生产架构中，从而实现从单元操作层级到 RP、MES 和 LIMS 层级的质量方面的全面贯通。可以实现分析和过程测量数据的采集、模型创建和验证，在线预测和分析并把结果反馈给过程控制，最终实现实时产品放行，如图 5-55 所示。

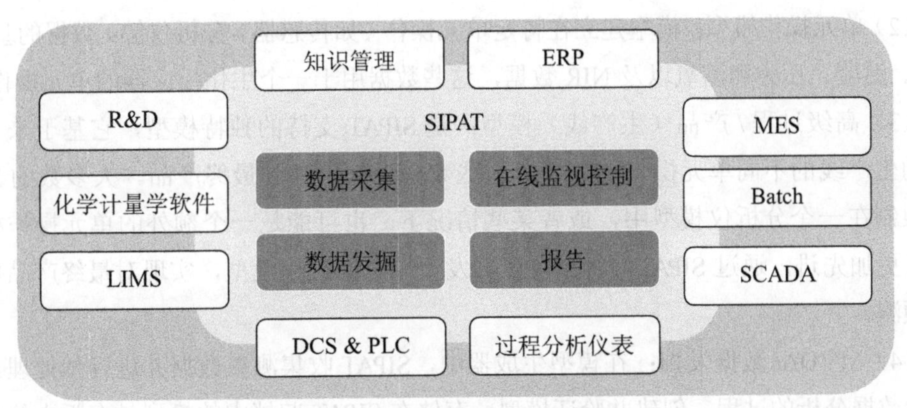

图 5-55　SIPAT 统一数据集成平台

SIPAT 是市场上最具影响的支持 PAT 实施的软件解决方案，主要功能如下：

1. 数据采集

1）捕捉过程分析数据

SIPAT 可以连接不同类型的分析仪来捕捉过程分析数据。根据仪表性能和仪表厂商提供软件的功能，SIPAT 不仅可以收集数据，还可以对仪表进行全面的配置，包括校验和系统适应测试。

2）接收、读取数据以及分发数据

SIPAT 使用符合工业标准的开放的接口连接第三方软件包，例如过程控制系统。温度、压力、pH 这些过程参数用于 SIPAT 时，可以通过 OPC 从过程控制系统读取。相同的 OPC 通信接口也可以用于传递一个批次、操作和阶段的启动、停止等信息给 SIPAT。

除了分析仪表和过程控制系统这类在线数据之外，SIPAT 可以使用来自 LIMS（SIMATIC IT Unilab）、MES（SIMATIC IT）或者 ERP 的质量参数（如原料分析结果）。

3）管理仪表校验和系统适应性测试

通常情况下，仪表不得未经过初次性能检查就按照原样进行工作，所以 SIPAT 通过对工作流预测，使用内部和外部标准执行校验和系统性能测试。SIPAT 会保留结果记录并和这台仪表今后的测量结果保存在一起。

4）模型组态和数据发掘

SIPAT 过滤收集历史数据并发送到 MVDA 软件，还结合外部化学统计学工具 Matlab、Umetrics SIMCA 和 CAMO Unscrambler X 建立 PLS 或 PCA 模型，并检查相关的工艺过程。除了模型组态，这个模块还包括模型验证和优化，通常使用离线方式。

SIPAT 可以在不同的层级进行组态和使用模型。

（1）分析仪模型：模型建立在来自于一台特定的分析仪数据的基础上，例如，基于某些确认参数或者主成分分析（PCA）/ 偏最小二乘法（PLS）。

（2）单元操作模型：模型建立在特定单元操作（如传感器、分析仪等）数据的基础上，如 PH、温度、压力和溶氧以及 NIR 数据，这些数据用于一个生化反应器的单元操作。

（3）高级过程 / 产品（生产线）模型：是 SIPAT 支持的独特模型，它基于来自一条完整的生产线的不同单元操作的数据。这些数据为从原料到最终产品。大多数的 PAT 软件被限制在一个分析仪模型中，或者某些情况下，也可能是一个额外的单元操作模型。SIAPT 更加先进，通过 SIPAT，客户可以开发一个总的过程模型，实现对最终产品质量参数的预测。

（4）MVDA/ 数据发掘：在模型生成器中，SIPAT 收集测量数据并进行预处理。用户就开始数据分析的过程，创建并验证模型。存储在 SIPAT 归档中的模型具有版本信息和状态信息。SIPAT 可以连接不同类型的数据发掘或者 MVDA 软件包，并且将 Umetrics 公司的化学计量法集成到标准的 SIPAT 软件中。

实时运行状态下，SIPAT 将收集数据，预先处理并在后台使用模型进行预测。SIPAT 还可以对模型结果进行图形化和发布。

2. 在线监视和控制

1）集成到批次

单元操作模型或者过程模型是开发控制模型的基础。这个模型被用来执行过程控制行为（前馈 / 反馈控制和修正）。

SIPAT 关注工艺过程的质量方面内容并把相关信息提供给控制系统。控制系统继而关注控制和修正行为。对系统通过 OPC 接口二者进行实时通信，完成前馈 / 反馈控制，如图 5-56 所示。SIPAT 可以和批次系统密切联系并实现配方步骤和 SIPAT 方式之间的紧密互动。例如，这种同步能实现 SIPAT 对某批次的一个特定操作（或阶段）发出结束条件。

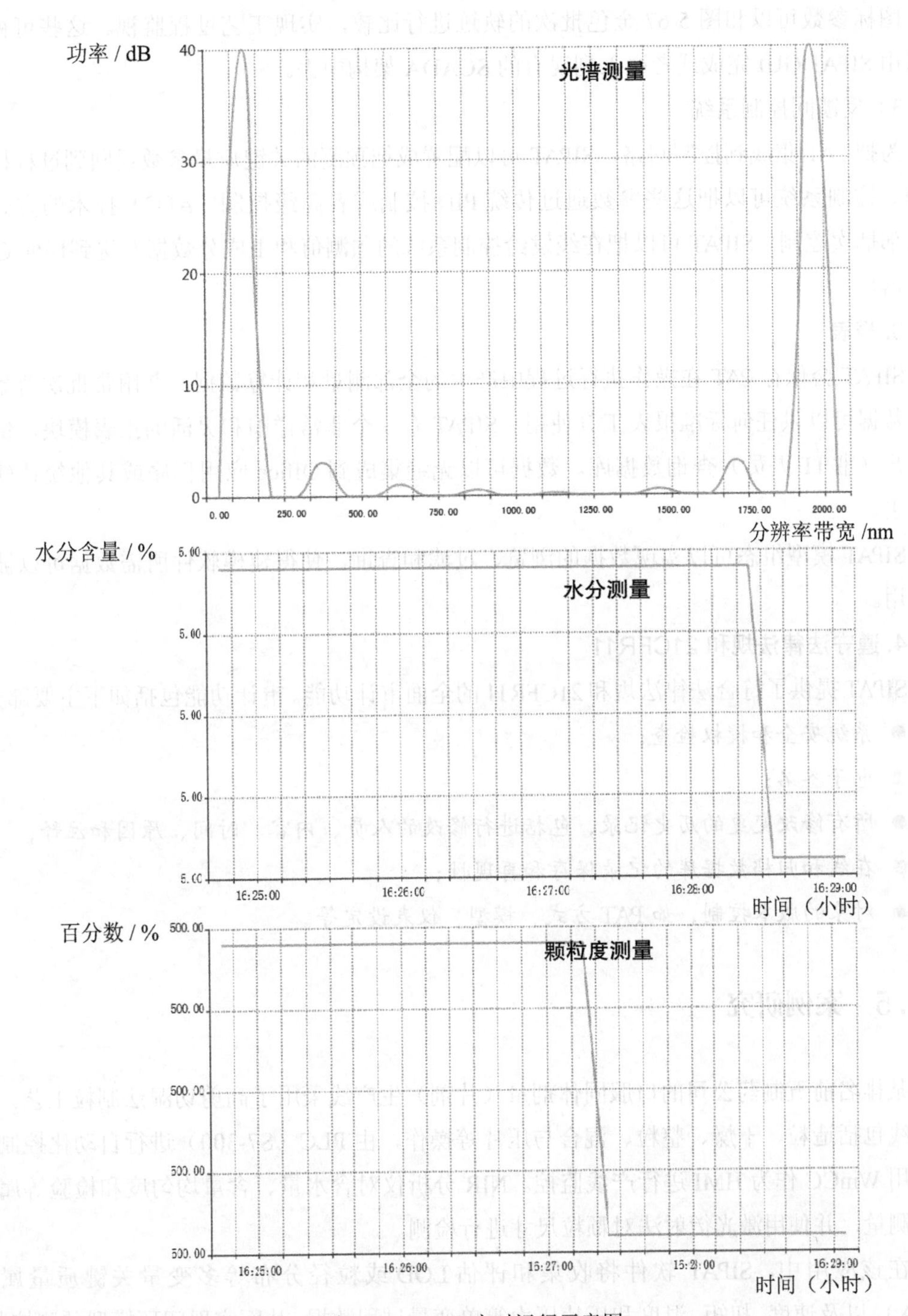

图 5-56　SIPAT 实时运行示意图

2）数据可视化

SIPAT 图形用户接口可用于交互地收集数据、建立新的 PAT 方式，或者查找目前 / 之前的产品批次的额外信息。所有的关键质量参数都可在线监视。

图标参数可以和图 5-67 金色批次的轨迹进行比较，实现工艺过程监视。这些可视化可以由 SIPAT GUI 完成或者嵌入到现有的 SCADA 架构中去。

3）反馈回控制系统

为把 PAT 集成到控制回路，SIPAT 可以配置成把预测的关键质量参数返回到过程控制系统。控制系统可以把这些参数通过传统 PID 控制或者高级控制（APC）技术的方式用于内部批次控制。SIPAT 可以把在线发给控制系统的预测值和主成分数据发送到任何 OPC 服务器。

3. 报表

SIPAT 会保存 PAT 在操作执行过程中产生的全部测量和计算数据，并附带批次背景信息。数据可以供任何标准报表工具使用。SIPAT 有一个非常详细和灵活的报表模块，供最终用户（非 IT 人员）查询数据库。数据可以无缝集成到 Office 应用程序或其他统计软件包中去。

SIPAT 模型组态可以实现数据的浏览、过滤和查询，使得建模软件所需数据可以被正确使用。

4. 遵守法律法规和 21CFR11

SIPAT 提供了符合法律法规和 21CFR11 的全面审计功能。审计功能包括如下主要部分：

- 系统安全和授权检查；
- 电子签名；
- 所有修改变更的历史记录，包括进行修改的人员、内容、时间、原因和注释；
- 在线和归档数据库的记录保存和再现性；
- 对象的版本控制，如 PAT 方式、模型、仪表设定等。

5.5.5 案例研究

某排名前五制药公司的口服固体剂量（片剂）生产线采用了高剪切湿法制粒工艺。该生产线包括造粒、干燥、整粒、混合与压片等操作，由 PLC（S7-300）进行自动化控制，并使用 WinCC 作为 HMI 进行产线监控。NIR 分析仪对含水量、含量均匀度和检验等属性进行测量，并使用激光衍射法对颗粒尺寸进行检测。

在该应用中，SIPAT 软件将收集和评估 LOD 或粒径分布等多变量关键质量属性（CQA），以及速度、扭矩、温度和压片压力等单变量过程数据，从而实现闭环模型预测控制。

同时为制造执行系统（SIMATIC IT）提供质量参数，然后在这一系统中跟踪这些信息以进行实时放行报告。SIPAT 可以在批次开始偏离规范时调节水分含量、含量均匀度、硬度和厚度等参数，从而实时确保质量并大幅降低过程结束时整批次产品报废的风险。使用 PAT 工具，公司工程师对过程的理解更加深刻。而且，由于研发阶段进行连续生产的过程设备规模与后期商业化生产时的规模相同，因而无须再扩大规模。

根据制造商的要求，新的连续过程方案在两周内完成开发，同时生产线在六个月之后开始稳定生产高品质的片剂。系统内置的质量检查现在也可以实现实时放行。与传统批生产方式中的生产线末端 QC 检查相比，效率得到极大提升。设备的占地面积更小，所占空间仅为同类批量生产线的十分之一，同时还减少了操作员的数量以及生产过程中的工作。

对制药公司而言，原材料使用量降低，废品、浪费和返工现象减少，过程的人工干预降低，这些都极大降低了生产成本并提高了生产安全性。

制药行业的模型预测化智能生产主要包括：基于 SIMATIC SIPAT 行业软件解决方案，帮助客户实现基于“质量源于设计”的生产方式，实现质量工具所采集数据的智能解析和完美互连。除了将产品开发阶段的相关数据返回到生产过程中实现数据的高度透明之外，还需要基于单元操作，对 ERP 系统、MES 和 LIMS 中的数据进行精准预测，确保质量与效率的持续性改进和提高。其中，SIPAT 基于工业 4.0“物理和信息融合”的理念，进一步深入到工艺过程内部了解“物理”信息，并把这些过程分析信息融入数据信息系统，进行信息发掘和建立预测模型，反馈到自动控制系统，确保了产品质量的稳定可靠，降低了不合格产品的潜在风险。内部过程优化和质量的持续稳定，又为产品质量一次通过提供了有力保障，可以有效提高生产效率和降低成本。

第6章

工业互联网平台

工业互联网是新一代信息技术与现代工业技术深度融合的产物，是一套涵盖数字化、网络化、智能化等通用目的技术的综合技术体系。工业互联网的本质是通过构建精准、实时、高效的数据采集互联体系，实现工业经济全要素、全产业链、全价值链的资源优化配置，提高全要素生产率，推动经济发展质量变革、效率变革、动力变革。一方面，工业互联网可挖掘传统制造业发展潜力，通过引入新技术、新管理、新模式，为制造业插上互联网的翅膀，注入信息化的基因，加快传统制造业转型升级步伐。另一方面，工业互联网加速了先进制造业的发展步伐，催生了智能化生产、网络化协同、个性化定制、服务化衍生、数字化管理等新型制造模式，推动了制造业开启智能化进程，向工业 4.0 演进。

6.1 工业互联网的概念

工业互联网本质上是基于云平台的制造业数字化、网络化、智能化基础设施，为企业提供了跨设备、跨系统、跨厂区、跨地区的全面互联互通平台，使企业可以在全局层面对设计、生产、管理、服务等制造活动进行优化，为企业的技术创新和组织管理变革提供了基本依托。同时，企业通过工业互联网平台，获得了在更大范围内打破物理和组织边界的能力，便于打通企业内部、供应链上下游、供应链之间的数据孤岛，实现资源有效协同，形成无边界组织，实现价值创造从传统价值链向价值网络拓展。

6.1.1 如何理解工业互联网

工业互联网是指工业互联的网，而不是工业的互联网。

在企业内部，要实现工业设备（生产设备、物流装备、能源计量、质量检验、车辆等）、信息系统、业务流程、企业的产品与服务、人员之间的互联，实现企业IT网络与工控网络的互联，实现从车间到决策层的纵向互联；在企业间，要实现上下游企业（供应商、经销商、客户、合作伙伴）之间的横向互联；从产品生命周期的维度，要实现产品从设计、制造到服役，再到报废回收再利用整个生命周期的互联。这实际上与工业4.0提出的三个集成的内涵是相通的。

工业互联网将智能机器或特定类型的设备与嵌入式技术和物联网结合起来，例如对机器和车辆配备智能技术，包括M2M（机器与机器互联）技术，实现制造装备和其他设备间的数据传输。工业互联网也应用于交通项目，例如无人（或自主）驾驶汽车和智能轨道交通系统。

6.1.2 工业互联网与工业物联网（IIoT）是什么关系

工业物联网指的是物联网在工业上的应用。工业互联网涵盖了工业物联网，但进一步延伸到企业的信息系统、业务流程和人员。

工业互联网的概念实际上与国外提出的万物互联（Internet of Everything，将人、流程、数据和事物结合一起，使得网络连接变得更加相关，更有价值）理念有相似之处，相当于是工业企业的万物互联。

6.1.3 工业互联网平台

工业互联网平台是开发和运行各种工业互联网应用功能的平台。工业云平台指的是工业领域的云平台，包括IaaS（基础设施即服务）、PaaS（平台即服务）、SaaS（软件即服务）三个层面。工业云平台的目的是将工业软件演化为一种云服务（SaaS），并为客户提供可以对软件功能进行配置或二次开发的平台（PaaS），将数据和信息系统存储到云端，从而使工业企业应用信息系统更加便捷、更有利于管理（如实现服务器和桌面虚拟化）。这个云平台可以是企业的私有云或者行业云，具体要根据企业或行业实际应用情况而选定。

工业互联网平台是工业云平台的扩展与延伸，它不仅能够支持工业云平台的所有功能，而且要能支撑工业物联网应用，实现IT与OT融合。

在IaaS和边缘（设备端）层，工业互联网平台需要实现从设备的控制系统、传感器、可穿戴设备、摄像头和仪表进行数据采集、传输和存储；在PaaS层，工业互联网平台需要能够支撑更加复杂的算法，例如利用深度学习技术进行图像分析，利用SPC方法分析质量数据，利用仿真技术对设备的数字化模型（digital twin）进行性能仿真，利用GIS数据对车辆进行定位，从而对物流运输过程进行追溯等；在SaaS层，则应当提供丰富的App，将原来工业软件固化的功能拆分成很多功能相对独立的插件，以便在PaaS平台即插即用。因此，工业互联网平台比工业云平台要复杂得多。

6.1.4 工业互联网与智能制造的关系

工业互联网的核心是互联，是制造企业实现智能制造的关键使能技术之一。根据智能制造金字塔模型，企业推进智能制造包含四个层次、十个场景，如图 6-1 所示。

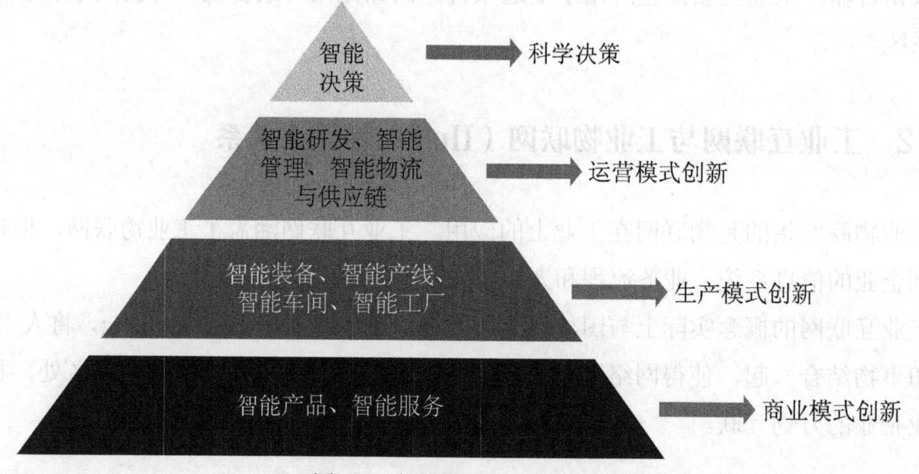

图 6-1 智能制造的四个层次

智能制造四层次及核心内容如下。

第一层是推进产品的智能化和智能服务，从而实现商业模式的创新。在这一层，工业互联网可以支撑企业开发智能互联产品，基于物联网提供智能服务。

第二层是如何应用智能装备、部署智能产线、打造智能车间、建设智能工厂，从而实现生产模式的创新。在这一层，工业互联网技术可以帮助企业实现 M2M，从设备联网到产线的数据采集，从车间的智能监控到生产无纸化等。

第三层是智能研发、智能管理和智能物流与供应链，实现企业运营模式的创新。在这一层，工业互联网的主要作用是实现企业内的信息集成和企业间的供应链集成。

第四层是智能决策。在这一层，工业互联网的作用是实现异构数据的整合与实时分析。

智能制造的主要核心内容与应用场景主要包括智能产品、智能研发、智能装备、智能产线、智能车间、智能工厂、智能管理、智能供应链与物流、智能服务以及智能决策等。

6.1.5 工业互联网与工业大数据的关系

工业互联网平台需要管理海量和异构的，结构化、半结构化和非结构化的数据，包括

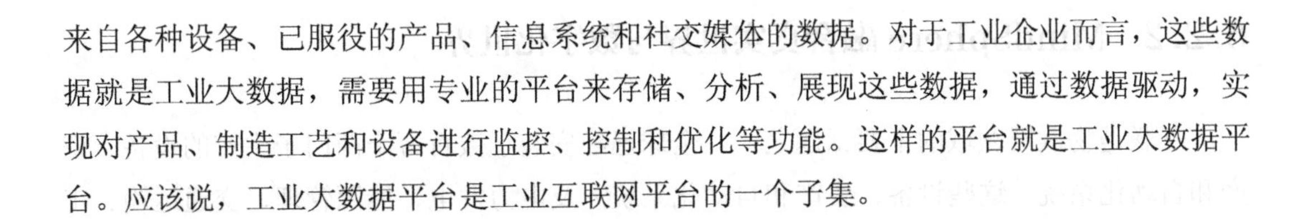

来自各种设备、已服役的产品、信息系统和社交媒体的数据。对于工业企业而言，这些数据就是工业大数据，需要用专业的平台来存储、分析、展现这些数据，通过数据驱动，实现对产品、制造工艺和设备进行监控、控制和优化等功能。这样的平台就是工业大数据平台。应该说，工业大数据平台是工业互联网平台的一个子集。

6.1.6 工业互联网目前的成熟度

工业互联网涵盖的领域非常广，要实现各种软件、硬件、机器设备、产品与业务流程和人员的互联，实际上难度非常大。

工业互联网是个美好愿景，但要实现这一愿景还需要很长的过程，需要打造一个健康的生态系统。工业互联网的概念很大，不少功能各异的云平台都在宣传自己是工业互联网平台，让企业难以分辨。

总体来说，虽然目前工业互联网热潮涌动，但是我国的工业互联网应用还处于初级阶段，各界对工业互联网的认识与理解还不太统一。

市场上已有的工业互联网平台实际上只能支持某些单点应用或特定功能，缺乏真正基于多租户的工业互联网平台。各种平台之间要实现集成，涉及诸多的标准和安全问题。按照目前“百花齐放”的发展态势，势必形成很多“云孤岛”。

6.2 西门子 MindSphere 平台

6.2.1 MindSphere 概述

MindSphere 是西门子推出的、基于云的开放式物联网操作系统，融合真实世界与数字化世界，使得利用强大的工业应用和数字化服务驱动商业成功成为可能。MindSphere 的开放式平台即服务（PaaS）使丰富的合作伙伴生态系统开发和交付新应用成为可能。

将数字化和物联网数据转化为生产运营成果是 MindSphere 的核心驱动力。基于 MindSphere 构建的高价值行业应用，可通过基于最佳实践解决方案获得重大成果。此外，企业还可利用 MindSphere 将产品的构思、实现和利用封闭成一个环，将运营数据无缝集成到整个价值链中。这样不仅可以提高运营效率，而且还可以实现仿真和测试结果与实际观察结果之间的比较。

6.2.2 MindSphere融合真实世界与数字化世界

互联是物联网领域的主要话题之一。全球已经安装了数百万个西门子生产的设备、资产和自动化系统。这些设备、资产和自动化系统涉及电力发电、能源管理、交通运输、工业生产以及楼宇技术等领域，大多数情况下，可以获取特定场景下的数据，但尚不能挖掘其中的价值。西门子将向现有系统提供插件和扩展程序，使MindSphere可以方便地连接插件和扩展程序以利用这些数据，如图6-2所示。

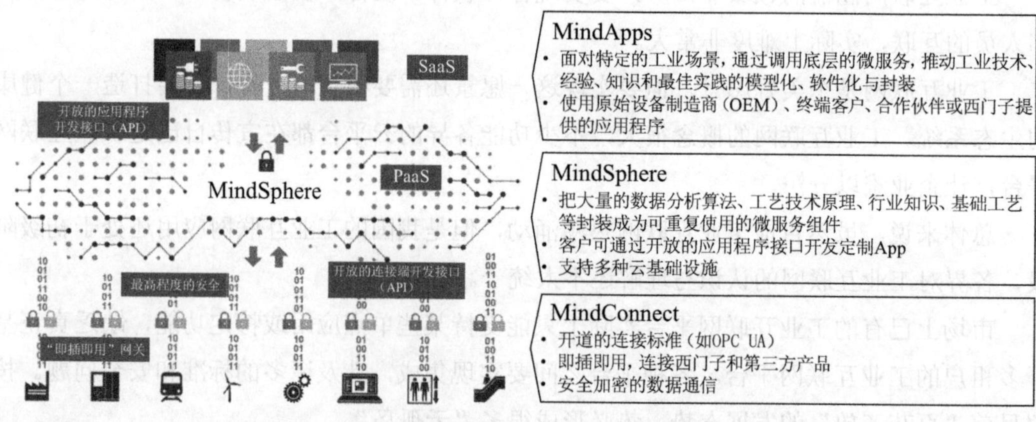

图6-2 MindSphere基于云的开放式物联网操作系统

6.2.2.1 MindSphere应用现状及前景

目前互联网上已连接了80亿个设备，到2030年，这一数字将达到10000亿。

西门子一直稳定地交付数百万个新型设备、资产和自动化系统。这些设备、资产和自动化系统在交付时就集成了MindSphere连接功能，因此，安装后即可获得数据产生的价值。借助开放通信标准，其他供应商提供的设备、资产和自动化系统也可以将数据传送至MindSphere。这确保了同一方法的可用性，并可以对数据分析技术采用此前无法使用的组合运用。

除了西门子系统外，采用西门子PLM数字化企业软件套装和制造软件进行产品设计、开发和制造的企业也可为其客户提供数十亿个支持物联网功能的产品，例如笔记本电脑、计算机、电视、汽车、卡车、飞机、重型设备、健身设备和白色家电等产品。这些产品中的物联网数据源自大量不同数据源。西门子展望MindSphere连接大量不同物联网源设备，从而可以收集这些产品的相关数据，并将其用于MindSphere应用，如表6-1所示。

可以连接到MindSphere上的设备类型几乎是无穷无尽的，并且MindSphere将会支持大多数主流开放连接标准。

表 6-1 MindSphere 可以采集的数据源

领域	详细内容
能源	涡轮机、风力发电机、蓄电池、智能电表、变电站、压缩机等
交通运输	火车、地铁车站、船舶、卡车、行李车、集装箱等
工业生产	机床、输送机、控制装置、传动装置、泵、阀等
楼宇技术	采暖、通风、空调、照明、门禁安全、消防安全等
医疗	医疗设备、植入设备、医院等
其他	农业、智能家居、零售等

高价值 App 将利用来自不同源的数据向 MindSphere 用户提供独特的价值。MindSphere 采用了简洁、清晰的结构，可以使用户快速地将其资产连接到云，并从其物联网数据中获得相关价值。

为了实现用户数据端至端的集成，企业首先必须将其资产连接到数字化世界。工厂、机器和系统所产生的原始数据，如果事先没有对其实施连接、采集和管理，将不能得到全方位的深入分析。

6.2.2.2 使用 MindConnect 轻松实现安全连接

为了简便、安全地将资产连接到 MindSphere，西门子提供了系列丰富的 MindConnect 组件。MindConnect 组件是软件和 / 或硬件解决方案，它们使即插即用连接成为可能，从而可以收集相关数据，例如将能量计、移动设备（火车等）、空调、各种传动装置和输送系统的状态数据按设定的间隔传输到 MindSphere。这使得企业可以快速、经济地收集性能数据，并将它们发送给 MindSphere 以进行分析。

6.2.2.3 MindSphere 可使客户快速展开相关工作

MindSphere 可以帮助客户快速实现其数字化商业模式。无须编程技术，也不需要关停设备。每个客户都有一个可定制型登录功能。主页面简洁、清晰，仅显示建立连接时所需要的功能（“资产组态”（Asset Configuration））、管理员客户端与用户登录功能（“客户管理”（Customer Management）和“用户管理”（User Management））和 MindApp。

利用 MindConnect 组件的即插即用连接，客户可以快速地使用 MindSphere，具体过程如下（见图 6-3）：

（1）设置并连接 MindConnect 组件。

（2）组态需要发送给 MindSphere 的数据。

（3）利用集成有规则引擎的 Fleet Manager 进入第一个界面并定义相关操作。

6.2.2.4 开放式连接标准

开放的标准和接口使得从各种不同制造商所生产的资产、设备和系统获得相关数据成为可能。MindConnect 基于已经建立的工业标准确保可以进行可靠的、独立于制造商的通信。这些标准中有一个名为 OPC 统一架构（OPC UA）的标准。该标准是由 OPC 基金组织制定的、用于实现工业自动化交互性的机器 - 机器通信协议。对于本文此前描述的各种不同资产类型的其他标准和协议，将由西门子或其合作伙伴提供相应支持。

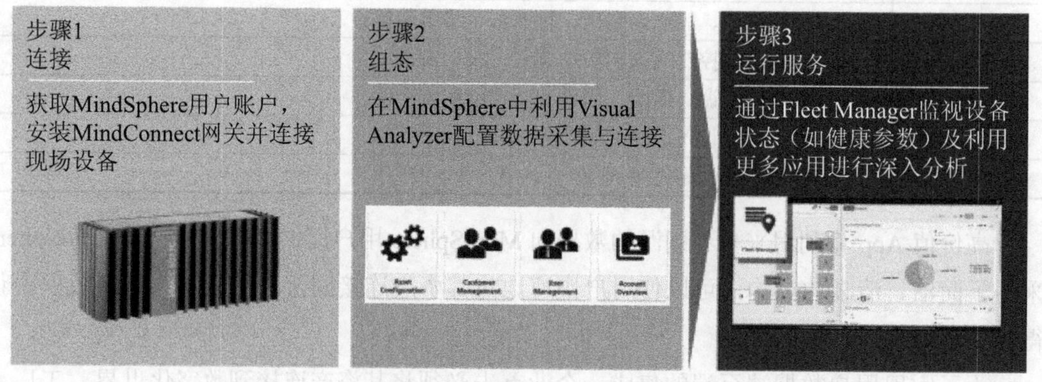

图 6-3 MinderSphere 使客户可以快速展开相关工作

MindConnect 软件具备良好的可扩展性，可以方便地适应不同资产类型、协议和通信标准。通过这些扩展，MindSphere 客户可以对西门子和其他第三方支持 MindSphere 的资产实施全球性访问，并通过嵌入式连接或辅助连接高效地从中提取数据。这将给各种供应商制造的各种资产连接至 MindSphere 提供了无尽的可能性。

此外，MindConnect 库还可协助开发人员将定制型软件代理连接至 MindConnet API：

- 库的代码很短，可以方便地集成第三方设备资产；
- 可以定制数据采集功能；
- 可将数据直接发送给 MindSphere，而无须掌握任何 Internet 协议知识；
- 可以简化 MindSphere 的通信与调试过程。

6.2.2.5 安全通信

MindConnect 组件采用了安全机制，只允许连接 MindSphere 平台并将数据发送给该平台。它通过安全证书验证识别 MindSphere 后端。对于 MindConnect 组件所采用的证书和密钥，通过证书和密钥管理措施进行处理。

登录期间，MindConnect 组件必须通过 MindSphere 的认证过程。该认证过程完成后，双方即就后续通信所采用的加密密钥达成一致。因此，MindSphere 平台被设计成只接收来自合法 MindConnect 组件的数据。合法 MindConnect 组件指登录期间成功完成了认证过程的 MindConnect 组件。

1. 与 MindSphere 进行加密通信

随着数字化程度的日益提高，综合性应用安全方案的重要性也越来越大。对于纵深防御，西门子按照 ISA99/IEC 62443 和面向工业的信息安全标准 ISO 27001/BSI 的建议提供了一种与信息安全、网络安全和系统完整性有关的多层方案。通信数据始终采用不低于

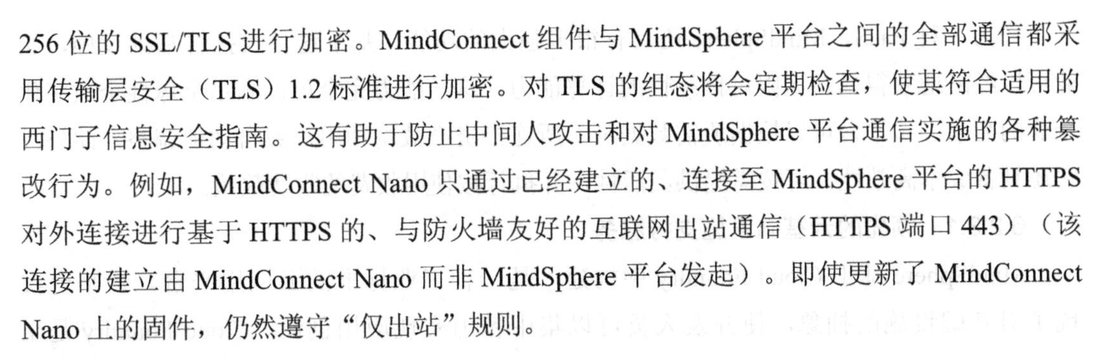

256 位的 SSL/TLS 进行加密。MindConnect 组件与 MindSphere 平台之间的全部通信都采用传输层安全（TLS）1.2 标准进行加密。对 TLS 的组态将会定期检查，使其符合适用的西门子信息安全指南。这有助于防止中间人攻击和对 MindSphere 平台通信实施的各种篡改行为。例如，MindConnect Nano 只通过已经建立的、连接至 MindSphere 平台的 HTTPS 对外连接进行基于 HTTPS 的、与防火墙友好的互联网出站通信（HTTPS 端口 443）（该连接的建立由 MindConnect Nano 而非 MindSphere 平台发起）。即使更新了 MindConnect Nano 上的固件，仍然遵守“仅出站”规则。

2. 最高机密性

MindSphere 客户是数据的拥有人，负责控制权限级别。MindSphere 提供高安全数据环境，允许数据拥有者对数据访问权限级别进行完全控制。数据保存在由领先的云数据中心合作伙伴（IaaS）提供的高安全基础设施中。这些专业的 IaaS 提供商可以提供比典型的现场和本地数据存储设施高得多的安全标准。此外，它还通过分离租用者对数据访问权限实现严格管理，从技术上仅允许已经分配的租用拥有者（数据拥有者）进行数据访问。MindSphere 开发时将数据安全置于最高优先级，设计了访问保护、分段和加密通信、防篡改保护和机密性保护等功能。客户可确信对自己的数据进行完全的访问控制。

6.2.3 MindSphere 开放式平台即服务（PaaS）

西门子以平台即服务（PaaS）的方式提供 MindSphere 物联网操作系统（见图 6-4）。这是一种基于云的服务，使得客户无须完成基础设施构建和软件组件管理等复杂的工作即可开发、运行和管理自己的应用。

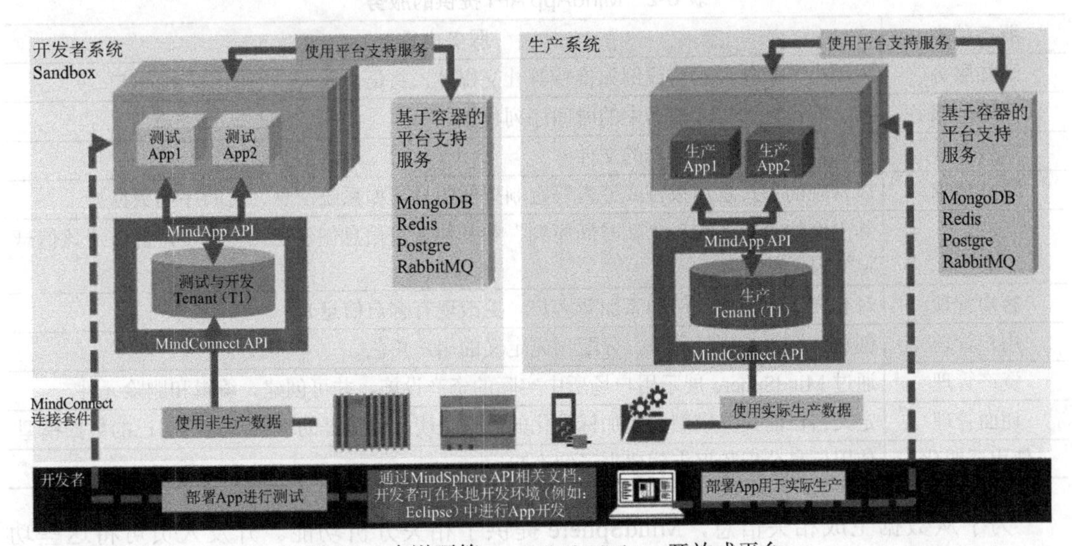

图 6-4　大道至简——MinderSphere 开放式平台

作为一种 PaaS，MindSphere 还具有很多强大的功能。基于这种云托管基础设施，企业可以经济地获得具备无限可伸缩性的计算能力，这一能力完全可以满足全球性全数字化企业的需求。该平台可以根据所需数据量、所连接资产数量和用户数自动地调整。此外，它还具备成本高效性、可按需提供灵活性，并执行按使用收费的收费政策。

6.2.3.1 领先的云基础设施支持服务

MindSphere 基于 Cloud Foundry ™构建，是一种工业标准的云应用平台。该平台实现了对基础设施的抽象，使开发人员可以集中精力实现应用创新。Cloud Foundry 是由全球的企业和供应商采用开放源码政策联合开发的。基于这种基础设施不确定型方案，MindSphere 应用可以运行在客户偏爱的云基础设施上。这类云基础设施包括 Amazon Web Services、Microsoft Azure、SAP Cloud 平台和 Atos Canopy。MindSphere 可以部署在由第三方服务提供商维护的公有云上，今后也可以部署在专为某个企业构建的私有云上。客户可以根据自己在成本、控制、可组态性、可伸缩性、位置与安全等方面的需求选择最佳的云部署方案。

6.2.3.2 开放式应用程序开发接口

为了帮助客户构建和集成自己的软件应用程序和服务，MindSphere 提供了开放的应用程序编程接口（API）和开发工具。借助这些工具，客户只需数小时或数天，而非数周或数月，即可完成软件应用程序的部署。模块化的单一软件解决方案及其优秀的互换性软件为客户带来了更强的灵活性和定制功能，使客户可以更快、更经济地完成升级和敏捷开发过程。MindSphere 为开发人员提供了丰富的 API，应用开发更加方便并显著减小了开发成本，如表 6-2 所示。

表 6-2　MindApp API 提供的服务

服务种类	服务内容
通知服务	采用电子邮件、短信或例如推特等社交媒体，将信息发送给您的用户或客户
时间序列服务	读、写或者编辑存储器中的时间序列数据
文件服务	读、写或者删除存储器的文件
事件请求	以常规的方式添加报警或警告等定制型的信息（如系统信息、时间序列数据）
工作流	基于例如“新请求”“新时间序列”和其他大量信息创建定制型规则，并基于该信息定义自己的行动
客户管理	对客户进行管理（例如添加新客户，更改现有客户信息）
用户管理	创建、编辑或删除用户，分配预先定义的用户角色
资产管理	通过 MindSphere 展示用户场所中实际的资产设施，并可创建、编辑和删除元件
切面管理	定义自己的数据模型，添加标准化的意义说明，以更好的理解和重用自己的数据模型
使用透明化	使用信息分析和报表创建来了解客户

为了从数据生成相关信息，MindSphere 提供了相关分析功能。开发人员可将这些功

能集成到自己的应用中，如表 6-3 所示。

表 6-3 相关性分析功能

分析功能	内容
梯度检查	检查时间序列的梯度，并提供检查结果
线性回归	计算时间序列数据的线性回归值，并提供所产生的曲线数据
异常检测	检测异常的时间序列数据，并提供检测结果

未来的 MindSphere 还将推出如表 6-4 所示的分析功能。

表 6-4 MindSphere 未来推出的分析功能

未来分析功能	内容
趋势预测	提供单个或多个一维时间轴上的微积分功能，具体包括基本的代数和统计学功能（均值、和值、方差）
序列模式挖掘	检测报警模式，并根据（变频器的）事件日志进行故障预测。该服务可从导致大型事件的序列中自动地学习相关模式
多维 KPI 监视	该服务可以基于训练好的模型，从多个方面推断相关量化值
需求预测	基于用于时间序列数据的深度神经网络（预先已训练）预测模型执行程序

6.2.3.3 通过整合集成开发环境来实现对开发的支持

利用通用开发环境（例如 IntelliJ 和 Eclipse）及插件，可使 MindSphere 应用的开发和集成更简单、快速。本地调试分析和性能优化也进一步增强了该能力。MindSphere 还利用本地沙盘模拟对开发人员提供相关支持。开发人员可以通过下载操作，对 MindSphere 环境进行彻底仿真，从而获得最初的 MindSphere 体验。

应用开发人员还可以分享 MindSphere 开发社区的各种资源，如开发者门户网站、开发人员研讨会、免费示例应用和模板等。

需要向其客户提供定制型应用和服务的开发人员还可采用 Developer Cockpit 跟踪他们的应用使用情况，并进行资源管理。

6.2.3.4 数据和数据组态是成功的关键

MindSphere 能够便捷地连接客户的资产和设备。对于此类方法成功的关键是拥有行业专用数据模型。MindSphere 的物联网模型对标准数据组态、数组模型目录、数据源（如 MindConnect 设备）与数据消费者（如第三方应用）之间的映射，以及所有必不可少的清理和标准化操作提供了支持。

对于根据个性化客户需求进行的调整操作来说，数据分享是构建灵活物联网模型的关键。MindSphere 通过提供动态物联网模型应对这一挑战。这一方法实现了更强大的元建模能力：

- 元数据：定义类型、属性和动作的类及其关系。

- 具体对象：类（类型）的具体实例，结构被定义为至其他具体实例的某个关系。
- 时间序列：时间序列数据，至实例、属性（即值）的引用。

连接开发人员可在元数据级描述自己的设备，并将其定义提供给客户，以将他们的资产无缝集成到 MindSphere 环境中。

6.2.3.5 采用 MindSphere 获得云计算直至边缘计算能力

期望获得云技术和本地技术创新的客户，可利用 MindConnect 库和 API 在边缘设备上部署相关软件，对 MindSphere 进行扩展，如图 6-5 所示。

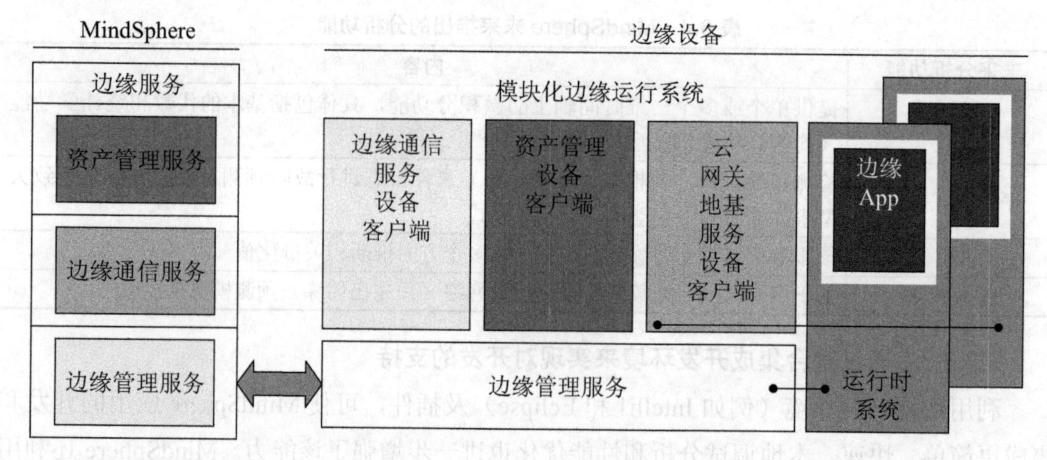

图 6-5 采用 MindeSphere 获得云计算直至边缘计算能力

在边缘设备上使用 MindConnect 库可以安全地向设备就近提供先进的分析功能和运行智能。这种技术通过组合利用云连接和集成式硬件 / 软件环境中的西门子或第三方边缘 App，对多个应用案例进行描述性、诊断性和规范性分析。MindSphere 这一业界领先的技术由基于云的边缘服务和模块化边缘运行时系统组成。

从工程组态和运行时系统角度看，边缘服务和模块化边缘运行时系统必须实现完美协同。这种边缘方法是对云服务和现场自动化平台的透明集成，从而可对已经安装的资产 / 设备（如 Siemens Simatic、Climatix、Siprotec 等）和利用 MindSphere 进行现场级管理的 App 生态系统实施无缝扩展。

6.2.3.6 敏捷开发驱动客户实现快速创新

MindSphere 软件的开发采用了先进的敏捷开发（DevOps）方法：采用连续集成和部署技术以高度自动化的方式完成软件的构建、测试和部署过程。这类全速快跑的开发活动缩短了开发周期和创新周期，使新功能的快速交付成为可能。常见的客户反馈信息可用来改善功能，并纳入到下一次全速快跑开发活动的内容中。

6.2.3.7 Digital Exchange 与 MindSphere

通过 MindSphere Digital Exchange 交付将要运行在 MindSphere 上的应用。客户可以选

择由西门子开发的应用（如 Energy Anlytics 和 Fleet Manager for Machine tools），也可选择由 MindSphere 生态系统开发的应用。

为 MindSphere 开发应用的企业，可通过 Digital Exchange 将其应用推向市场，也就是说，Digital Exchange 提供了一种面向潜在用户的货币化和促销渠道。西门子通过 Exchange 确保软件将部署在 MindSphere 环境中，并完成相关的账单和发票事务。

6.2.3.8 MindSphere 合作伙伴生态系统

MindSphere 是西门子推出的基于云的开放式物联网操作系统。该系统为合作伙伴参与企业（无论其在哪个行业，无论其规模多大）的数字化转型提供了前所未有的良好机遇。利用全球安装的数以百万计的西门子设备，合作伙伴可以通过 MindSphere 丰富的应用编程接口（API）开发高价值应用，并与西门子一起合作提供数字化服务。西门子具备首屈一指的、贯穿产品开发、生产和现场运行的闭环创新功能，任何一个其他物联网技术提供商都不能像西门子一样将客户连接到整个数字化双胞胎中。

为了应对领域宽广和高度复杂的数字化转型工作，MindSphere 构建了一个以自己为中心的合作伙伴网络。这些合作伙伴使 MindSphere 能够提供精确匹配客户需求的成套物联网解决方案和服务。与此同时，也为合作伙伴围绕 MindSphere 构建和运营自己的数字化产品提供了大量机遇。合作伙伴的成功即 MindSphere 的成功，这一理念将使客户获得最高的满意度。

因此，西门子高度重视合作伙伴的技术与运营卓越性，对合作伙伴的启动情况极为关注，并对 MindSphere 合作伙伴生态系统提供大力支持。西门子的 MindSphere 合伙伙伴计划积极地促进了 MindSphere 生态系统连续不断的发展和繁荣，并带来了以下好处：

- 可以充分利用在世界各地安装的数以千万计的西门子设备(3000 万个自动化系统、7000 万个智能仪表、连接的 800000 个产品（如火车、涡轮机、自动化系统等））；
- 可以获得业务目标的支持与启动支持，包括培训、咨询、合作产品与服务的促销等；
- 可以充分利用 MindSphere 的品牌效应和营销活动；
- 可以以合作伙伴特优价获得一流的启动套装；
- 可以获得售前和售后活动支持，包括特定客户支持服务；
- 可以从基于用户的绩效和承诺计算回报性收益的计划中获益。

为了满足西门子客户的不同需求，MindSphere 联手了众多的合作伙伴。

- 咨询和战略合作伙伴——改善数字化业务，以及实现工业 4.0 战略。
- 应用开发者——开发定制型应用，以及以托管服务的方式提供应用。
- 系统集成商——实现不同系统的数据源与来自 MindSphere 的数据之间的集成。
- 技术提供商——为 MindSphere 提供例如工具或专用分析模块。
- 基础设施即服务（IaaS）提供商——按照客户的选择结果提供用于部署 MindSphere

的基础设施。

- 数据采集开发者——开发定制型连接解决方案或者创建可复用设备。

MindSphere合作伙伴计划致力于西门子的客户与合作伙伴实现双赢：合作伙伴通过为他们的客户创建App和相关服务从而生成MindSphere周边业务；MindSphere客户群体则从数量众多的可以解决自身面临的严峻挑战的可用应用和服务中受益。

6.2.4 MindSphere在特定领域行业的应用和数字化服务

对于西门子和第三方供应商提供的应用和数据服务（如预测性维护、能源数据管理和资源优化等方面的应用和服务）来说，MindSphere为其提供了坚实的基础。

MindSphere基于西门子数据分析技术而构建，目前已被用来监控和检测全球800000多个系统。这些系统包括燃气涡轮机、200多个城市和整个摩天大楼的交通控制中心等。通过将大数据转化为智慧数据，MindSphere成为工业数据和应用场景设计的理想平台。

MindSphere核心应用可以针对主要使用场景围绕所连接资产提供可以随时使用的跨领域应用和扩展，例如：

- 数据展现和可视化；
- 资产信息和管理；
- 状态监控；
- 资产分析。

凭借这些核心功能，用户可以利用MindSphere立即开始自己的数字化之旅。

适用所有行业的Fleet Manager

Fleet Manager是一个核心应用，可以快速总览所连接的全部资产的相关数据。其灵活的搜索选项功能可以帮助用户在管理不同客户的大量资产（无论这些资产分散在全球还是位于某一个地点）时也不会失去控制。通过对所连接全部资产及其当前和历史数据的快速访问，可以快速地将数据变成分析结果。

Fleet Manager中集成的规则系统，利用向导功能对所生成的分析结果至行动方案的转换过程提供支持；对于每一个"违规"事件，都可定义相应的优先级和措施，从而实现预防性维护和服务，或对使用场景进行监控并最终提升生产率。

对于在日常运行中获得的车间状态、生产率、关键绩效指标和其他更多相关信息来说，看板和自动报表必不可少。一个看板和报表App可以根据不同场景的需求创建不同仪表盘。

此外，MindSphere中还有大量的各种领域专用MindApps和产品。它们适用于不同场景，并充分利用了西门子的领域专家知识和技术知识。后续章节将通过示例对其中某些专用产品进行描述。

6.2.4.1 铁路资产管理

专用于交通行业的 Railigent 是针对铁路运输业而开发的，用来提高可用性和效率，减小运营风险和成本，以及改善可维护性。它包含用于全部车辆和基础设施的远程监控、快速诊断和故障预防预测等功能。其应用示例包括：车辆健康状态与位置可视化、组件（变速箱、轴承、曳引电动机、门、变压器等）故障预测、运营支持、ETCS 错误状态分析、转辙机故障预测和铁路网络吞吐量分析。

经验证的客户获得成果：

- 规定性维护：验证可用性 > 99%；
- 优化运营计划：误点事件降低 20%；
- 实时透明性：对于高速车辆，采用了 GPS 定位信息，每秒钟处理的传感器数据达数百个；
- 根源分析：复杂故障排除时间减小了 20% 以上。

在 MindSphere 上运行 Railigent 后，客户可对整个资产实施全生命周期的改进。例如，铁路运营商不仅可以提高其铁路车辆可用性和站点可运营性，还可以实现能耗最优化。Railigent 用户还可访问所有的 MindSphere 应用和整个开发社区。

6.2.4.2 电网能源管理

EnergyIP 是一个领先的、用途广泛的公用电网应用。该解决方案覆盖了诸如电表数据管理、分布式能源管理、市场交易管理等应用场景，并可对客户通过门户网站和移动设备的登录行为进行管理。它可以自动集成和处理来自数百万个分布式资产（如智能电表、远程终端装置、逆变器、过程仪表）的数据；可以监视和控制分布式能源；可以管理虚拟电厂的市场介入行为和需求响应方案。此外，EnergyIP 还基于先进技术提供一种分析环境，提供了先进的分析应用，以便从现有数据获得更多价值。

EnergyIP 的价值主张：

- 以接近实时的方式管理来自数以百万计分布式资产设备的数据；
- 实现 IT 应用与现场设备之间的高效 IT-OT 集成；
- 利用数据模型解读来自能源设备的数据；
- 双向、闭环通信。

EnergyIP 的先进功能将在今后得到进一步扩充，随着其应用将发布为 MindSphere 应用。EnergyIP 必将带来巨大的价值，从而使垂直交叉应用、新业务模型以及向客户和产销者提供跨新服务产品成为可能。

EnergyIP 的客户还将受惠于与领先技术提供商（如 IBM Watson）或业内一流基础设施提供商（如 Microsoft Azure 和 Amazon Web Services 等）之间的全新合作伙伴关系。开放的 MindSphere 生态系统将很快可以培育出大量的、来自西门子或第三方开发商的新应用。

6.2.4.3 楼宇的性能和可持续性

Navigator 协助完成楼宇产品组合的整个生命周期期间从数据至结果的转换过程。其设计目标在于增强系统性能、实现可持续性目标、降低能耗以及能源和运营效率的最大化。

采用 Navigator，客户可对其设施的长期性能进行观察，楼宇系统性能、能耗水平和电力供应等的监控工作将变得前所未有的高效。Navigator 是一种基于云的全定制型平台，可以用来对单个建筑、校园或整个房地产投资组合进行分析。

Navigator 有强大的报表和分析功能，可以收集、分析海量的楼宇性能数据，使客户不仅可以实现效率和投资的优化，还可生成可操作性信息以进行可靠决策，提高企业效率。

Navigator 及其应用将通过 MindSphere 发布。

6.2.4.4 过程工业控制回路性能分析

运行在 MindSphere 上的控制回路性能分析为分布式控制系统（DCS）中的可用数据增加了一层透明化，从而对高效优化过程实现了相关支持。透明化源自对不同控制状态时的自动状态检测和关键性能指标计算。

采用控制回路性能分析，用户可以获得从管理视图直至单个控制装置的详尽信息的工厂层级概览信息，从而定期地自动完成数据分析，以支持长期过程优化和精细调整功能；还可以为关键的控制回路生成额外的专家报表。控制回路性能分析以全自动方式定期提供可靠的分析结果。分析结果通过 MindApp 提供。这确保了从工厂管理员到工艺操作员的全部层级都可实现高效协同。数据的长期可用性确保了可以获得很好的优化结果。

6.2.4.5 生产设施能效分析

借助能源分析服务，西门子以托管服务的方式提供能源数据管理功能，以充分利用现有知识和系统的潜力。西门子能源管理专家编制的智能报表和数据分析结果，可以找到隐藏在工厂或生产设施中的节约潜能。

能源分析以简便、经济的方式将能源数据管理功能推向下一个层级。客户可根据选定的服务范围，访问并查看负荷曲线、基于运行数据的分析结果和报表信息，通过 Energy Box 连接至现有仪表设施，或者安装 Energy App 都可获得相关数据。发送的数据经处理、分析后，既可以图形或分析图的方式通过 MindSphere 发布，也可用于报表。

西门子还提供了功能强大的分析和报表功能，以实现能源效率和运营效率的最大化，并让客户可以观察设备和基础设施的长期性能；致力于更高效、更有效地对单个楼宇、校园或整个房地产投资组合实施系统性能、能源需求、电力供应等方面的监控。

6.2.4.6 机床设备监控

运行在 Mind Sphere 上的 Fleet Manager for Machine Tools，可对全球中小型生产场所的机床实施监控，以提高其可用性和生产率，如图 6-6 所示。用户仅需少量工作，即可获得机床利用率和绩效信息，从而降低成本，提高服务和维护质量。此外，机床制造商也可以据此开发新的数字化服务。该应用特别适合中小规模原始设备制造商（OEM）的最终用户。采用 Fleet Manager for Machine Tools，用户可以利用其他西门子和第三方的控制系统，简便、直观地将 SINUMERIK 840D sl 控制装置连接到 MindSphere。

❖ 提高设备的有效运行时间（例如磨床设备）

基于MindSphere的解决方案

❷ 大量磨床刀具磨损的报警信息
- 进刀力度、加工时长、刀具寿命等细节参数的监控
- 刀具寿命的预测
- 优化刀具可用性及状态管理

客户类型及行业
- OEM
- 系统及设备制造商
- 机床生产商
- 离散生产行业

面临的挑战
- 刀具随使用时间而磨损

❶ 为确保质量，磨石必须在到达临界寿命前更换，因此带来问题：
- 刀具的磨损不易被检测到
- 损失质量及生产效率
- 工件存在需要被重新加工的可能性

OEM的收益
- 新的服务业务机会
- 提供顶尖的机床设备
- 推广新的服务业务模式

最终用户的收益
- 提高产出
- 更可靠的流程

❸ 合理安排维护并优化服务流程
- 更高效的规划安全

图 6-6　对全球中小型生产场所的机床 / 磨床实施监控以提高其可用性和生产率

6.2.4.7　旋转设备的分析

为了全程保证生产活动的生产率和可用性，生产环境中旋转电动机的稳定运行是一个关键因素。用来优化可用性的重要手段之一是，基于云技术为驱动装置、电动机和变速装置建立状态维护机制，以充分利用制造商的专业知识。基于状态的维护计划可以帮助用户找到最佳匹配的维护措施和产生计划。要获得最优的基于状态的维护计划，就必须尽早找到可能出现的故障。

借助运行在 MindSphere 平台上的 Drive Train Analytics 提供的连接功能、分析功能和可视化功能，用户可以充分利用最新技术实现旋转设备运行时间的最大化。

6.2.4.8　覆盖整个价值链的产品性能智能分析

采用产品性能数据分析的结果，构建可操作性智能信息，可以消除产品设计性能与实际性能的差距。对呈现出差异化且在常规情况下不可访问的数据，实施搜索、清理、一致化处理，并且深入挖掘语境化大数据，将显著减少时间和经济成本高昂的根源性价值链问题的搜索过程，使团队能集中力量处理相关解决方案。Omneo（一款 MindApp）是一个基于云的软件即服务（SaaS）解决方案，它提供对整个价值链实施有效决策必不可少的产品性能信息，通过提高产品与供应链性能数据的可见性，让客户可以方便地发现并监控供应商问题，防止出现昂贵的召回问题，更快地发现新趋势，解决相关质量问题，从而改善用户体验。

Product Performance Intelligence 设计有直观的用户界面，并可利用 MindSphere 的潜能对来自大量不同系统的数据实施集成，以进行分析。

6.2.4.9 工业网络安全 App

利用用于工业网络安全的 MindApps，企业可以识别生产环境中的威胁、安全漏洞和异常现象。随着工业控制系统之间的互联程度越来越高，网络风险和现场运行事故风险也越来越大。今后，MindSphere 将会成为安全应用（如报告、安全警告和其他服务）的主要来源之一。

6.2.5 采用全数字化双胞胎进行闭环创新

利用西门子的软件和数字化服务，可以实现全生命周期数字化以及产品、生产和服务过程的无缝集成。MindSphere 可以连接真实设备和相关过程，将性能数据回送给性能数字化双胞胎，从而推动决策水平与智能水平的提高。

该软件产品组合的基础是西门子 PLM 软件公司的西门子数字化企业套件。数字化企业套件是一个功能丰富的软件系列，可以满足从产品设计到生产规划直至工程组态和服务的整个价值链的全部需求。数字化企业套件基于 公共协同平台和数据骨干 Teamcenter 构建，完美地实现了产品生命周期管理（PLM）、制造执行系统 / 制造运营管理（MES/MOM）、全集成自动化（TIA）和生命周期与性能分析（MindSphere）等的完美集成。

西门子的数字化企业软件套件采用功能丰富的数字化解决方案产品组合实现了跨领域支持。利用数字化企业套件，企业可以构建智能虚拟模型（数字化双胞胎），以对真实产品、生产线和过程的真实属性和性能进行精准的复制和仿真。在整个产品生命周期，数字化双胞胎使获得的生产率和效率成为可能，为企业的产品、过程和设备的数字化设计、仿真、验证及优化提供相应的手段和方法。

6.2.5.1 数字化产品双胞胎

在产品设计中，数字化双胞胎具备产品设计所需要的全部要求，即：

- 三维模型（采用 CAD 系统）；
- 系统模型（如采用系统驱动型产品开发技术的系统工程产品开发解决方案）；
- 物料清单；
- 一维、二维和三维分析模型（采用 CAE 系统）；
- 数字化软件设计与测试（采用 ALM 系统）；
- 电气设计。

利用这些要素获得的产品综合计算模型，可对被设计产品进行几乎所有的虚拟验证和测试。所有这一切可以消除样品制作的必要性、缩短开发所需时间、提高成品质量，并可

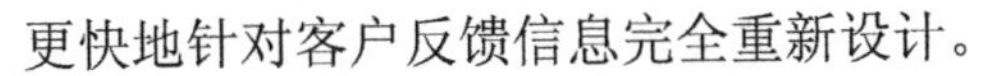
更快地针对客户反馈信息完全重新设计。

6.2.5.2　数字化生产双胞胎

在制造加工期间，数字化双胞胎所带来的灵活性可以缩短加工过程、系统规划以及生产设备设计所需要的时间，具体包括：

- 制造过程模型，即“如何制造”，形成对应该如何生产相关产品的精确描述。
- 生产设施模型，即以全数字化方式展现产品生产所需要的生产线和装配线。
- 生产设施自动化模型，描述自动化系统（SCADA、PLC、HMI 等）如何支持产品生产系统。

数字化双胞胎对制造业的重要性体现在，它为整个生产系统的虚拟仿真、验证和优化提供了独特的良好机遇。利用数字化双胞胎，用户还可以对采用制造过程、生产线和自动化系统生产产品及其全部主要零部件和子配件的方法进行测试。在该数字化双胞胎中还整合了物流方面的功能。生产物流系统的数字化双胞胎可用来帮助规则团队设计出高效的辅助性物流解决方案，以向生产线提供相应物料。生产物流应该是制造加工数字化双胞胎的组成部分，同时也是物流系统不可或缺的组成部分。

6.2.5.3　数字化性能双胞胎

采用 MindSphere 企业可以实现真实世界中的产品、工厂、机器和系统的连接，以提取并分析真实的性能和应用数据。数据分析可从原始数据中获得相关信息并分析结果。这些分析结果可用来消除数字化产品双胞胎与数字化生产双胞胎之间的差异，以在下一轮改进周期中对产品、生产系统和过程进行优化设计。

其他任何一个物联网技术提供商，都不能像西门子一样基于产品、生产和性能等的全数字化双胞胎驱动闭环技术创新。

随着从现场收集到的越来越多与性能相关的信息，西门子的分析能力也不断增强，如图 6-7 所示。

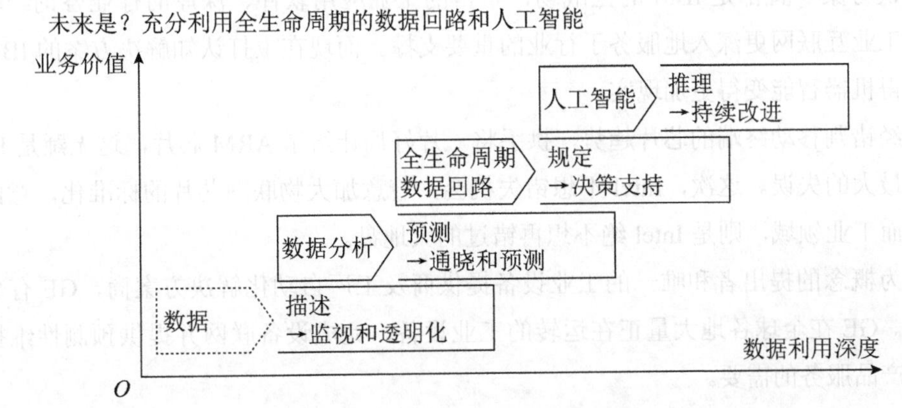

图 6-7　未来数据分析利用展望

6.3 美国工业互联网

国际工业互联网联盟看上去是个面向全球的开放姿态，西门子、SAP以及我国两家企业也都在其中。然而联盟中享有主导发言权的五家公司全来自美国，这就像是美国主导的一个工业北约——除掉那些政治和军事色彩。

6.3.1 工业互联网的由来

2012年美国总统奥巴马宣布实施“再工业化”战略，通用电气公司（GE）随后提出了“工业互联网”概念，为其向更加依赖数字化的转型行动打造了一个全新的理念。

2014年3月，美国五家公司联手组建了工业互联网联盟（Industrial Internet Consortium，IIC），这成为美国全产业链的盛事。为此，《纽约时报》发布了一篇评论，认为工业互联网联盟将实现物联网标准化。实际上，美国国家标准研究院NIST已经牵头组织美国产业界制定了工业互联网标准架构，将产业领域标准变成全美的公共标准。

作为最早的发起人GE、IBM、思科（Cisco）、Intel和AT&T，这五朵金花也是各有所思。美国老牌电信运营商AT&T一直在推动机器通信M2M（Machine to Machine）的解决方案。在基建设施几近饱和，人与人的连接已是必然的背景下，深度介入到工业领域是AT&T另一个巨大的抱负和理想。

通信产业巨头Cisco作为物联网连接交换设备的厂家，更加激进，甚至提出了所谓万物连接（Internet of Everything）的概念。它的本质仍然是物联网，但万物相连则透出更大的野心。实际上，制造业一直是Cisco最为看重的实力地盘之一。

意见领袖IBM在多年前就提出了智慧地球的概念，物联网就是首当其冲的基础技术。工业解决方案一直都是IBM的主战场，丰富的工业应用软件、深厚的行业咨询经验，都是促使工业互联网更深入地服务于行业的重要支撑。而现在主打认知解决方案的IBM，无疑将使得机器智能变得更加现实。

曾经错判移动终端的芯片趋势，拱手将一片好局让给了ARM芯片，这无疑是Intel过去几年最大的失误。这次，Intel不想错失机会，着意加大物联网芯片的标准化，意图重拾辉煌。而工业领域，则是Intel绝不想再错过的大地盘。

作为概念的提出者和唯一的工业设备提供商及工厂自动化解决方案商，GE有着最大的野心。GE在全球各地大量正在运转的工业设备，完成设备联网并提供预测性维护，是其内在产品服务的需要。

GE Digital的总裁Ruh（也是前Cisco副总裁）指出，“就工业合作的广泛度而言，这次的规模之大是以前从没有过的。我们就是要像这样让机器、人、数据一起来协作。”

不无巧合的是，五大发起公司包括电信、数据处理与制造，正好对应着人、数据与机器的结合。这是典型的三元系统。

6.3.2 工业互联网联盟的运行机制

工业互联网的联盟机制由三层组成：5+2+N。最上面的是五家发起成员，每年年费25万美元，致力于促成和协调优先事项；中间是理事单位，包括德国SAP和法国电气自动化巨头施耐德；最普通的会员则包括大企业、小企业、大学等，会费从5000美元到5万美元不等。2015年底，这个联盟组织成员已经达到了230个。

IIC看上去是个面向全球开放的姿态，中国电信、海尔、华为也都在其中，然而在联盟享有主导发言权的五家公司，全部都是美国公司。IIC采用了开放成员制，建立了一个打破科技壁垒的团体，以便更好地推动大数据在现实物理世界和数字世界的整合。它致力于发展一个“通用蓝图”，使得各个厂商设备之间可以实现共享和传输数据。这些标准一旦最终确立，硬件和软件开发商将可以自由创建与物联网完全兼容的产品，从而实现机器、建筑、车辆等不同类型的实体可以全面连接，并且都与人连接在一起。

与一般人想象的不同，工业互联网联盟由大名鼎鼎的对象管理组织OMG（Object Management Group）——计算机标准行业协会管理。

这固然是为了隔离发起企业以及后续会员的利益冲突，减少协调困难，更重要的是，IIC并不发起标准，它尊重既有的标准体系。换言之，工业互联网首先要维持的是一个既有的利益秩序。不能不说，这并不是一个像样的革命。

为了更好地渗透，IIC进一步在各国以分部方式发展，德国分部已经建立，中国、印度、日本等国家也在其列。

6.3.3 美国工业互联网的三大法宝

如此各有野心、志向多元化的组织，如何能够真正发挥作用？IIC联盟找到了三大抓手：参考架构、测试床和云平台。

IIC正以参考架构为引领，借助各种标准组织的力量，确立工业要素之间的关系；同时，通过联盟会员建立测试床应用案例，提供验证支撑，加快应用实践；而云平台Predix，则是GE所有志向中的最大布局。

如果这是一场鸿门宴，各个刀斧手、舞剑的沛公，全部深藏在此。

1. 工业互联网参考架构 IIRA

2015 年 6 月，IIC 发布了工业互联网参考架构（Industrial Internet Reference Archititeture，IIRA）。该文件定义了工业互联网系统的各要素，以及为要素之间的相互关系提供的通用语言。在通用语言的帮助下，参与者可为系统选取所需要素，以便更快地交付系统。

然而 IIC 并不制定标准，它主要的工作是推动协作。事实上，IIC 还积极推进与国际标准化组织的协作，已梳理了 20 多个关联标准化组织，以图加快工业互联网标准研制和全球标准化协作。工业互联网参考架构 IIRA 可将现存的和新兴的标准统一在相同的结构中，从而能更加简单快捷地找出需弥补的缺口，进而确保各组件间的互操作性。

作为负责全球性技术标准的 IIC 对象管理部的第一任首席行政主任 Richard Soley，“我们必须做的是让所有的标准兼容，”Soley 表示，“假若马来西亚航空公司 MH370 航班是完全与全球跟踪系统兼容的，此时我们就能把它的具体位置精确在一平方米之内了。”

2. 建立测试床，推进实践创新

工业互联网联盟 IIC 最重要的行动举措是，为各行各业领头羊企业提供了测试床（TestBed）平台的机会。作为二百多名成员的组织，各自的产品和技术，如何协同在一起，这是一个漫长的进程。其中最主要的就是互操作性，各种产品和技术之间如何连接，成了 IIC 成员首先要思考的问题。

IIC 的做法是鼓励会员企业有机会参与到最先进的技术测试中去。应该说，这种做法非常符合新技术变革初期的需要。企业一起通过共享最佳实践，避免了过于昂贵的单独行事。

图 6-8 所示为各种测试机床。

图 6-8　各种数据测试床

显然测试床是一个稳步推进的好方法，各种解决方案都可以在这里推介。在当前的基础上，使用各种数据和试验结果来进行各种改进测试。这些带有创新前沿使命的测试床，工业互联网联盟目前已经提供了9种，如追踪与测试、工厂可视化和智能化等测试床方向，是聚焦在制造业；而"通信与控制"，则至上而下地对传统电网系统进行改造探索，如图6-9所示。

图6-9 测试床类别

测试床并不是一个新鲜事物。但在IIC的实践中，测试床则出乎意料地充满了活力，德国博世、国家仪器（NI）等都积极参与其中，推出了许多局部创新应用案例。就在IIC对很多焦点（如能源）尚未能全面打开局面，至关重要的安全标准还在发展之中的时候，工作组意外地发现，许多可见、可用的成果正在有效地拓展地盘。

3. 工业云平台

工业互联网需要一个平台系统，这是毫无悬念的。GE主导的Predix云平台，尽管做了最充分的准备，却是工业互联网最容易惹争议的地方。凭借既有的设备资产管理的丰富软件和经验，GE已经开始推广Predix云平台系统，并且把自己的产品软件放在平台上；同时面向行业工程师提供predix.io开发者平台，意图丰富工业大数据的生态圈。

工业互联网的发展趋势显然势不可挡，然而工业互联网的数据产权，仍然成为影响它自身发展的一个巨大阴影。它的数据资产属性变得模糊而披上了隐身的外衣；但由于在Predix这样一个近乎排他性的云平台的存在，又使得它具备了十足的霸权特性。

与以前销售硬件产品不同的是，工业互联网通过机器数据和云平台，改变了制造业的商业运行逻辑。它需要对企业效率的提升方式和对产业链运行方式有深刻的理解，了解企业的业务模式，了解优化的可行性。

这意味着，它涉及企业最为核心的业务。

在美国亚历山大的一个监控和诊断中心，GE的工程师们正在对全球范围内的数据进行监控，完成35000多个预警分析。GE的智能设备每时每刻都在从全世界传递回来数据。

对这些数据进行编码转译之后，一切业务都可以被重构。对于世界各地所有的数据现场（无论是一个工厂、一家医院或者是头顶飞过的飞机），这里是一个巨大的透心镜。

近几年来，工业互联网联盟发展迅速，它充满了确定意义的阶段性成果。重要的是，借助于数字化的体系结构，它确立了联盟成员相互对接的基础。

这一点，它就像自我繁殖的造物者，度量并初步确定了自己未来的骨架尺寸与比例。与此同时，各种如火如荼的工业实践，也为它提供了无数来自现场的最好养料。

工业互联网已经确定了骨架，下一步就是迎风而长，如果看得不够仔细，一片工业丛林就会像变戏法似的突然出现。丛林法则是唯一的游戏规则。

就在我们心急火燎地学习和解读工业革命的时刻，需要清醒地意识到：工业升级是一个复杂的系统工程，只有用系统工程的视角和对工业现状的清醒认识，才能领悟这场伟大革命的真正意义。在这里，它将不是一项技术的突破，而是一种人的思维的胜利。它何以发生在此刻？在没有一个能令人尖叫的通用性技术（如蒸汽机、电力等）出现的时刻？这一点令我们颇多生疑。这也要求我们需要超越技术的视角，用更长远的工业史观来细细思量。中国制造强国的梦想以及当下各种蓬勃向上的姿态，无论有多少困惑和喧嚣，我们这些身在局中者，已有一种愉快的感觉，乐见所有可能的推动。

6.3.4 GE 的工业云平台

近几年，GE 似乎是一个摇摆的公司。这艘工业航母正在被自己参与掀起的数字化浪潮，“甩得满身是水和说不清楚的雾”。随着工业 4.0 和工业互联网引起的工业革命大辩论和大普及，雾正在散去，航母露出了它真正的轮廓。

2016 年 6 月，GE 家电卖给了中国海尔，一时间国民人心大振。然而并购公告中一条不起眼消息却被忽视了：GE 将帮助海尔提升制造基地的生产效率，后者将采用 GE 的 Predix 平台。事实上，这同样是一个新的里程碑。

1. GE 在犹豫什么

在 2015 年 9 月“智慧与机器”（Mind + Machine）大会上，GE 总裁伊梅尔特称，到 2020 年，软件收入将达到 100 亿美元。然而 GE 随后宣称更改为 150 亿美元。这个看似低级的失误，让外界分析师无意中看到了 GE 内部对软件部门的认知所存在的摇摆。

GE 早期引入数据分析平台“工业互联网”的时候，是跟大公司合作的，包括亚马逊云服务 AWS；GE 还跟埃森哲合资成立 Taleris 公司，用于补齐 GE 云计算的短板。

GE 曾列举了与埃森哲及 IBM 的不同，暗示自己不是咨询公司，也不是软件公司，然而 GE 之后却庄严宣布，它打算成为全球第十大软件公司，直奔 IBM、微软这些软件巨头。

这个工业巨无霸在行业上精耕细作，做事强悍，只求市场份额的第一或第二。此刻为

何如此摇摆？

这就是工业巨变的魅力。在工业发生变革的过渡期，所有被热望所灼烧的巨人们，每天晚上都在反复摆弄着自己的牌，希望能打出漂亮的组合，迎合窗外那些迫不及待地需要听到新希望、新方向的形形色色的听众。

然而，GE 为这次革命巨变终于调好了音。在一次的谈话中，伊梅尔特发狠似地说道：所有企业和公司，如果不能把软件作为其核心业务组成，都将被颠覆出局。

对于国内制造业而言，这是一个充满了冷冷寒意的规劝——如果不算作是威胁的话。

2. 硬件设备让渡于软件帝国

2015年10月GE正式宣布，把内部的所有数字职能都整合到“通用电气数字集团”（GE Digital），将软件和分析技术与该公司的工业产品整合到一起。2015年 GE Digital 估计实现软件营收 60 亿美元，并用 5 年的时间，跻身全球十大软件公司。

虽然 GE Digital 目前不过占比 4%，但这丝毫不影响 GE 认定 GE Digital 就是未来。正如西门子成立的 Digital Factory（数字工厂集团）一样，GE Digital 也在确立自己在未来的主导地位，并深刻地影响着交通、能源、建筑等其他有传统优势工业部门。

毫不含糊的是，GE 设立了首席数字官 CDO 这样一个全新的角色——当然令人尴尬的是，CIO 首席信息官的角色依然保留。首次担任 CDO 角色的是从 Cisco 空降到 GE 的鲁奇，这也是 GE 工业互联网战略中的重要一环。

鲁奇加入 GE 一年之后，工业互联网正式向外公开。作为 CDO，他需要协助 GE 完成企业的“数字主线”（Digital Thread）作为 GE 下一步的制造系统，实现数据流的全整合，从设计到制造再到服务的全流程数字化。

GE Digital 总裁鲁奇做了一个非常谨慎的探索，将 GE Digital 分为了两个部分：一是面向行业的软件方案解决 Software&Service。作为一个老牌的自动化设备和软件供应商，GE 拥有大量的行业经验，在面向航空、能源、医疗等十三个行业领域的软件解决方案方面可以说是得心应手。二是 Predix 云平台，这是一块需要小心处理的探索之地，也是一个让人略显头疼的布局。

3. GE 的工业云平台

Predix 在 2013 年 10 月首次被公开，作为连接机器、数据和人的重要平台，它可将各类数据按照统一的标准进行规范化梳理，为云计算和大数据技术提供随时调取和分析的平台。工程师们可以在 Predix 上按照自己企业的需求编写程序和应用，各取所需，各种分布式计算、大数据分析、资产管理、M2M 通信、移动性都可以叠加在上面。

Predix 有时会与 iOS 和安卓操作系统相提并论，GE 希望在此为工业互联网建立工业生态系统。而在此之上，建立 App 应用商店，建立面向工业应用的 GE Store。

2014 年，GE 将各种设备管理方案整合成四十余种名为 Predictivity 的数据与分析解决方案，通过增加可靠性，提高资产性能，延长资产寿命，增强资产安全以帮助企业优化资产。一年之后，GE 决定升级，向所有企业开放 Predix 操作系统，帮助各行各业的企业创建和开发自己的工业互联网应用。

Predix 云平台的开放，意味着 GE 决定通过放弃眼前利益，争取通过 GE 的产品和标准，在世界范围内搭建一个广泛的工业互联网平台。

这就是工业云所在地。工业云的应用会给制造业带来灵活的编程和数据分析方式。这意味着会有大批程序员走进工厂，工业将变得软件化。通过 IT 信息技术和 OT 运营技术，借助 Predix 云的连接，工厂的资产管理、机器数据更加可控，如图 6-10 所示。

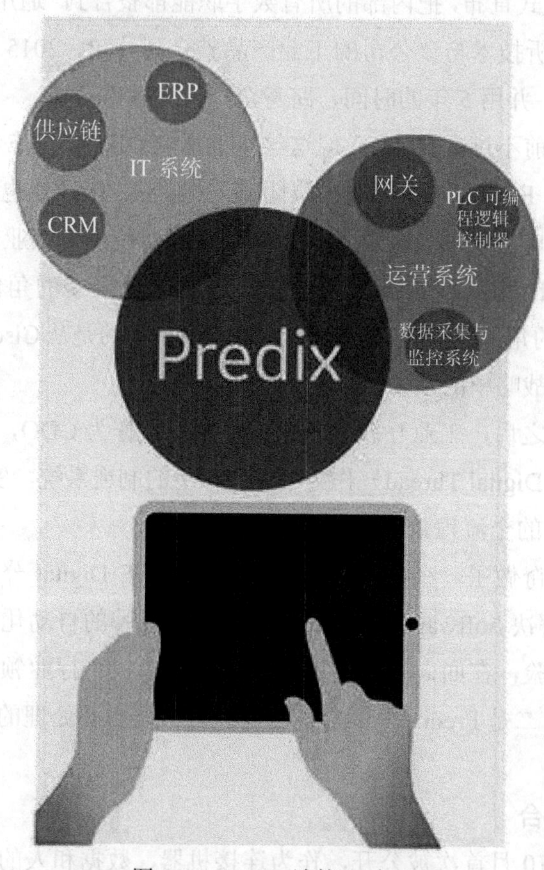

图 6-10　Predix 连接 IT 与 OT

工业互联网承载着 GE 的未来之梦，而 Predix 则是工业互联网的云平台。伊梅尔特已经坚定地认为，App 才是工业的未来。

GE 迫不及待地希望 2016 会有 2 万名开发者在 Predix 平台开发应用软件。到 2020 年，GE 商店（GE Store）内的应用程序目标为 50 万个。而所有这些 APP 的安身之地，就是 GE 寄予厚望的 Predix 平台。

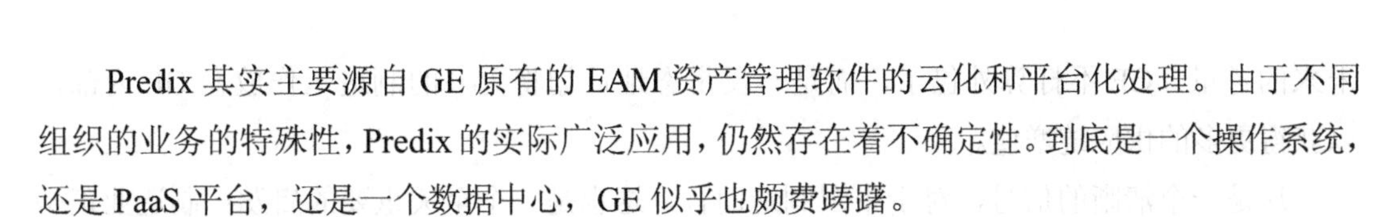

Predix 其实主要源自 GE 原有的 EAM 资产管理软件的云化和平台化处理。由于不同组织的业务的特殊性，Predix 的实际广泛应用，仍然存在着不确定性。到底是一个操作系统，还是 PaaS 平台，还是一个数据中心，GE 似乎也颇费踌躇。

4. 数据海洋的帝国

GE 的产品线非常庞大，覆盖能源、医疗、家庭、交通运输、金融等。光能源集团一项，就覆盖了发电、水处理、能源服务、石油和天然气、可再生能源、检测控制等。而所有的这些业务，GE 找到了一个共性，那就是：数据无处不在。而且像所有探险先驱对自己发现的地盘都会情有独钟一样，兴奋的 GE 断言这个宝库被严重低估了。从这个角度出发，到 2014 年年底，GE 声明自己已经管理了价值 1 万亿美元的资产和由 1000 万多个传感器追踪的 5000 万多条专有数据。

- GE 的车队服务 Fleet Service 每天管理着超过 26000 辆的车辆资产，由 7.95 亿资产通过 260 万个传感器所产生；
- GE 采矿方案团队监控来自世界各地每 10min 从 50 个网站超过 200000 的信号；
- GE 的 700 台 9E 燃气轮机组在全球运作累计超 2500 万小时；

GE 运输每年分析从 13300 台机车产生的 146TB 的数据……

无与伦比的数据海洋随着大数据、人工智能、互联网、物联网的暴发性发展而展露出一望无际的浩瀚。那后面一定有财富，GE 的感觉应当就像葡萄牙和西班牙的那些先驱们，五百多年前大航海的故事似乎又要重新诱惑着喜欢探险的人们。

与以前一样，虚拟海洋的财富主权，并不确定谁是真正的主人。它在呼唤一切有野心的拓荒者。

5. 制造业正在上演数据交响乐

工业互联网的核心是设备资产管理，尤其是设备资产的数据管理。这与工业 4.0 强调的生产与制造有很大的不同。传统工业设备每天产生大量数据，如果将这些数据利用工业互联网手段整合出来提供给客户，可能会实现工业设备能源效率的提升；而工业企业合理利用这些数据，也能促进自身以更快的速度发展。因此 GE 慷慨大方地建议，就地挖宝吧！每一个工业企业投资者都应该理解自己的互联网策略是什么。

在 GE 的眼里，一辆机车就是一个奔跑的数据中心，飞机引擎是飞行的数据中心，它们每天产生巨量的数据，这些数据可以反馈给客户，用于提升燃油效率，改善它们的环保表现。甚至一个企业的资产观，也将发生变化：GE 的发动机，不必是波音空客的设备，而是 GE 自己的资产，可以随时倾听、维护和预警——GE 成为这样的数据中心。换言之，GE 的智能产品，也许就像是一只只鸽子，不管放飞多远，它们都会为数据中心带来回信。

先进制造业对 GE 的影响力更加明显，也改变了 GE 高层的思维模式。

在过去，GE 发动机大约 40% 的生产任务外包给全球的供应商；而基于对制造业全新未来的考量，GE不打算外包了，而是一反常态地计划将更多的制造工作放在GE内部，以获得更多的供应链增值。

这是一个清晰的信号，对于中国制造而言，这也是一个至关重要的启发：制造业正是未来经济竞争的基础。

而作为制造业主体之一，GE身体力行地推荐自己卓越工厂（Brilliant Factory）的实践，这既是高级数据分析向全球进行示范的明证，也是自我发展的最好推动力，如图6-11所示。

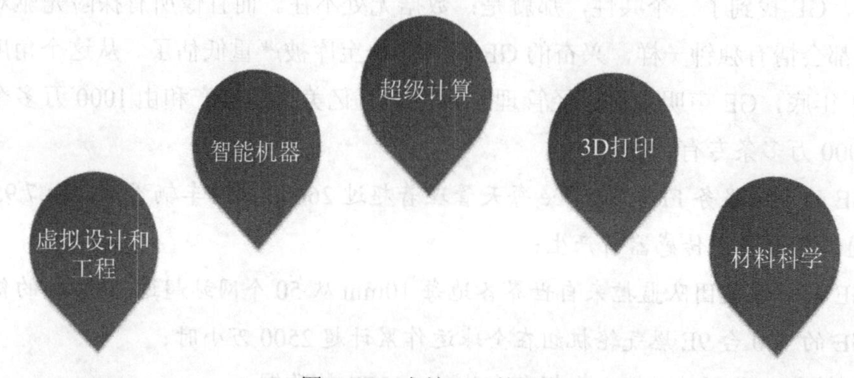

图6-11　卓越工厂的要素

GE在印度普纳（Pune）正式运营的卓越工厂可以实现混线生产，如发动机、涡轮以及这些产品零部件的制造。工业互联网的要素展现得淋漓尽致。

GE总裁的视线，已经被工业全新的财富所诱惑，他也不介意用慷慨热情的语调，鼓励大家去分享他的发现。在最近的一次发言中，伊梅尔特决定不再纠缠工业互联网的技术泡沫是否存在。不屑辩论之余，他强调目前数字化技术在消费领域App经济已经创造超过3000亿美元的市场价值；而工业领域的发展，将远远超过这个数字。而GE的科学家认为，到2030年，工业互联网将增加15万亿美元的GDP。

GE坚定地认为，全新的工业拐点已经到来。运营技术OT（Operating Technology）将接过神力不再的IT技术的“魔棒”，数据将成为全新的主导性推动力。靠着庞大的神经末梢，所有的实体机器，都会转化为数据经济，从而建立一个庞大的数字帝国。所有工业领域的人类知识财富，都在此堆积。

6.4 工业互联网平台发展趋势

工业互联网产业是指工业企业在生产、经营、管理等全流程领域，以构建互联互通的网络化结构、提升自动化和智能化水平为目的，所采用的生产设备、通信技术、组织平台、

软件应用以及安全方案。涵盖高功能设备、低成本传感器、互联网、大数据收集及分析技术等，可大幅提高传统产业的效率并创造新的产业环节，其核心是产业设备与信息技术的融合。结合美国的再工业化与德国工业 4.0 的产业趋势，立足中国工业互联网发展基础，我们预测提出了中国工业互联网十大演进趋势。

1. 工业数据从信息割据到无边界流通

传统的工业企业数据不仅在企业与企业间产生割据状态，同一企业的生产、设计、研发、管理、运营等环节也都存在割据的状态。工业互联网基于网络互联技术，贯穿于工业的设计、工艺、生产、管理、服务等全流程各个环节，使工业系统具备描述、诊断、预测、决策、控制等智能化功能。

2. 信息化工具从单机软件到工业 App

传统架构的工业软件是嵌入式软件与非嵌入式软件，以单机版软件为主且大多数局限在工厂内部，而工业 App 是新型架构的、基于微服务的工业软件。相较于原本相对“固化”的工业软件，工业 App 将打破体系结构，以专业知识为导向，以数字化模型为单位，以工业微系统为载体。

3. 工业分析能力从云端到边缘延伸

传统的“端 - 管 - 云”模式难以应对日益增长的工业物联网终端，无法保证工业生产控制的实时性和可靠性。未来的工业分析能力将是“云计算 + 边缘计算”，云计算聚焦非实时、长周期数据的大数据分析，支撑周期性维护以及业务决策，边缘计算聚焦实时、短周期数据分析，支撑本地业务的实时智能化处理与执行。

4. 工业价值从产品驱动到服务驱动

立足工业数据，工业设备厂商的营利点将会从“以产品售卖、维修保养为主”向“以提供基于数据的多维度生产性服务为主”转变。

5. 工业通信从预设组网到灵活组网

数据的获取和处理是工业互联网发展的关键，在物联网终端快速增长的背景下，灵活、低成本的网络方案将成为发展方向。在此形势下，无线传输方案更具发展机遇，基于协议的定制化开发能力是方案商的核心竞争力。

6. 安全防护范围从“IT 防护”到“IT+OT 防护”

当前工业防护范围主要局限在企业管理端，工控安全能力薄弱。随着工业互联网的发展，OT 将与 IT 进一步融合，联合防护成为发展趋势。

7. 产品生命周期管理从实体测试到数据孪生

基于工业互联网技术获得的工业数据，数字孪生技术成为发展重点。未来产品从研发、生产到使用都会从传统产品生命周期管理转变为数字孪生应用场景，实现产品全生命周期的虚拟世界映像，提升全生命周期管理能力。

8. 产品研发模式从单点作战到协同互补

传统研发模式面临产品复杂度高，研发周期长、涉及多学科，多单位参与、数据模型借用和继承关系复杂等挑战。工业互联网发展将集聚企业，打造协同研制管理平台，实现工业设计从总体到分系统、从设计到制造、分系统单位之间的充分协同，提升数字化协同研制水平和科研生产能力。

9. 产品供应链从静态管理到动态管理

传统供应链管理限于流程性关联，缺少数据驱动带来的整体价值传递和增值服务，导致企业同质化利润率下降、供应链协同效率低、核心业务流程受到职能管理的制约、信息共享较差等瓶颈。工业互联网可实现产品实时数据的采集与管理，基于实时数据实现供需双方精准的匹配，实现供应链的有效动态管控。

10. 运营方式从割裂竞争到合作共赢

传统运营方式以企业为主体，产品上下游企业独立运营和管理，同环节企业高度竞争，信息不对称性强。工业互联网平台将集聚各环节信息，组成满足客户需求的最优厂商组合，推动运营方式向“以平台为主体”演进。

6.5 对我国工业互联网发展的启示

工业互联网是数字浪潮下，工业体系和互联网体系深度融合的产物，是新一轮工业革命的关键支撑。当前，世界各国，特别是美国、德国等工业化国家，对工业互联网的发展重视程度在不断提升，将其视为抢占新工业革命的先机，塑造未来产业竞争新优势的重要手段，纷纷出台了战略或者推出了针对性的支持措施，工业和信息化领域的巨头企业，也通过战略合作、投资并购等方式，加快了工业互联网的应用和发展。

近年来我国的工业互联网发展加快，从概念的普及进入实践的生根阶段，突出呈出三个方面的特征：一是应用面向多领域拓展；二是体系建设全方位推进；三是生态构建呈现多层次推进。

推动工业互联网快速健康有序地发展，需要做好五方面工作：一是加强技术创新，培育持久的动力；二是完善三大体系，涵养产业的生态；三是要坚持需求导向，促进协调发展；四是丰富资源要素，筑牢产业的根基；五是深化国际合作，拓展发展的空间。

建设发展工业互联网是顺应新工业革命演进的历史趋势，是大势所趋。但新生事物的推进没有坦途，世界各国在工业互联网发展的推进过程中，进行了有益的探索，也暴露出一定的问题。对我国而言，要充分把握当前工业互联网建设的重要机遇期，充分吸收国外发展的经验教训，结合我国自身制造业基础和产业结构，打造中国工业互联网平台体系。

一是要以平台为中心，辐射带动工业互联网全链条发展。从国外领先工业互联网企业实践看，德国工业4.0战略以及美国工业互联网都提出了打造一个平台的重要实践。工业互联网发展的核心载体是工业互联网平台，一方面平台聚集了整个工业生产制造各个环节的要素信息，掌握住平台就掌握了主动权；另一方面通过平台的建设迭代能够牵引数据采集、网络接入、安全防护、应用开发等各产业链条协同发展，带动提升平台供给能力。

二是要以应用为先导，循序渐进打造多层次平台体系。发展工业互联网平台不是单纯的建几个平台，而是要从应用场景出发，找到真实工业场景的现实瓶颈问题，自下而上形成实际可操作、可复制的一系列系统解决方案，并以工业App、工业微服务等形式逐渐沉淀到工业互联网平台上，由单点应用到多点推广，由特定行业、特定区域推广至跨行业、跨领域，建立起涵盖生产全流程、全环节的一系列平台解决方案，形成多层次平台发展体系。

三是要以合作为基础，积极构建开放共享的协同生态。工业互联网需要高额持续的投入和长时间的积累，从GE最近工业互联网业务短期内经历了从“出售”到“剥离”的波折，以及德国及时调整战略出台《国家工业战略2030》加大政府支持力度来看，工业互联网发展不仅需要龙头企业引领，更需要政府、企业、联盟、科研院所等多方力量协同，科技、产业、金融等各领域融通。这样充分印证了我国始终坚持“产学研用政”相结合，着力打通科技创新、产业发展、金融服务生态链的工业互联网发展模式的正确性，进一步打造更具活力的生态体系，推动工业互联网应用落地。

第3篇

企业组织向工业4.0演进的策略与方法及案例

第7章

企业组织工业 4.0 的参考框架

工业 4.0 概念包含了由集中式控制向分散式增强型控制的基本模式转变，从而建立了一个高度灵活的个性化和数字化的产品与服务的生产模式。在这种模式中，传统的行业界限将消失，并会产生各种新的活动领域和合作形式。创造新价值的过程正在发生改变，产业链分工将被重组。

大大小小基于数字化重组的产业链分工，意味着工业 4.0 作为一个超复杂的巨系统正在形成。各种机器、产品、零部件、人员、原材料，各种研发工具、测试验证平台、虚拟产品，各种工厂、生产管理、运营管理流程，各级供应商以及成千上万的客户，都将是这一个系统的重要组成部分。

一个前所未闻的工业领域的巨型集合体正在形成。

为了解决复杂系统的组成问题，必须引入体系架构。这就是工业 4.0 参考架构模型 RAMI 诞生的基本原因。这是系统工程论中最典型的思维模式。

7.1 RAMI 4.0 术语

RAMI 4.0（Reference Architecture Model Industrie 4.0）即工业 4.0 参考架构模型，是从产品生命周期 / 价值链、层级和架构等级三个维度，分别对工业 4.0 进行多角度描述的一个框架模型。它代表了德国对工业 4.0 所进行的全局式的思考。有了这个模型，各个企业尤其是中小企业，就可以在整个体系中找到自己的位置。

也就是说，在对工业 4.0 的讨论中需要考虑不同的对象和主体。其对象既包括工业领域不同标准下的工艺、流程和自动化；也包括信息领域方面，信息、通信和互联网技术等。为了达到对标准、实例、规范等工业 4.0 内容的共同理解，需要制定统一的框架模型作为参考，对其中的关系和细节进行具体分析。

7.2 整体架构模型

在德国工业 4.0 工作组的努力和各种妥协之下，2015 年 3 月，德国正式提出了工业 4.0 的参考架构模型（RAMI 4.0），如图 7-1 所示。

RAMI 4.0 的第一个维度，是在 IEC 62264 企业系统层级架构的标准基础之上（该标准基于普度大学的 ISA-95 模型，界定了企业控制系统、管理系统等各层级的集成化标准），补充了产品或工件的内容，并由个体工厂拓展至“连接世界”，从而体现工业 4.0 针对产品服务和企业协同的要求。

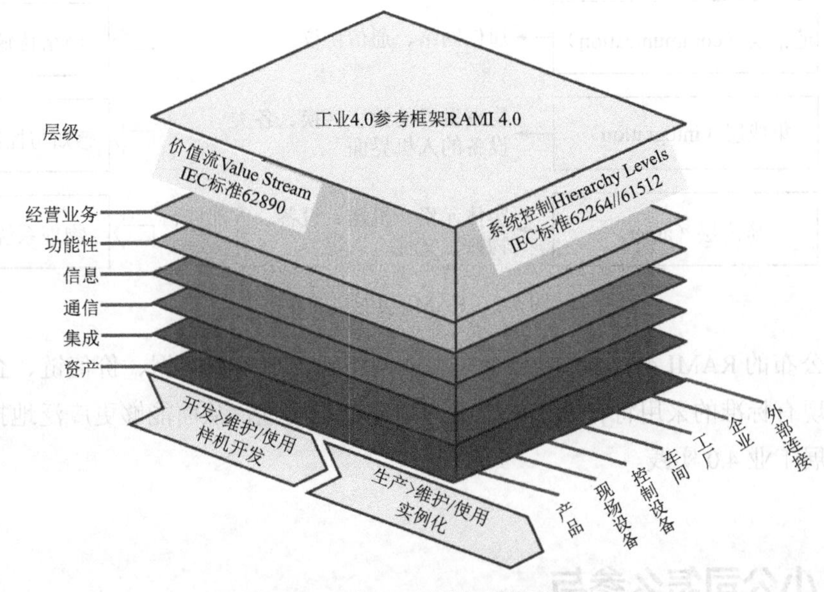

图 7-1　工业 4.0 参考架构模型图

第二个维度是信息物理系统的核心功能，以各层级的功能来体现。具体来看，资产层是机器、设备、零部件及人等生产环节的每个单元；集成层是传感器和控制实体等；通信层是专业的网络架构等；信息层是对数据的处理与分析过程；功能层是企业运营管理的集成化平台；商业层是各类商业模式、业务流程、任务下发等，体现了制造企业的各类业务活动，如图 7-2 所示。

第三个维度是价值链，即从产品全生命周期视角出发，描述了以零部件、机器和工厂为典型代表的工业要素从虚拟原型到实物的全过程。具体体现为三个方面：一是基于 IEC 62890 标准，将其划分为模拟原型和实物制造两个阶段。二是突出零部件、机器和工厂等各类工业生产部分都要有虚拟和现实两个过程，体现了全要素“数字孪生”特征。三是在价值链构建过程中，工业生产要素之间依托数字系统紧密联系，实现工业生产环节的末端链接。此处我们以机器设备为例，虚拟阶段就是一个数字模型的建立，包含建模与仿真。在实物阶段主要就是实现最终的末端制造。

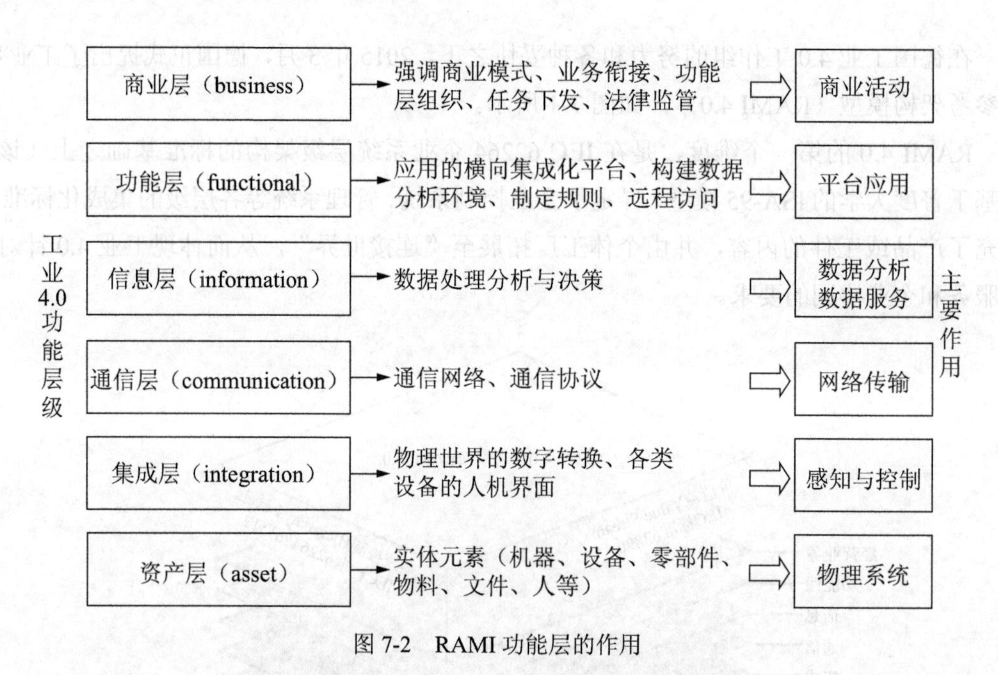

图 7-2　RAMI 功能层的作用

目前公布的 RAMI 4.0 已经覆盖有关工业网络通信、信息数据、价值链、企业分层等领域。对现有标准的采用将有助于提升参考架构的通用性，从而能够更广泛地指导不同行业企业开展工业 4.0 实践。

7.3 小公司怎么参与

RAMI 4.0 对于德国产业界来说，是继“工业发展的四个阶段划分”观点之后，又一个新的成果，是对工业 4.0 理念的进一步明确和阐述。其意义主要体现在几个方面。

一是有助于凝聚产业界共识，加快推动大企业实施工业 4.0 战略。工业 4.0 参考架构模型 RAMI 4.0 实际上是为德国国内企业明确了一个通用的工业 4.0 概念，能够为企业部署新的基础设施、应用新的技术、形成新的标准指明方向。

作为工业 4.0 的主要推动机构，德国“工业 4.0 平台”以 RAMI 4.0 架构所界定的各项功能为目标，正在积极推进信息技术、制造技术、激光感应技术等跨界技术的集成试验。目前已搭建测试床 32 个，形成应用案例 237 个，部分研究成果已在德国的大企业中实施。

二是有助于聚合中小企业，提升中小企业参与积极性。德国大约有 330 万中小企业，他们是德国经济的支柱和推动力量，这些中小企业虽然规模不大，但都是在某一制造领域的领先者。对于工业4.0，大部分中小型企业仍持观望态度，都在等待合适的市场框架形成。德国联邦贸易与投资署专家此前的研究显示，2011 年德国工业 4.0 概念提出之后，参与的企业主要是特定产业领域中的大企业和大机构，如博世、西门子等，但中小型企业的参与度却始终很低。

RAMI 4.0 明确了新的标准和技术框架，使得中小企业有机会参与未来工业体系建设过程，从而提升中小企业的参与度，加快推进工业 4.0 战略在德国整个产业界的落实。

7.4 联合的走向

基于参考架构的深化合作，是当前美德两大制造强国对接的重要标志。2016 年 3 月 2 日，美国 IIC 和德国工业 4.0 在瑞士苏黎世共同宣布正式开展合作。

2016 年 4 月的汉诺威工业博览会，德国工业 4.0 和美国工业互联网联盟两大组织的核心成员共同发表了主题演讲，希望发挥两大平台的综合优势，简化技术选择，提升互操作性，加速全球标准化。而德国总理默克尔也欣然表态，“我很高兴看到工业 4.0 平台正在与美国工业互联网联盟基于参考架构开展标准化方面的合作，这将加速工业 4.0 的实现。而当我们开始了标准化的工作，我们就站在了非常有利的位置上”。

美国 IIC 和德国工业 4.0 参考架构对应关系如图 7-3 所示。

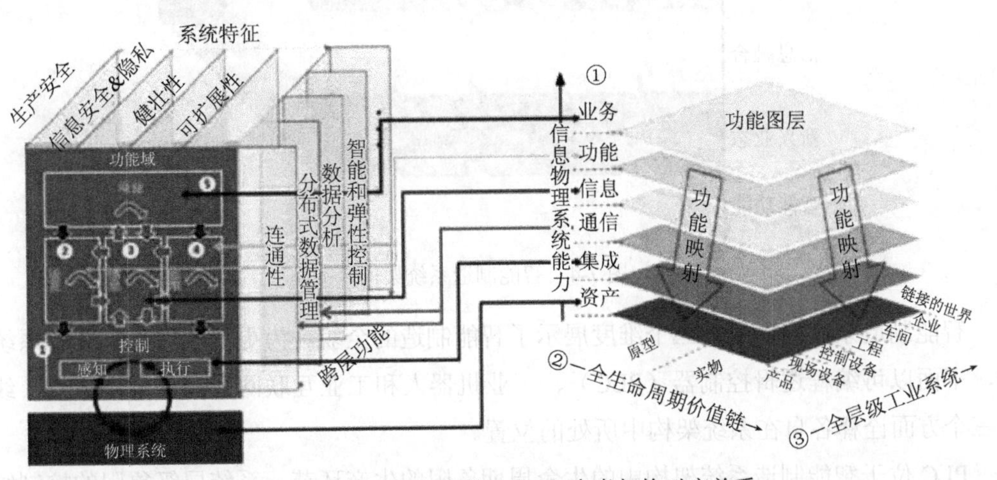

图 7-3 美国 IIC 和德国工业 4.0 参考架构对应关系

而在 2016 年 6 月的工业互联网联盟会议上，博世公司作为工业 4.0 和工业互联网联盟连接的主要主体，宣布了两大联盟正在以博世力士乐在洪堡（Homburg）的工厂为依托，共建首个“智能制造设备维护”（Smart Manufacturing Facility Operation）测试床。该测试床主要目的是实现生产计划排产的优化，降低峰值能源消耗，基于IIRA的三层架构来实现。目前，这一测试床已成为美德两大阵营深化合作的试验田。

7.5 中国智能制造参考架构

2015年12月30日，工信部和国标委联合发布了《国家智能制造标准体系建设指南》（2015年版），同时包含了我国的智能制造系统架构，从生命周期、系统层级和智能功能三个维度构建，如图7-4所示。

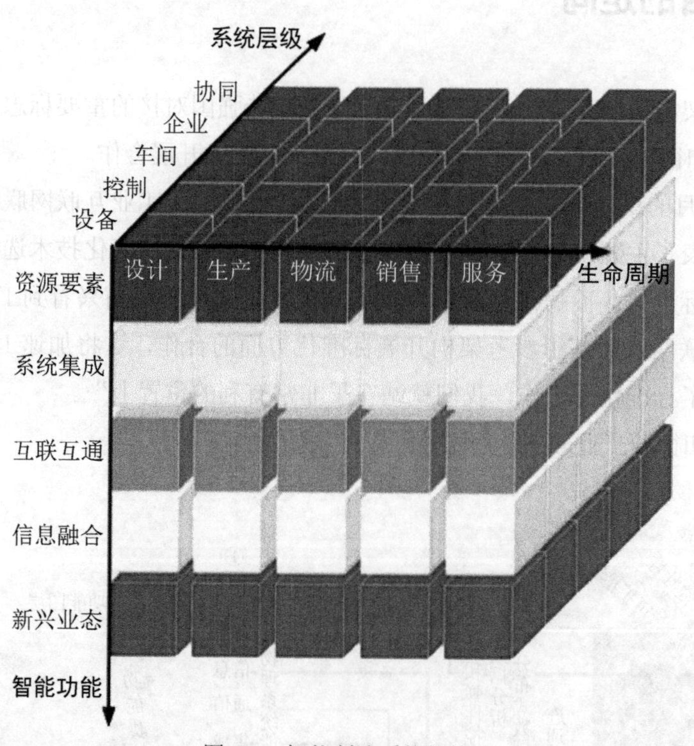

图7-4　智能制造系统架构

智能制造系统架构通过三个维度展示了智能制造的全貌。为更好地解读和理解系统架构，下面以可编程逻辑控制器（PLC）、工业机器人和工业互联网为例，分别从点、线、面三个方面诠释各自在系统架构中所处的位置。

PLC位于智能制造系统架构中的生命周期象限的生产环节、系统层级象限的控制级，以及智能功能象限的系统集成层，如图7-5所示。

工业机器人位于智能制造系统架构中的生命周期象限的生产环节、系统层级象限的设备和控制级，以及智能功能象限的资源要素层，如图7-6所示。

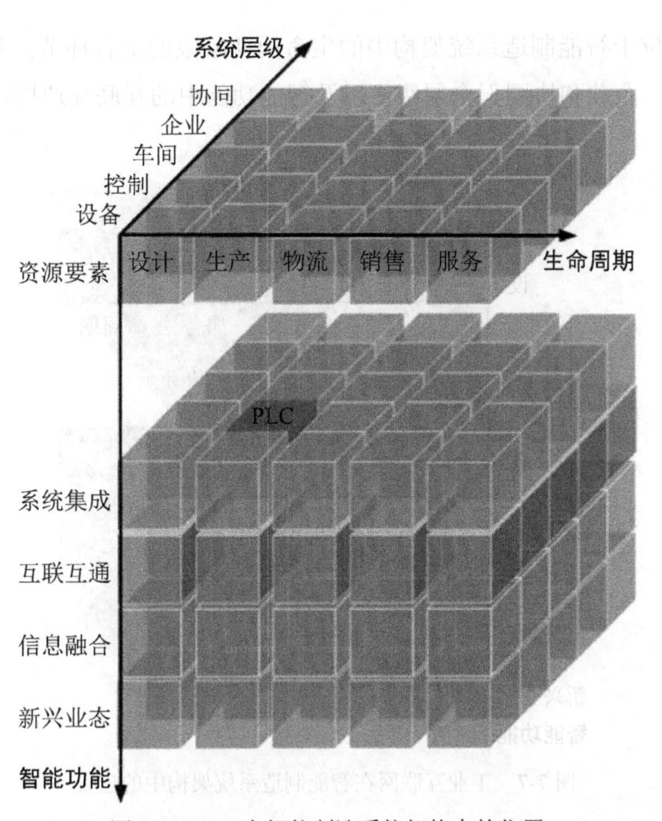

图 7-5　PLC 在智能制造系统架构中的位置

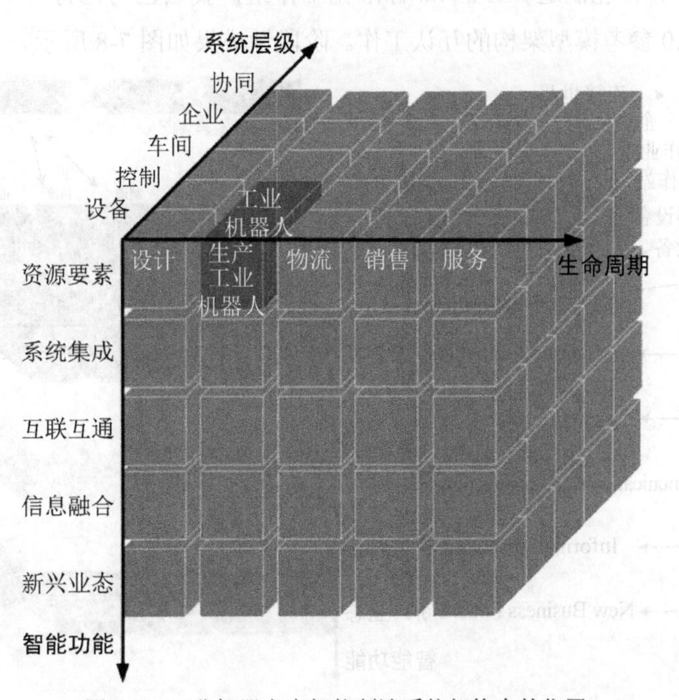

图 7-6　工业机器人在智能制造系统架构中的位置

工业互联网位于智能制造系统架构中的生命周期象限的所有环节，系统层级象限的设备、控制、车间、企业和协同五个层级，以及智能功能中的互联互通层，如图 7-7 所示。

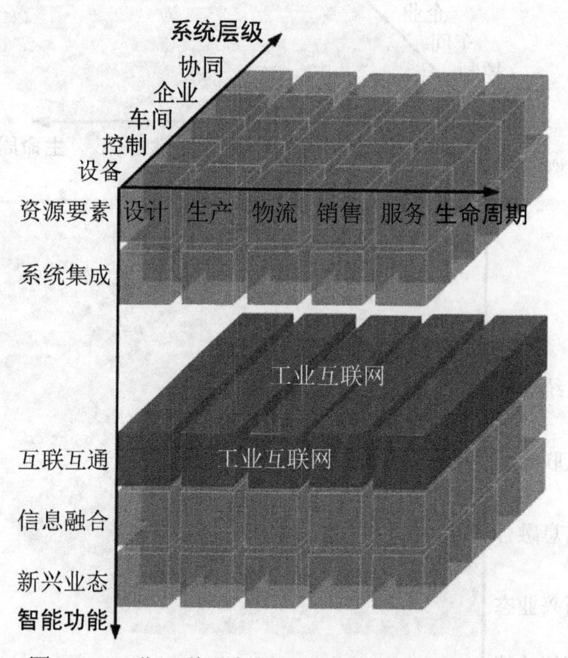

图 7-7　工业互联网在智能制造系统架构中的位置

目前，在中德智能制造 / 工业 4.0 标准化工作组，我国已与德方开展智能制造系统架构与德国工业 4.0 参考模型架构的互认工作。阶段性成果如图 7-8 所示。

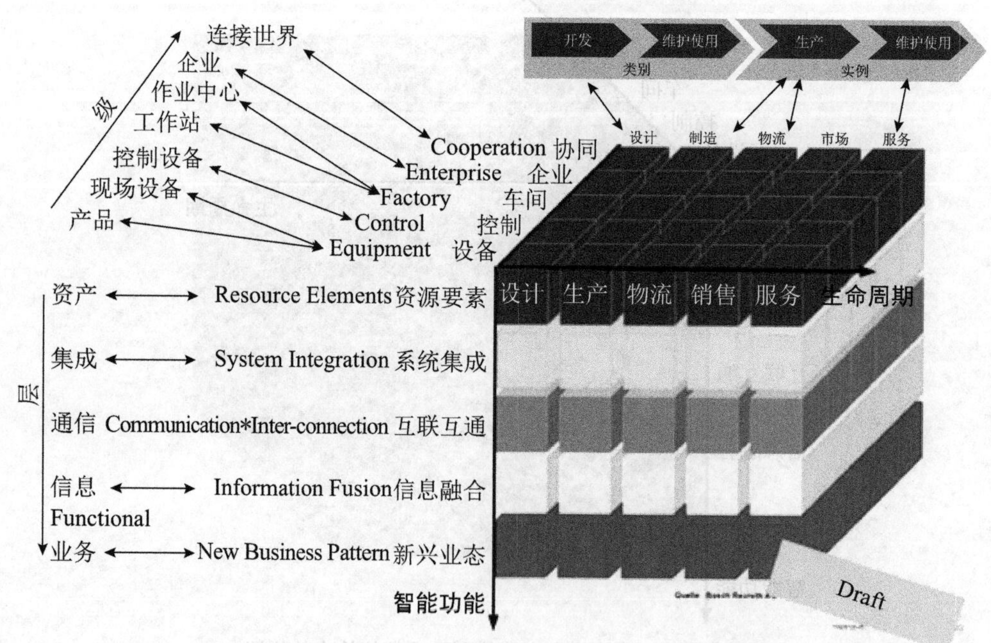

图 7-8　中国智能制造系统架构与 RAMI 4.0 互认阶段性成果

RAMI 4.0 既有系统工程的思维，又有大量的标准嵌入其中。这个颤颤巍巍的架构，目前所受到的关注度，相比于其他工业 4.0 概念，一直算是不温不火。实际上，一旦发展得当，它会扶摇直上，形成最为巨大的生态体系。

通过观察我们可以预测，RAMI 4.0 是德国面向未来的一个巨型制造体系的骨骼。

7.6 数据编码标准体系建设

工业 4.0 的三大基石是企业内部的垂直集成、企业之间的横向集成以及全价值链的端到端集成，也就是智能制造的基础是集成。从对传统企业的实际情况分析来看，就是基于工业物联网（IIoT）对工厂设备的互连和集成，另一方面是企业内的各种应用系统的应用集成。这都需要企业建设好标准信息编码体系，标准化建设的重点内容就是信息编码建设。编码这项基础工作也是较为复杂的，许多软件的应用并不是软件本身的问题，也不是用户不想应用，而是许多基础数据不能正确收集，其中数据标准编码是最大的问题。经验表明，一个企业应用信息化等是否成功，只要了解其信息标准编码工作是否真正做好即可，这项工作做好了，其他方面的问题就比较容易解决。

7.6.1 数据编码标准体系建设的目标、内容及意义

建立统一的主数据编码标准、管理流程、主数据管理系统平台，可保证企业和价值链范围内主数据的一致性，为实现企业的信息集成共享、业务协同、一体化运营并向工业 4.0 演进做好信息化的基础保障。

1. 数据编码标准体系建设的范围

从编码涉及的业务实体角度来讲，将包括基础编码、组织机构及人员编码、财务相关编码、项目编码、物资及设备编码、供应商及客户编码、知识类编码、办公类编码等。

从管理体系角度来讲，将包括编码管理机构、编码管理（申请/审批/发布/作废）流程，以及主数据编码管理平台。

2. 主数据编码的定义及使用规范

主数据编码是应用系统中的重要数据类型之一，通常用来描述业务操作的具体对象及其特征。与交易型数据、分析型数据相比，主数据编码具有如下特点。

（1）识别唯一性：在一个系统，一个平台甚至一个企业范围内同一主数据编码要求具有唯一的识别标志（代码、名称、特征描述等），用以明确区分业务对象、业务范围和业务的具体细节。主数据编码中维护的唯一识别信息是进行业务活动的基础，在业务流转

过程中各业务环节完全依赖业务单据中体现的主数据编码识别标志来定位后续的操作和处理，在业务环节结束后，主数据编码的识别标志又将成为数据分析的主要维度，用来确定分析的范围和方向。

（2）特征一致性：由于企业应用范围的不断扩大，主数据编码在不同系统中的重叠、交叉现象极为常见，由于主数据编码的特征经常被用作业务流程的判断条件和数据分析的具体维度层次，因此保证主数据编码的关键特征在不同应用、不同系统中的高度一致是将来能否实现企业层级的应用集成、统一规范及企业的数据仓库的成功实施的必要条件。

（3）交易稳定性：主数据编码作为用来描述业务操作对象的关键信息，在业务过程中其识别信息和关键特征会被交易过程中产生的数据继承、引用、复制，但无论交易过程如何复杂和持久，除非该主数据编码本身的特征发生变化，主数据编码本身的属性通常不会随交易的过程而被修改。所以当定义主数据编码时，某些与交易结果密切相关及时效性很强的特征，如大宗客户标记等信息需要同客户的固定属性如客户名称等区分对待。

（4）长期有效性：系统中主数据编码的有效性通常贯穿该业务对象在市场上的整个生命周期甚至更长，换言之，只要该主数据编码所代表的业务对象仍然在市场中继续存在或仍具有比较意义，则该主数据编码就需要在系统中继续保持其有效性。长期有效性的另一个表现为主数据编码失去其效用时系统采取的措施，通常为标记无效或标记删除而非直接物理删除。只有定期对数据进行归档时，才会考虑将该主数据编码信息从系统中彻底清除。

（5）此外主数据编码管理的范围除了直接参与业务交易的业务对象数据外，还应该包括主数据编码的特征信息，如国家代码、币种、计量单位、地区划分等，这些具体的特征信息需要在各个业务系统中保持一致以利于系统的协作和进行统一维度的分析。

7.6.2 主数据编码管理体系概述

主数据编码规范化工作的数据对象范围包括基础数据编码、组织机构及人员数据编码、财务类数据编码、项目数据编码、物资及设备数据编码、供应商及客户数据编码、知识类数据编码、办公类数据编码，如图 7-9 所示。

主数据编码管理体系除制定主数据编码规则和标准数据结构外，还要制定配套的组织机构、规章制度和技术手段来确保主数据编码规则的落实和长久顺畅运行。

主数据编码管理体系的目标是：

- 制定一套整个企业集团范围内统一的主数据定义规范和编码规范，并且要保证这套规范能够满足业务需求，具有实用性和可操作性，符合信息系统设计理念和思路。

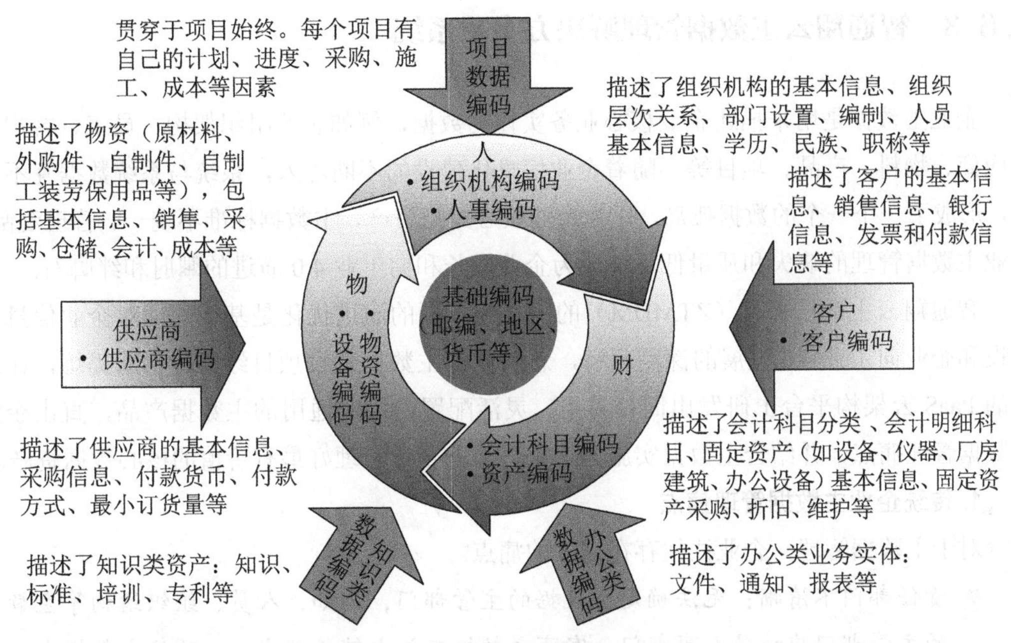

图 7-9　主数据编码数据对象范围

- 建立一套整个企业集团范围内统一的长效规范和数据维护体系，形成统一的数据规范化组织和运行机制，由数据规范化组织负责制定、决策、解释、维护和完善主数据规范，并且监督规范的贯彻实施和日常数据维护工作。
- 建设一个主数据编码平台，落实、固化、发布并推广主数据规范。
- 建立整个企业集团范围内统一的主数据编码库，保证主数据在各信息系统之间的一致和共享，如图 7-10 所示。

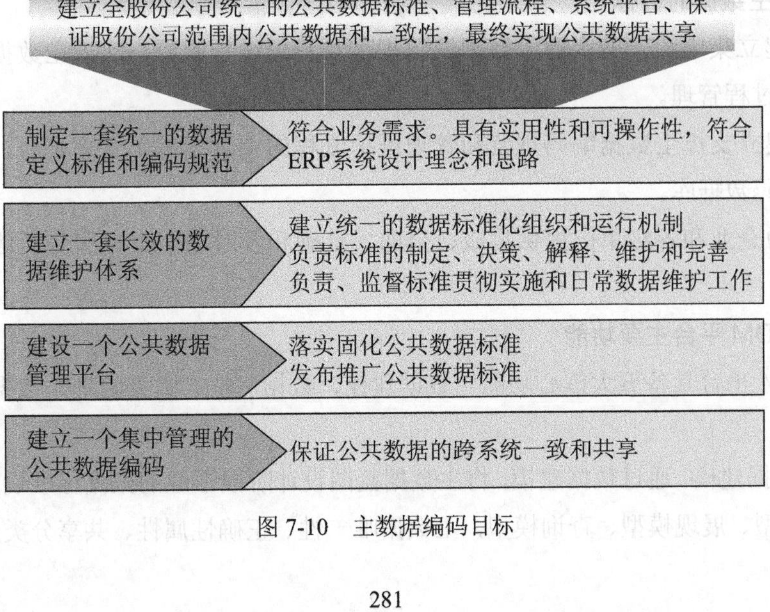

建立全股份公司统一的公共数据标准、管理流程、系统平台、保证股份公司范围内公共数据和一致性，最终实现公共数据共享

目标	内容
制定一套统一的数据定义标准和编码规范	符合业务需求。具有实用性和可操作性，符合ERP系统设计理念和思路
建立一套长效的数据维护体系	建立统一的数据标准化组织和运行机制 负责标准的制定、决策、解释、维护和完善 负责、监督标准贯彻实施和日常数据维护工作
建设一个公共数据管理平台	落实固化公共数据标准 发布推广公共数据标准
建立一个集中管理的公共数据编码	保证公共数据的跨系统一致和共享

图 7-10　主数据编码目标

7.6.3 智通翔云主数据管理解决方案及系统

企业主数据是用来描述企业核心业务实体的数据，例如企业组织架构、员工、客户、供应商、物料、产品、项目等。随着企业信息化建设的不断深入，系统与系统数据互不相通，形成了一个一个的数据孤岛，作为企业核心数据资产，主数据标准不统一、管理混乱。企业主数据管理的缺失和质量低下，成为企业成长和向工业 4.0 演进的掣肘和绊脚石。

智通翔云主数据平台（ZTMDM）的研发和不断的演进优化是基于长期对企业信息化建设和企业向工业 4.0 发展的深刻理解，总结众多主数据建设项目经验，不断提炼，在成熟的 PaaS 云架构平台上研发出简单易用、灵活配置、行业通用的主数据产品，直击企业主数据管理痛点，并结合主数据实施方法论，帮助企业管理好最有价值的核心数据资产。

1. 传统企业主数据管理痛点

对于主数据管理，企业往往存在这样的痛点。

- 责任部门不清晰：无法确定主数据的主管部门，例如，人员、组织结构等主数据的主管部门应该是人事部门，客商主数据应该由销售部主管，项目主数据由工程部管理。
- 数据定义不清晰：无法准确清晰地对数据进行定义，应该记录主数据的哪些属性？唯一性是哪些，正确性是哪些，共享分类是哪些？没有明确的定义。
- 数据记录不及时：系统各自为政，当主数据发生变化时，有些系统更新了数据，有些还沿用旧数据、错误数据。
- 数据交互不及时：系统内部重复建设，很少或者没有数据共享，无法利用其他系统的数据成果，没有交互。

2. 实施主数据的目标

（1）建立集中统一的企业主数据编码规范和管理维护流程，实现主数据编码整个生命周期的全过程管理。

（2）建立支撑主数据编码规范和管理维护流程的主数据编码管理平台，集中统一管理主数据编码数据库。

（3）为企业和各级单位提供集成、全面、准确和及时的主数据服务及信息化基础工作的支持。

3. ZTMDM 平台主要功能

ZTMDM 平台具备五大核心功能（数据建模、数据清洗、数据管理、数据分发和数据分析）。

（1）数据建模：通过数据建模，将主数据蓝图设计阶段形成的数据标准设置到系统中，包括数据模型、展现模型、查询模型，主数据唯一性、正确性属性、共享分类属性的设置。

（2）数据清洗：通过数据标准形成数据模板整理工具，将历史数据通过 ETL、SQL 等工具进行汇集，并结合 Excel、文本等手工处理方式，形成初始化数据，导入到系统中；通过排重规则设置和系统自动清洗，将清洗结果反馈给管理员，完成后续清洗工作。

（3）数据管理：主数据的申报、审核、变更、运营维护，实现数据的全生命周期管理，并记录数据血缘关系。

（4）数据分发：通过分发系统定义、接口注册和字段匹配对照，实现数据的订阅和自动分发，从而实现数据的共享。

（5）数据分析：数据分析分为数据大类数量相关查询，包括总数量、分类数量、新增 / 变更区间查询；以及数据申报质量 / 审核质量分析，用于检验申报人员、审核人员操作质量的分析报表。

通过以上功能，实现对企业主数据全生命周期管理；并且通过数据清洗引擎确保数据质量；通过主数据数据分析和绩效管理，提升主数据平台使用效率，使企业主数据治理愈加趋于合理和完善。

4. ZTMDM 平台系统架构

ZTMDM 产品架构是基于企业云的三层架构开发封装的 PaaS 云服务平台，其主数据管理系统架构如图 7-11 所示。

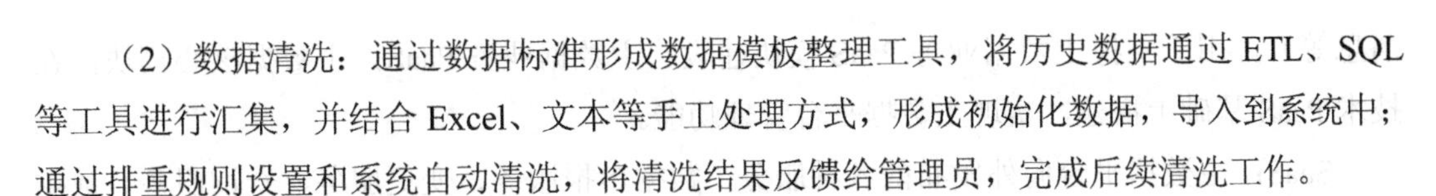

图 7-11　主数据管理系统架构图

IaaS：通过虚拟化技术，向上提供所需的计算资源。

PaaS：技术 PaaS 框架，架构平台提供标准平台功能（通知、任务、事务、工作流、缓存、消息等），用于支撑主数据业务PaaS模块建设；主数据业务PaaS，主数据核心模块，在技术PaaS基础上搭建，实现主数据平台管理功能。

SaaS：主数据平台向外发布的各种服务，数据申报服务、变更服务、查询服务、数据分析服务。

5. 主数据实施方法论

主数据平台的实施有章可循，可以分为标准梳理、平台建设、汇聚数据、共享服务四个阶段。

标准梳理：完成主数据的标准梳理（数据标准、管理标准、集成标准），形成主数据建设的指南。

平台建设：根据梳理的标准对产品实施，对于个性化需求进行二次开发。

汇聚数据：通过主数据标准，将来自各系统的历史数据进行清理、排重、纠错和补充，形成初始化数据，导入到主数据系统中。

共享服务：通过系统定义和接口服务注册，将数据共享给集成系统，从而实现各系统标准数据的统一。

6. 应用案例

（1）某大型集团主数据系统。该系统建设始于2010年，已经建设四期。系统管理组织架构、人员、药品/非药品（西药、中成药、生物制品、医疗器械……）、客商（生产商、经销商、医院、药店……）等数据，其中药品、非药品数据超过150万条，客商数据超过50万条，合计数据超过200万条。

（2）某医疗器械公司主数据系统。该系统基于器械公司现行数据标准，建立企业统一的标准数据编码库；建立主数据管理维护流程，实现主数据全生命周期的统一管理；建立支撑主数据标准和管理维护流程的主数据管理平台，集中统一管理标准数据编码库；通过主数据管理平台实现与目标业务系统间全面、准确和及时的数据分发，实现标准化数据的应用，支持信息化基础工作。

（3）某集团制造公司主数据管理系统。企业集团所生产的所有药品（中成药、西药、中药饮片、保健品等）、客商（经销商、医院、门店）等数据大类；通过主数据平台，企业主数据实现了标准化管理，企业内部垂直集成成为可能；提高了企业药品质量流向追踪的精准度和提取效率，为企业应用集成和智能制造打下坚实基础。

7.7 医药行业4.0的参考框架分析

我们知道，要推进医药行业4.0的建设，自动化是基础，信息化是必经之路，智慧生

产是终极目标。根据医药行业的特点，建立医药行业4.0的参考框架，帮助制药企业向4.0演进，具有非常重要的意义。本节基于工业4.0的参考框架来探讨医药行业的参考框架。

7.7.1 医药行业自动化和信息化现状

一直以来，医药工业都是关系人民卫生健康的重要产业，但是医药生产的自动化与信息化水平与其他规模工业，如汽车、石油、化工相比，存在着非常明显的差距。

（1）生产车间有各类独立的自控系统，而没有管控生产线的控制系统，这是制药行业的普遍现象，更谈不上基于工业4.0的理念来整体考虑生产车间或工厂的改造建设了。

（2）从原料药的生产来看，有部分企业采用了全自动化车间的设计与应用。对大部分企业而言，自动化控制系统的应用集中在一些局部工段，如生物反应器的控制；发酵培养过程的控制；化学合成的反应釜的控制；中药提取的过程自动化在近几年得到较快发展，能实现提取、浓缩、分离、回收等过程自动化控制。

（3）从制剂的生产车间看，自动化系统主要是各设备自动的PLC控制系统，如流化床、混合机、制粒机、包衣机、压片机、灭菌柜、冻干机等，这些设备的PLC大多互不相连，生产操作由各岗位的人员通过各自设备上的触摸屏或按钮来完成。近两年来，部分企业越来越认识到数据整合的重要性，而采用了将车间各生产设备互联的数据采集与监测系统（SCADA）。

（4）从工厂的公辅类设备来看，空压、锅炉、冷却水系统、工艺用水系统、暖通空调等，其控制也是以独立的PLC系统为多。

我们看到，自2015年国家提出“中国制造2025”战略后，部分企业正向建设智能化的生产车间发展，但总体来说，制药行业自动化整体水平普遍不高，造成了大量的信息“孤岛”和信息断层。从企业管理层看，虽然部分企业有企业资源管理项目的应用，但是这些应用主是局限在企业上层的财务管理、客户关系管理、供应链管理及文件管理，未能实现与企业生产管理的对接，自动化与信息化是脱节的；人工干预活动多，从生产效率、生产合规性、产品质量控制、风险管理等诸多方面严重制约了企业的发展，离“信息化和工业化深度融合”的国家战略相关要求差距较大。

这一差距的背后，与制药行业的自身特点是分不开的。

（1）从生产规模上说，医药的生产规模、产量比石油、化工通常小很多，但是生产的品种多，生产工艺有时也比较复杂，生产过程更是要符合GMP的相关要求，产品的质量数据要全过程可追溯，等等。因此，医药的生产实际上比石油、化工等行业要复杂很多。

（2）制药设备的自动化缺乏相关的统一规范或标准。与其他行业的设备供应不同，制药装备供应商除供应设备本身外，还会连带供应设备的自控系统。这种方式本身无可厚非，第一可以提高设备的附加值，第二可以保护供应商的技术，问题在于这些设备没有统一的数据通信要求，造成车间设备日、韩、欧、美、国产等不同品牌、不同规格 PLC 系统五花八门，极难实现设备的互联互通。

（3）单纯从自动化控制策略上看，医药行业自动化相比石油化工的自动化要简单很多；从传感与测量技术上看，则相反。石油化工中常用的温度、压力、液位、流量、密度等参数的测量都极其成熟，但是像中药提取的提取罐在煎煮过程中的“微沸”状态，单纯的温度测量往往不如人工经验有效；再如，生物发酵过程的监控，目前还是通过溶氧、温湿度、pH 值等间接参数来监控的，因此客观上说，医药行业需要有更多更新的传感与测量技术出现。

（4）制药生产车间的建设投资较石油化工小很多，少则几千万元，通常是几亿元，超过 10 亿元已经算是比较大的医药工程建设项目了，自动化程度越高，自然也意味着更大的投资，而投资回报率有时并不是成比例地增加。

7.7.2 医药行业 4.0 的推动力

即使在今天，GMP 并不要求医药必须在智能化的车间来生产，市场也没有显现出智能制药的明显竞争优势，那么医药行业要向 4.0 演进，其推动力到底来自哪里？

通过分析，笔者认为至少来自两个方面。

1. 智能制造的国家战略推动

2015 年 5 月 8 日，经李克强总理签批，国务院印发《中国制造 2025》，部署全面推进实施制造强国战略。这是我国实施制造强国战略第一个十年的行动纲领。

通过“三步走”实现制造强国的战略目标：第一步，到 2025 年迈入制造强国行列；第二步，到 2035 年我国制造业整体达到世界制造强国阵营中等水平；第三步，到中华人民共和国成立一百年时，制造业大国地位更加巩固，综合实力进入世界制造强国前列。

此次战略聚焦包括生物医药及高性能医疗器械在内的十大重点领域，明确指出九项战略任务：

（1）提高国家制造业创新能力；

（2）推进信息化与工业化深度融合；

（3）强化工业基础能力；

（4）加强质量品牌建设；

（5）全面推行绿色制造；

（6）大力推动重点领域突破发展；

（7）深入推进制造业结构调整；

（8）积极发展服务型制造和生产性服务业；

（9）提高制造业国际化发展水平。

五项重大工程：

制造业创新中心建设、智能制造、工业强基、绿色制造和高端装备创新等。

为了贯彻落实《中国制造 2025》，深入实施智能制造工程，自 2016 年开始，工信部及国家相关部门开展了一系列的智能制造项目应用工作，例如：

- 2017 年制造业与互联网融合试点示范项目申报；
- 2017 年智能制造综合标准化与新模式应用项目申报；
- 科技部“网络协同制造和智能工厂”重点专项 2018 年度项目申报；
- 除中央企业可直接申报工信部的智能制造项目外，在各省、市信息化主管部门的推动下，最近两年各地方企业也积极申报，这其中自然也包括众多的制药企业，并且成功申报智能制造类的药企也很多，如海南普利、珍宝岛药业、劲牌、九芝堂、汤臣倍健、康缘、华润三九等。

如前文所述，制药企业自动化、信息化整体水平相对落后，而制药企业一旦申报智能制造类项目成功，最高可以获得项目投资 4% 的政策性资金支持。

这对制药企业来说无疑是一次重大的战略机遇，以智能制造项目实施为抓手，全面提升技术与管理，加快企业的转型升级，实现弯道超车。

因此，各制药企业应当根据自身的客观情况，积极与医药设计院、智能制造技术咨询单位、系统集成商、核心装备制造商等沟通，制定符合企业特点、切实可行的推进智能制造的规划与方案，借力“中国制造 2025”的国家战略东风。

2. GMP 合规性的风险引发药企的担忧

中国 GMP 的认证工作，也算得上一波三折，我们先简单回顾和梳理一下这一过程。

第一阶段应是《药品生产质量管理规范（2010 年修订）》（以下简称新版 GMP）的发布与实施。新版 GMP 于 2010 年 10 月 19 日经卫生部部务会议审议通过，自 2011 年 3 月 1 日起施行。

新版 GMP 与 98 版相比从管理和技术要求上有相当大的进步。特别是对无菌制剂和原料药的生产方面提出了很高的要求。新版 GMP 以欧盟 GMP 为基础，考虑到国内差距，以 WHO 2003 版为底线。

新版 GMP 认证有两个时间节点：药品生产企业血液制品、疫苗、注射剂等无菌药品的生产，应在 2013 年 12 月 31 日前达到新版药品 GMP 要求；其他类别药品的生产均应在 2015 年 12 月 31 日前达到新版药品 GMP 要求。未达到新版药品 GMP 要求的企业（车间），在上述规定期限后不得继续生产药品。

同时，在 2011—2015 年，国家食品药品监督管理总局陆续发布了新版 GMP 的 11 个附录：无菌药品、原料药、生物制品、血液制品、中药制剂、放射性药品、中药饮片、医用氧、取样、计算机化系统、确认与验证。

总体来看，GMP在这一阶段建立了完备的体系，对药品生产过程的相关规范做出了明确的要求，特别是对于在药品生产质量管理过程中应用的计算机化系统给出了明确的定义与要求。但是GMP并没有强制规定药品生产过程必须采用计算机化系统进行控制或监管，只是要求有计算机化系统的，必须根据风险评估的结果进行确认或验证。从实际情况看，大部分企业生产批记录的数据是手工记录，GMP对于自动化及信息化在制药企业应用的推动力微乎其微。

第二阶段是自2016年起国家局GMP认证权限下放，各省（区、市）食品药品监督管理局负责所有药品GMP认证工作，国家食品药品监督管理总局不再受理药品GMP认证申请，国家总局的职能从既负责药品GMP认证又负责监管，转变为只负责监督。因此，飞行检查也日趋严格，GMP证书被收回的企业也越来越多，制药企业面临前所未有的挑战与生存压力。

证书被收回的原因，总结起来无非是以下几个主要的方面。

生产管理方面：私自改变生产工艺，生产工艺与注册工艺不一致；生产批记录内容不全或情况不真实，生产现场无记录或无法提取等。

仓库及物料管理方面：物料不平衡，即原辅料的购买量与生产使用量及产品销售量不符；物料不能实现完整的追溯；库房管理混乱，记录不全等。

量管理方面：文件不全或涉嫌造假；电子记录被修改或选择性使用数据；电子数据没有设置相应的访问授权，没有审计追踪，没有进行合理备份等。

这一阶段，手工批记录依然被认可，从上述证书被收回的原因看，数据可靠性、完整性是其核心要点。2016年3月25日，中国食品药品监督管理局（CFDA）在京召开了完善食品药品刑事法律制度研讨会，CFDA总局长毕井泉在会上明确提出："做假数据，就是做假药。"除行政手段、民事手段外，药品违法犯罪行为这一严肃的话题再次摆在了制药企业的面前。

那么制药企业该如何来提升数据的可靠性、完整性？

参照国外制药企业的发展情况，越来越多的人认识到，电子批记录是从根本解决这一问题的最好方案。

- 从根本上解决了生产数据真实性的问题；
- 有效降低人员数据填写错误和不同部门数据不一致的情况发生；
- 使所有改变或篡改得以保留，问题透明化；
- 产品审核放行更科学化，有效降低人为干扰；
- 方便企业对产品进行质量回顾。

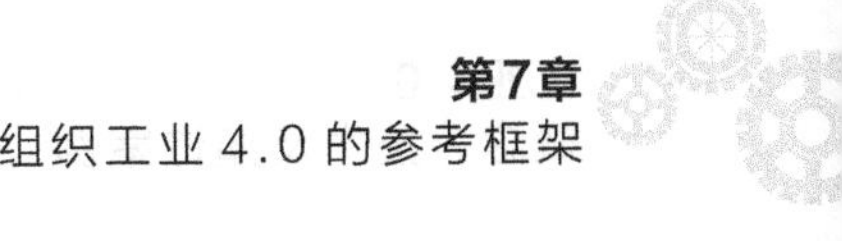

电子批记录的实施，当然离不开基于生产全过程的自动化控制系统（如DCS、SCADA等），以及基于车间管理的信息化软件平台（如MES、LIMS、WMS、ERP等），而这些，显然是制药企业向工业4.0演进的重要里程碑。因此，从客观上来说，GMP使药企面临的合规性、合法性风险直接推动了制药企业向工业4.0演进。

值得注意的是，在2017年，CFDA官员已在多个公开场合表示，今后将取消GMP认证，药品生产质量管理规范（GMP）认证与药品生产许可证“两证合一”。这意味着，药企将会失去GMP证书这个“保护伞”，直接面临失去生产许可证的风险。

同时，据了解，CFDA正在制定相关规定，把处罚落实到人，同时要把经济处罚、资格处罚、刑罚等结合起来，使涉嫌违法的各个责任主体都得到相应的惩罚。从行业发展的趋势来看，国家对药企的违法行为正在进入一个严惩不贷的时代。

我们暂且把这个阶段称为第三阶段。

可以看出，药企已经没有退路，与其被动等待日益严格的法规的落地与实施，不如利用政策东风，主动求变，通过自动化与信息化的数据，认真统计分析，提升工艺稳定性，对生产各要素进行充分的风险评估，有效降低和控制合规性、合法性的风险，提升企业的核心竞争力。

7.7.3《医药工业发展规划指南》智能制造解读

智能制造融合了先进装备制造技术、自动化技术、信息技术和人工智能技术，以此来实现制造业价值链的智能化。

根据自身的特点，医药行业到底应该怎样来推行4.0，我们不妨先来看看《医药工业发展规划指南》（以下简称《指南》）。

2016年11月7日，国家工信部、国家发改委、科学技术部、商务部、国家卫生和计划生育委员会、国家食品药品监督管理总局六部门联合发布了《指南》，旨在贯彻落实《中华人民共和国国民经济和社会发展第十三个五年规划纲要》和《中国制造2025》，指导医药工业加快由大到强的转变。

《推进两化深度融合》第四章的第五节指出：以信息技术创新研发设计手段。支持企业建立基于信息化集成的研发平台，开展计算机辅助药物设计、模拟筛选、成药性评价、结构分析和对比研究，提升药物研发水平和效率；采用“过程分析技术”（PAT），优化制药工艺和质量控制，实现药品从研发到生产的技术衔接和产品质量一致性。提高医药工程项目的数字化设计水平，建立从设计到运行维护的数字化管理平台，实现工程项目全生命周期管理。

提高生产过程自动化和信息化水平。改进制药设备的自动化、数字化、智能化水平，增强信息上传下控和网通互联功能。采用工业互联网、物联网、大数据和云计算等信息化技术，广泛获取和挖掘生产过程的数据和信息，为生产过程的自动优化和决策提供支撑。推动“制造执行系统”（MES）在生产过程中的应用，整合集成各环节数据信息，实现对生产过程自动化控制，打造智能化生产车间。应用信息技术改进质量管理。建立生产质量信息实时监控系统，实现质量数据的自动采集、管理和可追溯，保证数据的真实性和完整性。开发应用基于过程分析技术的智能化控制系统，建立质量偏差预警系统，最大限度约束、规范和减少员工操作，促进 GMP 严格执行，有效保证产品质量稳定。

可以看到，该指南从药品的研发、医药工程项目的设计与建设、医药生产过程的管理、质量管理等方面明确阐述了医药行业推进工业 4.0 当前需要实施的重要内容。

笔者认为，对当下的医药行业来说，这一陈述是十分务实并且十分重要的。

我们知道，真正意义上的工业 4.0 或者智能制造，应该是融入 3D 打印、大数据、云计算以及人工智能等技术，能够实现信息深度自感知，自主学习并持续优化，自主分析与决策，并自主执行的智能化系统。对制药行业来说，如果我们现在就要实现这一目标，无疑是好高骛远，不切实际的。

首先，在 7.7.1 节我们已详细描述了当前医药行业的生产自动化这个基础是薄弱的，注定我们不可能迅速实现智能制造的目标。

其次，从医药行业自身来说，面临的最大问题是药品的品质或者说是质量问题。人、机、料、法、环是决定药品整个质量体系的关键要素，对于当前大部分药企来说，仅仅做了环境的实时在线监测，这显然是不够的。对于制药工业来说，人是最大的污染源，要保证药品质量，就需要尽量减少和避免人工干预。而这就需要对原辅料进行追溯管理、配料与投料的管控系统、生产设备的运行参数和工艺参数的实时在线监测等一并整合起来，逐步完整地实现人、机、料的管理，实现从原料入库开始直到产品入库整个闭环的全程质量监控体系。

因此，对于当前的制药行业来说，能够实现生产全过程的数据采集、数据运算、数据归档、数据统计分析，能够精准执行指令、实现闭环控制，就可以说实现了医药工业 4.0 初级阶段的目标。

再次，从人工智能等高端技术来看，AlphaGo、国内人工智能的代表作小度机器人等领先的人工智能产品，目前还只能在有限的领域发挥作用；码垛机器人、搬运机器人等各种通过程序协同伺服电机工作的机电产品，也只是帮助人类减少繁重的体力劳动，并不能有效解决药企面临的很多问题；即使是自动化、智能化水平遥遥领先的离散行业代表——汽车制造业，其生产车间也未实现无人化。如美国科幻电影般的人工智能技术还未在现实中体现，人工智能技术的发展和应用也是处于一个初级阶段。

因此，通过自动化—信息化—智能化，逐步实现对人、机、料、法的管理，有效保障数据的完整性，提升药品质量，是医药行业实现工业 4.0 的必经之路。

7.7.4 医药行业 4.0 的参考框架分析

7.7.4.1 系统集成标准

在今天的医药行业里，有各种各样的计算机化系统，如 ERP、MES、WMS、LIMS、DCS、QMS。试想一下，如果没有通用的模型和统一的术语，不管是最终用户还是集成商都将面临巨大的困难：集成不同厂商的产品十分不易，集成商与最终用户的需求之间沟通也会碰到很多问题，集成的系统自然也极难维护。

ANSI/ISA-95 简称 S95 或 SP95，是企业控制系统集成的国际标准，由仪表、系统和自动化协会（ISA）在 1995 年投票通过，同时也是 ISA 的第 95 个标准项目，而标准的开发过程是由 ANSI（美国国家标准协会）监督并保证其过程正确的。此委员会开发一系列标准称作 SP95“企业控制系统集成”。ISA-95 标准相继为多个国家所接受并作为国家标准，于 2003 年正式被 IEC 采用，作为 IEC-62264 标准发布。

ISA-95 定义了企业级业务系统与工厂车间级控制系统相集成的模型与术语。第一部分标准定义了功能层次模型，每一层提供了各自的功能并且有典型的响应时间，如图 7-12 所示。

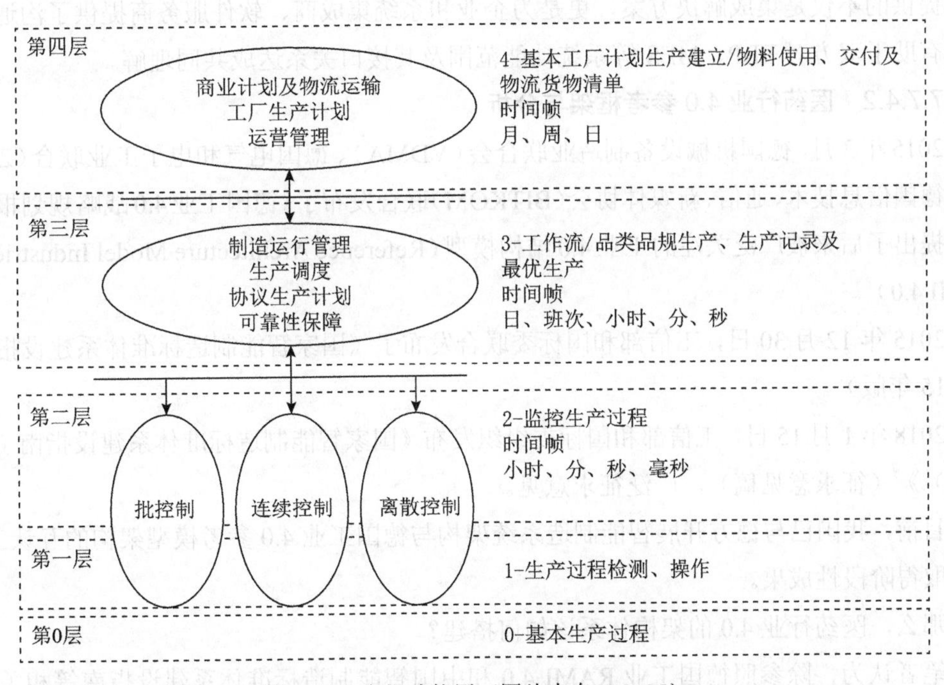

图 7-12 多级功能层（图片来自 ISA-95）

第 0 层为实际的生产过程，这一过程又可以分为三类：批量控制（如制药、化工的聚合反应类的过程），连续控制（如炼油行业），离散控制（如汽车制造业）。

第 1 层为传感及执行，即通过传感器检测生产过程的各种信号（如温度、压力、流量、液位等），并将信号输入到第 2 层；同时，执行机构按照第 2 层的输出信号来完成相应的动作（如改变调节阀的开度、开启或关闭阀门、起动或停止电动机等）。

第 2 层为监视控制层，通过控制器对第 1 层输入的信号进行运算，运算结果输出到第 1 层驱动相关的执行机构；同时，该层对过程参数的数值进行超限报警、趋势记录，以及系统的事件记录，自诊断信息等通过人机界面向用户进行呈现与交互。第 2 层通常以小时、分、秒或者小于秒的时间帧进行操作。

第 3 层为制造运营管理层，即生产调度、详细生产计划、可靠性保证等，通过流程及（或）配方控制进行最终产品的生产，同时生产电子记录，通过统计分析，指导生产过程的优化。第 3 层通常以天、班次、小时、分和秒的时间帧进行操作。

第 4 层为业务规划和物流层，即工厂生产计划、经营管理等，建立工厂生产的总体计划、物料使用、产品的交付、运输，决定产品库存的情况。第 4 层通常以月、周、天的时间帧进行操作。

作为公认的、最具参考价值系统集成的国际标准，ISA-95 受到制造企业信息化解决方案供应商，如 SAP、西门子等的密切关注。对于信息化项目建设的企业来说，ISA-95 标准提供的不仅是集成解决方案，更是为企业和系统集成商、软件服务商提供了沟通的渠道，有助于双方对 ERP、MES 等系统功能范围及其接口关系达成共同理解。

7.7.4.2 医药行业 4.0 参考框架与分析

2015 年 3 月，德国机械设备制造业联合会（VDMA）、德国电气和电子工业联合（ZVEI）以及德国信息技术、通信、新媒体协会（BITKOM）联合发布了《德国工业 4.0 战略规划报告》，明确提出了后来被广泛关注的工业 4.0 结构模型（Reference Architecture Model Industrie 4.0，RAMI 4.0）。

2015 年 12 月 30 日，工信部和国标委联合发布了《国家智能制造标准体系建设指南》（2015 年版）。

2018 年 1 月 15 日，工信部和国标委组织发布《国家智能制造标准体系建设指南（2018 年版）》（征求意见稿），广泛征求意见。

目前，我国已与德方开展智能制造系统架构与德国工业 4.0 参考模型架构的互认工作，并已取得阶段性成果。

那么，医药行业 4.0 的架构体系该如何搭建？

笔者认为，除参照德国工业 RAMI 4.0 和中国智能制造标准体系建设指南等相关模型外，应该结合制药行业自身的特点，遵循 IEC 62890（工业过程测量控制和自动化系统和

产品生命周期管理），IEC 62264（ISA-95，企业控制系统集成），以及IEC 61512（ISA-88，批量控制规范）等相关规范。同时，如前文所述，当前医药的生产面临着诸多问题，探索医药行业4.0，我们更愿意聚焦在医药工程的设计与建设、医药的生产等环节。笔者结合自身行业工作经验，提出医药行业4.0参考框架，如图7-13所示。

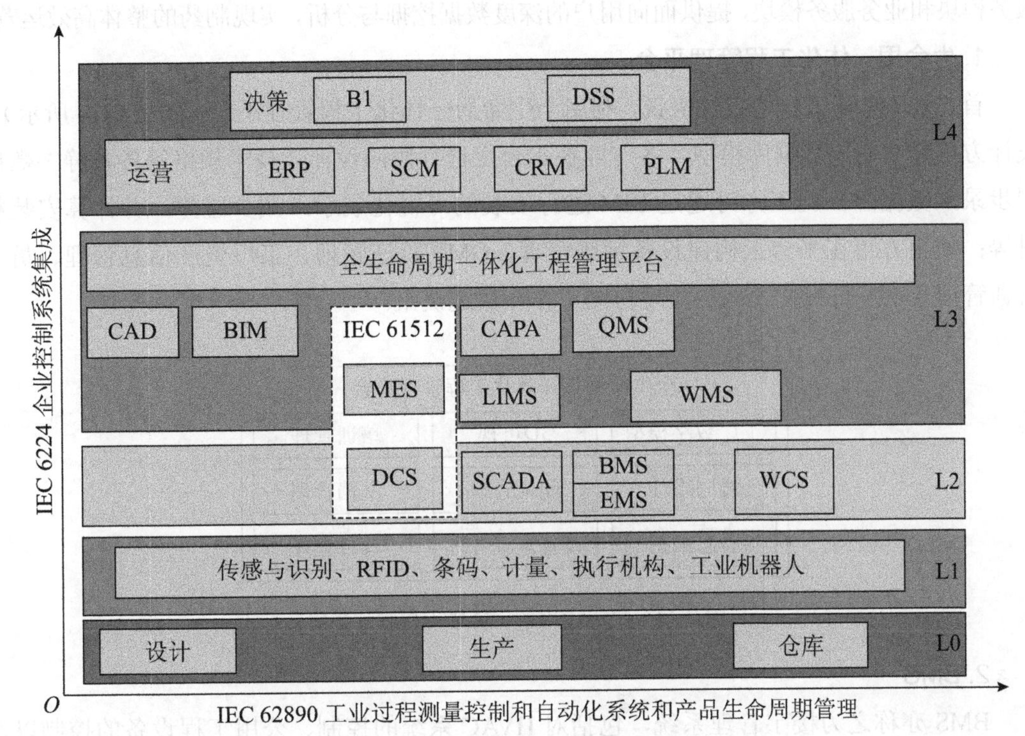

图7-13 全生命周期一体化工程管理平台

医药行业4.0参考框架包括传感层（L1，单元控制）、控制层（L2，生产线控制）、企业工程管理与生产管理层（L3）和企业运营与决策层（L4）。

L1层是感知与执行层，即将物理对象的信息采集并输入到控制层，同时执行控制层输出的指令。除常规的四大参数——温度、压力、流量、液位外，还有质量、溶氧、pH、浓度等参数，质检方面还会有分析仪、图谱技术等的应用，条形码、RFID在物料管理方面有较多应用，机器人在物料转运、投料、搬运、堆垛等方面发挥作用，智能机器人有望在将来发挥作用。

L2层是生产线的控制层，对原料药生产过程来说，主要是DCS系统的应用；对制剂而言，则是SCADA系统。同时还有BMS、EMS、WCS等。

L3层是生产管理，包括MES、LIMS、QMS、CAPA、WMS等，同时该层也包含工程全生命周期管理平台。

L4层是与生产计划、物流、能源和经营相关的ERP、CRM、SCM等系统，以及商业智能和决策执行系统，即BI和DSS等。

智能制药工厂全面集成企业的工程设计、施工管理、生产管理、设备运维管理、培训管理、文档管理、质量管理，系统支持各种工业通信协议，兼容智能设备，深度融合工业物联网技术。通过系统统一的平台获取各类数据信息，提供各类定制或个性化的数据报表服务模块和业务服务模块，提供面向用户的深度数据挖掘与分析，实现制药的整体高效运营。

1. 生命周一体化工程管理平台

首先，从医药工程的设计来说，利用全生命周一体化工程管理平台（如图7-14所示），设计方可建立工厂数据库模型，各专业在平台上进行协同设计，技术规格等各种静态数据同步录入数据库；施工方可通过BIM进行安装的可视化展示，减少碰撞，并计算安装材料等；使用方可在平台上构建设备运维管理、GMP验证管理、工厂资产信息管理、员工培训管理及工厂可视化管理，实现协同工作和快速决策。

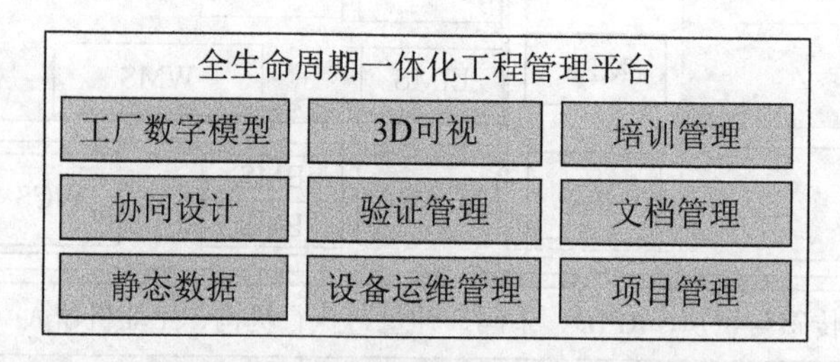

图7-14　全生命周期一体化工程管理平台

2. BMS

BMS亦称之为楼宇管理系统，包括对HVAC系统的控制、公用工程设备的控制以及能源管理。BMS通过各冷冻水、热水、蒸汽的调节阀来控制空气的除湿、降温、加热和加湿，实现对洁净区温湿度的控制；通过对系统风量的控制来实现洁净区压差的控制，使各个级别的洁净区能满足温湿度和压差的要求，确保药品生产环境的合规性。

BMS还将对空压站、冷却水、冷冻水、洁净蒸汽等制药公用工程单元进行控制，提升设备操作的便捷性和协同性；水、电、汽的能源计量，更有助于企业掌握能源消耗情况，优化合理安排生产，持续改进，节能减排，绿色环保。

3. EMS

洁净环境监测系统主要监测药品生产洁净区GMP要求相关的关键环境参数，根据工艺和相关法规的要求，以及监测点布点风险评估或布点验证，对压差、温湿度、尘埃粒子计数、浮游菌采集、层流风速等环境参数进行监测，当环境参数异常时，系统产生报警和记录。同时EMS对数据进行归档，并提供审计和追踪功能。系统同时符合GMP对电子记录与电子签名的相关要求，以便对数据进行追溯和质量回顾。EMS记录的数据是产品放行的环境参数依据。

4. DCS

DCS可靠性高、运算能力强，对于中药提取、化学合成、生物发酵等原料药生产过程来说，应用广泛；同时，很多DCS满足IEC 61512（ISA-88）的规范要求，系统集成批量控制软件，为多品种、多批次的原料药的生产提供了专业的软件，强大的批次管理与控制功能，实现多路设备复用，从而实现原料药的柔性化生产，提高生产效率。

DCS通过通信接口与驱动，可实现与其他工艺设备如离心、干燥、层析等的信息采集（单向数据流，仅采集设备数据）或协同控制（双向数据流，不仅采集设备的数据信息，还可以将控制指令下发给设备PLC）。

5. SCADA系统

制剂生产过程通常趋近于离散化，因此数据采集与监控系统常用于工艺设备的数据采集与监视。SCADA系统软件通常会有较多的通信驱动，具备非常强的通信能力，但是也需要设备端的PLC控制系统预留通信接口与支持标准通信协议，同时开放数据访问。

6. MES、LIMS、WMS、QMS、CAPA

建立统一的自动化平台，集成DCS、BMS、EMS、SCADA等自控系统，实现工艺设备和相关公用设备的互联互通和生产过程的控制，也为一体化工程管理平台、MES等系统提供基础信息。

可在此基础上实施车间级MES，实现对整个工艺过程的监测与控制。然后，改造现有其他车间，集成一个统一的基于整个工厂的MES。以MES为核心，向上支撑企业经营管理，向下与生产过程的实时数据高度集成，将各自独立的信息系统连接成为一个完整可靠和有效的整体。最后实现生产环境与信息系统的无缝对接，对各应用系统的数据进行集中存储和分析。通过信息化升级融合，提高对生产过程的流程管理和质量管理，实现产品质量的全流程追溯，提升整体运营效率，降低运营成本。

LIMS主要基于实验室工作流程，对实验人员、环境、设备、SOP等进行综合管理，目的是对原辅料、中间产品、成品等进行质量监测，因此LIMS与ERP、WMS都需要信息交互。WMS对出库、入库进行管理，同时通过与LIMS的信息交互实现对原辅料、中间产品、成品的质检信息进行管理。

物料方面，ERP统一管理，同时物料位置信息、物料平衡等又需要WMS来管理，物料进入车间后，由MES进行追踪和管理。

总体来说，在这一层级以及包含上层的ERP系统在内，信息交互与系统功能模块的设计都十分复杂，需要结合每个工厂自身的业务流程，深入地进行需求分析，制定总体方案和分步实施计划，推动工厂向4.0演进。

7. 医药4.0的目标

对当前阶段的医药行业来说，进行数字化工厂建设，提升合规性、提高生产管理能力无疑是非常重要的目标，如图 7-15 所示。

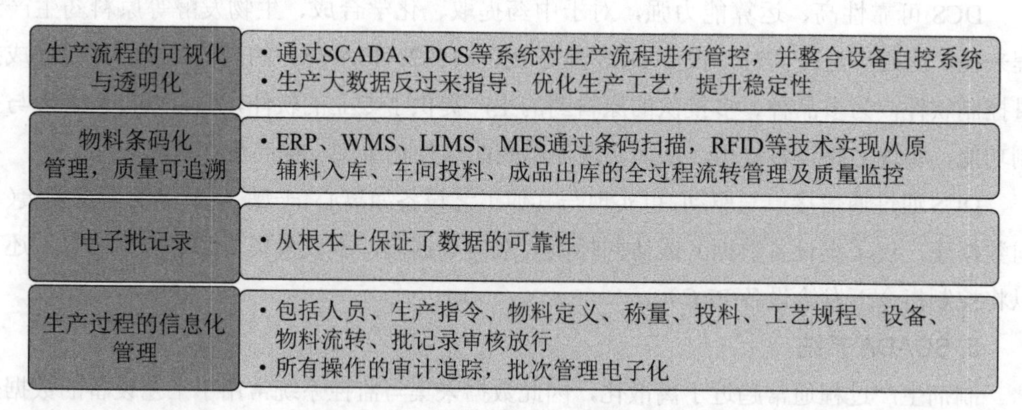

图 7-15　数字化工厂建设目标

当然，最终目标应该是具有自感知、自学习、自决策、自执行、自适应等功能的绿色、智能、高效的智能工厂。

7.7.5　推进医药行业 4.0 面临的问题与应对之策

当前，在“中国制造 2025”的大力推动下，各制药企业也在积极推进自身企业 4.0 的建设，但遇到的问题也很多，总结下来面临的主要问题如表 7-1 所示。

表 7-1　医药行业推进工业 4.0 的主要问题

问题	说明
概念不清	对于智能制造或工业 4.0 体系片面了解，不理解内涵
目标不明	不能明确提出此类建设项目的具体目标
需求不明	不能提供项目中各类系统的 URS
人员不力	企业缺乏专业人员，过度依赖供应商
无方法论	缺乏好的方法论的指导与支持

那么，如何解决这些问题？或者说如何更好地推进医药 4.0 建设呢？经过这几年和药企与同行的交流，总结分析，笔者提出供参考的实施策略——统筹规划，分步实施，基于全生命周期的风险评估与管控，具体如下。

1. 统筹规划

这有两层含义，一是在项目设计开始时，就要从工艺、平面、设备等方面进行综合考虑，尽量提高物料输送自动化、物料转运管道化、工艺流程连续化、工艺设备数字化等，为后续 4.0 推进打下好的基础；二是与此同时，需要进行工厂 4.0 整体方案的规划，旨在通过一个 5 ～ 10 年的行动方案逐步推进 4.0 的建设。之所以需要在项目设计的时候来做这件事情，是因为对任何企业来说，其4.0方案都是在参考通用的模型与技术的基础上结合其业务流程而量身定做的。对业务流程理解越深，今后的实施方案才可能越好，而业务流程从项目进行设计的时候就已经开始了。因此，不管企业委托哪方进行4.0方案规划，都需要尽早深入药企的业务流程中。

2. 分步实施

4.0整体方案规划过程中，需要通过若干个阶段目标的实现来达成总体目标，每个阶段的目标又需要通过一个或几个自动化或信息化的项目来实现。因此，分步实施计划除遵循“急用先行”“必用先行”“前期建设易后期建设难的先行”等基本原则外，还需要统筹考虑工厂建设的资金、完成计划、生产计划、人员情况等。

3. 优化子系统

分步实施计划总的自动化或信息化的项目同时也是整体方案中的各个子系统，做好每个子系统显得尤为重要。子系统的实施应当遵循V模型的方法：用户需求—功能设计—编程与组态—调试与测试—验证。需要特别强调的是，子系统要规划好与上、下层以及同层子系统的接口，与自动化系统相连时要考虑好接口与数据通信，与信息化软件相连时要考虑好数据库通信与信息交互。

4. 项目实施团队规划与组织

在当前的制药企业里，这是很多经营管理者容易忽视的问题。在推进4.0的建设中，过去由工程部或信息部为主的单一项目团队是有问题的，高效、有力的团队是推进4.0建设的重要保障。因此，需要组建以企业决策者、财务、生产管理、设备管理、工程管理、IT、自动化等为成员的团队。在项目实施过程中，只有与各子系统供应商进行充分沟通与协同合作，才能保证4.0建设的稳步推进。

5. 全生命周期的风险评估与管控

在4.0建设的全生命周期中，项目团队要根据相关的规范与标准，并结合企业自身的业务流程，充分识别风险，做好风险评估，有效管控风险。

相关的规范与标准比较多，有些已经发布，有些还在制定中，具体可参考《国家智能制造标准体系建设指南（2018年版）》（征求意见稿），在此不再赘述。

第8章

企业组织向工业4.0演进的策略方法及途径

8.1 中国制造2025

“中国制造2025”是在新的国际国内环境下，我国政府立足于国际产业变革大势，做出的全面提升中国制造业发展质量和水平的重大战略部署。其根本目标在于改变中国制造业“大而不强”的局面，通过10年的努力，使中国迈入制造强国行列，为到2045年将中国建成具有全球引领和影响力的制造强国奠定坚实基础。

8.1.1 原则

“中国制造2025”的原则是：

- 市场主导，政府引导。全面深化改革，充分发挥市场在资源配置中的决定性作用，强化企业主体地位，激发企业活力和创造力。积极转变政府职能，加强战略研究和规划引导，完善相关支持政策，为企业发展创造良好环境。
- 立足当前，着眼长远。针对制约制造业发展的瓶颈和薄弱环节，加快转型升级和提质增效，切实提高制造业的核心竞争力和可持续发展能力。准确把握新一轮科技革命和产业变革趋势，加强战略谋划和前瞻部署，扎扎实实打基础，在未来竞争中占据制高点。
- 整体推进，重点突破。坚持制造业发展全国一盘棋和分类指导相结合，统筹规划，合理布局，明确创新发展方向，促进军民融合深度发展，加快推动制造业整体水平提升。围绕经济社会发展和国家安全重大需求，整合资源，突出重点，实施若干重大工程，实现率先突破。
- 自主发展，开放合作。在关系国计民生和产业安全的基础性、战略性、全局性领域，着力掌握关键核心技术，完善产业链条，形成自主发展能力。继续扩大开放，积极利用全球资源和市场，加强产业全球布局和国际交流合作，形成新的比较优势，提升制造业开放发展水平。

8.1.2 《中国制造 2025》规划

该规划开篇指出“制造业是国民经济的主体，是立国之本、兴国之器、强国之基。18世纪中叶开启工业文明以来，世界强国的兴衰史和中华民族的奋斗史一再证明，没有强大的制造业，就没有国家和民族的强盛。打造具有国际竞争力的制造业，是我国提升综合国力、保障国家安全、建设世界强国的必由之路”。

规划回顾了中华人民共和国成立尤其是改革开放以来我国制造业的发展史，指出我国已建成门类齐全、独立完整的产业体系，有力地推动工业化和现代化进程，显著增强综合国力，支撑我国世界大国地位。然而，与世界先进水平相比，我国制造业仍然大而不强，在自主创新能力、资源利用效率、产业结构水平、信息化程度、质量效益等方面差距明显，转型升级和跨越发展的任务紧迫而艰巨。

当前，全球制造业发展格局和我国经济发展环境发生重大变化，新一轮科技革命和产业变革与我国加快转变经济发展方式形成历史性交汇。国际产业分工格局正在重塑，我国必须紧紧抓住当前难得的战略机遇，突出创新驱动，优化政策环境，发挥制度优势，实现中国制造向中国创造转变，中国速度向中国质量转变，中国产品向中国品牌转变。

《中国制造 2025》提出，坚持“创新驱动、质量为先、绿色发展、结构优化、人才为本”的基本方针。坚持“市场主导、政府引导，立足当前、着眼长远，整体推进、重点突破，自主发展、开放合作”的基本原则。通过“三步走”实现制造强国的战略目标：第一步，到 2025 年迈入制造强国行列；第二步，到 2035 年我国制造业整体达到世界制造强国阵营中等水平；第三步，到中华人民共和国成立一百年时，我国制造业大国地位更加巩固，综合实力进入世界制造强国前列。

围绕实现制造强国的战略目标，《中国制造 2025》明确了九项战略任务和重点：一是提高国家制造业创新能力；二是推进信息化与工业化深度融合；三是强化工业基础能力；四是加强质量品牌建设；五是全面推行绿色制造；六是大力推动重点领域突破发展，聚焦新一代信息技术产业、高档数控机床和机器人、航空航天装备、海洋工程装备及高技术船舶、先进轨道交通装备、节能与新能源汽车、电力装备、农机装备、新材料、生物医药及高性能医疗器械等十大重点领域；七是深入推进制造业结构调整；八是积极发展服务型制造和生产性服务业；九是提高制造业国际化发展水平。

《中国制造 2025》明确，通过政府引导、整合资源，实施国家制造业创新中心建设、智能制造、工业强基、绿色制造、高端装备创新等五项重大工程，实现长期制约制造业发展的关键共性技术突破，提升我国制造业的整体竞争力。

为确保完成目标任务，《中国制造 2025》提出了深化体制机制改革、营造公平竞争市场环境、完善金融扶持政策、加大财税政策支持力度、健全多层次人才培养体系、完善中小微企业政策、进一步扩大制造业对外开放、健全组织实施机制等八个方面的战略支撑和保障。

《中国制造 2025》强调，各地区、各部门要充分认识建设制造强国的重要意义，加强组织领导，健全工作机制，研究制定实施方案，细化政策措施，确保各项任务落实到位。

8.1.3 内容概要

我们可以用”一二三四五五十”这样一个总体结构来概括《中国制造 2025》规划。

所谓“一”，就是一个目标，要从制造业大国向制造业强国转变，最终实现制造业强国的目标。

所谓“二”，就是通过两化融合发展来实现这个目标。党的十八大提出了用信息化和工业化两化深度融合来引领和带动整个制造业的发展，这也是我们制造业所要占据的一个制高点。

所谓“三”，就是要通过“三步走”的战略，大体上每一步用十年左右的时间来实现我们从制造业大国向制造业强国转变的目标。

所谓“四”，就是确定了四项原则。第一项原则是市场主导，政府引导。第二项原则是既立足当前，又着眼长远。第三项原则是全面推进、重点突破。第四项原则是自主发展和合作共赢。

所谓“五五”是有两个五，第一就是有五条方针，即创新驱动、质量为先、绿色发展、结构优化和人才为本。还有一个五就是实行五大工程，一是制造业创新中心的建设工程；二是强化基础的工程，也叫强基工程；三是智能制造工程；四是绿色制造工程；五是高端装备创新工程。

所谓“十”，就是十个领域，作为重点的领域，在技术上、在产业化上寻求突破。例如新一代信息技术产业、高端船舶和海洋工程、航天航空领域、新能源汽车领域等，选择了十个重点领域进行突破，这就是整个中国制造业“中国制造 2025”的主要内容。

8.2 两化融合与工业互联网

我们除了要学习德国工业 4.0 的基本概念和技术外，还必须进一步了解国家的相关政策走向，这对于企业发展至关重要。政策是企业未来发展的风向和方向，只有掌握了与产

业相关的政策，才能与管理者站在同一高度，更好地服务企业，引领企业发展。

8.2.1 工业互联网与两化融合

2015—2017 年，国家出台了相关政策，层层推进工业互联网的建设以及两化融合、信息化的落地实施。2015 年 5 月 8 日，国务院印发的《中国制造 2025》成为推进工业互联网与两化融合的总行动纲领；2016 年 5 月 13 日，国务院印发了《关于深化制造业与互联网融合发展的指导意见》；2017 年 11 月 27 日，国务院印发《关于深化“互联网＋先进制造业”发展工业互联网的指导意见》，开始部署工业互联网。从政策的具体部署可以看出，工业互联网将成为政府、企业未来发展的一大重要抓手。

前几年，电子商务的发展是将营销环节、模式、形态等移至线上去实现，而如今的工业互联网就好比是将工业企业所有的生产过程和环节放到互联网中去实现。

1. 两化深度融合进入新阶段

对于工业互联网技术与两化融合的关系，工业互联网技术是将两化融合推向一个新的阶段；传统的两化融合可以理解为企业信息化建设的方法论，是自上而下指导企业如何实施信息化、如何与企业的发展战略匹配，做到事前预测、事中监督、事后评测的过程。企业有了方法论和管理制度之后，接下来就要用工业互联网技术去推进两化融合。因此，工业互联网技术是两化深度融合的新阶段。工业互联网给两化融合带来的变化主要体现在以下三个方面：一是新连接带来新数据。全球网络正在进入人与人、人与物、物与物全面互联的新时代。新连接带来的新数据具有 4V 的特征，即大规模（Volume）、速度快（Velocity）、类型杂（Variety）、低质量（Veracity）。二是新技术引发新模式。以大数据、物联网等为代表的新一代信息通信技术加速向制造业渗透融合，推动了产业链与价值链各环节的全面深度交联，培育出网络化协同制造、个性化定制、服务型制造、分享制造等制造新模式，以及供应链金融等制造新业态。三是新产品创造新价值。技术革新引发的新产品属性成为客户需求感知和客户服务平台，催生新型服务模式，推动产品价值由传统的物理价值向服务价值转变，实现以产品制造为核心向产品服务为支撑的服务化转型，达到覆盖全产业链的多方共赢。

2. 工业互联网平台是推动两化深度融合升级的关键抓手

制造业数字化、网络化、智能化不断向前推进，两化融合面临着不断变化的环境和不断更新的需求。在当前和今后一段时期内，两化融合需要依托工业互联网平台来应对环境和需求的各种变化。一是连接海量设备，汇聚和配置工业资源的需要；二是打通生产和消费，重塑制造体系的需要；三是促进企业协同互动，培育新模式、新业态的需要；四是激发创新活力，转换新动能的需要；五是构建防护体系，保障工业信息安全的需要。企业实现了这五大需要，也就进入两化深度融合的高级阶段。这是两化融合与工业互联网平台的相关性。

3. 工业互联网与两化融合的异同

工业互联网与两化融合的相同之处在于，二者解决的核心问题都是一致的，都是为了帮助制造企业优化制造资源的配置效率。此外，解决问题的逻辑也是一样的，都是通过数据和模型，最终帮助企业达到服务化转型的目标。二者不同之处在于数据来源不一样，模型部署不同。两化融合管理体系是一套方法论，管控的是企业内部比较标准化的信息系统，因此数据来源是从业务系统、产品模型运行环境以及互联网中获取的；工业互联网强调的是人与物的连接、物与物的连接，大量的数据来源于从设备中采集的数据，因此二者数据来源不同。数据来源不同，数据部署结构也就不一样。两化融合的数据部署结构是自上而下的整体式结构，工业互联网的平台部署结构是整体式结构和微服务结构。

8.2.2　工业互联网政策解读

2017 年 11 月，国务院印发的《关于深化“互联网＋先进制造业”发展工业互联网的指导意见》中，明确提出工业互联网“三步走”发展目标，“工业互联网发展 323 行动”将作为我国发展工业互联网的重要方向与指引。“三步走”的发展目标，一是到 2025 年，要基本形成具备国际竞争力的基础设施和产业体系；二是到 2035 年，要建成国际领先的工业互联网网络基础设施和平台；三是到 21 世纪中叶，工业互联网综合实力列入世界前列。“工业互联网发展 323 行动”是指打造三大体系，即网络体系、平台体系和安全体系；推进两类应用场景，即鼓励大型龙头制造企业实现集成创新，中小企业应用普及；构筑三大支撑平台，即产业、生态和国际化。

2018 年 6 月 7 日，工业和信息化部印发《工业互联网发展行动计划（2018—2020 年）》，提出十大行动目标，一是基础设施能力提升行动。2018 年要建设 5 个以上企业内、外网络技术验证应用测试床；2020 年前实现重点行业超过 100 家企业完成企业内网络改造。二是标识解析体系构建行动。2018 年启动建设 3 个左右标识解析国家顶级节点；2020 年建成 5 个左右标识解析国家顶级节点，形成 10 个以上公共标识解析服务节点。三是工业互联网平台建设行动。2018 年遴选 5 家跨行业、跨领域工业互联网平台；2020 年前遴选 10 家左右工业互联网平台，推动 30 万家工业企业上云，培育 30 万个工业 App。四是核心技术标准突破行动。2018 年底，建立 1、2 个技术标准与试验验证系统；2020 年前，制定 20 项以上总体性及关键基础共性标准，建立 5 个以上的技术标准与试验验证系统。五是新模式新业态培育行动。2018 年，围绕智能化生产、网络化协同、产品远程服务，遴选 40 个左右工业互联网平台应用试点示范项目；2020 年前，重点领域形成 150 个左右工业互联网集成创新应用试点示范项目。六是产业生态融通发展行动。到2020年前，建设1、2个跨行业、跨领域开发者或开源社区，建设工业互联网创新中心，培育5个左右工业互联网产业示范基地。七是安全保障水平增强行动。2020年前，安全管理制度机制和标准体系基本完备；企业、地方、国家三级协同的安全技术保障体系初步形成。八是开放合作实施推进行动。2018年推动工业互联网产业联盟与主要相关国际组织的合作机制建立。九是加强统筹推进。2018年初成立工业互联网专项工作组、工业互联网战略咨询专家委员会。十是推动政策落地。2018年开展工业信息安全立法等重点问题研究；加大财税支持，利用工业转型升级专项资金来支持工业互联网发展。

8.3 向工业 4.0 演进的策略及途径

8.3.1 智能制造现状比较分析

智能制造当前的任务是互联网、大数据、人工智能与实体经济深度融合。其中，推进制造业与互联网融合，推动工业互联网是数字化向网络化过渡阶段制造业创新发展的核心关键。至于现阶段该如何推进智能制造，制造业与互联网融合的发展路径主要表现为从制造资源云化改造，到制造能力开放共享，再到人机智能融合创新，是一个动态优化、迭代演进的长期过程。

对于当下中国智能制造的发展阶段，目前我们国家的智能制造，做的仍然是自动化，离实现信息化还要经历三个阶段，即数字化、网络化、智能化。

对比一下中、美、德，现在中国和美国在IT的基础设施方面相对有优势，包括互联网的基础设施，因为传统基础设施都是以硬为主，现在以软、网络为主。知识经验方面美国和德国优于我们。在互联网生态方面，中国潜力是最大的。

美国的工业制式软件化和平台化能力非常强，德国在产品研发、装备、自动化系统、工业流程方面具有显著的优势。我们国家在这些方面都有差距。对于数据采集和分析，美、德数据采集相关的产品在国际上占主导地位，非常有经验，我国则非常薄弱，但潜力非常大。

在IT技术能力方面，美国遥遥领先，尤其是在PaaS能力上遥遥领先。德国将核心的工业知识经验固化封装为模型化的能力比较强。可以这样说：第一，美国虽然互联网发展得非常快，但因为各种原因，并没有真正形成覆盖全社会的互联网生态。互联网新的模式对于传统模式的优势不像中国这么明显，有这么大的差距，并没有覆盖所有的方面。第二，德国在互联网平台方面，出于各种原因，还在适应期。中国几乎是无所不在，我们的生态比较好。第三，变革是一个长期的过程，当前的重点是制造业与互联网的融合。十九大的报告里面提出互联网大数据与实体经济的融合，给两化融合赋予了新内涵，揭开了新篇章。智能制造是我国的主攻方向，现在从自动化到数字化，我们认为下一个竞争的焦点就是怎样争夺网络化发展的先机，资源配置方式从内部为主到怎么能够在全社会动态配置，这个潜力很大。企业是工业化的产物，现在大家都认为企业越来越小、越来越专业化、越来越灵活机动。只有在网络化时代这种深层次变革才有可能成为可能，只有真正实现资源配置方式在全社会范围动态配置，个性化需求才能有效满足，组织方式才可以走向社会化，企业的边界越来越模糊。

在国家战略布局层面，要推动制造业与互联网的融合，推动工业互联网，这是当前全球共同的战略焦点。

8.3.2 建设数字化企业的策略

向工业 4.0 演进的路程必须是脚踏实地、稳扎稳打地通过实现数字化、智能化，进而演进到 4.0 时代。以下讨论数字化工厂的转型策略。

1. 制定数字化工厂战略

为数字化工厂绘制一套连贯的模型，紧密关联公司的整体业务战略，且能在公司上下切实执行。在确定数字化工厂的优先事项时，确保人员与技术同等重要。为了成功落实这一关键步骤，需建立一个强大的内部团队，由高层领导、管理层和工人或车间团队负责人组成，以真诚领导力为网络凝聚核心。

2. 开展试点项目

从试点项目开始，对技术和概念进行测试。当未经验证、具有风险的全新方式无法吸引投资或获得支持时，该步骤尤其有效。小范围的试点成功通常能为大范围推广树立信心。可能的试点方式是在一到两个工厂内实施垂直整合，涵盖数字工程和集成制造规划，或者是在关键制造设备上安装传感器和执行器，并使用数据分析来探索预测性维护解决方案。另一种试点方式是在特定工厂内对特定生产线进行数字化。试点项目应整合各种数字化应用程序，而不是单独实施各项技术升级。

3. 明确所需能力

试点项目所得出的经验教训可以协助探索并确定必要能力。这些能力取决于公司的生产战略、业务目标以及开发和采用新技术的能力。一些公司力求成为物流领域的领头羊；一些则从提高生产力或产品质量中获得利润增长；还有一些公司使用数据作为开展创新的切入点。尽管数字化设备可以为上述发展增添一臂之力，但如果没有在企业、人员、流程和技术层面建立起合适的能力，数字化工厂将无法实现增强业务的目标。

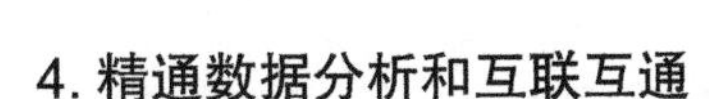

4. 精通数据分析和互联互通

随着企业广泛使用数据驱动技术进行流程和质量优化、资源管理以及预测性维护，互联互通成为贯穿数字化工厂的主线。每家公司都需要掌握生成和传输数据的连通工具和系统以及数据分析工具，以提高效率和质量。

5. 转型为数字化工厂

工厂数字化转型与其他任何形式的转型一样，对变化进行管理至关重要，转型对公司员工的影响尤其需要得到重视。显然，数字化工厂的基础是新技术和数字化解决方案，进行工厂数字化转型的企业首先需夯实基础。与此同时，发展流程、组织架构、人员等方面的数字化能力同样重要，以保障转型的可持续性。与员工建立合作伙伴关系，加大培训和进修的投入力度，员工问题将迎刃而解。此外，高管议程须以数字化工厂战略为中心，摈弃传统的项目审批流程，释放数字化团队的潜力，推动数字化进程快速发展。精简报告渠道可确保数字化团队专注于增值活动，摆脱行政工作的束缚。

6. 数字化工厂融入全面数字生态系统

制定雄心勃勃的数字化工厂战略未尝不可。例如，利用实时短期客户需求数据调整规划和生产，从而灵活匹配产量与消费者偏好，或是将数字化功能集成到产品中，以提供能挖掘数据价值的服务。例如，机器制造商可能使用传感器和人工智能来销售增强型维护套餐服务。

若能找到方式使制造过程中生成的数据产生效益，便能产生深远影响。拥有数字化工厂的企业有机会通过利润丰厚的售后市场增加其利润率并获取客户，也可以进军全新的业务领域，而不是仅仅专注于生产。数字化工厂生态系统必须包括一个全面联网、透明集成的数字化供应链，从原材料和零部件供应商到物料和成品运输商，最终流向终端客户。

成功的工厂数字化转型需要长时间打磨，因此不能期望在某项单独的技术升级（例如在装配线上配置一个机器人）中获得快速回报。虽然数字化工厂带来的效益远超一次性技术升级，但其投资回报期可能长达五年。漫长的投资回报期反而加强了制造商希望立刻转型工厂的迫切性。

读者可设想一下 2023 年的工厂是什么样子。是否可能一成不变？如果企业对工业 4.0 时代的到来后知后觉，那么其市场地位将岌岌可危。

8.3.3 数字化工厂的演进途径

在建设数字化工厂过程中，很多企业被各种相互矛盾和相互纠缠的概念所混淆，企业管理者有许多困惑，大家都渴望自己通过努力建设而拥有一个理想蓝图中的完美数字化工厂。本节我们在上一节策略方法的基础上来具体探讨企业数字化工厂落地的具体路径。

1. 数字化工厂的实质

数字化工厂是将产品信息数字化、过程信息数字化和资源物料信息数字化，并使这三种数字化流进行有效集成，是真实工厂的制造过程（包括设计、性能分析、工艺规划、加工制造、质量检测、生产过程管理和控制）在计算机上的一种映射，如图 8-1 所示。

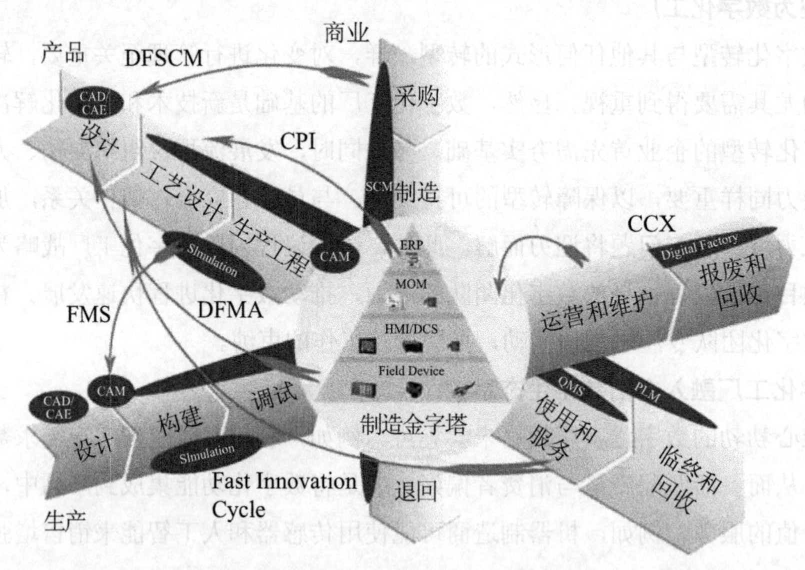

图 8-1　数字化工厂的三方面的理解

2. 数字化工厂、智能工厂与工业 4.0

工业 4.0 简单说有两个维度，技术维度就是物联网和服务在制造业的应用，而商业维度就是用户驱动。其两大主题也是读者耳熟能详（见图 8-2）。

- 智能工厂：重点研究智能化生产系统及过程，以及网络化分布式生产设施的实现。
- 智能生产：主要涉及整个企业的生产物流管理、人机互动以及 3D 技术在工业生产过程中的应用等。

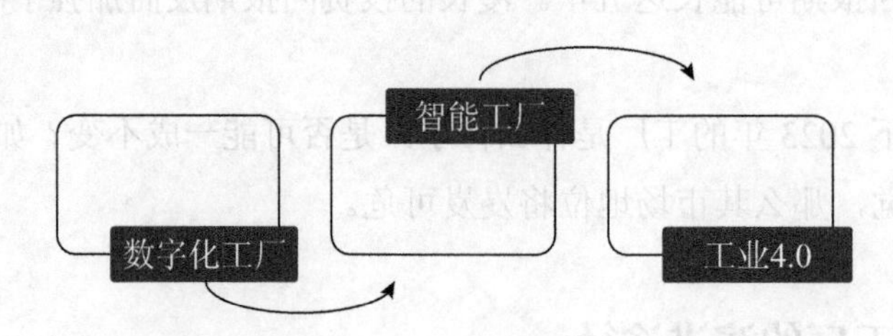

图 8-2　数字化工厂、智能工厂与工业 4.0

关于工业 4.0 的阶段和实施先决条件，北京航空航天大学刘强教授说过一段话非常经典，即“三不要原则”。

第一，不要在不具备成熟的工艺下做自动化。工艺如果不成熟，就最好先做生产线，这是工业 2.0 解决的问题。

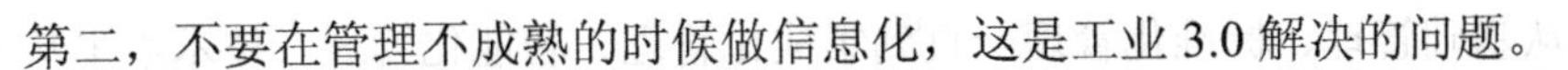

第二，不要在管理不成熟的时候做信息化，这是工业 3.0 解决的问题。

第三，不要在不具备网络化和数字化的基础时做智能化，这是工业 4.0 解决的问题。

数字化本身就是智能的一部分，是一个入口；而智能工厂是在数字化工厂的基础上附加了物联网技术和各种智能系统等新兴技术于一体，提高生产过程可控性，减少生产线人工干预。

数字化工厂是智能工厂的落脚点，而智能工厂又是工业 4.0 的基础和落脚点。只有实现了数字化工厂，才有可能实现工业 4.0。

3. 数字化工厂的路径

数字化工厂是在信息集成的基础上，对研发、制造、管理等各个环节进行全过程集成，构建数字化工厂是一项艰巨并且复杂的系统工程。而任何复杂系统工程的实施都离不了系统建模、系统仿真、系统分析和优化，同样数字化工厂也不能例外。

首先要全面了解数字化工厂，建立数字化工厂的模型和参考架构，然后需要有一套完整的方法论、工具和流程，对数字化工厂的各个阶段进行建模、规划、分析和优化。

重点是根据当前企业现状从管理咨询维度和 IT 信息化维度，分解智能制造时代数字化车间、数字化工厂和数字化企业的层级关系，面向落地和实施。

随着现代制造对产品开发的要求不断提高，以及产品逐步转向多品种、小批量的订单模式，企业内各系统之间的统一性与有效整合问题就逐渐浮出水面。

目前大多数企业面临的是对原来工厂，从基础信息化与自动化向数字化改造的问题。

无论是建新厂还是改造老厂，首先要面对的问题就是数字化工厂的规划，而每一家企业所处的阶段都不尽相同，这就需要梳理企业现状，量身剪裁出合身的数字化工厂规划蓝图。如图 8-3 所示，数字化工厂实施路径示意图的横轴代表技术水平，纵轴代表管理水平。

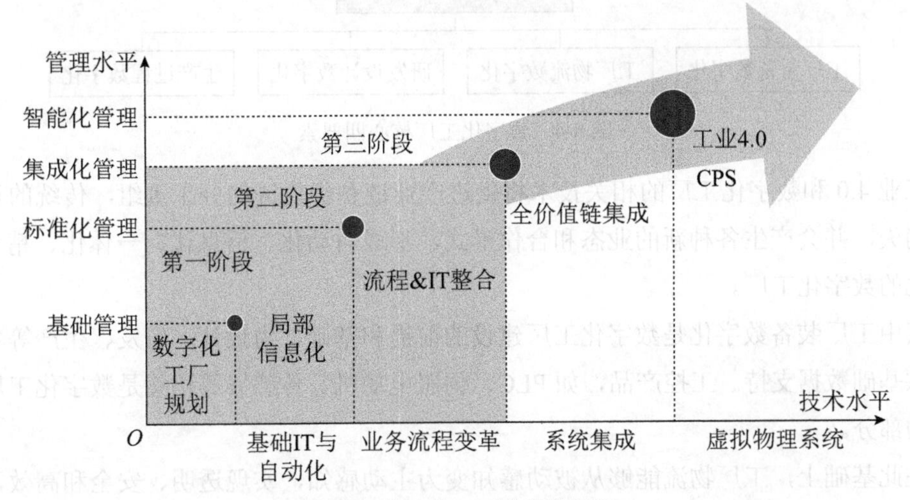

图 8-3 数字化工厂实施路径图

管理水平从基础管理、标准化管理一直到集成化管理、智能化管理。技术水平从基础IT与自动化，到业务流程变革，再到系统集成，最后实现CPS。企业可以根据自身所处的阶段，重点关注本阶段需要推进的事情，做到2.0补课，3.0普及，4.0目标。

在数字化工厂的建设过程中，有了细致周密的数字化规划蓝图，就拥有了数字化工厂建设的基点和指南针。接下来就应该选择最合适的技术，这里要注意不是选择最先进的技术，先进的技术并不一定在企业数字化建设中发挥最大的效用，而是需要根据企业自身功能和用途合理决策。在信息化程度还比较低的企业，RFID技术的使用，不见得比条形码技术更实用。

制造业的数字化工厂建设是一个大的系统工程，并非几天、几个月就能建设好并投入使用的，需要一个较长的实施周期，不能跨越式建设。

每个阶段都是以前一个阶段为基础，逐步推进的，而且很多问题并不是技术上的问题，而是管理、组织方式、观念的变革。

这是对管理者真正的考验。管理者需要痛下决心，付出耐心。而这同时也对数字化工厂的咨询顾问，提出了非常综合的要求：需要了解企业管理、懂技术实现、懂生产运营等。员工的士气也是一个重要考量。这是一个学习型的渐进过程，三方都必须深浸其中，才能推进全面的数字化建设。

4. 数字化工厂规划核心要素

数字化工厂建设的核心要素可以归纳为工厂装备数字化、工厂物流数字化、设计研发数字化、生产过程数字化，如图8-4所示。通过这四个方面的建设，带动产品设计方法和工具的创新、企业管理模式的创新。

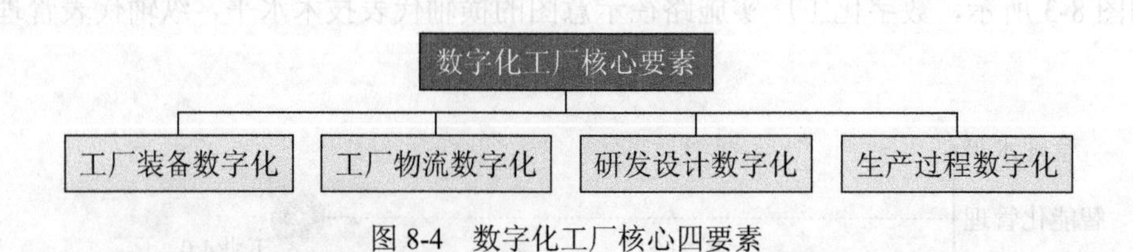

图8-4　数字化工厂核心四要素

工业4.0和数字化工厂的相关技术将促进产业链和价值链的分工重组，传统的行业界限将消失，并会产生各种新的业态和合作形式，形成自动化、信息化、一体化、精益化、集成化的数字化工厂。

其中工厂装备数字化是数字化工厂建设的前提和基础，为设计、研发、生产等各个环节提供基础数据支持。工控产品，如PLC、伺服电动机、传感器等仍然是数字化工厂不可或缺的部分。

在此基础上，工厂物流能够从被动感知变为主动感知，实现透明、安全和高效，包括产品运输过程跟踪，运输车辆跟踪定位，物料出库，物料配送上线等。

更加重要和经常被切断的环节，来自上游的设计。

通过设计研发数字化，从而实现设计、工艺、制造、检测等各业务的高度集成，包括 CAD、CAPP、CAE、CAM、PLM 的集成，虚拟仿真技术，MDB 模型的应用，产品全生命周期管理等。

生产过程的数字化主要是利用数字化手段应对更复杂的车间生产过程管理，其中最重要的是制造执行系统 MES 的建设以及 MES 与 ERP/PLM 和车间现场自动化控制系统的交互。

MES 在智能制造领域的作用越来越明显。它既是一个相对独立的软件系统，又是企业信息传递的路由器，汇集市场与服务、产品设计、MRP/ERP、供应链等信息，并转化为详细的生产作业指令，从而实现对复杂产品制造过程生产现场的管理与控制。MES 向上承接 ERP 下达的生产计划以及 PLM 经过仿真验证的产品 BOM，向下衔接车间现场 SCADA 控制系统，弥补了 ERP 与车间过程控制之间的真空，实现了工业 4.0 所强调的垂直方向上的集成以及贯穿价值链的端到端工程数字化集成。

图 8-5 反映了数字化工厂几大核心系统之间的数据信息流动关系，强调了不同系统之间的应用边界和交互界面。

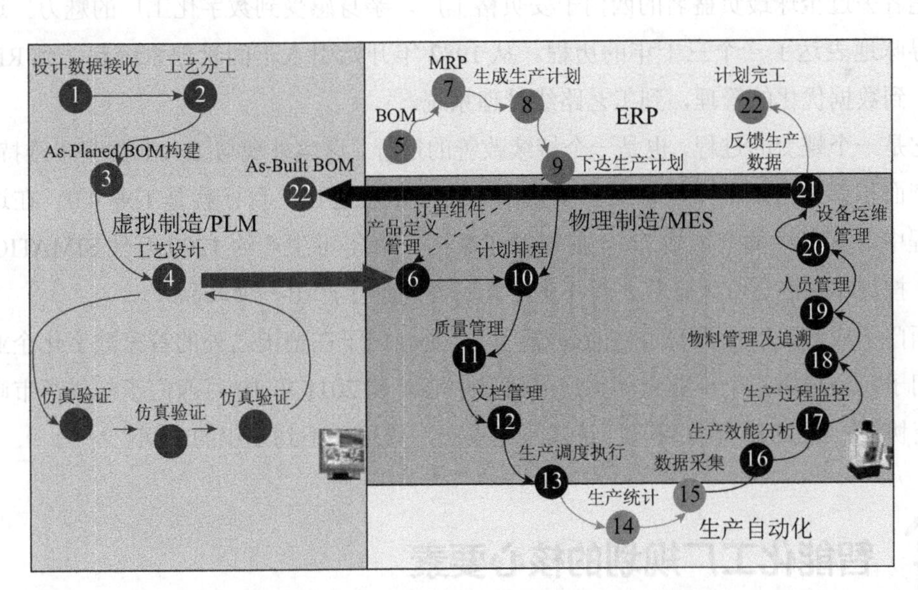

图 8-5　数字工厂核心系统之间的数据信息流向关系

5. 西门子安贝格工厂——数字化工厂的标杆

图 8-6 清晰地表达了一个数字化工厂的完美嬗变和日益成型的工业 4.0 工厂。

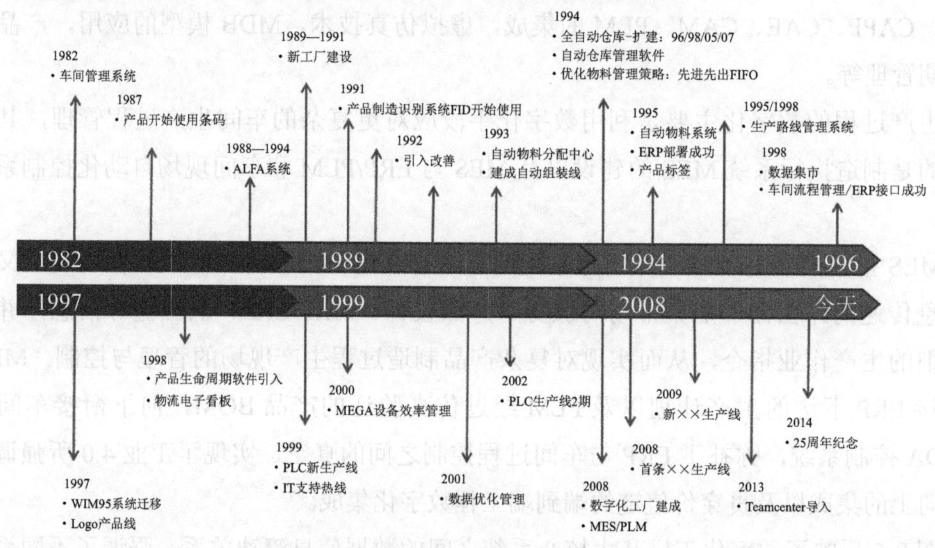

图 8-6　西门子安贝格工厂

笔者去过全球最负盛名的西门子安贝格工厂，亲身感受到数字化工厂的魅力。这张图耐人寻味地表达了一个三十年的历程。从 1982 年开始引入车间管理系统起，到 RFID 的引入，到数据优化的管理，到工艺路线管理系统。

它是一个蝶变的过程，也是一个持续改善的过程。这座外观与工人数量基本维持原状、连生产面积都未增加的工厂，三十多年来一直在自我进化，目标就是工业 4.0。在这个进化过程中，该工厂的产能较 26 年前提升了 8 倍，每年可生产约 1200 万件 SIMATIC 系列产品，按每年生产 230 天计算，差不多平均每秒就能生产出一件产品。

西门子成都工厂作为安贝格的姊妹工厂，是西门子在德国之外的首家数字化企业，也是西门子在全球第三个工业自动化产品研发中心。从 2011 年 10 月西门子与成都市政府签署投资协议，到 2013 年 9 月工厂正式建成投产，只用了不到三年的时间。

8.4 智能化工厂规划的核心要素

传统制造业向工业 4.0 演进，是从数字化工厂到智能化工厂的发展过程。越来越多的工业企业为了保持未来的企业竞争力，都开始了智能化工厂的探索和尝试。规划智能化工厂究竟有哪些要素呢？

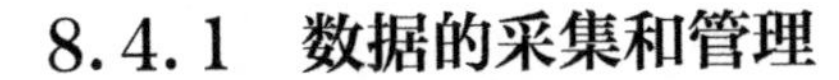

8.4.1 数据的采集和管理

数据是智能工厂建设的血液，在各应用系统之间流动，如图 8-7 所示。在智能工厂运转的过程中，会产生设计、工艺、制造、仓储、物流、质量、人员等业务数据，这些数据可能分别来自 ERP、MES、APS、WMS、QIS 等应用系统。生产过程中需要及时采集产量、质量、能耗、加工精度和设备状态等数据，并与订单、工序、人员进行关联，以实现生产过程的全程追溯。

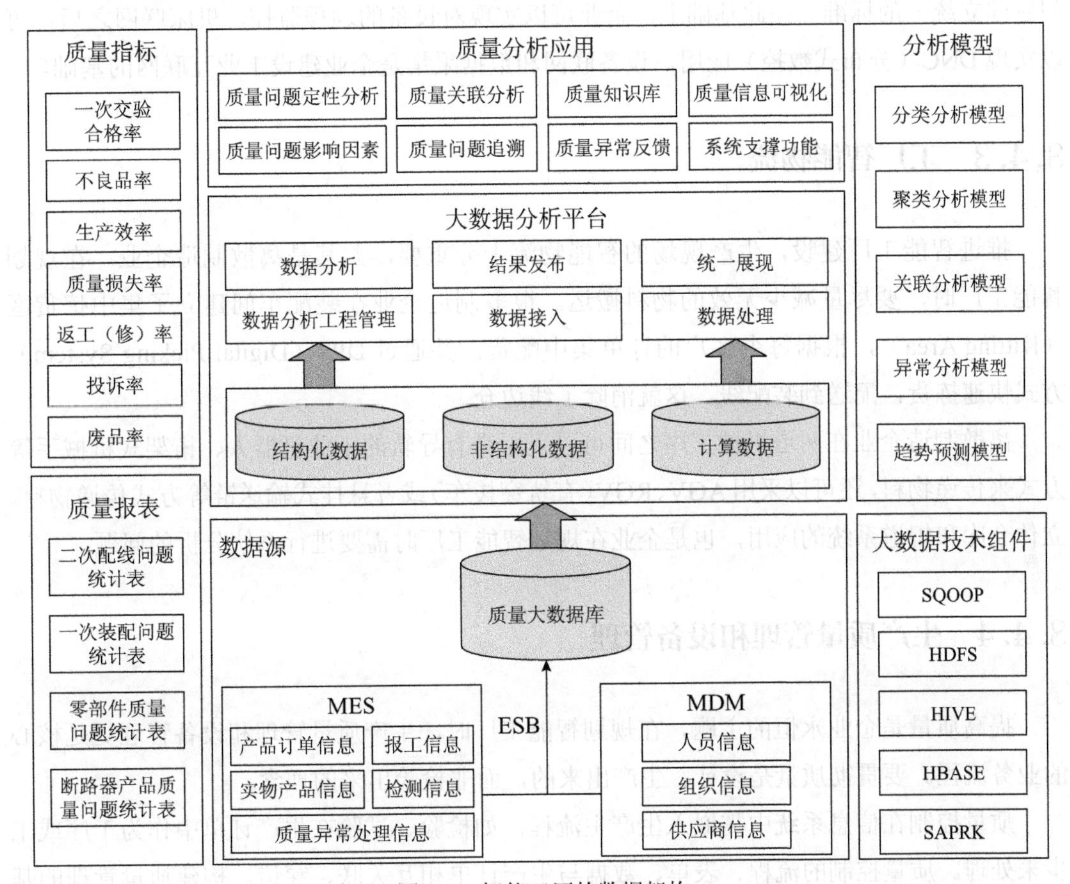

图 8-7 智能工厂的数据架构

此外，在智能工厂的建设过程中，需要建立数据管理规范来保证数据的一致性和准确性。还要预先考虑好数据采集的接口规范，以及 SCADA（监控和数据采集）系统的应用。企业需要根据采集的频率要求来确定采集方式，对于需要高频率采集的数据，应当从设备控制系统中自动采集。

另外，必要时，还应当建立专门的数据管理部门，明确数据管理的原则和构建方法，确立数据管理流程与制度，协调执行中存在的问题，并定期检查落实优化数据管理的技术标准、流程和执行情况。

8.4.2 设备联网

实现智能工厂乃至工业4.0，推进工业互联网建设，实现MES应用，最重要的基础就是要实现M2M，也就是设备与设备之间的互联，建立工厂网络。

企业应该对设备与设备之间如何互联，采用怎样的通信方式、通信协议和接口方式等问题建立统一的标准。在此基础上，企业可以实现对设备的远程监控，机床联网之后，可以实现DNC（分布式数控）应用。设备联网和数据采集是企业建设工业互联网的基础。

8.4.3 工厂智能物流

推进智能工厂建设，生产现场的智能物流十分重要，尤其是离散制造企业。在规划智能工厂时，要尽量减少无效的物料搬运。很多制造企业在装配车间建立了集中拣货区（Kitting Area），根据每个客户的订单集中配货，并通过DPS（Digital Picking System）方式快速拣货，配送到装配线，这就消除了线边仓。

离散制造企业在两道机械工序之间可以采用带有导轨的工业机器人、桁架式机械手等方式来传递物料，还可以采用AGV、RGV（有轨穿梭车）或者悬挂式输送链等方式传递物料。立体仓库和辊道系统的应用，也是企业在规划智能工厂时需要进行系统分析的问题。

8.4.4 生产质量管理和设备管理

提高质量是企业永恒的主题，在规划智能工厂时，生产质量管理和设备管理更是核心的业务流程。要贯彻质量是设计、生产出来的，而非检验出来的理念。

质量控制在信息系统中需嵌入生产主流程，如检验、试验在生产订单中作为工序或工步来处理。质量控制的流程、表单、数据与生产订单相互关联、穿透。构建质量管理的基本工作路线：质量控制设置→检测→记录→评判→分析→持续改进。

设备是生产要素，发挥设备的效能（OEE，设备综合效率）是智能工厂生产管理的基本要求。OEE的提升标志着产能的提高和成本的降低。生产管理信息系统需设置设备管理模块，使设备释放出最高的产能，通过生产的合理安排，使设备，尤其是关键瓶颈设备减少等待时间。

在设备管理模块中，要建立各类设备数据库、设置编码，及时对设备进行维保；通过实时采集设备状态数据，为生产排产提供设备的能力数据；建立设备的健康管理档案，根

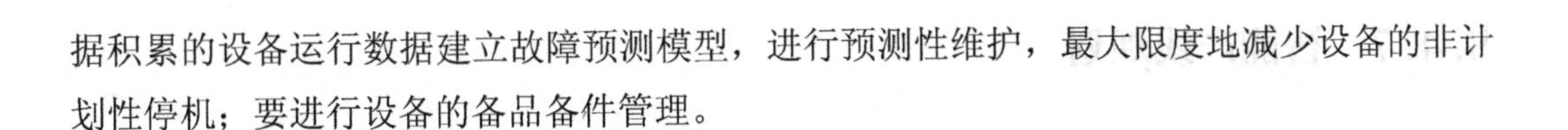

据积累的设备运行数据建立故障预测模型，进行预测性维护，最大限度地减少设备的非计划性停机；要进行设备的备品备件管理。

8.4.5 智能厂房设计

智能厂房除了水、电、汽、网络、通信等管线的设计外，还要规划智能视频监控系统、智能采光与照明系统、通风与空调系统、智能安防报警系统、智能门禁一卡通系统、智能火灾报警系统等。采用智能视频监控系统可以判断监控画面中的异常情况，并以最快和最佳的方式发出警报或触发其他动作。

整个厂房的工作分区（加工、装配、检验、进货、出货、仓储等）应根据工业工程的原理进行分析，可以使用数字化制造仿真软件对设备布局、产线布置、车间物流进行仿真。在设计厂房时，还应当思考如何降低噪音，如何能够便于设备灵活调整布局，多层厂房如何进行物流输送等问题。

8.4.6 智能装备的应用

制造企业在规划智能工厂时，必须高度关注智能装备的最新发展。机床设备正在从数控化走向智能化，很多企业在设备上下料时采用了工业机器人。未来的工厂中，金属增材制造设备将与切削加工（减材）、成型加工（等材）等设备组合起来，极大地提高材料利用率。

除了六轴的工业机器人之外，还应该考虑 SCARA 机器人和并联机器人的应用，而协作机器人则将会出现在生产线上，配合工人提高作业效率，如图 8-8 所示。

图 8-8　智能工厂的智能装备

8.4.7 智能产线规划

智能产线是智能工厂规划的核心环节，企业需要根据生产线要生产的产品族、产能和生产节拍，采用价值流图等方法来合理规划智能产线。

智能产线的特点是：

- 在生产和装配的过程中，能够通过传感器、数控系统或RFID自动进行生产、质量、能耗、OEE等数据采集，并通过电子看板显示实时的生产状态，来防呆防错。
- 通过安灯系统实现工序之间的协作。
- 生产线能够实现快速换模，柔性自动化；能够支持多种相似产品的混线生产和装配，灵活调整工艺，适应小批量、多品种的生产模式。
- 具有一定冗余。如果出现设备故障，能够调整到其他设备来生产。
- 针对人工操作的工位，能够给予智能的提示，并充分利用人机协作。

设计智能产线需要考虑节约空间、减少人员移动、进行自动检测，从而提高生产效率和生产质量。

8.4.8 制造执行系统

制造执行系统（MES）是智能工厂规划落地的着力点，上接ERP系统，下接现场的PLC程控器、数据采集器、条形码、检测仪器等设备。MES旨在加强MRP计划的执行功能，贯彻落实生产策划，执行生产调度，实时反馈生产进展。

- 面向生产一线工人：指令做什么、怎么做、满足什么标准，什么时候开工，什么时候完工，使用什么工具等；记录“人、机、料、法、环、测”等生产数据，建立可用于产品追溯的数据链；反馈进展、反馈问题、申请支援、拉动配合等。
- 面向班组：发挥基层班组长的管理效能，班组任务管理和派工。
- 面向一线生产保障人员：确保生产现场的各项需求，如料、工装刀量具的配送，工件的周转等。

为提高产品准时交付率、提升设备效能、减少等待时间，MES系统需导入生产作业排程功能，为生产计划安排和生产调度提供辅助工具，提升计划的准确性。

8.4.9 生产无纸化

随着信息化技术的提高和智能终端成本的降低，在智能工厂规划时可以普及信息化终端到每个工位。操作工人将在终端接收工作指令，接收图纸、工艺、更单等生产数据，以

灵活地适应生产计划变更、图纸变更和工艺变更。

8.5 企业组织向工业互联网演进的策略与方法

基于笔者十多年来对云计算的研究，得出这样一个结论：云是一切新 IT 的基础，而不是结果。企业实现数字化转型的基础设施是云，企业上云端是企业数字化过程的初期阶段，通过云平台的搭建，企业可以逐步通过智能化的应用走向智慧化。所以，大企业向云演进是新一轮信息化重构的基础。基于云平台逐步搭建工业互联网平台，这样才能将云计算、大数据、物联网、人工智能等新技术与工业系统全方位深度融合；基于云服务平台支撑能力、企业信息化服务能力和先进制造业的模式为企业提供数字化转型服务。这就是所谓的互联网制造的实质。

工业互联网比传统意义上的云平台具有更高层次的意义。首先，工业互联网以云计算为基础，但却超越了云计算本身，它是涵盖云计算、大数据、物联网、人工智能等新技术，能做到与工业系统的全方位深度融合，为加速企业数字化转型赋能。

其次，作为一个平台，工业互联网可以做到跨行业和跨领域，这对全行业的数字化转型尤为关键。工业互联网平台不仅具备云服务平台支撑能力、企业信息化服务能力和先进制造业的模式经验，还是一个跨行业、跨领域的综合性工业互联网平台，也就是工业 4.0 的三大基石之一——端到端集成的具体承载平台。中国具备培育世界级消费互联网平台的土壤，而要想培育中国本土的世界级工业互联网平台则任重而道远，需要政府、行业、企业的共同努力，需要一个较长时期的演进过程。

8.5.1 工业互联网是制造业转型升级的必由之路

工业互联网是智能制造的基础设施，其发展如上所述，经历了云平台、大数据、物联网等多个阶段。到目前为止，全球各主要经济体纷纷集中于工业互联网、工业物联网、工业大数据等平台级项目上。工业互联网的内涵是用信息化的手段和方式，帮助工业企业完成智能转型升级，本质是用数据 + 模型为企业提供服务。工业互联网的发展不能简单地复制消费互联网，应当从理解工业出发，利用工业 PaaS 和工业 SaaS 支撑高质量、智能化的工业企业转型升级。

1. 政策扶持，需求驱动

近年来，国家智能制造和工业互联网相关政策频出，工业互联网的发展从最初的论证阶段逐步进入到国家引导阶段，各类创新工程、测试床项目陆续发布。2018 年底，中央经济会议将工业互联网和人工智能、5G共同列入新型基础设施建设的领域，随着工业4.0体系不断发展完善，工业互联网领域发展也走向成熟。

工业企业对工业互联网的需求一直存在，只是由于过去传统工业软件、数据产品等供给能力不足，没有工业4.0的理念和框架体系，制约了相关信息化产品在工业企业中的推广，当今监控生产、提升效率、转型升级成为企业的主要诉求，也是工业互联网平台最明显的应用成效。近年来，工业互联网持续升温，已经有部分企业的部分产品在经历多次迭代后，能够满足客户需求，解决实际问题。

2. 工业互联网进入实质性落地阶段

工业互联网进入实质性落地阶段，网络层和平台层快速发展。网络层，标识解析体系的建设快速推动，已经初步建立起国家顶级节点；平台层，企业上云推动的区域性工业互联网平台，和企业需求驱动的行业性工业互联网平台均得到快速发展。国家级跨行业、跨领域平台由于存在稀缺性，加大了竞争优势，积累到一定数据量后有望实现平台级发展，市场空间仍然广阔。

8.5.2 深入理解工业互联网

1. 工业互联网是智能制造的基础设施

从定义上来看，工业互联网是以互联网为代表的新一代信息技术与工业系统深度融合形成的新领域、新平台和新模式，是发展智能制造的关键基础设施。与传统意义上的互联网不同，工业互联网连接的是人、数据和机器，是工业系统与高级计算、分析、传感技术及互联网的高度融合。

工业互联网的发展经历了云平台、大数据、物联网等多个阶段。到目前为止，全球各主要经济体在工业4.0、智能制造等环节的创新和研究纷纷集中于工业互联网、工业物联网、工业大数据等平台级项目上。根据咨询机构IoT Analytics的统计，全球工业互联网平台数量超过150个，预计2021年工业互联网平台市场规模将达到16.44亿美元。

2. 工业互联网的内涵是用信息化的手段和方式，帮助工业企业完成智能转型升级

根据工信部《关于深化“互联网＋先进制造业”发展工业互联网的指导意见》，我国将工业互联网的发展概括为三大体系，即网络、平台和安全。

在工业互联网三层级中，网络是基础，平台是核心，安全是保障。从工业企业智能转型升级角度来看，首先要做到网络层的互联互通，对内实现统一接口，打通信息孤岛，对外扩大互联网骨干网的覆盖范围，为实现产业链各环节的泛在互联与数据畅通提供保障。其后利用平台级服务能力，辅以安全保障，方能实现企业的智能转型升级。

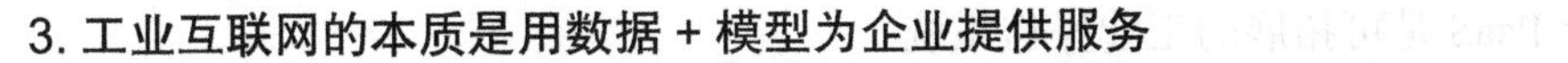

3. 工业互联网的本质是用数据 + 模型为企业提供服务

工业互联网的核心是工业云 PaaS 平台，承载了大量基于微服务架构的数字化模型。这个数字化模型是将大量工业技术原理、行业知识、基础工艺、模型工具等规则化、软件化、模块化，并封装为可重复使用的组件。我们可以简单理解为，封装了大量工业技术原理、行业知识、基础模型的知识库，作为连接企业 IT 和 OT 的核心，以代码和信息技术的形式将行业理解和一线生产的经验固化下来，成功解决了制造企业内信息化与生产分离的情况，使得工业互联网平台成为整个工厂端或工业生产端的控制大脑。有了边缘侧和网络层收集来的数据，加之以 PaaS 层的数字化模型，即形成了“数据 + 模型”的服务。

工业互联网的重点在于理解工业，落点在于提升制造业转型升级水平，核心是用数据 + 模型做服务，这也是信息技术与制造技术融合创造价值的内在逻辑。

4. 工业互联网从工业出发，是 2B 的网络

工业互联网建设过程中，确实存在数字化企业、互联网思维能够改进的部分，但更多涉及工业机理和模型的内容是简单的互联网算法所无法解决的。必须具备行业、工业及工程学知识、技术和经验，因为工业是实体经济，没有物质产品就不叫工业。因此，工业互联网工业是主体，而不是简单地互联网思维就能解决问题。

1）工业互联网从工业出发

国家发展工业互联网，从根本上是为了服务制造业的智能化转型升级，构建制造强国现代工业体系。制造业由大变强的过程中，互联网的作用是一种基础设施，是一类工具，是配角，不是主角。构建制造强国现代工业体系，既要有互联网视野，也要有信息技术视野，更要有工业发展视野，将三种视野深度融合，互相配合，才能实现工业由大变强，才能实现工业高质量发展。从这个角度来看，工业互联网不是一个技术、一种模式，而是从工业角度出发的结合各种各样现代化技术的一个复杂巨系统。

2）工业互联网是 2B 业务

工业互联网是工业 4.0 三大集成的重要体现，其与传统互联网思维完全不是一回事，是面对企业的生态体系的建设（2B）。这个过程中，使用互联网和带动互联网发展都是副产品，不是主题。在工业互联网发展的过程中，无论是互联网巨头、传统软件企业，还是传统工业企业，均处于同一起跑线。不管是从工业向互联网融合，还是互联网向工业渗透，最终必须打造以工业为基础的平台和应用，才能够从概念走向落地。

5. 工业互联网实质是工业云平台

在工业互联网的网络、平台、安全三层级中，平台层是核心。在工信部信软司组织编写的《工业互联网平台白皮书（2017）》中，对工业互联网平台的体系架构给出了三个层级，分别是数据采集（边缘层）、工业 PaaS（平台层）和工业 App（应用层）。

1）工业 PaaS 是可拓展的工业操作系统

工业互联网平台层（即工业 PaaS）的建设主要是构建一个可拓展的工业操作系统，为工业 App 的开发提供基础平台。由于一般企业现有各类工业软件格式大多不统一，当前工业互联网平台层的主要任务仍然是整合现有生产端的 MES、ERP 乃至 CPS 等实时数据（边缘层采集），统一汇总分析（平台层的可扩展的操作系统），提供实时监控、生产管理、能效监控、物流管理等多种生产运行管理的核心功能，实现整体产业链工业化、信息化融合。

2）工业 PaaS 和 SaaS 支撑高质量、智能化的工业企业转型升级

从实践上来看，当把来自于机器设备、业务系统、产品模型、生产过程以及运行环境中的大量数据汇聚到工业 PaaS 平台上，并将技术、知识、经验和方法以数字化模型的形式也沉淀到平台上以后，只需通过调用各种数字化模型与不同数据进行组合、分析、挖掘、展现，就可以快速、高效、灵活地开发出各类工业 App，提供全生命周期管理、协同研发设计、生产设备优化、产品质量检测、企业运营决策、设备预测性维护等多种多样的服务。

3）工业互联网是建立现代工业体系的基础

工业互联网平台向下连接海量设备，自身承载工业经验与知识的模型，向上对接工业优化应用，是工业全要素连接的枢纽，是工业资源配置的核心，驱动着先进制造体系的智能运转。从微观角度，工业互联网的建设有助于提高效率，降低成本，优化产品结构和体系，从而全面提升企业的核心竞争力。从宏观角度，对于全行业乃至全品类工业产业而言，从小、散、乱、弱到数字化、科技化经营的转型，着眼高质量发展，是建立现代工业体系的必备工具。

8.5.3 制造业向工业互联网演进的路径

1. 工业互联网网络层以标识解析体系为核心

1）工业互联网体系中，网络是基础，而标识是网络的基础

工业互联网的建设，网络层先行，其中最重要、最核心的就是建立工业互联网标识解析体系。标识解析体系类似于互联网领域的域名解析系统（DNS），赋予每一个产品、零部件、机器设备唯一的“身份证”，从而实现资源的区分和管理。

标识解析体系主要由三要素组成：

（1）标识：相当于机器、物品的“身份证”；

（2）标识服务：利用标识对机器和物品进行唯一性的定位和信息查询，是实现全球供应链系统和企业生产系统的精准对接、产品的全生命周期管理和智能化服务的前提和基础；

（3）标识管理：通过国家工业互联网标识解析体系，实现标识的申请、注册、分配、

备案，为机器、物品分配唯一的编码。

2）标识解析体系是下一步网络建设的重点

2019 年 1 月，工信部印发了《工业互联网网络建设及推广指南》，明确提出，将以加快企业外网络和企业内网络建设与改造为主线，着力构建网络标准体系、建设标识解析体系。其目标是，到 2020 年，形成相对完善的工业互联网网络顶层设计，初步建成工业互联网基础设施和技术产业体系。根据《工业互联网发展行动计划（2018—2020）》，“标识解析体系构建行动”的量化考核目标是到 2020 年建成 5 个左右标识解析国家顶级节点，形成 10 个以上公共标识解析体系服务节点，标识注册量超过 20 亿。

3）标识解析体系从部署角度分为三层架构

标识解析体系主要分为根节点、国家顶级节点和二级节点，每层节点保存不同的信息。根节点是最顶层的信息，主要归属管理层。国家顶级节点是我国工业互联网标识解析体系的关键，既是对外互联的国际关口，也是对内统筹的核心枢纽。二级节点面向行业提供标识注册和解析服务，未来将选择汽车制造、机械制造、航天、船舶、电子、食品等优势行业，逐步构建一批行业性二级节点。

4）标识解析体系的应用场景多元化

从企业内部工业互联网建设来看，标识解析体系可以打通产品、机器、车间、工厂，实现底层标识数据采集成规模、信息系统间数据共享，进行数据挖掘和分析应用。从生态构建角度，核心企业可以横向连接上下游企业，利用标识解析按需查询，从而打通设计、制造、物流、使用的全生命周期，实现真正的全生命周期管理；中小型企业也可以横向连接成平台，利用标识解析按需共享数据，优化经营分析管理。从企业端实践角度来看，供应链管理、产品质量追溯、库存可视化管理、核心零部件追溯机制等已经开始得到应用。

5）标识解析体系建设快速推动

自 2018 年下半年起，国家顶级节点（一期）工程启动建设，11 个月内，位于北京、武汉和广州的工业互联网标识解析国家顶级节点相继启动上线。随后，行业和区域的二级节点建设加速推进，其中汽车、高铁等行业的二级节点，佛山、南通等区域为主的二级节点进展最快，最具代表性。根据 2019 年 2 月工业互联网产业峰会上工业和信息化部部长苗圩的讲话，到目前为止，中国已经初步建立五大国家顶级节点，十个行业和区域的二级节点。

2. 工业互联网平台是一个迭代演进的过程

1）工业基础参差不齐，平台应当分层发展

当前工业互联网发展的基本方式是推动工业和 IT 产业融合。但是由于不同工业产业的基础不同，有些行业已经基本完成数字化改造，而有些行业仍处于较传统的粗放生产方式中，这就导致不同行业需要推动的融合不尽相同。对于尚未完成数字化改造的企业，首先应当从网络连接出发，对原有的设备做互联互通，积累初期的数字化生产资源，进而推动传统的生产、经营、管理、服务等活动和过程的数字化。

2）工业互联网平台的发展历经三个步骤

对于已经完成数字化改造的企业，工业互联网的发展可以分成制造资源云化改造、制造能力开放共享和智能化创新三个步骤。

（1）制造资源云改造：推动企业的IT能力平台化，将制造资源向云上迁移，降低信息化的建设成本，促进数据资源的集成共享，达到制造资源的互联互通。

（2）制造能力开放共享：推动制造能力平台化，促进制造资源开放合作和协同共享。企业资源云化后，可以研究和推动制造能力的问题，把制造能力的模型研究出来平台化部署，再共享。这也就相当于工业互联网平台层“数据+模型”服务的核心。将技术、知识、经验和方法以数字化模型的形式沉淀到平台上以后，只需通过调用各种数字化模型与不同数据进行组合、分析、挖掘、展现，就可以快速、高效、灵活地开发出各类工业App，提供全生命周期管理、协同研发设计、生产设备优化、产品质量检测、企业运营决策、设备预测性维护等多种多样的服务。

（3）智能化创新：通过软件化、模型化、人工智能化，让创新的门槛极大地降低，全民创新，让所有的人都成为创造者。我国工业互联网的应用场景非常丰富，模式创新也十分活跃，企业集成创新的能力较强。进入这一阶段后，智能制造领域的个性化定制、C2B等模式能够得到充分发展和释放。

目前国内大部分工业企业仍处于第一阶段，少部分位于第二阶段。因而从发展路径来看，企业上云和行业工业互联网平台的建设，是当前我国工业互联网建设的主要内容。

3. 企业上云推动了工业互联网平台建设

1）企业上云推动了工业互联网平台第一阶段建设

工业互联网的发展，网络和企业资源的数字化是基础。从国内实际情况来看，大部分企业都面临着制造资源云改造、云迁移的需求，也即云计算领域的工业企业上云。促进各类信息系统向云平台迁移，丰富专业云服务内容，推进云计算在制造业细分行业的应用，有助于直接提高行业发展水平和管理水平，是发展工业互联网的首要基础性工作。

2）以区域为基础，快速布局，推进工业云建设

工信部在2017年3月发布《云计算发展三年行动计划（2017—2019年）》，作为与工业互联网互相带动的举措，工业云的发展将成为未来三年的重要应用促进行动之一。该计划明确表示，贯彻落实《关于深化制造业与互联网融合发展的指导意见》，将深入推进工业云应用试点示范工作。以各地政府组织牵头，依靠拥有先进技术实力的云计算企业，构建制造业在内的工业云，从而推动实体经济发展成为最终落脚点。

从实践角度看，区域性的工业互联网平台前期推广得到了各地方政府的鼎力支持，发

展较为迅速。

3）从区域工业云到区域工业互联网

从工业云的视角解读，从研发设计类工具上云，到核心业务系统上云，逐步进化到设备和产品上云，以能力交易为导向，实现跨企业的制造资源优化配置，这一步即完成了狭义上的工业互联网平台的建设。随后企业在平台上沉淀应用，开放生态，最终实现工业互联网生态体系的搭建。由此，工业互联网平台可以理解为在传统工业云平台软件工具共享、业务系统集成的基础上，叠加了制造能力开放、知识经验复用和开发者集聚的功能，这将大幅提升工业知识生产、传播和利用的效率。这是一个不断演进的过程。

4. 行业扩张，厚积薄发，工业需求推动

1）工业需求推动工业互联网行业平台的建设

世界上第一个工业云平台 Predix 由美国通用电气公司（GE）在 2015 年正式对外开放，主要基于设备做远程维护；第二个平台 MindSphere 是德国西门子公司基于工业 4.0 理念建立，在 2016 年 4 月开放，主要用于泛在的人、机、物的连接，从而搭建数字孪生的工厂体系。ABB 的 Ability 更是开始下沉到行业终端。可见最初的工业互联网 / 物联网平台本身就起源于工业巨头企业对数字化转型升级的需求。

2）不同行业发展各异，行业需求多样化

与区域工业互联网平台不同，行业的工业互联网平台更加深入工业知识和行业机理，很难采取通用的范式包罗万象。在这种情况下，往往是行业龙头企业基于内部转型升级驱动力来推动数字化改造、企业上云以及工业互联网的发展。根据我国统计局口径，把我国工业分为 41 个大类行业，上百个小类。由于各行业所处的产业链位置、生产特征、业务需求和两化融合水平存在差异，现阶段工业互联网平台应用推广在各行业步调不一，应用重点和发展路径呈现出较为明显的行业特征。

3）电子、家电、电力等行业发展最好，流程型行业普遍优于离散行业

电力行业、电子行业均为技术密集型行业，是“中国制造”崛起过程中重要的参与者，历史上两化融合基础好。电力行业是技术密集、装备密集和资本密集行业，是我国现阶段工业互联网普及度最高的行业。除上述三个行业外，石油石化、钢铁、交通运输设备制造等资本密集、国有企业集中的领域中，工业互联网发展也较好。这些行业从早年工业 1.0、工业 2.0 时代就比较关注两化融合。此外，流程型行业的工业互联网发展水平普遍高于离散型行业，与上述提及的资本密集、技术密集有一定关系。流程型行业的特点是生产过程高度机械化、自动化，本身就需要 MES、PLC 等信息系统参与过程控制，且故障停机带来的成本较高，工业企业需求明确，因而在工业互联网建设上更有积极性。

4）除重点行业外，重点工业设备上云也逐渐被重视

由于工业门类复杂、行业壁垒高，跨行业平台推广存在一定难度，因此行业平台企业

提出了利用关键工业设备的方式实现跨行业跨领域发展的办法。工信部2018年7月印发《工业互联网平台建设及推广指南》，提出实施工业设备上云“领跑者”计划，推动工业窑炉、工业锅炉、石油化工设备等高耗能流程行业设备，柴油发动机、大中型电机、大型空压机等通用动力设备，风电、光伏等新能源设备，工程机械、数控机床等智能化设备上云与用云，提高设备运行效率和可靠性，降低资源能源消耗和维修成本。这种工业企业较常见的通用型设备，不但弱化了行业准入门槛，对于工业互联网平台企业而言，还能够通过不同行业积累的数据横向对比，精准运维，提升效益。同时这也是单一行业的工业互联网平台向跨行业跨领域平台发展的重点路径。

最后，值得我们思考的是，中国消费互联网优势能否自然迁移到工业互联网呢？我们是制造业大国，也是互联网大国，两个大国的优势叠加可以形成叠加效应、聚合效应、倍增效应，但是如何才能做到从可能到必然呢？这是我们一直探讨的主题，让我们拭目以待。

第9章

企业组织向智能制造演进的案例分析

前8章笔者从不同的维度阐述了工业4.0的产生背景、概念、内容框架以及演进策略方法，读者应该对工业4.0有一个初步的理解。在此基础上，本章将分析一些国内外企业向工业4.0演进的案例，让读者对工业4.0有一个较为深刻具体的认知。正所谓认识—实践—再认识，产生对工业4.0认知上的飞跃，将对各位后续的工作实践大有裨益。

9.1 打响智慧战“疫”，守卫动物健康

金宇生物携手西门子打造动物疫苗行业首座面向工业4.0的数字化工厂。

郊外的牧场里，一场“侵略战”正在悄无声息地发动。

“侵略者”是名为FMD（口蹄疫）的病毒，它们的目标是正在酣睡的牛群。只要有一头牛被感染，病毒很快就会大面积扩散。

然而，这群“侵略者”的如意算盘没有得逞。它们刚刚通过鼻腔粘膜进入牛的体内，一群训练有素的免疫“护卫兵”便迎头而上，将它们成功击退，保卫了牛群健康。

如此漂亮的“防守反击”得益于养殖户提前为牛群接种疫苗。在现代畜牧业的规模化养殖环境下，对动物进行科学的免疫接种不但能让养殖户免受经济损失，还能为百姓的饮食健康提供关键保障。

金宇生物技术股份有限公司（以下简称金宇生物）正是这样一家以动物疫苗为主要产品的生物制药企业。金宇生物不但率先攻克了动物疫苗产品悬浮培养和纯化浓缩生产的难关，还成为口蹄疫疫苗行业的标准制定者，其产品向来以杂蛋白含量低、抗原含量高、免疫效果显著、副作用小而享誉业内。

不过，已经获得的瞩目成就并没有让这家公司停下前进的脚步。为了持续提高综合竞争力，比肩国际最高标准的疫苗产品并开拓国际化发展路线，金宇生物与西门子携手，共同打响了一场智慧战“疫”—— 建立动物

疫苗行业首座面向工业 4.0 的数字化工厂。

9.1.1 智慧蜕变正当时

生物制药和手机、汽车等离散制造行业存在着本质区别，其生产对象是细胞和微生物（包括细菌、病毒、支原体等）。这些“小家伙”体积虽小，却更需要被精心呵护，一旦外界环境过冷、过热或缺氧，都可能导致其“生病”甚至“死亡”，从而产生不良代谢产物，影响最终产品的质量。

这种独一无二的特性决定了生物制药过程的复杂性。面对如此高难度的工艺，国内疫苗行业的现状却是生产的自动化程度普遍较低。在很多工厂中，包括阀门开关、电机启停、物料传输在内的诸多操作还需要手动进行，生产数据也主要依靠人工记录。由此产生的问题不容忽视。

第一，人工操作不但效率较低，而且出错概率较大。在缺少自动化的条件下，不同操作员的操作习惯不尽相同，不利于产品质量的稳定性。即使是看似细微的动作差异，在经过层层累积后就可能导致不同批次疫苗之间的质量差别。

金宇生物工业总监、金宇保灵公司董事长李荣表示：“批间差是衡量疫苗产品质量的重要指标，批间差越小，说明疫苗的稳定性越好。对比国际最高标准，国内疫苗企业需要加强对批间差的管控。”

第二，疫苗本质上是灭活的病毒，在生产过程中会涉及接毒环节。因此，过多的人工干预也不利于保障工作人员的人身安全。

第三，在以人工记录为主的生产环境下，数据的合规性也存在隐忧，不但容易错记、漏记，而且在出现问题时难以追溯。制药行业直接关乎动物和人类的生命健康，每一批次的产品都需要经过国家监管部门的严格审批，这就要求制药企业实现从生产、储存、运输到销售和使用的全程数据可追溯。

为了适应生存压力，病毒本身具有“与时俱进”的变异功能。如果为动物免疫提供粮草和弹药的疫苗企业仍然停留在“小米加步枪”的旧年代，又怎能在新的战“疫”中迅速反应，取得节节胜利呢？

站在产业变迁的重要关口，金宇生物义无反顾地踏上了数字化转型之路。2015 年年底，公司投资 50 亿元在呼和浩特建立金宇国际生物科技产业园，并且自规划初始就引入了经验丰富的西门子管理咨询和数字化业务团队。

经过认真把脉，西门子为金宇生物量身规划了未来十年的工业 4.0 实施路径，并提供了数字化全产业链解决方案，其中包括：贯穿工厂前期建设和后期运维的“端到端集成体系”，打通企业内部所有信息化系统的“纵向集成体系”以及连接疫苗产品全生命周期的

“横向集成体系”。三大集成体系就像是三个稳固的基座，支撑起中国动物疫苗行业首座面向工业4.0的数字化工厂。

9.1.2 端到端集成：从一体化工程到一体化运维

像胚胎一样，微生物的生长过程也需要摄入营养、呼吸氧气和排泄废物，疫苗生产车间正是为这些肉眼不可见的小生命提供舒适成长环境的“家”。在新园区的建设过程中，通过使用西门子的一体化软件解决方案COMOS，金宇生物能够实现从工厂前期建设的一体化工程设计到后期生产的一体化运维管理。

对工程设计人员来说，最令人头疼的问题莫过于多人协同工作。过去大家都是“埋在桌子底下作业”，信息无法实时共享，若一方修改了图纸，其他参与方则难以同步更新，出错的风险也自然升高。

使用西门子的COMOS就可以完全避免这类问题。一方面，COMOS是一个多专业集成的设计软件，无论是工艺、电气还是自动化相关的设计，都可以统一在平台上完成；另一方面，COMOS还是一个数字化、智能化的设计与运维平台，为真实世界中的设备构建了虚拟世界里的“数字化双胞胎”，即设计图中的每一个图例都和现实设备一一对应。

所以，COMOS的设计成果并不是一沓手写图纸或电子文档，而是一个完整的共享数据库。随后，西门子工程设计团队将该数据库移交给金宇生物，完成“数字化交付”，而这也恰恰是一体化运维管理的第一步。

当工厂投入运行之后，基于安全独立的工业互联网，金宇生物能够通过统一的数字化平台连接、控制和管理所有的工艺设备和生产设施。在工程建设阶段，COMOS中已经记录了设备、管道、仪表等所有工程信息；在生产过程中，西门子SIMATIC PCS 7过程控制系统对工厂的稳定运行至关重要，它控制生成反映生产状况的实时数据。通过COMOS和PCS 7的无缝集成，任何一台设备的运维数据都能够被及时查找。一旦某个设备出现问题，PCS 7发出的报警信号将被推送到COMOS平台，系统根据设备运维管理要求触发维修工单的生成并下发至相关人员，从而大幅提升了运维效率，保障了疫苗的安全生产。

9.1.3 纵向集成：快速响应复杂的市场需求

疫苗市场的需求总是瞬息万变。突发疫情、病毒变种或是政策调整都有可能引起对现有疫苗的需求量激增或者对新式疫苗的研发。企业内部的纵向集成将助力金宇生物灵活地按需调整，实现柔性化生产。

金宇生物信息中心主任李瑞春介绍道：“过去，老工厂的IT和OT系统各自独立，企业内部的信息化系统就像是一座座孤岛，导致车间内的设备不互联，数据不互通。所以，新园区建设的首要任务就是解决系统互联互通的问题，实现 IT 和 OT 的融合。”

在实现纵向集成之后，金宇生物内部的信息化系统就像一支沟通顺畅、纪律严明的军队，能够随时打好每一场“硬仗”。其中，智能运营系统 XHQ 是坐镇全局的“总指挥中心”，纵览企业生产和运营的全部关键数据。例如，在收到新的订单需求时，XHQ 会帮助管理人员判断原料是否充足，产线是否就绪，人员是否足够调配等因素。在管理人员做出生产决策后，生产指令就开始逐级下达。

随后，订单通过企业资源管理系统 ERP 推送至西门子制造执行系统（MES），SIMATIC IT eBR 将任务分解成生产工单，将生产任务下达至分散在各个车间的生产设备和各岗位的 MES 终端，进而触发自动化生产并指导一线人员进行合规操作。生产过程中，SIMATIC IT eBR 能够及时生成电子批记录，实时反映生产状态和进度。如此形成的纵向集成体系可以确保生产订单一键启动，快速完成，让上通下达更加有效。即使是面临突发性的市场需求，工厂也能从容应对。

在物料管理方面，通过 SIMATIC IT eBR 系统，金宇生物可以实现物料全程追溯和精细化管理，实时进行物料批次状态跟踪、复核和防错管理、物料消耗和成品产出核算以及 ERP 自动报工。同时，SIMATIC IT eBR 强大的物料管理模块覆盖了 WMS 仓库管理功能，一方面减少了 MES 与 WMS 集成的成本和风险，另一方面也强化了对原辅料的合规管理，使得如物料接收、批次状态管理、原材料取样放行、出库管理、效期管理及最小包装等关键业务流程更加精细。作为专业的制药行业 MES 平台，SIMATIC IT eBR 标准功能实现了严格遵循法规需求及行业最佳实践，最大程度地帮助企业减少验证成本和风险。

在与自动化的集成方面，SIMATIC IT eBR 与西门子批处理软件 SIMATIC BATCH 实现了无缝集成，两者相互配合，把整个生产过程有效管控起来。其既管理了必要的人工操作，又融合了先进的自动化、数字化技术，让人机协作更加高效合规。生产批次数据与记录都井然有序地集中储存在 MES 中，助力金宇生物实现从原材料到成品的全生产流程追踪与追溯。

9.1.4 横向集成：挖掘大数据背后的价值

未来，金宇生物还将进一步跨越企业边界，通过建设基于物联网的大数据平台，实现从上游供应商到下游客户的数字化横向集成。

在物联网时代，海量数据无异于一座金矿。金宇生物通过挖掘大数据背后蕴藏的价值，对内促进研发、生产、管理的持续优化，对外引导行业转型发展，真正实现“智慧防疫”。从企业角度来讲，在研发阶段，西门子研发项目管理平台 Teamcenter 可以帮助金宇生物建立疫苗研发的数字化管理体系，从而缩短研发周期；在生产阶段，西门子过程分析技术

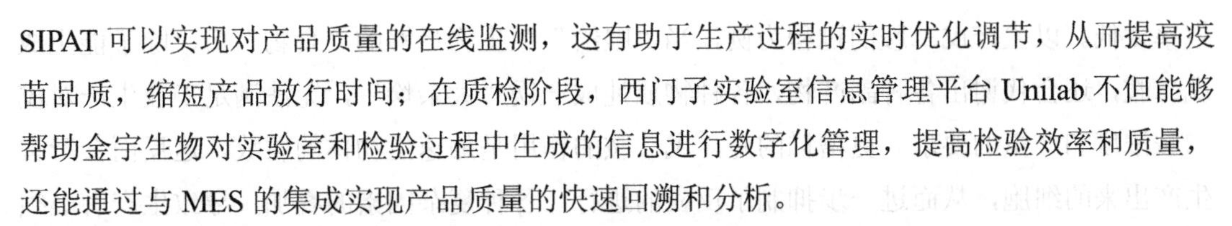

SIPAT 可以实现对产品质量的在线监测，这有助于生产过程的实时优化调节，从而提高疫苗品质，缩短产品放行时间；在质检阶段，西门子实验室信息管理平台 Unilab 不但能够帮助金宇生物对实验室和检验过程中生成的信息进行数字化管理，提高检验效率和质量，还能通过与 MES 的集成实现产品质量的快速回溯和分析。

立足行业来看，一方面，足量的疫情数据有助于预测未来流行病趋势，从而未雨绸缪，帮助产业链上的各参与方及时做好防范准备；另一方面，基于对疫情数据的深入分析，疫苗生产商还可以为每位客户定制个性化的防疫方案，让养殖户的免疫措施更加精准有效。

金宇生物董事长张翀宇表示：“智能制造为生物制药行业的高质高效发展装上了雷达和引擎。作为行业龙头企业，我们有责任走在数字化转型的前端。对金宇生物来说，西门子是一位专业、敬业、值得信赖的合作伙伴，与我们共同向‘工业 4.0’迈进。”

9.2 凯赛携手西门子打造生物制造领域的世界级数字化生产基地

明亮的商场橱窗里，精美的服饰排排林立。然而，驻足选购的人们可能从未想过，这些透气、吸湿又耐磨的衣物原料竟然可能来自于新疆广袤土地上生长的金黄玉米！

除服装之外，牙刷、汽车、电脑和手机等很多日常物品的制造都会用到一种名为聚酰胺的化学材料。过去，聚酰胺只能通过石化原料合成。然而却有这样一家企业，能够利用微生物中的天然催化剂——生物酶，把玉米等可再生生物质中丰富的糖类分解、转化、重组，生成戊二胺并与二元酸组合，再经过进一步聚合“变”成生物基聚酰胺。它就是诞生于 1997 年的凯赛生物产业有限公司（以下简称凯赛）。

凯赛董事长兼首席执行官刘修才表示：“传统的石油化工工艺不但面临着资源枯竭的危机，生产过程中还会释放大量的二氧化碳，造成严重的环境污染。和化学法相比，生物制造具有原材料可再生、反应条件温和、绿色环保等诸多优势。”20 年的持续创新使凯赛已经实现了长链二元酸、生物丁醇、生物基戊二胺、生物基聚酰胺等多项革命性产品的大规模生产，但它前进的脚步从未停止。为了进一步提高生物制造的效率，凯赛与西门子在新疆乌苏携手打造了生物制造领域的世界级数字化生产基地。

9.2.1 实现跨越

既然生物制造具有全方位的优势，那为何在过去很长一段时间里却是石油化工一枝独秀呢？这是因为生物体太过复杂、多样。这就像一把双刃剑——它们既能生成化学法无法合成的特种化学材料，且性能优越，但同时又会产生多种多样的代谢物，导致目标产物的效率太低。以生产戊二胺的过程为例，当"喂给"微生物足够的"食物"后，除了能生成戊二胺，还会代谢出各种副产物，各种物质炖成一锅"大杂烩"，无法满足工业生产对戊二胺浓度和产量的要求。更糟糕的是，戊二胺的作用是加速生物体的腐败，这反而会毒害生产出来的细胞，从而进一步抑制了反应的进行。各种复杂因素的叠加，导致生产者必须将效率大幅提高，才能让生物法生产出的产品与化学法生产的同类产品一较高下，否则生物制造的成本会一直居高不下。生物体本身奥妙无穷，人们很难完全掌握从玉米变成聚酰胺过程中所有复杂精妙的转化细节。但如果能从实验、筛选、试错过程中积累更多的数据，那么人们就可以从中找出不同菌种、不同反应条件和目标产物产出率之间的关系，从而提高生物反应的效率，实现根本性跨越。

"从大数据中发现相关性并找出指导生产的规律，这正是数字化技术的强项。这也是我们要在新疆乌苏建设数字化生产基地的原因。"刘修才说道，"我们在生物制造领域具有丰富的经验，但是要想实现数字化，就得和西门子这样的领先企业合作。通过软硬件的控制把整条生产链集成起来（如图 9-1 所示），自动收集、处理、分析数据，再将分析结果反馈于生产，进而提高生物制造的效率。我要的是脱胎换骨的制造力。"这对西门子来说同样是不小的挑战。西门子过程工业与驱动集团流程工业行业总监徐一滨表示："生物制造的生产过程反应复杂、连续性强，流程规范和保密性要求高。生产过程同时伴随着物理和化学变化，任何一个系统出现问题都会对最终产品造成影响。"经过不懈努力，西门子最终成为凯赛乌苏生产基地全生命周期数字化解决方案合作伙伴。投产后，乌苏基地预期能实现年产 10 万吨生物基聚酰胺、5 万吨生物基戊二胺和 3 万吨长链二元酸。

图 9-1 软硬件助力凯赛提高生物制造效率

9.2.2 研发提升

凯赛研发副总裁周豪宏的日常工作就像一个“微生物整形师”，把从大自然中找到的微生物改造成符合生产要求的反应器。可是这样就能高枕无忧了吗？答案是否定的。就算是具有相同基因的双胞胎，在完全不同的生长环境下相貌也会存在较大差异。所以，为了激发出微生物的最大潜能，从实验室到工厂，研发人员需要对菌种和发酵条件进行三步筛选：首先是在平板中进行小试，然后将合适的菌种转移到摇瓶中进一步繁殖放大，最后还得在小型发酵罐中再进行试验。大多数情况下，实验室里的小试结果可能很优秀，可是一旦进入生产可能就不及格了。研究人员一年试验50多万个样品，最后可能只有1个符合工业化生产的要求。为了寻找究竟是哪些关键因素影响到了这其中的变化，他们就必须不停地重复筛选过程。

因此，凯赛选择了西门子SIPAT软件。SIPAT通过数字化分析，将帮助研究人员直接找到某些重要参数和最后产率之间的关联性，从而简化中间繁杂的筛选工作。周豪宏表示：“这对研发效率提高预计有很大的帮助。”

9.2.3 保证反应无中断

如果说每个微生物都是一个微型反应器，那么工厂就是汇聚了无数个微型反应器用来规模化生产的大型发生装置。与诸如生产汽车、电子设备等离散工业不同，生物制造的反应一旦开始，就无法中断，这就要求工厂的底层自动化系统必须做到无缝集成，而西门子的DCS控制系统SIMATIC PCS 7为过程工业的连续性生产提供了保障，如图9-2所示。

图9-2　凯赛乌苏基地中央控制室

PCS 7 具有分散控制、集中管理、安装方便、成本低以及维护管理智能化等特点。从控制上来说，这就像原来系统里的各个设备是群龙无首的小兵，现在把小兵们编成小队，每个小队有个小队长，所有的小队又要选出一个总指挥官。等打仗的时候，小兵听小队长命令，小队长听总指挥的命令，工程师只需把命令告诉总指挥，使大家行动起来整齐划一。此外，PCS 7 还能和西门子工厂资产数字化管理系统 COMOS 高度集成。COMOS 可以为包含工艺、电气、仪表、自控、管道等专业信息在内的工厂资产建立统一的数字化模型，形成工厂的“数字化双胞胎”，并贯穿工厂的全生命周期。这意味着工程阶段所有底层设备的信息都可以被存入一个统一的“档案库”里，既能妥善保存，又方便下次取用。“我们期待使用西门子的 COMOS 系统可以帮助我们把在一个成熟工厂中积累的经验方便地应用到下一个工厂的设计中。”凯赛知识管理副总裁臧慧卿说。

9.2.4 稳定高效的生产

西门子工厂智能运营管理系统 SIMATIC IT 将在凯赛乌苏生产基地竣工后，为其稳定、高效生产提供保障。SIMATIC IT 系统就像严格的“老师”，将会每日按照生产计划给工人下发电子工作指令，他们的工作质量会被准确评估并记录在案。若是配料不完备或是种子培养没有完成，生产都无法进入下一阶段。同时，生产中的很多工序都将被自动化程序所替代。这对运营成本和出错率的降低都将起到积极的作用，如图 9-3 所示。

图 9-3 SIMATIC IT 可帮助企业降低运营成本和出错率

数字化系统的实时反馈还直接提升了效率。凯赛技术副总裁李乃强形象地说道：“我们在生产过程中有许多取样检测的步骤，检测完成之后需要把结果反馈到生产中以调整工艺参数。这听上去很简单，但很可能车间距离检测点之间有好几千米，几个来回之后数小时就浪费了，对生产效率的影响不可小觑。数字化系统可以将检测结果上传至 SIMATIC IT Unilab，再进一步反馈到系统中进行实时控制，可以帮助提高生产效率。”

此外，由于行业特殊性，生物制造对原料配方和工艺条件的保密性要求很严。过去，这些重要知识被一些熟练的操作工所掌握。如今，数字化技术帮助凯赛将工艺参数存储于 SIMATIC IT 系统之中，系统将会根据原料自动匹配配方进行生产。

9.2.5 一体化运维

生产基地的设备管理和维护从来都不是一件轻松的工作。上千台设备产生的信息录入十分繁杂。西门子 COMOS 和 PCS 7 的结合将帮助凯赛乌苏生产基地实现工程和运维的一体化，如图 9-4 所示。COMOS 不但能根据设备的运行状态自动制定维护计划，还使得工厂中任何一台设备的相关数据都能够被及时查找。一旦出现设备故障，PCS 7 会立即发出报警信号，同时触发 COMOS 生成维修工单并下发至相关人员，然后操作员按照预设流程进行维护。故障修复后还会自动生成电子存档，做到记录可追溯，问题可查询，为今后的维护工作提供依据，保证效率。而过去这样的功能实现只能通过人工发现和调度才能完成。完成这种自动触发、自动管理和记录功能的前提是两个系统的数据互联互通。一旦实现数据的互联互通，数据中隐含的价值将被真正挖掘并释放出来，将大大提高运行管理和维护人员的工作效率，确保系统可靠连续地运行。

图 9-4 凯赛乌苏基地通过 COMOS 和 PCS 7 的结合实现工程和运维的一体化

COMOS 还和西门子智能运营平台 XHQ 之间存在数据接口。XHQ 系统集信息展示、溯源分析、趋势预测等功能为一体，管理层可以通过该平台了解到工厂资产的具体状况，并与历史数据进行对比，以深层次挖掘工厂的运营状态，从而起到辅助决策的作用。刘修才感慨地说："我想通过凯赛的发展来证明三件事，一是生物技术能够制造功能更好的材料；二是生物制造有机会比现在的石油化工成本更低；三是生物制造可以在一条生产线上实现规模化。"

9.3 弯道超车——西门子打造的全流程自动化无菌车间

齐鲁安替制药有限公司（以下简称齐鲁安替）成立于1995年，隶属于齐鲁制药集团，专业生产头孢菌素原料药。历经20余年，齐鲁安替已成为世界范围头孢菌素原料药的主要供应企业。乘风破浪潮头立，扬帆起航正当时。齐鲁安替的成功正是源于持续的大胆创新，坚持走在行业发展的潮头。未来，创新仍是推动齐鲁安替发展最大的动力。

作为国内化学原料药研发生产的企业，齐鲁安替的原料药为多家全球制药巨头供货，一方面，全球各国cGMP的制药标准不断提高，日趋严苛；另一方面，市场的残酷竞争迫使生产系统更加柔性、高效与可靠。这两方面需求促进了齐鲁安替与西门子工程的强强联合。

西门子基于强大的专业性和行业经验，帮助用户在"智能制造"的激烈赛道中，实现全速平稳超车。2017年，齐鲁安替最新的头孢菌素无菌车间项目圆满成功交付，该项目代表了当今世界无菌原料药生产的最高水平，全流程自动化是此项目的精髓。为此，齐鲁安替授予负责此项目自动化工程部分的西门子公司"最佳工程合作伙伴"奖，项目主任工程师张君被给予了"最优工程师奖"。西门子成为齐鲁安替工程建设的最佳拍档，新车间的交付为齐鲁安替未来数字化建设打下了坚实的基础。

9.3.1 四大亮点打造样板车间

在齐鲁安替的抗生素原料药园区，与西门子合作的新无菌头孢车间圆满通过验收，对于要做世界头孢菌素领导者的齐鲁安替来说，这意味着未来十年规划的重要落子。双方的工程师默契配合，顺利实现了两条新建生产线的全流程自动化无菌原料药连续生产的设计实施。而这次成功的交付对齐鲁安替意义非比寻常。

第一，合规。合规对于全球业务布局的齐鲁安替而言就是生命线，就是核心竞争力。作为国内通过中国GMP认证和欧盟EDQM认证的制药公司，齐鲁安替目前已顺利通过欧、美、日、韩、澳、巴西等多国的质量标准认证，拥有欧盟CEP证书10张。此次全流程自动化无菌原料药车间的建设，完全遵循GMP的相关规定，仅自动化部分就完成复杂烦琐

的验证文档734份，覆盖生产单元113个，控制功能模块138个。

第二，全流程的自动化连续生产是本次项目的最大亮点。齐鲁安替项目的生产线固定，但涉及的产品品种多样、工艺配方多种组合灵活，又是要求高的无菌原料药法规车间，同时还要实现设备、过滤器等自动SIP，29台单机设备实现M2M通信，此前国内原料药生产线自动化系统大部分还局限在某些局部单元和辅助系统上，自动化批控制的案例基本没有。要实现全流程自动化连续生产，就要上一个完整的新台阶。西门子采用SIMATIC PCS 7的DCS系统架构从根本上全面取代此前各设备厂商自带的PLC系统，从原料槽车进入罐区开始，经配料、结晶、分离、干燥到产品包装，母液回收到后续处理，整个生产流程完全纳入BATCH控制协调，实现了全流程的自动化，大大减少了出错的概率和人员参与的程度，让生产线形成一个完整可控且可靠运转的整体。经过一段时间的生产数据积累，预计不久的未来，该项目将实现无菌室无人化操作，把产品品质带入一个新高度。

第三，细节问题得以定制化解决，项目双方配合得专业而默契，成果也是水到渠成的。例如因项目无菌性要求严苛，在生产工艺中大量的滤芯需要多工序的精细处理，如清洗、灭菌、吹干、测试等。原本人工操作存在可靠性差、生产效率低、灭菌曲线重复性差、滤芯损伤等风险，而且无法在工序中形成有效数据在数据链中传输。面对这只拦路虎，双方联合攻关，不仅圆满实现了完整流程的自动化，西门子还将设备灭菌添加到了配方管理中，操作员只要下一个订单就可以完成设备灭菌的所有流程。整个过程连贯，人工参与少，灭菌效果稳定，重复性高。

第四，整个项目前期沟通详细，规划缜密，经过虚拟仿真，FAT扎实到位，因此进入现场装机调试时，西门子实现了一次性通过，工期缩短了30%。

9.3.2 不仅是条生产线

对于齐鲁安替而言，项目的顺利实施投产不仅意味着实现无菌原料药（API）生产的自动化控制，还实现了包装材料清洗、灭菌、转移、API灌装系统联动，还将真正实现整条生产线物料输送的完全密闭。这不仅仅是一项项新记录，它还意味着更多：齐鲁安替收获完整规范的自动化系统验证体系，是知识和先进标准化理念的传递；新车间采用的PCS 7+BATCH的架构易于扩展；现场环形网络结构增加网络冗余性的同时为全厂的大环形网络打下坚实基础；冗余的CPU、服务器增加了系统的可靠性，这意味着未来全场规划数字化生产的雏形初现，为下一步实施MES打下良好的基础。

齐鲁安替还借助项目培养了一批有实战经验的技术人员，他们精益求精，不断优化控制策略。他们在设计离心机、三合一、单锥等工艺设备之间的物料转料方案时设想大胆，西门子的工程师负责编程实现了控制策略，确保了生产设备以最优的状态输出产品。

9.3.3 协作典范

齐鲁安替与西门子（中国）公司签订了战略合作协议。西门子的工程师主动地站在雇主从全局的角度协助规划提案，发挥自动化系统供应商自身的优势协调各家设备厂商，令车间整体建设效率大幅提升。两家企业建立起的相互信任在项目配合过程中得以充分体现。

实现真正意义的数字化工厂将成为齐鲁安替未来占领竞争制高点的利器。而携手西门子，让齐鲁安替有了一个成功的开始。

9.4 澳大利亚多乐士——实现任何颜色可调制

随着数字化的发展，澳大利亚多乐士能根据客户的特殊要求生产涂料，如图 9-5 所示。

图 9-5 一个货盘为一批次，可调制任何颜色

澳大利亚最大的涂料制造商多乐士集团所建造的新工厂采用了先进的生产体系，它专注于覆盖整个生产流程的端到端的数字化。这一面向未来的方法提高了效率和质量，缩短了新产品上市时间，并增加了灵活性，从而促进了涂料批量生产的个性化。

澳大利亚多乐士是多乐士集团的一部分，是澳大利亚知名度最高的涂料品牌。这家公司向客户提供各种色彩的涂料，毕竟个人喜好是不受任何限制的。据澳大利亚多乐士项目总监 Kevin Worrell 表示："我们既想要进行大批量或小批量的涂料供应，又希望保持一贯的高品质，这是一个艰巨的挑战。我们希望新工厂在未来能确保公司快速响应最新趋势，创造新的商机，并始终走在涂料生产领域的前沿。"

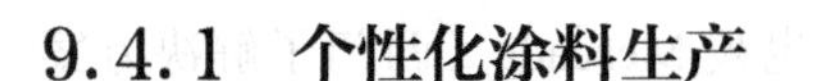

9.4.1 个性化涂料生产

澳大利亚多乐士已投资约 1.65 亿澳元（约合 1.27 亿美元）在墨尔本以北约 48 千米处的 Merrifield 建立了新工厂。该工厂是澳大利亚最大的涂料工厂，并侧重于创新工艺和高科技领域发展。西门子澳大利亚数字化工厂及过程工业与驱动集团的执行总经理 Michael Freyny 表示：“先进的自动化和数字化技术，使得多乐士能够设计出一种可以稳定供应最优质涂料的生产过程，实现了前所未有的高效和灵活性，得以快速响应市场需求。”受益于高度的自动化和数字化，澳大利亚多乐士即便在生产小批量（单个）产品时仍然能够保证生产效率。这意味着可根据特殊定制或市场需求生产至少 100 升的涂料。

9.4.2 仿真贴合现实

每年 Merrifield 工厂预计生产约 7500 万升涂料。严格来说，该工厂在一片比三个足球场稍大的区域内设立了两个车间：一个是用于小批量生产的混合与着色（BAT）车间，另一个是用于大批量涂料生产的车间。

由于整个生产过程已进行纵向和横向整合，能够实现工厂的端到端数字化，因此，生产过程将完全透明。在仿真平台 Simit 上能够进行自动化应用全面试验和虚拟调试，并能够在实际启动之前为操作员提供一个仿真的训练环境，如图 9-6 所示。Worrell 说：“借助 Simit 可以实现工厂自动化调试与工厂建造同步进行，这样，从测试到全自动化生产所需时间缩短了 50% 以上。”

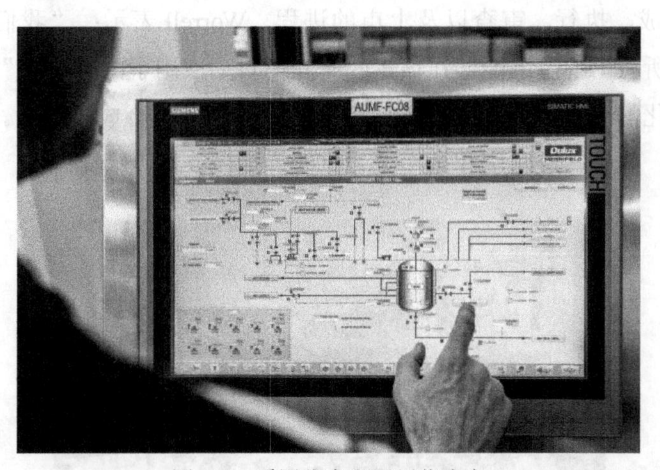

图 9-6　采用仿真和无纸化生产

通过采用仿真和无纸化生产，多乐士 Merrifield 新工厂在节能方面能比预计提高了 25%，工厂调试时间节省了 50%。

作为方案论证的一部分，过程用水系统的3D模型也被Mescada（西门子解决方案合作伙伴）整合到COMOS Walkinside平台中。该虚拟现实平台能使用户通过过程用水系统的虚拟模型来查看工厂情况。Mescada公司的Hung Chan表示："方案论证表明，COMOS Walkinside有助于减少停机维修的时间。例如，在虚拟平台内，能给设备的单个零件（如泵）加贴标签，标注其维修记录或相关数据表。而在现场则可以通过笔记本电脑或平板电脑读取这些数据。"

甚至日常维修都能在现场操作之前，先在虚拟平台中试验。这样能够防止对实体设备造成潜在破坏，并确保实际维护过程的效果。特别是灾害场景（如化学品泄漏和火灾等）也可以在平台上进行仿真，进行应急响应培训。

"我们能够每年减免约75000项人工干预，使我们的配方具备可重复性和高准确度。"——Kevin Worrell，澳大利亚多乐士项目总监。

9.4.3 无纸化生产实现高效归档

澳大利亚多乐士数字化承诺的一个关键要素是无纸化生产，这是通过西门子SIMATIC IT eBR（电子批记录）软件得以实现的。这是该解决方案第一次应用在制药以外的行业，而制药工业则是以苛刻的质量把控而闻名。该方案不仅将工厂的纸张消耗量削减到几乎为零，新的文档形式还将极大地提高生产的透明度、可追溯性和生产质量。"无纸化制造能确保所有标准和规范得以自动遵循。但对于澳大利亚多乐士而言，其实际价值在于能够在生产过程中监控、追踪和记录每个步骤和各种原材料。"Freyny表示。它还将加快生产过程和批次协议生成、执行、审查以及上市的进程。Worrell表示："我们能在前端对原料进行质量审查，所做出的改进能够在很短的时间内自动应用于配方中。"

端到端数字化的应用，使整个制造过程的横向和纵向整合成为可能。在单个产品作为一批进行生产时，其生产透明度和效率尤为重要，如图9-7所示。

图9-7　端到端的集成应用

9.4.4 提高生产效率，降低能源消耗

对于小批量生产的涂料，其整体生产速度约为之前的8倍，这得益于生产过程的高度自动化。例如，如果一个客户订购一款特制的蓝色涂料，多乐士通过SAP收到订单，并将其传达至制造执行系统（MES）。制造上述色调所需的原材料包在进货时通过MES和SIMATIC PCS 7过程控制系统进行扫描和管理。在对涂料进一步加工之前，将样品发送到实验室进行电子测试。MES从SAP接收精密试验技术规范，并通过相同路径返回试验结果，然后自动混合原材料，制备出所需颜色。接着，将这些成批的涂料放在灌装和包装线上，然后发货给客户。多乐士的整个过程都在数字控制下完成。

Worrell表示："我们在制造中具有惊人的灵活性，因此我们能够以其他工厂所能生产的最小批量的1/50的量，进行特制涂料的生产。这意味着我们可以不用维持过多库存即可快速响应市场需求。我们能够每年减免约75000项人工干预，使我们的配方具有可重复性和高准确度，以确保在尽可能减少原材料损耗的前提下生产出最高质量的涂料。这也将能源消耗率在预估水平的基础上减少25%。"

9.4.5 公司秉承合作传统

整个工厂之所以能够迅速投产并成功运行，主要归功于全面的数字化战略。同时，团队成员间的密切配合同样起到了至关重要的作用。Freyny表示："西门子作为主要自动化供应商（MAV）和主要电气供应商（MEV），自始至终既担任技术供应方的角色，也是开发合作伙伴。"Worrell也说道："我们非常重视合作伙伴关系，这是不可或缺的。"作为该项目的西门子解决方案合作伙伴，Mescada在将其专业技术应用于IT基本架构、过程控制系统和生产制造运行管理（MOM）系统中同样发挥着关键作用；具备3D建模、过程标识符（PID）和数据表的CET集团，作为过程和机械设计单位，也发挥了重要作用。Freyny总结表示："西门子具备丰富的数字化企业经验，有能力提供最好的服务，业务覆盖全球，再加上我们合作伙伴的解决方案，是促使该项目成功的重要因素。"

9.5 解码蓉生——西门子助力"中国血液制品"

在西门子服务的众多中国制药行业客户中，成都蓉生药业有限责任公司（简称为成都蓉生）可以算得上非常有参考价值的一家国内制药企业了。从某种意义上说，成都蓉生的长期成功来自于其在自动化和信息化上重点投入形成的硬实力，而这些都和西门子息息相关。

9.5.1 目标：两化融合

如果说成都蓉生在多个方面都走在行业前沿的话，那么在制药自动化信息化方面的发展成就无疑是亮点之一。西门子工厂自动化工程公司过程自动化部门分管生命科学与制药行业的唐邦志博士负责成都蓉生的MES项目执行，据他介绍：在成都蓉生成功实施了基于SIMATIC IT eBR从原材料入厂到成品产出的制药行业完整的MES解决方案以后，从各环节真正地实现了全面生产过程合规管理，全生产过程的透明实时管理，从而提升了企业的生产执行力。

作为制药企业，成都蓉生的生产必须满足GxP法规要求，包括GMP、GLP、GEP、GSP等。蓉生始终视质量为企业生命，按照GMP和GSP要求建立了完善的质检机构和严格的质量保证体系，在企业内部推行全面质量管理。然而，合规就意味着更多的细节关注，更多的记录和审核，以及更多的数据汇总和分析。人工记录数据在这方面效率低、成本高、易出错等劣势就凸显出来了。

当时成都蓉生在生产中的挑战具体体现在：首先，生产计划的制订、执行和跟踪靠人工完成，其细化程度和可追踪性差；人工称重、投料（称重），易产生偏差和混淆，难以追溯；手动批数据记录和报告；大量的表格填写，增加了各个部门的工作量和企业的管理成本；一式多联的表格要传递到各个部门，信息传送不及时，且容易丢失；相同的内容可能出现在不同的表格上，一旦出错难辨对错。

其次，大量非电子化的数据不能实时进行处理和共享，难以为决策者及时提供决策依据。表格数量多，管理难度大，查找困难，历史资料不能得到充分运用。

最后，生产过程的设备、物料、产品信息、客户信息等在各自独立的系统中，其沟通和可追踪性差。生产质量控制靠人工管理，生产信息不透明，制造成本难以细化统计和分析，不能及时发现和处理生产质量异常。而且，各种生产控制系统的数据利用效率低，各系统数据不能有效进入批记录，不便于对数据进行分析，过程中产生的数据无法有效利用。

为了解决数据电子化问题，同时解决企业ERP系统和自动化系统之间的信息桥梁问题，进一步优化生产、提升效率，成都蓉生下定决心与西门子合作，2011—2014年，分三期实现MES生产执行系统的全部预期功能，从而达到企业自身自动化水平、信息化水平的双提升，有效推进两化融合。

9.5.2 事半功倍的信息化利器

制药企业有制药行业的特征性需求，成都蓉生对MES软件需求的主要诉求不是大幅提升生产效率，而是确保质量合规。西门子对症下药，为蓉生推荐了MES SIMATIC IT eBR。

与通用的MES不同，西门子SIMATIC IT eBR的优势就在于它拥有针对制药与生命科学领域的MES平台，对于成都蓉生这种产品多样化、定制化要求程度高的制药企业非常有利。SIMATIC IT eBR的电子签名、CSV计算机系统认证、物料管理、无纸化数据存储与分析等功能很准确地应对了关于合规内容的需求，这无疑让成都蓉生感觉好似为自身量身定制一般。

西门子为成都蓉生提供的SIMATIC IT eBR包含了九大模块：生产计划管理、生产制造、配方管理、物料管理、称重配送、设备管理、权限管理、数据归档和ERP数据接口。这九大模块实现了完整的物料和工艺流程管理及追溯。通过工艺流程的信息化再造，工艺参数、流程、操作指导、质量标准、审核权限等原来手工操作的步骤都被固化到自动化的流程中了。

西门子SIMATIC IT eBR对成都蓉生生产的梳理改善深入到了各种细节中。具体来讲，例如有了称量配送模块，精确称量及条码识别提高了成都蓉生的称量效率，提升了安全性和合规性，称量复核功能降低了物料混淆以及投错料和投错量的风险。在物料使用上，SIMATIC IT eBR通过BOM和详细的工艺流程控制、条码识别等技术，确保了在正确的工序、正确的位置使用正确的物料而不出差错。

为了实现生产物料的可追溯性，西门子SIMATIC IT eBR按照物料、中间品、成品进行正反向的物料族谱追踪，并采用图像和表格方式进行显示。基于BOM管理以图形化的顺序模型形式，SIMATIC IT eBR把产品的整个生产工艺规程和物料使用参数化设计到系统中，并对版本变更加以控制。

在生产计划及执行上，西门子SIMATIC IT eBR电子化的生产计划和调度排程提升了生产管理的可控性和生产指挥效率，降低了人为的差错风险。SIMATIC IT eBR按照审核的模式进行生产指令分解和工单执行监视，明显提高了生产指令排程发布的效率、减少了差错。在生产操作上，SIMATIC IT eBR按照预定工艺流程，系统自动分解任务到各个工作站，确保正确的人员在正确的位置做正确的工作。详细的电子作业指导书能保证过程的合规性，操作准确性，降低了对操作人员的要求。在生产过程的监督管理上，SIMATIC IT eBR多层次地对生产过程实时透明高效的监督管理，确保了过程合规。而偏差管理提高了偏差处理的实时性，降低了处理偏差的人员成本和差错率，提升了产品品质。通过预先设定的逻辑判断和处理流程实现了对产品质量和偏差控制，降低了人工控制质量参数和生产规程所产生的风险。

电子批记录让审核人员更易于和高效获取审核需要的信息，大大提升了审核效率，减少了人为差错。配方管理和电子批记录提高了生产的合规性并提升了产品质量，降低了人为风险和工作强度。减少合规花费、缩短周期、提高准确性和一致性。

在设备管理方面，西门子通过MES与控制系统集成，对设备的状态和运行参数进行实时管理和控制，确保设备被正确使用，运行参数准确，生产流程控制符合工艺，有效降低了人员误操作带来的风险。

从原料进场到产品出厂，生产过程实现了实实在在的质量全程可追溯，而且这种追溯是高效快捷的。随着SIMATIC IT eBR在成都蓉生的成功实施，排程、批放行从原来人工的几个小时变成电子化后的2分钟，西门子的MES系统大幅提升效率的事实是非常有说服力的。

MES涉及生产流程、管理计划、生产资料、数据信息等多个领域的协同与运筹，细节涉及企业的方方面面，系统的实施对于企业而言颇有挑战，可以说是牵一发而动全身。因此成都蓉生作为国内血液制品行业实施MES的先行者，能够做到先试先赢，实属不易。实践证明了西门子SIMATIC IT eBR系统的专业平台给成都蓉生提供了一个较高的起点和专业富有针对性的功能模块。这对于蓉生而言，显然是非常正确的选择。

9.5.3 拥有大数据将拥有未来

成都蓉生在西门子的协助下，生产线按欧洲PIC/S标准设计建设，投浆能力已达800吨/年，拥有可与国际同行相媲美的硬件设施、合规流程和安全控制水平。从2015年至今，西门子持续为成都蓉生提供系统定期维护升级的服务，对工艺细节进行优化，此间的生产数据、质量数据、合规数据通过电子化的存储与管理，让成都蓉生积累了优质的大数据。比起从前的手抄数据，如今的海量电子化数据的保存、查询、迁移都显得简单方便、游刃有余，而且，这让未来基于大数据的智能化工艺优化成为可能。在如今数据代表先进生产力的工业界，成都蓉生再次率先拥有了领先一步的优势。

展望未来，蓉生人提出“做中国血液制品典范”的发展愿景。而西门子将凭借自身优势工业4.0主流技术方案，助力蓉生达成所愿。

“与西门子的合作，让我们能持续保持在业界领先。工业4.0是先进制药、数字化制药的发展趋势，成都蓉生会坚持创新，向国际领先制药水平看齐，做中国血液制品的典范。随着以成都蓉生为骨干的血液制品旗舰企业——蓉生集团的成功重组，我们这些持续积累的技术型优势必将进一步得到发扬光大。”客户如是说。

9.6 医药供应链云服务物流平台

医药供应链云服务物流平台是实现工业4.0环境下端到端集成的核心内容，智能制造十大应用场景的供应链物流应用场景，是推进医药行业向工业4.0演进的重要里程碑。

9.6.1 赛飞药品供应链云服务平台综述

赛飞供应链云服务物流平台是笔者近年来着力辅导、建设的中国医药行业的第一个云

服务平台。它是一个开放的专业医药供应链管理云服务平台，也是工业4.0背景下实现医药行业端到端价值链集成的核心应用。它打造了国药集团具有国际竞争力的“网络化布局，一体化运营”的全国物流及冷链配送网络，推进全国多仓多级存储节点的协同，形成了跨区域的干线配送网和区域内支线配送网的全面配送，助推中国医药产业的变革，是中国首个具有原国家食品药品监督管理局批准的专业第三方医疗器械物流服务资质的平台。赛飞平台的分布式订单管理以销售应答引擎、高级补货引擎及推式入库引擎，实现了对终端销售订单的实时应答、各级仓库间的连续补货、采购订单的及时入库，构建以终端需求为驱动的实时供应链价值网络。

9.6.2 项目背景及目的

2011年5月，商务部正式发布《全国医药品流通行业发展规划纲领（2011—2015）》，明确指出要大力发展现代医药物流，提高药品流通效率。2016年，李克强总理主持召开了国务院常务会议，部署推进互联网＋物流，降低企业成本，便利群众生活。无论是从“十二五”开局，赛飞供应链管理云服务平台开始立项投入建设，还是国务院提出部署推进“互联网＋物流”，面对医改大背景下行业的变革，结合国药集团大网络、多业态、“国家药网”的发展定位，赛飞一直顺应市场变化以及政策导向，通过服务产品创新、服务手段创新，以信息互联、高效物流以及智慧医药为方向，不断前行，打造现代医药流通供应链服务平台。

赛飞平台的价值体现在通过应用互联网、电子商务和云平台等技术，为医药供应链上下游及相关方提供全新的服务交付模式，推动行业供应链的扁平化，实现医药流通模式的全面创新，为配合新医改背景下的药品流通及配送优化做出应有的贡献，是医药行业向工业4.0演进的重要里程碑！

9.6.3 解决方案及关键技术

赛飞（SAVE）是以国药物流安全（safe）、可及（accessible）、可视（visible）、高效（efficient）的服务理念，搭建的纵连产品线、横跨上下游的供应链管理云服务平台。帮助企业优化方案、减少成本、提高效益，同时持续提升经营、管理、服务能力。保证药品运输安全并准确及时送达，还可以让客户随时查询了解药品流向。通过信息畅连和多种资源协调，协助国药建成有竞争力的、覆盖最后1公里的多级物流配送体系。

1. 通过标准的云计算架构进行搭建

赛飞物流平台通过标准的云计算架构，搭建了SaaS、PaaS、IaaS三层体系。

- IaaS 层：基于混合部署的私有云网络架构以及标准的云管控软件实现 IT 基础设施服务的云化。
- PaaS 层：可水平扩展，分布式部署的平台级服务，可集成、可插拔式的模组化功能构成的技术框架和业务框架。
- SaaS 层：基于平台层开发的具有标准化服务调用、高效数据读取和通用化的应用服务。

2. 支持社会化运作的业务模式

对于赛飞物流平台，生产企业作为供给侧的上游，对供应链服务选择、计划及执行进行主动全局管理，使之成为管理手段；专业供应链管理机构可通过赛飞提供的供应链管理服务/对接 B2B 平台实现物流对接，使之成为服务平台；流通/零售企业可为其供应商提供相关产品的供应链管理及优化，降本增效，同时增加客户黏性，使之成为服务工具。

赛飞物流平台为物流服务的供应商提供信息化解决方案，履行物流服务的信息系统，成为服务系统。

在医疗机构、终端、患者处，结合 SPD、批零一体，赛飞物流平台对下游医疗结构、零售药房等提供追溯 + 用药管理服务，最终形成闭环服务，如图 9-8 所示。

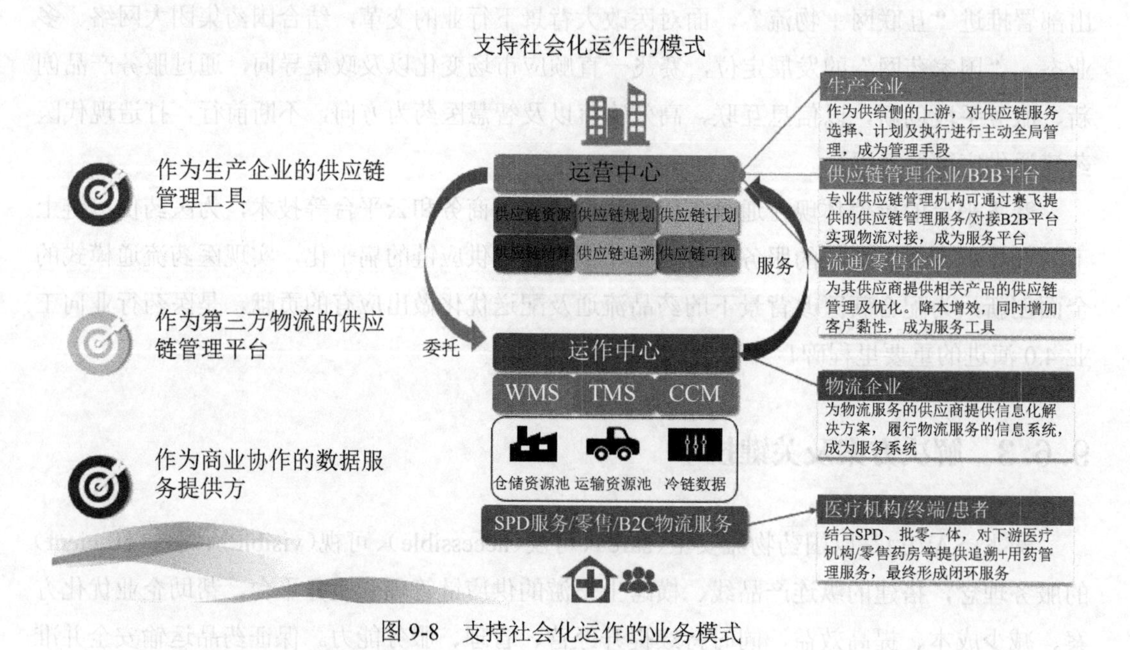

图 9-8　支持社会化运作的业务模式

3. 赛飞物流供应链全局管理

赛飞物流平台构建的企业自助式供应链管理，实现从供应链网络的构建到物流服务商的选择，从整体成本的模拟到最终费用的结算，从库存部署模式到产品供应计划的参考，从执行结果的透明到全局供应链效率的优化，一系列服务工具提升了企业供应链管理的品

质，如图 9-9 所示。

- 供应链规划优化：协助构建供应链网络，生成销售预测、安全库存和补货策略，为供给方管控渠道库存。
- 供应链对接：具备与供应链上下游各方信息系统信息交互的能力。
- 供应链可视：展示物流资源，推送物流过程节点、质量管理数据。
- 供应链追溯：实现数据集成，为生产企业提供追溯体系以及采集商业数据服务。
- 供应链结算：根据与物流服务商达成的费率标准，计算物流费用。
- 供应链执行：协同仓配一体化，利用仓储、配送两个资源池实现高效物流交付。

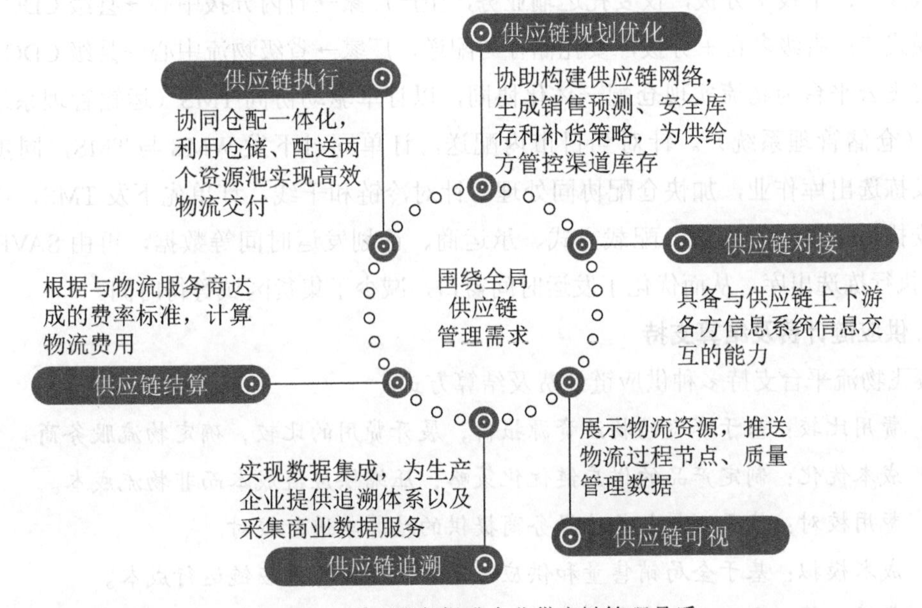

图 9-9　一系列服务提升企业供应链管理品质

4. 物流供应链规划及优化

赛飞平台可以进行运输成本、服务时效、仓库成本、干线运输、终端配送，仓库能力与需求等的智能场景分析，推荐最优化的 NDC 与 RDC 选址、时效和运输模式，以达到降低运输成本、提高仓储和运输效率的目的。

通过信息系统利用资源池中的物流资源为生产企业物流供应链网络作规划和优化，实现分布式库存和分布式订单管理。确保供应链通路的高效和经济，为企业降低整体物流供应链费用。

5. 供应链追溯

赛飞系统是国药物流建设医药追溯体系的重要载体，通过赛飞系统，目前可以实现：

- 流向追溯：商业流通过程中依据订单的追溯，以及两票制后对于品种整体供应环节的追溯。

- 物流追溯：仓储、配送过程的实物流转追溯，通过对仓库内作业和运输过程监控实现。
- 质量追溯：药检报告、养护记录以及产品质量状态变化的全过程追溯，温控、冷链产品的全程温度跟踪。
- 实物追溯：针对最小销售单位或最小使用单位，进行一物一码的追溯，协助医疗机构进行用药质量和安全的管控。

6. 达成不同物流供应链交付模式

赛飞云平台为生产企业提供省级多仓覆盖省内仓配一体解决方案。有如下模式（以冷链疫苗配送为例）。

模式一：干线＋分拨，仅委托运输业务，生产厂家→省内分拨中心→县级CDC。

模式二：省级多仓＋分拨，委托储存与配送，厂家→省级物流中心→县级CDC。

赛飞云平台为物流实现仓配一体化协同，以订单驱动协同TMS（运输管理系统）与WMS（仓储管理系统）。针对当日市内配送，订单同时下发WMS与TMS，同步调度排车及拣选出库作业，加快仓配协同处理。针对冷链和干线，订单先下发TMS，待完成运输安排后更新运输方式、配载方式、承运商、计划发运时间等数据，再由SAVE下发WMS执行拣选出库，从而优化了发运时间窗口，减少了集货区域等待时间。

7. 供应链计费及结算支持

赛飞物流平台支持多种供应链计费及结算方式。

- 费用比较：基于赛飞的物流资源报价，展开费用的比较，确定物流服务商。
- 成本优化：制定产品的供应链优化策略，压缩供应链成本而非物流成本。
- 费用校对：基于测算与物流服务商提供的结算单进行校对。
- 成本模拟：基于全局销售量和供应链网络规划测算供应链运行成本。
- 费用测算：依据合同计费或动作计费完成与物流服务商的自动结算。
- 最终实现：优化物流作业成本以及自动化的费用结算。

9.6.4 主要功能及业务

赛飞平台是国药集团建立的核心医药物流平台，体现了集团向社会提供“安全、可及、可视、高效”的供应链管理服务能力。赛飞以先进的信息技术、物联网技术和自动化设施设备为基础，支持健康行业多业态（医药分销、医药零售、医药生产、医疗器械、健康关怀等）、多层级、定制化、一体化、满足多目标需求（冷链安全、全网可及、全程可视、标准高效）、支持电子商务运作的供应链综合管理云服务平台。它包括基于云架构面向服务（SOA）的PaaS平台及其SaaS层基本功能（含主数据管理、订单管理、库存管理、供应链可视化、统计绩效管理、综合计费、企业门户、供应链接口等）和平台扩展功能（保税物流管理、医疗器械供应链管理、供应链优化等）。

- 安全：以冷链为代表的质量安全保障管理。提供冷库温度验证、冷藏车温度验证、冷藏箱设计、温度全称跟踪、验收依据。
- 可及：及时准确的信息可及、覆盖全国的分拨配送物流网络可及。集团向国家食品药品监督管理局申请了第一张全国药品第三方物流经营资质，为实现多仓配送优化取得了合规资质，保障分拨、配送两网覆盖全国。
- 可视：多维管理要素，订单可视、库存可视、资源可视等。集团为合作伙伴实现供应链体系可视化和可追溯管理。
- 高效：智能实现供应链上下游计划与执行协同以及运输一体化运作及优化。公司采取全网多仓多级运营，分拨配送、调拨运输、全网覆盖，送达更快、覆盖更广、成本更优、效益显著，达成客户高效的供应链管理目标。

赛飞平台是一个需求驱动的供应链管理云服务平台。它不仅具有物流运作的管理功能，还在供应链的智能管理上有着明显的优势，主要表现在以下几方面。

- 资质管控：根据新版GSP要求，实现货主基本档案、货品基本档案、客商基本档案的在线审核功能。对于资质/货品近效期、资质/货品过效期等时间管控及库存状态管控，可根据需求，做到开单提示及开单控制，以保证业务的合规性开展。
- 计费功能：多重条件下的计费运算；对条件中含有运输结果的计费运算；多维度的计费运算。
- 供应链优化：通过引入的专业优化软件ILOG以及赛飞的DOM优化与决策模块，基于运营数据，提供供应链优化服务。

在上述系统主要功能的依托下，赛飞物流平台实现了安全、可及、可视、高效的供应链管理服务能力，如图9-10所示。

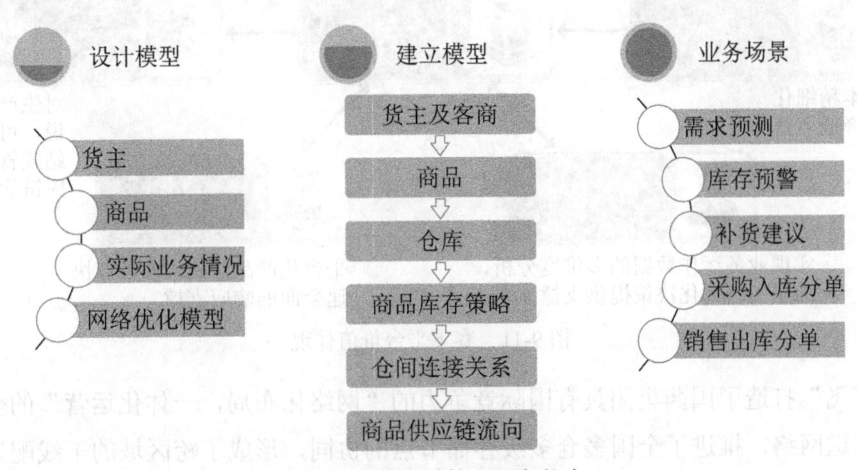

图9-10 供应链管理服务能力

9.6.5 应用情况及成效

赛飞物流平台涵盖了分销、纯销、零售、快批、器械、保税、3PL 等业务。截止到 2018 年，该平台已覆盖 19 个省，3 个直辖市，共计 39 个市级城市，接入平台的货主有 457 家，其中第三方货主超过半数。平台涵盖了全国 188 个仓库，日均订单量 25 万多，商品主数据 18 万个，实现日吞吐量 50 万件，日库存 800 万件，日均交易额人民币 8 亿元，支撑国药药品流通体系超人民币 2000 亿元的业务。

基于赛飞平台的多仓运作能力获得政策认可，多仓运作改变了目前的单向流向，由物流链向物流网络转变。通过该平台，实现了全局质量统一标准管控，确保多仓运营安全。

基于赛飞平台的供应链整体协同效益逐步体现，依托全国范围内建立的不同层级的物流中心、干线及区域内运输网络、信息技术和进销存管理系统等，能够有效地整合供应链的上下游资源。

在赛飞平台的基础上，国药集团建立了以“技术能力、管理能力、服务能力”为主体的核心能力，通过营销联盟、信息平台、标准体系和运营体系为供应链客户创造多元价值，如图 9-11 所示。

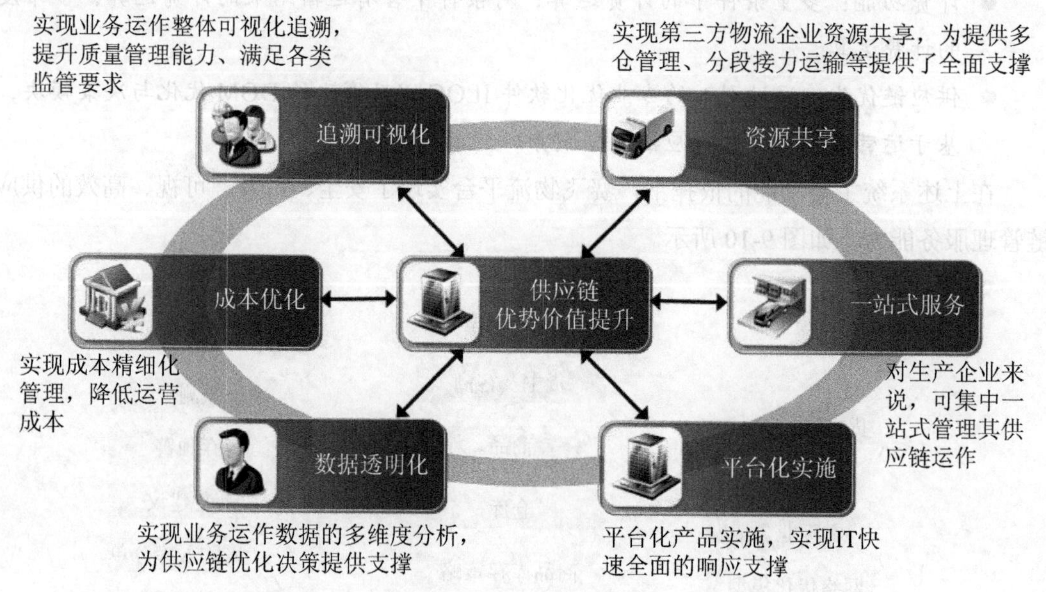

图 9-11 赛飞平台价值体现

“赛飞”打造了国药集团具有国际竞争力的“网络化布局，一体化运营”的全国物流及冷链配送网络，推进了全国多仓多级存储节点的协同，形成了跨区域的干线配送网和区域内支线配送网的全面配送，构建了布局科学、技术先进、节能环保、便捷高效、安全有

序的专业医药供应链服务体系。

（1）赛飞整合了仓储和运输作业流程，并进行流程重构和再造，根据不同物流中心的作业特点实施不同的仓配协同流程，有效降低了作业成本，提高了作业效率。

（2）通过合理供应链网络规划和运输线路优化，在赛飞平台资源池内选择最合适的物流网点开展多仓运作，有效提高了供应链协同效率，降低了整体物流成本。在供应链上下游企业没有变化的情况下，通过合理的网络规划，运输距离降低了16%，从691km降到了577km，配送线路由85条减少到46条，大大降低了供应链成本。

（3）赛飞正在助推中国医药产业的变革。其一，国药物流全国多仓多级运营，调拨运输分拨配送全网覆盖，送达更快、覆盖更广、成本更优，效益更显著。药品生产企业可以直接委托国药物流多点储存，销售时生产企业可以直接面对当地客户销售，满足医改环境下生产企业扁平化管理的市场需求。其二，国药集团下属企业国药物流是中国首个获得SFDA批准的专业第三方医疗器械物流服务资质企业，以赛飞平台打造的开放的供应链管理增值服务平台，可为客户提供一整套药品和医疗器械的综合物流解决方案。

（4）赛飞还将带动促进中国医药流通行业的良性发展。首先，国药物流整合全产业、全业态、全品种的物流资源，通过赛飞平台打造全国医药物流云模式的优势资源，提供价值链物流服务，并带动医药物流全行业发展。横向推动信息、人才和资源等产品水平整合，纵向实现对供应链上游技术和下游市场的垂直整合，打造医药物流经济优势产业链。其次，赛飞平台的建立将促进国药物流标准的输出，带动整个行业的作业规范化和标准化。对整个医药行业来说，标准化和规范化是加强内部管理、降低成本、提高服务质量的有效措施；对消费者而言，享受标准化和规范化的物流服务是消费者权益的更好体现。

9.7 他山之石：欧洲企业向工业 4.0 演进趋势及案例

本节将分享普华永道对欧洲数字化工厂高管调研的一些内容，从中梳理出的关键发现以及提出的数字化工厂蓝图，它将协助企业规避实施中的风险，成功向工业4.0演进。

9.7.1 欧洲企业演进现状综述

就数字化工厂这一热点话题，普华永道思略特德国公司2017年上半年对来自大型工业及制造业领域内的200位企业高管开展了一次定量市场调研，并对行业领先企业的多位高管进行了深度访谈。

参与此次调研的高管均为各自企业在产品开发、生产或技术领域的决策者。调研结果显示，领先的工业企业已经完成了项目的试点工作，开始着手推广数字化解决方案。以成熟的数字化战略为依托，这些工业先驱者采用创新型的数字化战略，拥抱全面的数字化转型。此外，通过培训和沟通，他们让员工参与转型，为企业的数字化成功做出自己的贡献。

通过战略、效益、技术和人才这四个维度（见图 9-12），我们详细探究了数字化工厂背后的推动力，或许能为计划建设数字化工厂的中国企业提供一些参考。

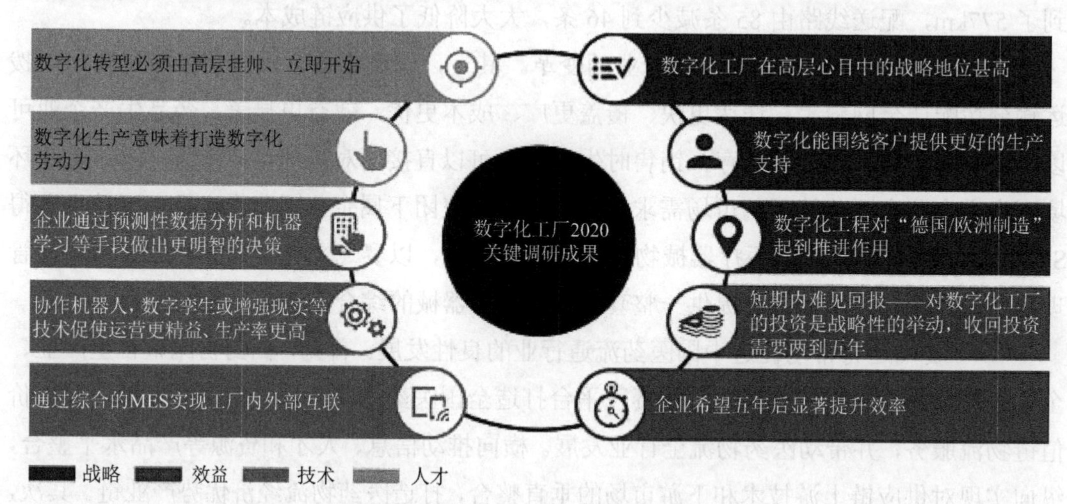

图 9-12 数字化工厂 2020 关键调研成果

1. 战略

数字化工厂在高层心目中的战略地位甚高：调研结果显示，91% 的工业企业正投资数字化工厂，但认为他们的工厂已经“完全数字化”的仅占 6%。

数字化能围绕客户提供更好的生产支持：在计划对数字化工厂追加投资的受访者中有四分之三的人表示，通过本地化制造来更贴近客户，以及个性化、灵活化的生产是促成投资的两大主要因素。

数字化工厂对“德国 / 欧洲制造”起到推进作用：在计划对数字化工厂追加投资的受访者中有 93% 的人表示，有意在未来五年内将部分或全部的数字化工厂迁至德国。未来五年内的投资中有 77% 将用于新建数字化工厂或扩容。数字化正在强化欧洲工业中心的竞争力。

如果没有数字化工厂的打算，那么企业可能会在未来丧失竞争力。实现数字化工厂需要资金投入，需要携手内外部利益相关方来推行开放式创新。例如，飞利浦公司就在德拉赫滕工厂采用了这种方法（见引文《飞利浦：创新与协作》部分）。此外，还需要聘请和培养人才，应对诸多变化，在员工间建立信任感并得到他们的全力支持和充分投入。

有些企业在建设数字化工厂的问题上似乎准备浅尝辄止，并没有进一步追加投资的意愿。鉴于数字化工厂能够带来的巨大利益，这些企业可能会被积极实现数字化并不断改善的竞争对手抛在身后。

企业想要在如今竞争日益激烈的市场中生存，以客户为中心是一大关键要素。企业不断地贴近客户，能够更及时地对客户的偏好变化做出反应。此举还能有助于减少运输和物流成本，客户能以极小甚至可以忽略不计的配送成本，从定制化的产品中获益。在部分行业中，受即时生产和即时供货等物流战略的推动，供应商更加贴近客户，整条价值链的本地化程度不断提升。

许多企业利用数字化来提升工厂柔性化，更好地应对客户需求的波动。为了充分利用这些工厂的潜力，企业计划在占主要收入来源的市场中新建或扩建工厂。从推动生产决策的力度看来，对客户的聚焦远远大于劳动力成本。

2. 效益

短期内难见回报——对数字化工厂的投资是战略性的举动，收回投资需要 2 ～ 5 年：近半数的受访者希望能在 5 年内收回对数字化运营的投资，而仅有 3% 的受访者希望在一年内收回投资。

企业希望 5 年后显著提升效率：几乎所有的受访者（98%）都将提升效率视为投资数字化工厂的主要原因。综合规划、资产利用率提升、质量成本降低以及自动化均有助于效率的提升。

大多数的受访企业将收回数字化工厂投资的期限定为 5 年。我们相信，决定的背后是翔实的商业论证和对投资的仔细考量。随着企业对各种数字化工厂解决方案的不断熟悉，他们对所需的实施时间和投入力度有了更清楚的认识，因而对收回投资的期限做出了较为保守的预测。

除了提升工厂效率之外，数字化工厂还能带来其他一些效益。例如，在航空领域，有些企业利用数字化工厂解决方案开展先进的飞机及发动机设计，打破了传统制造的局限性。此外，数字化工厂还能帮助企业减少能源和原材料的消耗，实现可持续发展的目标。企业正在利用数据来改善资源效率，让供应链更合理，实现按需订购原材料，减少库存。

但企业的目标远远不限于此。部分企业已经在规划无人值守工厂，在这些工厂中，电力将按需消耗。最新数据显示，自 1990 年起，工业品领域的能耗不断下降。但我们有理由相信，在数字化工厂的协助下，工业品企业在节能方面仍有潜力可挖。

飞利浦：创新与协作

飞利浦公司在德拉赫滕为全球市场开发高品质的创新产品。这些旨在让人们的生活变得更舒适、更健康的产品包括 Senseo 咖啡机、女士剃毛器、美发造型器、吸尘器、剃须刀、理发剪和唤醒灯。除此之外，飞利浦的德拉赫滕工厂自 20 世纪 50 年代以来就是先进的飞利浦剃须刀的研发及生产中心，有来自35个国家的2000多位人才在此工作，是飞利浦在欧洲最大的研发及生产中心之一，也是先进产业创新的排头兵。

在该工厂，生产技术人员和作业工人并肩负责管理产品的开发和生产，通过自动化装配、数字孪生、机器人、3D打印和大数据分析等主要的数字化技术为联合开发和生产提供支撑。这些与众不同的新型数字化技术实现了首次正确设计、零缺陷生产以及以需求为导向的供应链。飞利浦公司计划在未来继续朝着定制化的方向提升其生产运营，开展更灵活的研发。

飞利浦德拉赫滕工厂是德拉赫滕创新集群的代表成员之一，该集群由西北欧16家高科技制造型企业组成，吸引着来自全球各地的人才和其他高科技企业。集群还与当地政府和科研院校密切协作，力争在未来保障并巩固德拉赫滕地区在荷兰北部工业重镇的地位。

3. 技术

通过综合的制造执行系统（MES）实现工厂内外部互联数字化的第一步，是通过共用基础架构实现机器与其他资产间的互联。MES能实时规划和控制生产，提升效率、生产柔性和资产利用率。为了实现效益最大化，MES需要与ERP系统整合，从而让企业不仅实现内部流程的数字化，还能实现整条供应链的数字化。

协作机器人、数字孪生或增强现实等技术促使运营更精益、生产率更高：能够协助工人提升生产效率和产量、改善流程和产品质量的数字化技术正在迅速普及——未来5年，采用这些技术的企业数量有望翻番。工人和机器间的协作是重点发展领域，并由此诞生了数字孪生这种虚拟工厂的表现形式。增强现实的相关解决方案协助员工生产零缺陷的产品。

企业通过预测性数据分析和机器学习等手段做出更明智的决策：人工智能和数据分析是数字化工厂的推动力，半数以上的调研对象所在企业已经采用了智能化算法来做出更合理的运营决策。工厂内部和企业生态系统内部的全面互联，以及信息的智能化应用，对于保持竞争力而言将不可或缺。

1）利用MES实现工厂内外部互联

工厂智能互联的步伐正在加快。许多企业都已经采用了互联网技术，通过MES等技术，以传感器读取频射识别芯片上的数据并传输到数据平台，将零部件、机器、生产管理、运输车辆、工人甚至产品相互连接（见图9-13）。例如博世力士乐在洪堡（Homburg）工厂开展了频射识别跟踪技术的全球试点（见引文《博世力士乐：通过互联实现批量定制》）。

通过使用MES，利用信息进行实时规划和控制成为可能：根据数据分析，感知或预测意外事件，并生成应对或优化的相关行动。部分企业还开发出基于系统的储存监控系统，防止库存缺货并优化库存水平。

序号	技术特点	说明
1	工厂的数字孪生	能够协助规划、设计和建设厂房和基础设施；能用于厂房的测试、模拟和试运行
2	生产类资产或设备的数字孪生	能用于设计、模式启动的持续运转；主要是模式生产类资产或设备的运转，设定和优化关键参数，实现预防性维护和增强现实等概念
3	产品的数字孪生	是对产品的数字化呈现，将产品工程设计和生命周期管理与工厂运营结合起来；作为研发的一部分，它实现了早期对产品的模拟和测试，有助于推动产品开发
4	互联工厂	是指以控制和优化为目的，将资源、设备、运输工具或产品等相关对象连接起来。通常是利用与ERP系统结合的MES（参见“综合规划”）
5	模块化生产类资产或设备	采用灵活的、模块化的生产类资产或设备，而不是传统的生产线；机器人、储存设备、固定装置等模块化生产类资产或设备灵活地按照当前生产流程的要求整合进生产环节
6	柔性生产方式	使用增材制造（例如3D打印）等柔性生产流程，此类生产流程能够支持多种产品变体，显著增加灵活性
7	流程可视化/自动化	工厂流程的可视化和自动化，例如以移动应用（App）结合平板电脑或数字化眼睛等虚拟及增强现实解决方案，改善人际协作和创新型的用户接口
8	综合规划	指工厂内部的综合规划及排产系统，从MES到ERP，涵盖供应商和客户等外部伙伴；综合规划能对资源可用性或需求的变化立即做出反应
9	无人值守的场内物流	工厂系统能够在无人干预的情况下开展物流活动；这些系统实时感知和处理来自周围数字环境或现实环境的信息，安全地在室内外通行，同时完成制定的任务；相关解决方案包括自引导运输车以及用于执行特殊任务的空中无人机
10	预防性维护	在传感器数据和大数据分析的帮助下远程监控设备的动态情况，从而预测维护和维修；该技术有助于提高资源可用性，优化运维
11	大数据驱动的流程/质量优化	大数据分析有助于发现生产或质量数据中的规律，为流程或产品质量的优化提供洞察；可用的模式包括基于纯统计的“黑盒”模式，和以专业经验和知识为基础的“白盒”模式
12	基于数据的资源优化	通过智能化的数据分析和控制，优化能耗和资源消耗。例如根据实际的供需情况，开展对厂房能耗及压缩空气的管理
13	生产参数转移	完全自动地将生产参数转移到其他工厂。例如在某处工厂试点概念，然后在其他工厂复制优化的结果
14	完全无人值守的数字化工厂	工厂根据自主学习的算法，完全独立运作，人工接入仅在初期的设计和设立阶段，以及后续的监控和意外处理。该技术能减少运营成本，主要应用于危险品或远程生产设施
15	跟踪	通过传感器以及与MES或EPR系统连接的内部数据平台，对产品和原材料的位置进行跟踪。该技术让生产流程和库存水平透明化，可对各个零部件/产品进行跟踪

图 9-13　数字化工厂的关键技术特点

许多企业还将眼光投向了数字化工厂之外的领域，力争横向整合从供应商、生产网络到客户的整条价值链。更先进的跟踪系统加上与ERP系统的动态连接，使得数据透明，能够使用数据分析来优化整条供应链的规划。如同工厂内部联网一样，这些流程也会利用传感器和射频识别芯片来生成数据并传递到中央规划平台（包括与主要价值链伙伴的接口）。单纯的系统互联并不足以支撑这一目标。为了实现真正的同步，打通客户需求、供应不足等外部因素与内部生产之间的对接，企业必须开发集成度更高的系统（MES、ERP、传感器），并且需要克服各自为政的企业文化。

博世力士乐（Bosch Rexroth）：通过互联实现批量定制

在拥有50年历史、约700名员工的洪堡基地，博世力士乐为实践工业4.0方案建设了领先的工厂，是首批践行工业4.0的企业之一。

在洪堡工厂不断开发新的解决方案并开展试点的过程中，对人才和大胆创新的重视，是其成功的关键。在这里，岗位涉及的学科越来越多，对人才的素质和能力也提出了同样的要求。除传统的制造岗位外，该工厂还需要更多的软件开发人员和其他IT相关的人才。

作为工业和移动控件、液压设备的生产商以及博世集团内部的小规模试点企业，洪堡工厂是工业4.0方案的用户，同时也是供应商。该工厂围绕高层的核心战略，为成功地实施和利用数字化与互联奠定了坚实的基础。洪堡工厂与集团其他的试点工厂、博世力士乐产品区域装配技术和“博世互联产业”（Bosch Connected Industry）项目组通力合作，整合并协调，确保效率并消除冗余。在这些技术的指引下，各工厂制定各类解决方案，负责建立起能够在其他工厂推广的标准。每家工厂也充分利用博世网络中的博世云或企业IT架构等全球服务，实现规模经济。

博世力士乐采用各类创新技术，其中包括无纸化的动态看板、自我制导产品、独立工作单元、员工和产品自动识别、实时质量检测等。通过配合基于无线射频识别的电子看板和拣选等成熟技术，洪堡工厂能提升效率和产量，同时在流水线上生产更多的产品变体。

通过在生产线上利用这些技术并提升柔性，使得批量定制从经济上成为可能。工业制造企业等客户目前在自己的生产线上对博世的液压运动控制单元进行后期的定制化，确保后续生产。博世力士乐通过更紧密地融合产品区域装配技术和移动控件，奠定了从零件供应商向灵活的模块供应商转型的基础，使其不仅能够纵向整合供应链，还为将来开发远程诊断、预测性维护或按使用付费等增值服务提供了机遇。

2）利用数字化技术提高生产效率并改善流程

许多企业还计划采用各类数字化技术来协助工人提高生产效率并改善流程。毫无疑问，数字化工厂的工作环境将发生天翻地覆的变化，而且一切已经悄然发生。企业为工人提供

了包括移动App在内的各种工具，使其在需要的时候能够访问各类信息。实时质量检测也日益普及，这项技术使得工人能够及时认识到错误并进行纠正，而生产流程的准确性也会自动地进行反复核查。此外，部分企业正采用移动App来协助员工更好地开展远程协作。机器人和其他数字化技术还使得工人更加轻松、安全和高效。协作机器人不仅只是完成预先编程所规定的任务，工人们还能通过交互的方式“训练”这些机器人。他们无须耗费大量时间进行编程，只需重复自己的动作即可。我们发现，人机协作是发展的重点领域，也是企业需要密切关注的领域。尽管许多企业聚焦于提升流程的可视化和自动化，但却很少有企业计划采用相应的技术来提高对人机协作的接受程度。

随着无人驾驶技术的成熟和相关成本的不断下降，部分企业已准备利用这项技术来提升效率并减少错误。如今的系统已远非按照预定路线进行自动循环取货那么简单，物流环节不仅朝着真正的无人化方向发展，而且还能通过互联系统识别需求，向自我制导的运输系统传达指令，实现实时响应。这些系统之间以及与联网的工作台和仓库之间互相传递信息数据，动态地应对供需的变化。

通过结合产品和生产线的数字孪生，能够在实际启动前模拟测试新的生产流程并进行优化。

目前，将产品、设备、整条生产线和工厂基础设施以数字化的方式呈现，即所谓的“数字孪生”已经成为可能。这项技术主要用于产品开发或生产规划阶段，能够提升开发流程的效率，改善质量，有助于利益相关方之间的信息共享。通过结合产品和生产线的数字孪生，能够在实际启动前模拟测试新的生产流程并进行优化。如果能与合作伙伴共同使用数字孪生，则能够让它们更好地优化自己的流程进行匹配。数字孪生也是虚拟现实、增强现实、远程维护等多种应用的基础。值得注意的是，目前最受欢迎的数字化工厂技术甚至是五年后最有可能采用的技术，仍然是以传统模式下的流水线为基础。在这种情况下，或许需要从根本上反思制造战略甚至企业的生产模式（如模块化生产设备、柔性生产流程等），但许多企业都不愿承担这种风险。我们认为，企业需要根据整体的业务战略和技术发展的情况，从全局的角度制定数字化战略。

3）通过数据分析支持决策

数据是数字化工厂的根本所在，需要投入巨资打造数据分析和系统整合方面的能力。通过传感器，未来的数字化工厂能够产生海量的数据。随着数据整合和内存方面的技术能力不断完善，数字化工厂与供应链生态体系的实时整合成为可能。通过机械设备产生的数据传输到MRS和ERP系统，甚至是供应商和客户，企业能够在整条供应链中实现关键供需数据的实时交互。在未来，数字化工厂将能够在客户需求不足的生产期间规划各类维护和停工检修安排，实现利润率的最优化。

实现工厂和整个企业生态体系内部的全面互联，以及对信息的智能化使用，将成为企业保持竞争力不可或缺的选项。我们欣喜地看到，许多企业都已经认识到了这一点，并大力发展他们的大数据能力。

4.人才

数字化生产意味着打造数字化劳动力，数字化工厂需要全新的工作方式。劳动力的组成将会发生变化，企业需要招聘和挽留相应的人才。数据科学家需要发现智能算法并用来提升运营表现，而人机智能交互也需要全新的技能。数字化培训项目以及招聘外部的“数字原住民”能确保成功打造数字化工厂。

数字化转型必须由高层挂帅、立即开始，企业的数字化转型需要高层的领导和指导。随着全球范围内的竞争对手迈上数字化之路，企业需要立即行动起来。

数字化工厂需要截然不同的工作方式，企业因此也需要打造数字化的劳动力。企业需要调整员工的组成，需要相应地招聘和挽留人才。随着我们步入人机交互的新时代，人才对数字化工厂的影响力不容低估。

数字化工厂能协助企业面临老龄化社会的挑战。随着大批技术工人退休，大多数行业可能面临熟练劳动力短缺的局面。数字化能够从一定程度上弥补这种短缺。

为了确保有足够的工人具备数字化工厂所需的技能，企业需要与商界、政界和学术界积极合作，解决合格人才短缺的问题。当然，在培训和教育方面的投入代价不菲，但通过效率改善所带来的收入提升能抵消这方面的投入，而且还能让员工享受到由此带来的涨薪等福利。此外，人才所需具备的素质也在发生显著的变化。数字化工厂对流水线工人的需求将降低，转而需要更多的数据分析师和程序员。

问题的解决不仅仅是招聘更多的人才和培训现有员工这么简单。高层应该以身作则地领导整个数字化转型，并在整个企业中贯彻持续学习的精神。员工依然是整个生产环节的关键，在开展数字化转型的过程中，企业领导人需要与员工并肩战斗，选择员工接受程度高的新技术进行推广，让他们摆脱高强度的重复劳动或减少错误的发生，从而赢得他们对新技术的信任，确保他们欣然使用这些新技术。企业要从上到下建立起以数字化为导向的企业文化。

9.7.2 通向数字化工厂的蓝图

领先的工业企业已经在数字化工厂的建设和发展方面迈出了坚实的步伐，在提升生产效率的同时，能够迅速可靠地生产出更多定制化、高质量的产品服务于市场。

对于许多没有打算建设数字化工厂的企业而言，缺乏一套数字化的愿景和企业文化是让他们裹足不前的最大阻碍。在我们看来，这正是数字化工厂先行者们不可或缺的一大要素。数字化愿景不仅只是考虑各项技术，而且还定义了这些技术如何在整个产品生命周期

和企业生态圈中相互配合。阻碍企业制定数字化工厂计划的其他因素还包括机会不定、经济效益不明、投资代价不菲等。

综合考虑这些因素，企业所需要的不仅仅是一套清晰的愿景，更需要一张切实可行的数字化路线图。我们在 8.3.2 节讨论过，所制定的六个环节组成的蓝图，协助企业制定或优化路线图，成功应对通向数字化工厂和工业 4.0 道路上的各项挑战（见图 9-14）。

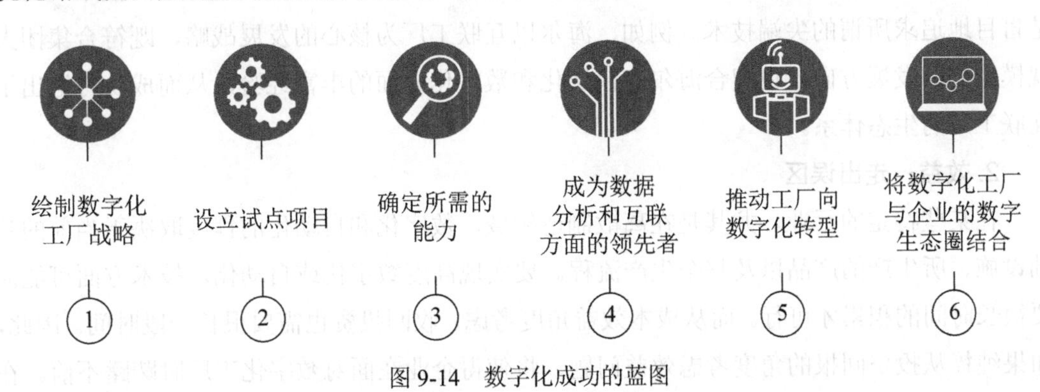

图 9-14 数字化成功的蓝图

9.7.3 国内数字化工厂的省思

国务院于 2015 年审议通过了由百余名院士、专家起草的《中国制造 2025》，为中国实施制造强国战略做出了顶层计划和路线图。数字化工厂通过新一代信息技术，贯穿了流通、生产、管理等制造活动的各个环节，深度融合了工业化和信息化，是“中国制造 2025”的重点发展方向之一。由于各级政府提供的财政激励和支持，企业对于数字化工厂的投资兴趣日益浓厚。近年来，中国在家电、工程机械、石化、消费品等众多行业涌现出了一大批数字化工厂的应用实例。

中国数字化工厂的蓬勃发展固然可喜，但我们也发现了一些问题。当我们与希望建设数字化工厂的客户接洽时，通常能听到他们表示：“我们想造一座类似于某企业的全自动工厂或‘智能化’工厂。”而我们接下来抛出的问题自然是“贵公司如何定义‘智能化’？是否有清晰的数字化工厂战略？是否有明确的各项评估指标？”然而，大多数企业并不能明确阐述他们希望中的数字化工厂，而是寄希望于有现成的智能化工厂定义，能够毫不费力地直接照搬。在我们看来，数字化工厂的定义以及对成功的评判指标建立在多种因素之上。

1. 战略：自上而下

我们观察到不少项目由于缺乏整体性的战略规划，导致对未来数字化的具体需求不甚明晰，对企业当前数字化水平认知不足，从而无法客观地判断两者间的差距，确定所需补强的能力。许多中国企业从软件（技术）和硬件（设备）的角度考虑数字化工厂的开发建设，依靠内部经验丰富的工程师和专业人员与外部供应商合作，通过对各类解决方案的整合来实现生产线上特定环节的自动化和跟踪。此举虽然有效，但在很多情况下并未解决“为什么要建设数字化工厂”这个根本性的战略层面问题。

因此，企业应该以自上而下的方式推进数字化工厂的建设，从战略、产品设计、运营模式变化等整体的角度来考虑问题，根据自身的实际情况和目标来挑选合适的技术，而不是盲目地追求所谓的尖端技术。例如，海尔以互联工厂为核心的发展战略，既符合集团大规模定制的发展方向，也契合海尔在模块化和数字化方面的丰富经验，从而成功打造出了互联工厂的生态体系。

2. 效益：走出误区

在某些特定的行业，尤其是在离散制造领域，数字化和自动化的程度取决于当前的基础设施、所生产的产品以及整个生产流程。要实现高度数字化或自动化，技术方面可能需要很长时间的积累才可行。而从成本效益角度考虑，收回投资也需要很长一段时间。因此，如果纯粹从投资回报的角度考虑效益问题，将使得企业在面对数字化工厂时踌躇不前。在可持续发展日益受到重视、生产安全不断规范、劳动力红利逐步消失的今天，数字化工厂所实现的节能减排、人机交互、远程控制等紧跟当前形势下的要求，能带来显著的社会效益。

企业可以将一些定量指标，例如生产效率、单人产出、能耗、质量控制（次品率）、生产周期等，用于评估数字化工厂的效益。而减少人工作业、提升员工士气（工作不再无聊，而是更加有趣、附加值更高）和加大员工忠诚度等定性指标也能用于辅助评估。行业和企业本身诉求的不同也会对指标的选择产生一定的影响。除了生产效率、良品率、生产周期等常见指标外，某领先的纺织企业还选择了换产时间、用工人数等指标来衡量其数字化工厂的成效，而某工程机械巨头针对其示范车间则加入了生产误操作、物流效率等指标，解决其自身痛点。

3. 技术：全局考虑

中国制造业的自动化和数字化发展时间相对较短，即使是在同一行业内，企业的自动化程度和技术路线也大相径庭。数据分布较为分散，难以获得数字化工厂所需要的产品全生命周期的系统性数据，同时使得标准的制定变得困难。在部分较为传统的行业中，中国企业争相计划实现数字化工厂的跨越式发展。但是工厂车间里的设备落后，难以实时抓取和传输数据，是中国企业不得不面对的主要问题。尽管如此，仍然有许多切合实际的、向工业 4.0 演进的解决方案能够为人工作业提供补充，并有效地整合进工厂自动化。

同时，中国企业往往更注重单体设备的自动化率，忽略了生产体系是一个有机的整体，而且在 ERP、MES 和 PLM 等不同系统间的打通和整合方面也有待改进，能做到不同工厂间互联的更是凤毛麟角。因此，企业需要根据自身的数字化工厂战略制定技术路线图，分阶段地推行各种技术转型举措，从而将实施的风险降至最低，避免对业务和运营造成冲击。

4. 人才：产学研结合

数字化和自动化毫无疑问地会减少人工重复作业，改善工作环境，保障人身安全。我们认为，制造业能够抓住此次机遇一改传统以来“工作环境欠佳”的形象，通过升级来吸引更多新型人才。数字化工厂将生产运营流程高度一体化，由此对技术人才提出了更高的要求，过去单一领域的专才将不再适用，取而代之的将是横跨多个领域、学习能力更强、懂得数字化交付的复合型人才。

参照国外的先进经验，以课堂教育与实际工作相结合的职业教育体系能为产学合作制定数字化工厂培训项目指明道路。例如，某领先的机床企业直接与当地的工科院校建立起联合学院，通过产教融合和资源互补，为其数字化工厂的建设定向培养和输送人才。除了教育机制，职业培训课程本身也需要做出调整，实现课程培训的标准化，并在商业、自然科学和工程等传统领域加大人才培养力度，培育出熟练掌握数据分析、产品管理、项目管理、IT 架构或者信息安全的跨学科数字化工程师。

最后，由于数字化工厂的转型需要多部门协调，往往需要顶层决策者对数字化有着较强的决心和较深的认识，能够指导整个企业制定数字化战略，带领企业顺利度过转型，打造出成功的数字化工厂。

9.7.4 基于工业 4.0 框架下的智慧供应链发展趋势

我们知道，工业 4.0 的三大集成之一的端到端集成，是从产业链的全局来把握的系统思维，从整合供应链着手。端到端集成有两个关键点，一是通过供应链整合全产业价值链的制造企业，二是通过电子商务连接终端用户，建立以用户为中心的新型流程体系，用户将参与交互、设计、生产、物流及服务全过程，其过程全透明可视化。制造企业将全面提升效率和品质，同时缩短新产品上市时间，快速柔性地响应用户。而赛飞供应链云服务物流平台正是基于这样一个理念建设的。

C2B 模式将打造新的智慧产业生态链。从电子商务的维度来分析，在工业 4.0 环境下未来电子商务或者说产业发展的商业模式是 C2B 模式。对于医药健康产业而言，随着医改的深入进行，医、药分家是未来的必然趋势。因此，企业应仔细研究新医改方案的相关配套文件以及未来改革发展趋势，基于互联网 +、工业 4.0 框架来筹划未来应对措施。

未来企业需要向 C2B 转型。C2B 本身就是以客户为中心的互联网思维，也是工业 4.0 三大基石之一端到端集成平台的重要体现，是基于互联网 +，打造新的智慧医药生态链商业模式。C2B 模式是以市场需求为原动力驱动商业资源的模式，其基本要素包括：个性化营销、捕捉碎片化、个性化需求，以数据低成本、全流程贯通为基础实施拉动式配销、柔性化生产快速满足市场需求。“粉丝经济”和“网红经济”实际上也是 C2B。在影响未来商业格局的各种力量中，互联网无疑是最具活力的决定性因素。然而在21世纪的第一个十年里，互联网给管理者带来的并不只是兴奋，还有迷茫与纷乱。在长尾、众包、维基、轻公司、湿营销、免费经济等一轮轮新理念的轰炸中，到底该听谁的？这些缤纷复杂的新理念背后，是否有一个贯穿其中的大趋势？在我们看来，新理念、新模式、新公司的大爆发，事实上都在从不同角度探索一个已经被讨论了几十年的话题：信息时代的商业模式、组织管理模式是什么？ 如果说信息时代的组织模式变革尚处于起步阶段，信息时代商业模式的未来样貌已经具有雏形了。以上种种探索，就是对最终答案的快速接近：工业时代以厂商为中心的B2C模式，正在逐步被信息时代以消费者为中心的C2B模式所取代。所有管理者都必须警醒的是：在现代工商业发展史上，C2B模式的大量浮现，是一个从未有过的事件。它不是转瞬即逝的浪花，而是塑造全球商业气候的巨型洋流，是产业向工业4.0演进的潮流趋势。能否把握这一大趋势，将决定谁是未来的商界领袖。

参考文献

[1] KOTTIG U.IoT-bin Ich schon drin?[J]. Digital Manufacturing，2016（4）.

[2] THORHAUER P.Successful Project road map[J]. Berlin：Siemens，2016（2）.

[3] MASONS P. Future of Manufacturing: The emerging legal challenges[R]. Winter 2016.

[4] 乌尔里希・森德勒，等 . 工业 4.0：即将来袭的第四次工业革命 [M]. 邓敏，李现民，译 . 北京：机械工业出版社，2014.

[5] 阿尔冯斯・波特霍夫，恩斯特・安德雷亚斯・哈特曼 . 工业 4.0（实践版）：开启未来工业的新模式、新策略和新思维 [M]. 刘欣，译 . 北京：机械工业出版社，2015.

[6] 克劳斯・施瓦布 . 第四次工业革命：转型的力量 [M]. 北京：中信出版集团，2016.

[7] 雷万云 . 采用微机实现机成本自动化控制 [J]. 兵工自动化，1984（1）.

[8] 雷万云 . 在设计数据采集系统时对转换器的考虑 [N]. 兵工学报，1985（1）

[9] 雷万云 . 数据采集系统发展的新趋势 [J]. 兵工自动化，1986（1）.

[10] 雷万云 . 数据仓库技术在金融证券行业的应用展望 [J]. 中科院竞争情报与信息技术，2001（2）.

[11] 雷万云 . 后危机时代集团企业信息化建设策略 [J].e 制造杂志，2009（12）.

[12] 雷万云 . 集团云：开始行动 [J]. 中国经济和信息化，2010（10）.

[13] 雷万云 . 云计算不是 IT 人的绞索 [J]. 中国经济和信息化，2010（24）.

[14] 雷万云 . 云计算就算是泡沫，也要踩破了走过去 [J]. 中国经济和信息化，2011（1）.

[15] 雷万云 .“云”意味着什么 [J]. 企业管理，2011（3）.

[16] 雷万云 . 云计算到底是什么 [J]. 中国经济和信息化，2011（10）.

[17] 雷万云 . 云计算重塑 IT 人 [N]. 计算机世界，2011-6-13.

[18] 雷万云 . 企业管理者如何认识云计算 [N]. 经理日报，2012-2-29.

[19] 雷万云 . 大数据背景下我国药品信息共享平台建设研究 [J]. 价格理论与实践，2015（03）.

[20] 雷万云 . 云计算：企业信息化建设策略与实践 [M]. 北京：清华大学出版社，2010.

[21] 雷万云 . 云计算：技术、平台与应用案例 [M]. 北京：清华大学出版社，2011.

[22] 雷万云 . 信息化与信息管理实践之道 [M]. 北京：清华大学出版社，2012.

[23] 雷万云 . 信息安全保卫战 [M]. 北京：清华大学出版社，2013.